今注本二十四史

漢書

二八

附録

漢 班固 撰 唐 顔師古 注

孫曉 主持校注

中國社会科学出版社

漢書　附録

漢將相大臣年表

清 萬斯同 撰

太祖漢王元年

〔太傅〕(不常置)

〔丞相〕蕭何

〔太尉〕

〔大司馬〕

〔御史大夫〕周苛

〔驃騎將軍〕

〔車騎將軍〕

〔衛將軍〕

〔前將軍〕

〔左將軍〕

〔右將軍〕

〔後將軍〕

二年

〔丞相〕何

〔御史大夫〕苛

三年

〔丞相〕何

〔御史大夫〕

四年

〔丞相〕何

〔御史大夫〕苛守滎陽月餘，城陷，不屈死。

周昌

五年

〔丞相〕何

〔御史大夫〕昌

六年

〔丞相〕何

〔太尉〕盧綰後九月封燕王，省太尉官。

七年

〔丞相〕何

〔御史大夫〕昌

八年

〔丞相〕何

〔御史大夫〕昌

九年

〔丞相〕何遷相國。

〔御史大夫〕昌

十年

〔相國〕何

〔御史大夫〕昌遷爲趙丞相。

趙堯

十一年

〔相國〕何

〔太尉〕周勃

〔御史大夫〕堯

十二年

〔相國〕何

〔御史大夫〕堯

惠帝元年

〔相國〕何

〔御史大夫〕堯

二年

〔相國〕何七月卒。

曹參七月命。

〔御史大夫〕堯

三年

〔相國〕參

〔御史大夫〕堯

四年

〔相國〕參

〔御史大夫〕堯

五年

〔相國〕參八月卒。

〔右丞相〕王陵十月命。

〔左丞相〕陳平十月命。

〔御史大夫〕堯

六年

〔右丞相〕陵

〔左丞相〕平

〔太尉〕周勃復命。

〔御史大夫〕堯

七年

〔右丞相〕陵

〔左丞相〕平

〔太尉〕勃

〔御史大夫〕堯

高后元年

〔太傅〕陵十一月遷。

〔右丞相〕平十一月遷。

〔左丞相〕審食其十一月拜。

〔太尉〕勃

〔御史大夫〕堯免。

任敖

二年

〔太傅〕陵

〔右丞相〕平

〔左丞相〕食其

〔太尉〕勃

〔御史大夫〕敖

三年

〔太傅〕陵

〔右丞相〕平
〔左丞相〕食其
〔太尉〕勃
〔御史大夫〕敖
四年
〔太傅〕陵
〔右丞相〕平
〔左丞相〕食其
〔太尉〕勃
〔御史大夫〕敖免。
曹窋
五年
〔太傅〕陵
〔右丞相〕平
〔左丞相〕食其
〔太尉〕勃
〔御史大夫〕窋
六年
〔太傅〕陵
〔右丞相〕平
〔左丞相〕食其
〔太尉〕勃
〔御史大夫〕窋
七年
〔太傅〕陵卒。

〔右丞相〕平
〔左丞相〕食其七月遷太傅。
〔太尉〕勃
〔御史大夫〕窋

八年

〔太傅〕食其九月復爲左丞相。
〔右丞相〕平
〔太尉〕勃
〔御史大夫〕窋免。
張蒼

文帝元年

〔右丞相〕平十一月，遷左丞相。
周勃十一月拜。
〔左丞相〕食其九月免。
〔太尉〕勃十一月遷丞相。
灌嬰
〔御史大夫〕蒼
〔車騎將軍〕薄昭
〔衛將軍〕宋昌

二年

〔右丞相〕勃八月免，十一月復爲丞相。
〔左丞相〕平十月卒。
〔太尉〕嬰
〔御史大夫〕蒼

三年

〔丞相〕勃十二月免。

灌嬰十二月拜。

〔太尉〕嬰十二月遷丞相，省太尉官。

〔御史大夫〕蒼

四年

〔丞相〕嬰十二月卒。

張蒼正月拜。

〔御史大夫〕蒼七月遷丞相。

圍

五年

〔丞相〕蒼

〔御史大夫〕圍

六年

〔丞相〕蒼

〔御史大夫〕圍

七年

〔丞相〕蒼

〔御史大夫〕圍

馮敬

八年

〔丞相〕蒼

〔御史大夫〕敬

九年

〔丞相〕蒼

〔御史大夫〕敬

十年

〔丞相〕蒼

〔御史大夫〕敬

十一年

〔丞相〕蒼

〔御史大夫〕敬

十二年

〔丞相〕蒼

〔御史大夫〕敬

十三年

〔丞相〕蒼

〔御史大夫〕敬

十四年

〔丞相〕蒼

〔御史大夫〕敬

十五年

〔丞相〕蒼

〔御史大夫〕敬

十六年

〔丞相〕蒼

〔御史大夫〕敬八月遷丞相。

陶青

後元年

〔丞相〕蒼

〔御史大夫〕青

二年

〔丞相〕蒼八月卒。

申屠嘉八月拜。

〔御史大夫〕青

三年

〔丞相〕嘉

〔御史大夫〕青

四年

〔丞相〕嘉

〔御史大夫〕青

五年

〔丞相〕嘉

〔御史大夫〕青

六年

〔丞相〕嘉

〔御史大夫〕青

七年

〔丞相〕嘉

〔御史大夫〕青

景帝元年

〔丞相〕嘉

〔御史大夫〕青

二年

〔丞相〕嘉六月卒。

陶青六月拜。

〔御史大夫〕青六月遷丞相。

鼂錯八月命。

三年

〔丞相〕青

〔太尉〕周亞夫正月擊吴楚兵。

〔大將軍〕竇嬰正月擊吴楚兵。

〔御史大夫〕錯正月誅。

四年

〔丞相〕青

〔太尉〕亞夫

〔御史大夫〕介

五年

〔丞相〕青

〔太尉〕亞夫

〔御史大夫〕介

六年

〔丞相〕青

〔太尉〕亞夫

〔御史大夫〕介

七年

〔丞相〕青六月免。

周亞夫

〔太尉〕亞夫二月遷丞相，省太尉官。

〔御史大夫〕介

劉舍

中元年

〔丞相〕亞夫

〔御史大夫〕舍

二年

〔丞相〕亞夫

〔御史大夫〕舍

三年

〔丞相〕亞夫

劉舍九月拜。

〔御史大夫〕舍九月遷丞相。

衛綰

四年

〔丞相〕舍

〔御史大夫〕綰

五年

〔丞相〕舍

〔御史大夫〕綰

六年

〔丞相〕舍

〔御史大夫〕綰

後元年

〔丞相〕舍七月卒。

衛綰八月拜。

〔御史大夫〕綰八月遷丞相。

直不疑八月命。

二年

〔丞相〕綰

〔御史大夫〕不疑

三年

〔丞相〕綰

〔御史大夫〕不疑

武帝建元元年

〔丞相〕綰六月免。

竇嬰六月拜。

〔太尉〕田蚡

〔御史大夫〕不疑卒。

牛抵

二年

〔丞相〕嬰十月免。

許昌三月拜。

〔太尉〕蚡免省太尉官。

〔御史大夫〕抵

趙綰

三年

〔丞相〕昌

〔御史大夫〕綰有罪自殺。

四年

〔丞相〕昌

〔御史大夫〕嚴青翟

五年

〔丞相〕昌
〔御史大夫〕青翟
六年
〔丞相〕昌六月免。
田蚡六月拜。
〔御史大夫〕青翟免。
韓安國
元光元年
〔丞相〕蚡
〔御史大夫〕安國
二年
〔丞相〕蚡
〔御史大夫〕安國
三年
〔丞相〕蚡
〔御史大夫〕安國
四年
〔丞相〕蚡三月卒。
薛澤五月拜。
〔御史大夫〕安國病免。
張歐九月命。
五年
〔丞相〕澤
〔御史大夫〕歐
六年

〔丞相〕澤
〔御史大夫〕歐
元朔元年
〔丞相〕澤
〔御史大夫〕歐
二年
〔丞相〕澤
〔御史大夫〕歐
三年
〔丞相〕澤
〔御史大夫〕歐病免。
公孫弘
四年
〔丞相〕澤
〔御史大夫〕弘
五年
〔丞相〕澤十一月免。
公孫弘十一月拜。
〔御史大夫〕弘十一月遷丞相。
潘係四月命。
六年
〔丞相〕弘
〔御史大夫〕係
元狩元年
〔丞相〕弘

〔御史大夫〕係
李蔡
二年
〔丞相〕弘三月卒。
李蔡三月拜。
〔御史大夫〕蔡三月遷丞相。
三年
〔丞相〕蔡
〔御史大夫〕張湯三月命。
〔驃騎將軍〕霍去病
四年
〔丞相〕蔡
〔大司馬大將軍〕衛青
〔大司馬〕霍去病驃騎將軍遷，以後皆大司馬。
〔御史大夫〕湯
〔驃騎將軍〕去病遷大司馬。
五年
〔丞相〕蔡三月有罪自殺。
嚴青翟四月拜。
〔大司馬大將軍〕青
〔大司馬〕去病
〔御史大夫〕湯
六年
〔丞相〕青翟
〔大司馬大將軍〕青

〔大司馬〕去病九月卒。

〔御史大夫〕湯

元鼎元年

〔丞相〕青翟

〔大司馬大將軍〕青

〔御史大夫〕湯

二年

〔丞相〕青翟三月有罪自殺。

趙周三月拜。

〔大司馬大將軍〕青

〔御史大夫〕湯有罪自殺。

石慶二月命。

三年

〔丞相〕周

〔大司馬大將軍〕青

〔御史大夫〕慶

四年

〔丞相〕周

〔大司馬大將軍〕青

〔御史大夫〕慶

五年

〔丞相〕周九月，下獄死。

石慶九月拜。

〔大司馬大將軍〕青

〔御史大夫〕慶九月，遷丞相。

六年

〔丞相〕慶

〔大司馬大將軍〕青

〔御史大夫〕卜式

元封元年

〔丞相〕慶

〔大司馬大將軍〕青

〔御史大夫〕式遷太子太傅。

兒寬

二年

〔丞相〕慶

〔大司馬大將軍〕青

〔御史大夫〕寬

三年

〔丞相〕慶

〔大司馬大將軍〕青

〔御史大夫〕寬

四年

〔丞相〕慶

〔大司馬大將軍〕青

〔御史大夫〕寬

五年

〔丞相〕慶

〔大司馬大將軍〕青卒。

〔御史大夫〕寬

六年

〔丞相〕慶

〔御史大夫〕寬

太初元年

〔丞相〕慶

〔御史大夫〕寬

二年

〔丞相〕慶正月卒。

公孫賀閏正月拜。

〔御史大夫〕寬

三年

〔丞相〕賀

〔御史大夫〕寬卒。

延廣正月命。

四年

〔丞相〕賀

〔御史大夫〕延廣

天漢元年

〔丞相〕賀

〔御史大夫〕延廣

王卿

二年

〔丞相〕賀

〔御史大夫〕卿

三年

〔丞相〕賀
〔御史大夫〕卿有罪自殺。
杜周二月命。
四年
〔丞相〕賀
〔御史大夫〕周
太始元年
〔丞相〕賀
〔御史大夫〕周
二年
〔丞相〕賀
〔御史大夫〕周
三年
〔丞相〕賀
〔御史大夫〕周卒。
暴勝之
四年
〔丞相〕賀
〔御史大夫〕勝之
征和元年
〔丞相〕賀
〔御史大夫〕勝之
二年
〔丞相〕賀四月下獄死。
劉屈氂五月拜。

〔御史大夫〕勝之下獄自殺。

商邱成九月命。

三年

〔丞相〕屈氂六月下獄腰斬。

〔御史大夫〕邱成

四年

〔丞相〕田千秋六月拜。

〔御史大夫〕邱成

後元元年

〔丞相〕千秋

〔御史大夫〕邱成

二年

〔丞相〕千秋

〔大司馬大將軍〕霍光二月輔政。

〔御史大夫〕邱成坐祝詛自殺。

桑弘羊二月命。

〔車騎將軍〕金日磾二月命。

〔左將軍〕上官桀二月命。

昭帝始元元年

〔丞相〕千秋

〔大司馬大將軍〕光

〔御史大夫〕弘羊

〔車騎將軍〕日磾九月卒。

〔左將軍〕桀

二年

〔丞相〕千秋
〔大司馬大將軍〕光
〔御史大夫〕弘羊
〔左將軍〕桀
三年
〔丞相〕千秋
〔大司馬大將軍〕光
〔御史大夫〕弘羊
〔左將軍〕桀
四年
〔丞相〕千秋
〔大司馬大將軍〕光
〔御史大夫〕弘羊
〔左將軍〕桀
五年
〔丞相〕千秋
〔大司馬大將軍〕光
〔御史大夫〕弘羊
〔左將軍〕桀
六年
〔丞相〕千秋
〔大司馬大將軍〕光
〔御史大夫〕弘羊
〔左將軍〕桀
元鳳元年

〔丞相〕千秋
〔大司馬大將軍〕光
〔御史大夫〕弘羊八月謀反伏誅。
王訢九月命。
〔左將軍〕桀八月謀反伏誅。
〔右將軍光禄勳〕張安世
二年
〔丞相〕千秋
〔大司馬大將軍〕光
〔御史大夫〕訢
〔右將軍光禄勳〕安世
三年
〔丞相〕千秋
〔大司馬大將軍〕光
〔御史大夫〕訢
〔右將軍光禄勳〕安世
四年
〔丞相〕千秋正月卒。
王訢二月拜。
〔大司馬大將軍〕光
〔御史大夫〕訢二月遷丞相。
楊敞二月命。
〔右將軍光禄勳〕安世
五年
〔丞相〕訢十一月卒。

〔大司馬大將軍〕光
〔御史大夫〕敞
〔右將軍光禄勳〕安世
六年
〔丞相〕楊敞十一月拜。
〔大司馬大將軍〕光
〔御史大夫〕敞十一月遷丞相。
蔡義
〔右將軍光禄勳〕安世
元平元年
〔丞相〕敞八月卒。
蔡義九月拜。
〔大司馬大將軍〕光
〔御史大夫〕義九月遷丞相。
田廣明九月命。
〔車騎將軍〕張安世仍光禄勳。
〔右將軍光禄勳〕安世遷車騎將軍。
〔前將軍〕韓增
〔後將軍〕趙充國
宣宗本始元年
〔丞相〕義
〔大司馬大將軍〕光
〔御史大夫〕廣明
〔車騎將軍光禄勳〕安世
〔前將軍〕增

二年

〔丞相〕義

〔大司馬大將軍〕光

〔御史大夫〕廣明

〔車騎將軍光禄勳〕安世

〔前將軍〕增

三年

〔丞相〕義六月卒。

韋賢六月拜。

〔大司馬大將軍〕光

〔御史大夫〕廣明遷祁連將軍。

魏相六月命。

〔車騎將軍光禄勳〕安世

〔前將軍〕增

四年

〔丞相〕賢

〔大司馬大將軍〕光

〔御史大夫〕相

〔車騎將軍光禄勳〕安世

〔前將軍〕增

地節元年

〔丞相〕賢

〔大司馬大將軍〕光

〔御史大夫〕相

〔車騎將軍光禄勳〕安世

〔前將軍〕增

二年

〔丞相〕賢

〔大司馬大將軍〕光二月卒。

〔御史大夫〕相

〔車騎將軍光禄勳〕安世

〔前將軍〕增

〔右將軍〕霍禹

三年

〔丞相〕賢正月免。

魏相六月拜。

〔大司馬車騎將軍〕張世安四月命，七月改大司馬衛將軍。

〔大司馬〕霍禹四月命，七月下獄腰斬。

〔御史大夫〕相六月遷丞相。

丙吉

〔車騎將軍光禄勳〕安世四月遷大司馬車騎將軍。

〔前將軍〕增

〔右將軍〕禹四月遷大司馬。

四年

〔丞相〕相

〔大司馬衛將軍〕安世

〔御史大夫〕吉

〔前將軍〕增

元康元年

〔丞相〕相
〔大司馬衛將軍〕安世
〔御史大夫〕吉
〔前將軍〕增

二年

〔丞相〕相
〔大司馬衛將軍〕安世
〔御史大夫〕吉
〔前將軍〕增

三年

〔丞相〕相
〔大司馬衛將軍〕安世
〔御史大夫〕吉
〔前將軍〕增

四年

〔丞相〕相
〔大司馬衛軍將〕安世八月卒。
〔御史大夫〕吉
〔前將軍〕增

神爵元年

〔丞相〕相
〔大司馬車騎大將軍〕韓增
〔御史大夫〕吉
〔前將軍〕增遷大司馬車騎將軍。

二年

〔丞相〕相
〔大司馬車騎將軍〕增
〔御史大夫〕吉
〔後將軍〕趙充國
三年
〔丞相〕相三月卒。
丙吉三月命。
〔大司馬車騎將軍〕增
〔御史大夫〕吉三月遷丞相。
蕭望之七月命。
四年
〔丞相〕吉
〔大司馬車騎將軍〕增
〔御史大夫〕望之
五鳳元年
〔丞相〕吉
〔大司馬車騎將軍〕增
〔御史大夫〕望之
二年
〔丞相〕吉
〔大司馬車騎將軍〕增四月卒。
許延壽五月命。
〔御史大夫〕望之遷太子太傅。
黄霸八月命。
三年

〔丞相〕吉正月卒。

黄霸二月拜。

〔大司馬車騎將軍〕延壽

〔御史大夫〕霸二月遷丞相。

杜延年

四年

〔丞相〕霸

〔大司馬車騎將軍〕延壽

〔御史大夫〕延年

甘露元年

〔丞相〕霸

〔大司馬車騎將軍〕延壽三月卒。

〔御史大夫〕延年

二年

〔丞相〕霸

〔御史大夫〕延年病免。

于定國五月命。

三年

〔丞相〕霸三月卒。

于定國五月拜。

〔御史大夫〕定國五月遷丞相。

陳萬年五月命。

四年

〔丞相〕定國

〔御史大夫〕萬年

〔右將軍〕常惠

黄龍元年

〔丞相〕定國

〔大司馬車騎將軍〕史高十二月命。

〔御史大夫〕萬年

〔右將軍〕惠

〔前將軍〕蕭望之

元帝初元元年

〔丞相〕定國

〔大司馬車騎將軍〕高

〔御史大夫〕萬年

〔前將軍〕望之遷光禄勳。

〔右將軍〕惠

二年

〔丞相〕定國

〔大司馬車騎將軍〕高

〔御史大夫〕萬年

〔右將軍〕惠

三年

〔丞相〕定國

〔大司馬車騎將軍〕高

〔御史大夫〕萬年

〔右將軍〕惠卒。

馮奉世

四年

〔丞相〕定國

〔大司馬車騎將軍〕高

〔御史大夫〕萬年

〔右將軍〕奉世

五年

〔丞相〕定國

〔大司馬車騎將軍〕高

〔御史大夫〕萬年卒。

貢禹六月命，十二月卒。

薛廣德

〔右將軍〕奉世

永光元年

〔丞相〕定國十一月致仕。

〔大司馬車騎將軍〕高七月致仕。

王接七月命。

〔御史大夫〕廣德病免。

韋玄成七月命。

〔右將軍〕奉世遷右將軍典屬國。

〔左將軍〕許嘉

二年

〔丞相〕韋玄成二月拜。

〔大司馬車騎將軍〕接

〔御史大夫〕玄成二月遷丞相。

鄭弘二月命。

〔左將軍〕嘉

〔右將軍典屬國〕奉世

三年

〔丞相〕玄成

〔大司馬車騎將軍〕接四月卒。

許嘉七月命。

〔御史大夫〕弘

〔左將軍〕嘉七月遷司馬。

〔右將軍典屬國〕奉世遷左將軍光禄勳。

〔右將軍〕王商

四年

〔丞相〕玄成

〔大司馬車騎將軍〕嘉

〔御史大夫〕弘

〔左將軍光禄勳〕奉世

〔右將軍〕商

五年

〔丞相〕玄成

〔大司馬車騎將軍〕嘉

〔御史大夫〕弘

〔左將軍光禄勳〕奉世卒。

〔右將軍〕商

建昭元年

〔丞相〕玄成

〔大司馬車騎將軍〕嘉

〔御史大夫〕弘

〔右將軍〕商

二年

〔丞相〕玄成

〔大司馬車騎將軍〕嘉

〔御史大夫〕弘有罪自殺。

匡衡八月命。

〔右將軍〕商

三年

〔丞相〕玄成六月卒。

匡衡七月拜。

〔大司馬車騎將軍〕嘉

〔御史大夫〕衡七月遷丞相。

李延壽七月命。

〔右將軍〕商

四年

〔丞相〕衡

〔大司馬車騎將軍〕嘉

〔御史大夫〕延壽

〔右將軍〕商

五年

〔丞相〕衡

〔大司馬車騎將軍〕嘉

〔御史大夫〕延壽

〔右將軍〕商

竟寧元年

〔丞相〕衡
〔大司馬車騎將軍〕嘉
〔大司馬大將軍〕王鳳六月命。
〔御史大夫〕延壽卒。
張譚七月命。
〔右將軍〕商

成帝建始元年

〔丞相〕衡
〔大司馬大將軍〕鳳
〔大司馬車騎將軍〕嘉
〔御史大夫〕譚
〔右將軍〕商

二年

〔丞相〕衡
〔大司馬大將軍〕鳳
〔大司馬車騎將軍〕嘉
〔御史大夫〕譚
〔右將軍〕商

三年

〔丞相〕衡十二月免。
〔大司馬大將軍〕鳳
〔大司馬車騎將軍〕嘉八月致仕。
〔御史大夫〕譚免。
尹忠十月命。
〔右將軍〕商遷左將軍。

任千秋

四年

〔丞相〕王商三月拜。

〔大司馬大將軍〕鳳

〔御史大夫〕忠坐河决自殺。

张忠十一月命。

〔左將軍〕商三月遷丞相。

〔右將軍〕千秋遷左將軍。

史丹

河平元年

〔丞相〕商

〔大司馬大將軍〕鳳

〔御史大夫〕忠

〔左將軍〕千秋

〔右將軍〕丹

二年

〔丞相〕商

〔大司馬大將軍〕鳳

〔御史大夫〕忠

〔左將軍〕千秋

〔右將軍〕丹

三年

〔丞相〕商

〔大司馬大將軍〕鳳

〔御史大夫〕忠

〔左將軍〕千秋卒。
〔右將軍〕丹遷左將軍。
王章
四年
〔丞相〕商四月免。
張禹六月拜。
〔大司馬大將軍〕鳳
〔御史大夫〕忠
〔左將軍〕丹
〔右將軍〕章
陽朔元年
〔丞相〕禹
〔大司馬大將軍〕鳳
〔御史大夫〕忠
〔左將軍〕丹
〔右將軍〕章
二年
〔丞相〕禹
〔大司馬大將軍〕鳳
〔御史大夫〕忠卒。
王音四月命。
〔左將軍〕丹
〔右將軍〕章
三年
〔丞相〕禹

〔大司馬大將軍〕鳳八月卒。

〔大司馬車騎將軍〕王音九月命。

〔御史大夫〕音九月，遷大司馬。

于永十一月命。

〔左將軍〕丹

〔右將軍〕章

四年

〔丞相〕禹

〔大司馬車騎將軍〕音

〔御史大夫〕永

〔左將軍〕丹

〔右將軍〕章

鴻嘉元年

〔丞相〕禹二月致仕。

薛宣四月拜。

〔大司馬車騎將軍〕音

〔御史大夫〕永卒。

薛宣正月命，四月遷丞相。

王駿四月命。

〔左將軍〕丹

〔右將軍〕章

辛慶忌

二年

〔丞相〕宣

〔大司馬車騎將軍〕音

〔御史大夫〕駿
〔左將軍〕丹
〔右將軍〕慶忌
三年
〔丞相〕宣
〔大司馬車騎將軍〕音
〔御史大夫〕駿
〔左將軍〕丹
〔右將軍〕慶忌
四年
〔丞相〕宣
〔大司馬車騎將軍〕音
〔御史大夫〕駿
〔左將軍〕丹
〔右將軍〕慶忌
永始元年
〔丞相〕宣
〔大司馬車騎將軍〕音
〔御史大夫〕駿
〔左將軍〕丹
〔右將軍〕慶忌
二年
〔丞相〕宣十月免。
翟方進十一月拜。
〔大司馬車騎將軍〕音正月卒。

〔大司馬衛將軍〕王商二月命。

〔御史大夫〕駿卒。

翟方進三月命，八月貶執金吾。

孔光十一月命。

〔左將軍〕丹

〔右將軍〕慶忌

三年

〔丞相〕方進

〔大司馬衛將軍〕商

〔御史大夫〕光

〔左將軍〕丹卒。

〔右將軍〕慶忌遷左將軍。

韓勳

四年

〔丞相〕方進

〔大司馬衛將軍〕商十一月致仕。

〔御史大夫〕光

〔左將軍〕慶忌

〔右將軍〕勳卒。

廉褒

元延元年

〔丞相〕方進

〔大司馬衛將軍〕商正月復命，十二月改兼大軍卒。

〔大司馬驃騎將軍〕王根十二月命。

〔御史大夫〕光

〔左將軍〕慶忌

〔右將軍〕褒免。

尹岑

二年

〔丞相〕方進

〔大司馬驃騎將軍〕根

〔御史大夫〕光

〔左將軍〕慶忌卒。

〔右將軍〕岑

三年

〔丞相〕方進

〔大司馬驃騎將軍〕根

〔御史大夫〕光

〔右將軍〕岑

〔後將軍〕朱博

四年

〔丞相〕方進

〔大司馬驃騎將軍〕根

〔御史大夫〕光

〔後將軍〕博

綏和元年

〔丞相〕方進

〔大司馬驃騎將軍〕根四月更爲大司馬，七月致仕。

〔大司馬〕王莽十一月命。

〔御史大夫〕光貶廷尉。

何武三月命，四月改御史大夫爲大司空。

〔後將軍〕博免。

〔左將軍〕孔光

〔右將軍〕王咸

二年

〔丞相〕方進二月卒。

孔光三月拜。

〔大司馬〕莽十二月免。

師丹十二月命。

〔大司空〕武免。

師丹十月命尋免。

〔左將軍〕光三月遷丞相。

師丹五月遷。

〔右將軍〕咸遷左將軍，十月免。

傅喜十一月免。

彭宣

哀帝建平元年

〔丞相〕光

〔大司馬〕丹四月免。

傅喜四月命。

〔大司空〕朱博十月命。

〔右將軍〕宣遷左將軍。

二年

〔丞相〕光四月免。

朱博四月拜，八月有罪自殺。

平當十二月拜。

〔大司馬〕喜二月免。

〔大司馬衛將軍〕丁明二月命。

〔大司空〕博四月復改大司空爲御史大夫。是月遷丞相。

〔御史大夫〕趙玄四月命，五月下獄。

平當五月命，十二月遷丞相。

王嘉十二月命。

〔左將軍〕宣免。

丁望尋卒。

公孫禄

三年

〔丞相〕當三月卒。

王嘉四月拜。

〔大司馬衛將軍〕明

〔御史大夫〕嘉四月遷丞相。

王崇四月命，九月貶。

〔左將軍〕禄

〔右將軍〕𫎇望

四年

〔丞相〕嘉

〔大司馬衛將軍〕明

〔御史大夫〕賈延三月命。

〔左將軍〕禄免。

〔右將軍〕望遷左將軍。

王安

元壽元年

〔丞相〕嘉三月下獄死。

孔光七月拜。

〔大司馬衛將軍〕明正月改兼驃騎將軍。

傅晏

〔御史大夫〕延

孔光五月命，七月遷丞相。

何武七月命，九月免。

〔右將軍〕安

〔前將軍〕何武

二年

〔丞相〕光

〔大司馬驃騎將軍〕明九月免。

〔大司馬車騎將軍〕韋賢十一月命即卒。

〔大司馬衛將軍〕董賢十二月命。

〔御史大夫〕彭宣八月命。

〔前將軍〕武

三年五月改官制。

〔太師〕

〔太傅〕孔光九月命。

〔太保〕

〔大司馬〕董賢五月專爲大司馬，不兼將軍，六月免。

王莽六月拜。

〔大司徒〕孔光五月改大司徒，九月遷太傅。

馬宮九月拜。

〔大司空〕彭宣五月改大司空，六月病免。

王崇八月拜。

〔驃騎將軍〕

〔車騎將軍〕王舜

〔衛將軍〕

〔前將軍〕何武

〔左將軍〕甄豐

〔右將軍〕王崇八月遷大司空。

孫建

〔後將軍〕

平常元始元年

〔太傅〕光三月遷太師。

王莽三月拜太傅兼大司馬，號安漢公。

〔太保〕王舜三月拜，兼車騎將軍。

〔大司馬〕莽

〔大司徒〕宮

〔大司空〕崇

〔車騎將軍〕舜三月遷太保，仍兼車騎將軍。

〔右將軍〕建

〔左將軍〕豐三月加少傅，與孔光、王莽、王舜並爲四輔。

二年

〔太師〕光

〔太傅〕莽

〔太保〕舜

〔大司馬〕莽

〔大司徒〕宫

〔大司空〕崇二月病免。

甄豐四月命，兼衛將軍。

〔車騎將軍〕舜

〔衛將軍〕豐四月命。

〔右將軍〕建遷左將軍。

甄邯

〔左將軍〕豐四月遷大司空。

三年

〔太師〕光

〔太傅〕莽

〔太保〕舜

〔大司馬〕莽

〔大司徒〕宫

〔大司空〕豐

〔車騎將軍〕舜

〔左將軍〕建

〔右將軍〕邯

四年

〔太師〕光

〔太傅〕莽四月拜宰衡，位上公、太傅、司馬如故。

〔太保〕舜

〔大司馬〕莽

〔大司徒〕宫

〔大司空〕豐

〔車騎將軍〕舜
〔左將軍〕建
〔右將軍〕邯

五年

〔太師〕光四月卒。
〔太傅〕莽
〔太保〕舜
〔大司馬〕莽
馬宮四月命，八月免。
〔大司徒〕宮四月遷大司馬。
平晏
〔大司空〕豐
〔車騎將軍〕舜
〔左將軍〕建
〔右將軍〕邯

少帝居攝元年

〔太傅〕莽五月稱假皇帝。
〔太保〕舜三月遷太傅左輔。
〔太保右拂〕甄豐三月拜。
〔太保後承〕甄邯三月命。
〔大司徒〕晏
〔大司空〕豐加太阿，三月命。
〔車騎將軍〕舜
〔右將軍〕邯三月遷太保。
〔左將軍〕建

二年

〔太傅〕莽

〔太傅左輔〕舜

〔太保右拂〕豐

〔太保後承〕邯

〔大司徒〕晏

〔大司空〕豐

〔車騎將軍〕舜

初始元年十二月莽篡位。

〔太傅〕莽

〔太傅左輔〕舜

〔太保右拂〕豐

〔太保後承〕邯

〔大司徒〕晏

〔大司空〕豐

〔車騎將軍〕舜

校記

萬季野《歷代史表》，《鄞縣藝文》云五十三卷，係據康熙間最初刻本。余藏有此本，卷首有四雪草堂稿紙二頁，曰《補歷代史表》，書中蓋有“四雪草堂”印，且各八校過。校者雖無多，然如《東漢諸王世表》中，明帝六王豹之子噐，初刻本及廣雅局本均誤作“嵩”，特爲更正，甚可寶也。廣雅局刻本五十三卷，以前悉依康熙間初刻本五十四卷，爲《吴將相大臣年表》五十五卷，爲《南唐將相大臣年表》五十六卷，爲《南漢將相大臣年表》五十七卷，爲《蜀將相大臣年表》五十八卷，爲《後蜀將相大臣年表》五十九卷，爲《北漢將相大臣年表》，計增六卷，與朱序所云六十篇缺一篇，與《浙江書録》所云今本五十六卷，多三卷。今得伏跗室主人馮孟顓所藏舊稿互勘之，曰《漢將相大臣年表》，曰《唐將相大臣年表》上中下，曰《唐邊鎮年表》，曰《唐功臣年表》，曰《吴越將相大臣年表》，曰《吴越將相州鎮年表》，曰《宋大臣年表》，曰《遼大臣年表》，曰《金將相大臣年表》，皆爲廣雅本所未刊及者。間有已刊者，如《吴將相大臣年表》稿本，與刻本項目不同，《南唐將相大臣年表》《後蜀將相大臣年表》《南漢將相大臣年表》則稍有異同，《蜀將相大臣年表》及《北漢將相大臣年表》則完全相符。余擬就未刊者，略爲整治，别刊之入《四明叢書》。鄞縣張壽鏞。

按，馮藏萬氏未刊稿，尚有《新莽大臣年表》《唐鎮十道節度使年表》《唐宦官封爵表》《武氏諸王表》《唐諸蕃君長世表》《遼諸帝統系圖》《金諸帝統系圖》《金衍慶宫功臣録》八篇，《蜀將相大臣年表》《北漢將相大臣年表》與廣雅本實亦稍有異同，今將未刊者分别印實補編，其稍有異同之二種，亦參校兩存之。

新莽大臣年表

清 萬斯同 撰

新莽始建國元年己巳

〔太師〕王舜

〔太傅〕平晏

〔國師〕劉歆

〔國將〕哀章已上四輔。

〔大司馬〕甄邯

〔大司徒〕王尋

〔大司空〕王邑已上三公。

〔更始將軍〕甄豐

〔衛將軍〕王興

〔立國將軍〕孫建

〔前將軍〕王盛已上四將。

二年庚午

〔太師〕舜

〔太傅〕晏

〔國師〕歆

〔國將〕章

〔大司馬〕邯

〔大司徒〕尋

〔大司空〕邑

〔更始將軍〕豐有罪伏誅。

姚恂改寧始將軍。
〔衛將軍〕興
〔立國將軍〕建
〔前將軍〕盛
三年辛未
〔太師〕舜死。
王匡舜子。
〔太傅〕晏
〔國師〕歆
〔國將〕章
〔大司馬〕邯
〔大司徒〕尋
〔大司空〕邑
〔寧始將軍〕恂死。
孔永
〔衛將軍〕興
〔立國將軍〕建
〔前將軍〕盛
四年壬申
〔太師〕匡
〔太傅〕晏
〔國師〕歆
〔國將〕章
〔大司馬〕邯死。
孔永

〔大司徒〕尋
〔大司空〕邑
〔寧始將軍〕永遷大司馬。
侯輔
〔衞將軍〕興
〔立國將軍〕建
〔前將軍〕盛

五年癸酉

〔太師〕匡
〔太傅〕晏
〔國師〕歆
〔國將〕章
〔大司馬〕永告老。
逯並
〔大司徒〕尋
〔大司空〕邑
〔寧始將軍〕輔
〔衞將軍〕興
〔立國將軍〕建
〔前將軍〕盛

天鳳元年甲戌

〔太師〕匡
〔太傅〕晏
〔國師〕歆
〔國將〕章

〔大司馬〕並免。
苗訢
〔大司徒〕尋
〔大司空〕邑
〔寧始將軍〕輔免。
戴參
〔衞將軍〕興
〔立國將軍〕建
〔前將軍〕盛
二年乙亥
〔太師〕匡
〔太傅〕晏
〔國師〕歆
〔國將〕章
〔大司馬〕訢免。
陳茂
〔大司徒〕尋
〔大司空〕邑
〔寧始將軍〕參免。
廉丹
〔衞將軍〕興
〔立國將軍〕建死。
趙閎
〔前將軍〕盛
三年丙子

〔太師〕匡
〔太傅〕晏
〔國師〕歆
〔國將〕章
〔大司馬〕茂免。
嚴尤
〔大司徒〕尋
〔大司空〕邑
〔寧始將軍〕丹
〔衞將軍〕興
〔立國將軍〕閎
〔前將軍〕盛

四年丁丑

〔太師〕匡
〔太傅〕晏
〔國師〕歆
〔國將〕章
〔大司馬〕尤
〔大司徒〕尋
〔大司空〕邑
〔寧始將軍〕丹
〔衞將軍〕興
〔立國將軍〕閎
〔前將軍〕盛

五年戊寅

〔太師〕匡
〔太傅〕晏
〔國師〕歆
〔國將〕章
〔大司馬〕尤
〔大司徒〕尋
〔大司空〕邑
〔寧始將軍〕丹
〔衛將軍〕興有罪自殺。
王涉
〔立國將軍〕閎
〔前將軍〕盛

六年己卯

〔太師〕匡
〔太傅〕晏
〔國師〕歆
〔國將〕章
〔大司馬〕尤免。
董忠
〔大司徒〕尋
〔大司空〕邑
〔寧始將軍〕丹復改更始將軍。
〔衛將軍〕涉
〔立國將軍〕閎
〔前將軍〕盛

地皇元年庚辰

〔太師〕匡

〔太傅〕晏死。

唐尊

〔國師〕歆

〔國將〕章

〔大司馬〕忠

〔大司徒〕尋

〔大司空〕邑

〔更始將軍〕丹

〔衛將軍〕涉

〔立國將軍〕閎

〔前將軍〕盛

二年辛巳

〔太師〕匡

〔太傅〕尊

〔國師〕歆

〔國將〕章

〔大司馬〕忠

〔大司徒〕尋

〔大司空〕邑

〔更始將軍〕丹

〔衛將軍〕涉

〔立國將軍〕閎

〔前將軍〕盛

三年壬午

〔太師〕匡

〔太傅〕尊

〔國師〕歆

〔國將〕章

〔大司馬〕忠

〔大司徒〕尋

〔大司空〕邑

〔更始將軍〕丹戰没。

史諶

〔衛將軍〕涉

〔立國將軍〕閎

〔前將軍〕盛

四年癸未十月，漢軍入長安，莽伏誅。

〔太師〕匡十月，降于漢軍，伏誅。

〔太傅〕尊十月死。

〔國師〕歆七月，謀反，伏誅。

苗訢十月死。

〔國將〕章十月，降于漢軍，伏誅。

〔大司馬〕忠十月，謀反，伏誅。

王邑十月，戰没。

〔大司徒〕尋六月，戰没。

張邯十月，降于漢軍，伏誅。

〔大司空〕邑遷大司馬。

崔發十月，降于漢軍，伏誅。

〔更始將軍〕諶十月，降于漢軍，伏誅。
〔衛將軍〕涉七月，謀反，伏誅。
王林十月，降于漢軍，伏誅。
〔立國將軍〕閎十月，降于漢軍，伏誅。
〔前將軍〕盛十月死。

前漢匈奴表

沈維賢撰

例言

漢之世，東拔朝鮮，南并兩粤，西南平夜郎、冉、駹，然天戈所指，不過數年，芟夷而郡縣之矣。惟匈奴崛强漠北，用兵數世，僅而能定，誠中國之勁敵也。故自後漢以下，當兼及鮮卑、氐、羌而於西都止數匈奴焉。

西域與匈奴異矣，然漢使未通以前，匈奴置僮僕、都尉以領之，來塞爲寇，資其供給。自破姑師，結烏孫，而虜失西方之援，益北，其入塞道益遠，而漢轉合烏孫入其右地，故西域者，北伐之門户也。輒舉武、宣以來經營之略，并著之。

一代之事，其所得失，當時能者言之瞭然，如朝錯三策，充國議屯田，侯應論邊備，或有裨於一時，或爲法於來世，顧不能入正文，棄之則又無以資考鏡，爰附注於下，以明建策諸臣謀國之心，且以爲引伸觸長之助。

漢氏外攘，非徒恃武事，亦得地形。自開朔方而畿甸有藩籬之固，建河西而匈奴失饒沃之壤，浸以衰耗。

今鄂爾多斯即古朔方郡，明爲河套，仍緣邊之重衛。至河西乃甘肅、甘涼等府，形便沃衍，爲甘省奥區，洵乎攬今地而知古人之所争非得已也。爲取沿邊郡縣及地名之可考者，稽合舊注，釋以今名。惟藏書不多，又塞外地轇葛難紀，其所紕謬，尚待糾正。

是編引《史》《漢》《荀紀》《通鑑》及《綱目》，本文有減無增。若夫補闕拾遺，則兼及群籍，有所訂正，附注於下。其爲前人所糾當采者，表而出之，或參以管見。至諸子所稱，若木女解厄，月氏貢鷄，事涉恢奇，所不敢取。

匈奴盛時，東破月氏，南并樓煩、白羊，西服烏孫、康居，北兼烏揭、堅昆、丁令，并有今俄羅斯錫伯利部地，擬稽中外交界之域，繪爲一圖。適見何秋濤《朔方備乘》叙之綦詳，因以己意，研考同異，繪而載之於首。

自劉敬倡爲和親，捐子女玉帛以畀單于，而單于反以滋倨侮。至於文景歲罹其患，蓋匈奴方强而漢示弱以驕之，則賈生所謂倒縣之勢也。故以高帝迄孝景六十六年爲一卷。

武帝選將鍊兵，拓地數千里，然每有克獲，及係累虜使，匈奴輒取償焉。蓋虜勢猶盛而數得漢奸，稔悉畺寓故也。然自天子決計罷和親，而將士作氣，匈奴自此弱矣。故以武帝五十四年爲一卷。

自昭宣出師，其所克捷，不逮衛、霍，而匈奴遂詘體稱藩。蓋自武帝掊擊之後，邊民習於戰鬭，器械精利，烽火嚴明，犯塞者少利而匈奴已衰。又内相誅夷，漢因而奠定之，所謂以全制其極也。故以昭帝迄平帝九十一年爲一卷。

班史諸表不及孺子嬰，以新莽居攝，漢祚已移故也。至《匈奴傳》則兼及莽事。夫漢家外攘之績，實敗於莽，攬搆釁之由，可悟安輯之術。故遵綱目，用分注紀年，而冠以孺子嬰，殿以更始，凡二十一年，爲附録一卷終焉。

前漢匈奴表卷一

伊昔三代之隆，曷嘗無不若之類，竊窺於邊隅者乎，觀於格有苗而舞干羽，警獫狁而飭戎車，蓋大抵内修其德政，而外怵以明威，其來也禦之，其往也備之，使夫詘節請和之誠，出自戎狄，而姑如其意以納之，斯百世之逸也。漢興，積累世之資，東拔濊貉、朝鮮，西建酒泉、敦煌，北築河南、新秦。至於涣汗之頒，遠及西域，呼韓稽顙來朝甘泉。雖殷伐鬼方，周朝肅慎，武功之盛，未或前聞。然而二百一十年中，攄謨帷幄之士，與鷹揚朔漠之將，其議和親征伐，言人人殊，要歸視世主之所嚮而已。故高惠議和，則良平之謀，絳灌之武束手而無所試。至於孝武之世，雖董仲舒、汲黯、徐樂、嚴安、主父偃之屬，人進休養之謀而開邊卒未已也。賈生有言，匈奴之衆不過漢一大縣，以高帝之威懲平城之失，而急思和親，貽謀若此，無或乎文景之不克振也。武帝單天下之力，以挑强胡，五十年間，匈奴罷極苦之，漢士馬物故十六七，議者以爲得下策。夫戎狄譬於豺狼，非文詞所能靡也，非禮義所能格也。規獲金幣，則撤跳梁之兵，漢使既通，又南下而牧馬矣。彼諸夏之邦，有朝遣聘問之使，夕奏告急之章者，曾不能以好詞重貺，息蠶食之謀，而況於胡乎。是故若孝武之深入遠戍，爲子孫謀數世之逸，不可謂非中策也。秦始皇興數十萬之衆，北營長城，起臨洮屬之遼東，延袤萬餘里，令休息士馬，而得中主，以善其後，亦萬世之利也。假使武帝降昆邪之後，繕完西北諸郡，謹斥堠，嚴烽燧，内修文景之政，以優吾民，華山桃林，無以尚之。帝之失在太初以還，貳師因杅單財費，衆供無益之舉耳。逮夫宣元成哀之際，單于稱臣，納質身入朝者五，非德過於文景而威加於高帝，蓋乘累勝之勢，又因内訌之機，而后撫呼韓以睎恩，斬郅支以睎威，故其和可久。然則中國之所以御戎狄者，必戰勝攻取，使議和在彼，乃可以逞。不者重邊郡之權，人自爲守，令犯塞者少利，則亦羈縻漸致和親之術也。竊攬漢于匈奴，經營數世，而紀傳參錯于終始憒焉。故爲斞酌《史》《漢》，參以群籍，掇拾大指，述之如左。

高帝元年

〔漢〕

〔匈奴〕

二年

〔漢〕冬十一月，繕治河上塞。晉灼曰：秦北攻胡，築河上塞。齊召南曰：按河上塞，即河上郡之北境，與匈奴邊界處，非秦時所取河南地，因河爲塞者也。蓋自諸侯叛秦，匈奴復稍度河南，與中國界于故塞，《匈奴傳》可證也。河上郡後爲馮翊，前即塞王國，此時初得其地，即復繕治障塞耳。晉灼以遠在朔方五原者當之，非也。漢左馮翊與京兆、右扶風俱治長安，今陝西西安府。

夏，興關中卒，乘邊塞。師古曰：乘，登也。登而守之。蓋即守所繕治之塞。時中原蜩沸，漢初定三秦，置河上渭南中地，隴西、上郡轉饋於是乎出，而匈奴浸浸内侵，懼其乘虛而來，與我争此土也。

三年

四年

五年

六年

〔漢〕春正月，徙韓王信王太原，都晉陽，太原郡治晉陽，今山西太原府太原縣治。以備胡。信以匈奴數入寇晉陽，去塞遠，請治馬邑，縣名，屬雁門郡。今山西朔平府馬邑鄉。許之。

〔匈奴〕秋九月，匈奴圍韓王信於馬邑，信降，引兵共攻太原，至晉陽。初，匈奴畏秦，北徙。秦滅，復稍南渡河。單于頭曼有太子曰冒頓，殺頭曼而自立。時漢兵方與項羽相距，中國罷於兵革，冒頓遂襲滅東胡，西走月氏，南并樓煩、白羊，遂侵燕、代，復收蒙恬所奪匈奴故地，與漢關故河南塞，至朝那、膚施。東胡，烏桓之祖，其别爲鮮卑，在匈奴東。月氏爲匈奴所破，西走大夏，其故地即河西四郡及伊吾盧，今甘肅涼州、肅州、甘州，新疆哈密等處。樓煩、白羊二王，居河南。秦蒙恬斥逐匈奴，收河南地，爲新秦中。漢置朔方郡。隋唐爲勝州、豐州。明爲河套。今爲鄂爾多斯。《漢志》雁門郡樓煩。應劭曰：故樓煩胡地。按漢樓煩故城，爲今山西寧武府，當定襄之南，西河之東，恐非胡所居地。元朔中，衛青擊樓煩、白羊王于河南，是樓煩故在朔方也。高帝擊匈奴，自晉陽至樓煩，遂至平城，則知於時已有斯縣，非取之胡者。燕國都薊，今順天府大興縣。代郡，治桑乾，今直隸宣化府蔚州東北。朝那縣，屬安定郡，今甘肅平涼府平涼縣。膚施縣，上郡治，今陜西延安府膚施縣。

七年

〔漢〕冬十月，上自將擊韓王信於銅鞮，漢縣，屬上黨郡，今山西沁州西南。斬其將，信亡走匈奴。白土人白土縣，屬上郡，今鄂爾多斯右翼中旗南。曼邱臣王黄等共立趙後趙利爲王，收信散兵，與信及匈奴共攻漢。上從晉陽連戰，乘勝逐北，至樓煩，會大寒，卒墮指者什二三，遂至平城。縣名，屬雁門郡，今山西大同府大同縣東。陳子龍曰：平城在太原之北，韓信既反太原，而高帝乃越之北征者，欲破匈奴而歸取太原也，然而兵力疲矣。冒頓縱精兵四十萬騎圍帝於白登，白登山在大同縣東，上有白登臺。七日乃得出，使劉敬結和親之約。初，上在晉陽，聞冒頓居代谷，使人覘之。使者十輩來，皆言匈奴可擊。上復使劉敬往，未還，漢已悉兵三十二萬，踰句注。敬還報曰：兩國相擊，此宜夸矜見所長，今臣往，徒見羸瘠老弱，此必欲見短伏奇兵以争利，愚以爲匈奴不可擊也。時漢兵已行，上怒而繫之。及平城還，斬前使十輩，赦敬，封爲建信侯。代谷，在大同縣界。句注山，一名注陘，亦曰西陘，在代州西北。

〔匈奴〕十二月，匈奴寇代，代王喜棄國歸漢。

八年

〔漢〕陳豨以代相國監趙、代邊兵。

九年

〔漢〕冬，使劉敬奉宗室女翁主爲單于閼氏，歲奉匈奴絮繒、酒、食物各有數，約爲兄弟，以和親。此和蕃公主及歲幣之濫觴也。開創之始，不能制御戎狄，而折節以請和，非惟齊虜妄言，抑帝之暮氣至矣。

〔匈奴〕韓信爲匈奴將，及趙利、王黄等侵盜代雁門、雁門，郡治善無，今山西朔平府右玉縣南。雲中。治雲中，今歸化城土默特西黄河東岸。

十年

〔漢〕將軍樊噲繫陳豨等，復拔代雁門、雲中郡縣，不出塞。

〔匈奴〕秋八月，代相國陳豨反，與韓信合謀擊代。

十一年

〔漢〕以代地居常山之北，常山即恒山，山西大同府渾源州南二十里。與夷狄邊，趙乃從山南有之，遠。數有胡寇，難以爲國，頗取山南太原之地，益屬代，代之雲中以西爲雲中郡。

〔匈奴〕韓信與胡騎入居參合，參合縣，屬代郡，今大同府陽高縣東北。漢柴將軍柴武，一姓陳。擊斬之。

十二年

〔漢〕冬十月，太尉周勃定代，斬陳豨於當城。當城縣，屬代郡，今直隸宣化府蔚州東。

〔匈奴〕燕王盧綰反，率其黨降匈奴，往來苦上谷漢郡，治沮陽，今宣化府懷來縣南。以東。匈奴以綰爲東胡盧王，居歲餘，死胡中。

孝惠元年

二年

三年

〔漢〕春，以宗室女爲公主，嫁匈奴單于。時冒頓爲書遺高后，辭極褻慢。后怒，議斬其使，發兵擊之。樊噲曰：臣願得十萬衆，横行匈奴中。中郎將季布曰：噲可斬也。前匈奴圍高帝於平城，噲爲上將軍，不能解圍，天下歌之曰：平城之下亦誠苦，七日不食不能彀弩。今歌吟之聲未絶，瘡痍者甫起，而噲欲揺動天下，妄言以十萬衆横行，是面謾也。且夷狄譬如禽獸，得其善言不足喜，惡言不足怒也。太后曰：善。令報書遜謝，遺以車馬。冒頓復使使來謝，因獻馬，遂和親。噲説若行匪直揺動天下，令克敵而歸，則吕氏之燄益熾，季布之言，亦老成謀國之苦心也。

四年

五年

六年

七年

高后元年

二年

三年

四年

五年

〔漢〕秋九月，發河東、漢郡，治安邑，今山西解州夏縣北。上黨治長子，今潞安府長子縣西。騎屯北地，治馬領，今甘肅慶陽府環縣東南。備匈奴。初令戍卒歲更。

六年

〔匈奴〕夏六月，匈奴寇狄道，狄道縣，漢隴西郡治，今甘肅蘭州府狄道州。攻阿陽。阿陽縣，屬天水郡，今平涼府静寧州南。

七年

〔匈奴〕冬十二月，匈奴寇狄道，略二千餘人。《鼂錯傳》：高后時，匈奴三入隴西。《本紀》及《匈奴傳》止載其二。

八年

孝文元年

〔漢〕復修和親。

〔匈奴〕虜大入雲中。《田叔傳》：孝文初立，冒頓爲寇，太守孟舒坐免。

二年

三年

〔漢〕上幸甘泉，師古曰：甘泉宫在雲陽，本秦林光宫。今陝西西安府涇陽縣西北。遣丞相灌嬰發車騎八萬五千詣高奴，高奴縣，屬上郡，今延安府膚施縣東。擊走之。

〔匈奴〕夏五月，匈奴右賢王入居河南地，侵盜上郡，保塞蠻夷，師古曰：保塞蠻夷，謂本來屬漢而居塞自保守。殺略人民。

四年

〔漢〕安邱侯張説擊胡，出代。

〔匈奴〕冬十月，單于遺漢書，願復故約。

五年

六年

〔漢〕使中大夫意謁者令肩遺匈奴書，復故約。頃之，冒頓死，子老上單于稽粥立，帝復遣宗人女翁主爲單于閼氏，使宦者中行説傅之，説降匈奴。梁太傅賈誼上《治安策》，其一曰：天下之勢，方倒縣。凡天子者，天下之首，何也？上也。蠻夷者，天下之足，何也？下也。今匈奴嫚侮侵掠，至不敬也，而漢歲致金絮采繒以奉之。夷狄徵令是主上之操，天子共貢，是臣下之禮也。足反居上，首顧居下，倒縣如此，莫之能解。猶爲國有人乎可爲流涕者。此也，陛下，何忍以帝王之號，爲戎人諸侯執，既卑辱而骫不息，長此安窮進謀者，率以爲是，固不可解也，亡具甚矣。臣竊料匈奴之衆，不過漢一大縣，以天下之大，困於一縣之衆，甚爲執事者羞之。今不獵猛獸而獵田彘，不搏反寇而搏畜菟，翫細娱而不圖大，患德可遠施，威可遠加，而直數百里外，威令不伸，可爲流涕者此也。

七年

八年

九年

十年

十一年

〔漢〕從太子家令鼂錯言。時匈奴强，數寇邊，錯上言兵事曰，兵法曰，有必勝之將，無必勝之民。繇此觀之，安邊境，立功名，在於良將，不可不擇也。臣又聞，用兵臨戰，合刃之急者三：一曰得地形，二曰卒服習，三曰器用利。兵法曰：丈五之溝，漸車之水，山林積石，經川邱阜，草木所在，此步兵之地也，車騎二不當一。土山邱陵，曼衍相屬，平原廣野，此車騎之地，步兵十不當一。平陵相遠，川谷居閒，仰高臨下，此弓弩之地也，短兵百不當一。兩陳相近，平地淺中，可前可後，此長戟之地，劍楯三不當一。萑葦竹蕭，中木蒙蘢，支葉茂接，此矛鋋之地也，長戟二不當一。曲道相伏，險阸相薄，此劍楯之地也，弓弩三不當一。士不選練，卒不服習，起居不精，動静不集，趨利弗及，避難不畢，前擊後解，與金鼓之音相失，此不習勒卒之過也，百不當十。兵不完利，與空手同。甲不堅密，與袒裼同。弩不可以及遠，與短兵同。射不能中，與亡矢同。中不能入，與亡鏃同。此將不省兵之禍也，五不當一。故兵法曰：器械不利，以其卒與敵也。將不知兵，以其主與敵也。君不擇將，以其國與敵也。四者兵之至要也。臣又聞，小大異形，强弱異勢，險易異備。夫卑身以事强，小國之形也。合小以攻大，敵國之形也。以蠻夷攻蠻夷，中國之形也。今匈奴地形技藝與中國異，上下山阪，出入溪澗，中國之馬弗與也。險道傾仄，且馳且射，中國之騎弗與也。風雨罷勞，飢渴不困，中國之人弗與也。此匈奴之長技也。若夫平原易地，輕車突騎，則匈奴之衆易撓亂也。勁弩長戟，射疏及遠，則匈奴之弓弗能格也。堅甲利刃，長短相雜，游弩往來，什伍俱前，匈奴之兵弗能當也。材家騶發，矢道同的，則匈奴之革笥木薦，弗能支也。下馬地鬬，劍戟相接，去就相薄，則匈奴之足弗能給也。此中國之長技也。以此觀之，匈奴之長技三，中國之長技五。陛下又興數十萬之衆，以誅數萬之匈奴，衆寡之計，以一擊十之術也。雖然，兵凶器，戰危事也。以大爲小，以强爲弱，在俛仰間耳。夫以人之死，争勝跌而不振，則悔之亡及也。帝王之道，出於萬全，今降胡義渠蠻夷之屬來歸誼者，其衆數千，飲食長技與匈奴同，可賜之堅甲絮衣，勁弓利矢，益以邊郡之良騎，令明將能知其習俗和輯其心者，以陛下之明約將之。即有險阻，以此當之，平地通道，則以輕車材官制之，兩軍相爲表裏，各用其長技，衡加之以衆，此萬全之術也。帝嘉之。錯又上書曰：臣聞兵起而不知其勢，戰則爲人禽，屯則卒積死。今匈奴數轉牧，行獵於塞下，以候備塞之卒，卒少則入。不救則邊民絶望，而降敵救之，纔至，則胡又已去，聚而不罷，爲費甚大。罷之，則胡復入，如此連年，則中國貧苦，而民不安矣。陛下幸憂邊境，發卒治塞，然今遠方之卒，守塞一歲，而更不如選，常居者家室田作，且以備之，以便爲之。高城深塹，要害之處，調立城邑，毋下千家，先爲室屋具田器，乃募民免罪，拜爵復其家，予冬夏衣廩食，能自給而止。胡人入驅而能止其所驅者，以其半與之，縣官爲贖。如是則邑里相救助，赴敵不避死，非以德上也，欲全親戚而利其財也。此與東方之戍卒不習地勢而畏胡者，功相萬也。募民徙塞下。錯復言：陛下幸募民以實塞下，使屯戍益省輸，將益寡，甚大惠也。臣聞古之徙民者，相其陰陽之和，嘗其水泉之味，然後營邑立城，製里割宅，置器物焉。使民至有所居，作有所用，此民所以輕去其鄉，而勸之新邑也。爲置醫巫，以救疾病，修祭祀，男女有昏，生死相恤，墳墓相从，種樹畜長，所以使民樂其處，而有長居之心也。臣又聞，古之制邊縣者，五家爲伍，十伍爲里，四里一連，十連爲邑，皆擇其邑之賢才，習地形知民心者爲之長，居則習民于射法，出則教民于應敵，服習以成，勿令遷徙，幼則同遊，長則共事，夜戰聲相知，則足以相救，晝戰目相見，則足以相識，驩愛之心，足以相死，如此而勸以厚賞，威以重罰，則前死而不旋踵矣。

真德秀曰：錯三書，其論邊備，皆古今不易之論，非特可施之當時而已。

按《荀紀》，錯上三書在十四年，其請令民入粟於邊得拜爵在前二年，蓋一因叙匈奴入蕭關，一因採《食貨志》賈誼書而連類及之，今並依《通鑑》。

〔匈奴〕冬十一月匈奴寇狄道。

十二年

〔漢〕令民入粟於邊，得拜爵。入粟六百石爵上造，四千石爲五大夫，萬二千石爲大庶長。

十三年

十四年

〔漢〕以中尉周舍爲衛將軍，郎中令張武爲車騎將軍，軍長安旁，以備胡寇。昌侯盧卿爲上郡將軍，寧侯魏遬爲北地將軍，隆慮侯周竈爲隴西將軍，屯三郡。胡三省曰：三人分屯三郡，故各以郡爲將軍。上自欲征匈奴，不果，以東陽侯張相如爲大將軍，成侯董赤爲將軍，大發車騎，往擊胡，逐出塞即還，不能有所殺。李廣以良家子從軍，用善射殺首虜多。按，成侯董赤，《文帝紀》作建成侯董赫，又《紀》有内史欒布，而《匈奴傳》不載。考《功臣表》無建成侯。成侯董渫子赤，孝惠四年嗣封，當以《匈奴傳》爲是。内史欒布爲將軍，《布傳》亦不載，據《百官表》，孝文十四年内史乃董赤也，存疑。

赦作徒魏尚，復爲雲中守。虜入雲中，尚擊卻之，以上功首虜差六級，輸爲作徒。至是帝感馮唐言，使持節赦之。

〔匈奴〕冬，匈奴十四萬騎入朝那、蕭關，關在朝那縣界，今甘肅固原州東南。殺北地都尉卬，姓孫子單，以父死事，封缾侯。遂至彭陽。漢縣，屬安定郡，今涇州鎮原縣東。使騎兵入燒回中宫，師古曰：回中地在安定，其中有宫也。今曰回城，在陝西鳳翔府隴州西北。候騎至雍、縣屬右扶風，今鳳翔府鳳翔縣。甘泉。單于留塞内月餘。匈奴日以驕歲入邊，雲中、遼東最甚，漢甚患之。乃使使遺匈奴書，單于亦使當户報謝，復言和親事。遼東，治襄平，今奉天府遼陽縣北。

十五年

十六年

後元年

二年

〔漢〕使使遺匈奴書，與約和親。單于報書至，以和親布告天下。

三年

四年

〔漢〕復與匈奴和親。

〔匈奴〕老上單于死，子軍臣單于立。

《史記·匈奴傳》孝文後二年，遺匈奴書。後四歲，軍臣單于立。立四歲，匈奴入上郡、雲中，在後六年冬。以先後計之，當得八歲。而自二年至六年，數僅得半，故徐廣以爲軍臣單于後元三年立，而《通鑑》從之。然所謂後四歲，又何所系。考《漢書》後四歲作後四年，立四歲作立歲餘，于數先後均合。竊疑後四年者，乃孝文之後四年也。自此年至六年冬，軍臣單于適立歲餘耳。

五年

六年

〔漢〕以中大夫令免爲車騎將軍，屯飛狐。《史記正義》曰：蔚州飛狐縣北五十里有秦漢故代郡城，西南有山，俗號飛狐口，今直隸易州廣昌縣界。故楚相蘇意爲將軍屯句注，將軍張武屯北地，緣邊亦各堅守，以備胡寇。河内太守周亞夫爲將軍，次細柳；據《元和志》，細柳有三：一是細柳營，在萬年縣東北三十里；一曰細柳，原在長安縣西南三十三里；一曰細柳倉，乃亞夫屯軍所在，咸陽縣西南二十里。師古引張揖曰在昆明池南，固爲疏遠。胡三省引《舊唐書》元獻楊后葬細柳，原亦未深考。宗正劉禮爲將軍，次霸上；《水經注》白鹿原東，即霸川之西，謂之霸上，在西安府咸寧縣東。祝兹侯徐厲爲將軍，次棘門；孟康曰：秦時宫門也。在咸陽縣東北。以備胡。數月，漢兵至邊，匈奴遠塞，漢兵亦罷。

《荀紀》令免作李勉，蘇意作蘇隱。

〔匈奴〕冬，匈奴復絶和親，三萬騎入上郡，三萬騎入雲中，至代句注邊。𤇈火通於甘泉、長安。

七年

孝景元年

〔漢〕夏四月，遣御史大夫陶青至代下，與匈奴和親。

《史記》：匈奴入代，與約和親。

二年

〔漢〕秋，與匈奴和親。

三年

〔匈奴〕匈奴與趙合謀，是年，吴、膠西、膠東、菑川、濟南、楚、趙七國反。欲入邊。漢圍破趙，匈奴亦止。

自是後漢復與匈奴和親，通關市，給遺單于，遣翁主如故約。

四年

五年

〔漢〕遣公主嫁匈奴單于。

六年

七年

中元年

二年

〔匈奴〕春二月，匈奴入燕，遂不和親。

三年

〔漢〕遣中尉魏不害將車騎、材官士屯代高柳。代郡高柳縣，今山西大同府陽高縣西北。

〔匈奴〕春，匈奴王七人率衆降漢，皆封爲列侯。安陵侯于軍、桓侯賜、迺侯陸彊、容城侯徐盧、翕侯僕黯、范陽侯范代、翕侯邯鄲。

《史記》《索隱》引《功臣表》，名號多不合，惟翕侯僕黯作易侯。僕日易字，當是。

四年

五年

六年

〔匈奴〕夏六月，匈奴入雁門至武泉，武泉縣，屬雲中郡，今朔平府右玉縣口外。入上郡取苑馬，如氏曰：《漢儀注》太僕牧師諸苑三十六所，分布北邊、西邊，以師爲苑，監官奴婢三萬人養馬三十萬匹。《食貨志》：景帝始造苑馬以廣用。吏卒戰死者二千餘人。初，李廣爲上谷太守，數與匈奴确。上因公孫昆邪言，徙爲上郡太守。匈奴入上郡，廣以百騎遇之，令士皆解鞍縱馬臥，匈奴怪之，弗敢擊，得歸其大軍。

後元年

二年

〔漢〕春正月，郅將軍擊匈奴。《正義》曰：匈奴刻木爲郅都而射，不中。

此據褚先生補《景帝紀》。按《郅都傳》，景帝使使即拜都爲雁門太守，令便道之官。匈奴舉邊爲引兵去，竟都死不近雁門。若都以正月之官，下三月與匈奴戰，死者何有。太守馮敬、寧成傳自郅都死後，長安中多犯法，乃以成爲中尉。《百官表》在中六年，則此時越都死已三歲，疑别一郅將軍也。

發車騎材官屯雁門。

〔匈奴〕三月，匈奴入雁門太守，馮敬與戰死。

三年

前漢匈奴表卷二

孝武建元元年

〔漢〕明和親約束，厚遇關市，饒給之。

〔匈奴〕匈奴自單于以下皆親漢，往來長城下。秦始皇三十三年，將軍蒙恬斥逐匈奴，築長城，起臨洮至遼東，延袤萬餘里。臨洮，秦縣，漢屬隴西郡，洮水出西羌中，北至枹罕，東入河。縣臨洮水，因以爲名。今甘肅鞏昌府岷州，秦遼東郡，今奉天府至錦州府。按，此蓋代雁門諸塞，故馬邑豪因出物交易，以賣城誘之。

二年

三年

四年

五年

六年

〔漢〕從御史大夫韓安國議許和親。大行王恢議發兵擊之，安國曰：千里而戰，即兵不獲利。今匈奴遷徙鳥集，難得而制，得其地不足爲廣，有其衆不足爲强。漢數千里争利，則人馬罷，虜以全制其敝，勢必危殆。臣以爲不如和親。

〔匈奴〕匈奴使來請和親。

元光元年

〔漢〕冬十一月，衛尉李廣爲驍騎將軍，胡三省曰：周末置左右前後將軍，秦漢因之，位上卿。至武帝置驍騎、車騎等將軍，後來名號寖多，不可勝紀，謂之雜號將軍。洪氏曰：西漢雜號將軍，掌征伐背叛，事訖則罷，不常置也。屯雲中，中尉程不識爲車騎將軍，屯雁門。六月罷。

二年

〔漢〕從大行王恢議，使馬邑人聶壹陽爲賣城，以誘單于。單于以十萬騎入武州縣屬雁門郡，今山西朔平府左雲縣南。塞，漢伏兵三十餘萬馬邑旁谷中，衛尉李廣爲驍騎將軍，太僕公孫賀爲輕車將軍，大行王恢爲將屯將軍，太中大夫李息爲材官將軍，御史大夫韓安國爲護軍將軍，諸將皆屬約單于入馬邑縱兵，王恢、李息别從代主擊輜重。單于入塞，未至馬邑百餘里，覺之，還去。漢兵無所得，軍罷。王恢坐首謀不進，下獄死。自是後，匈奴絶和親，攻當路塞，往往入盜於邊，不可勝數。然匈奴貪尚樂關市，耆漢財物，漢亦通關市，不絶以中之。

《通鑑考異》曰：《史記·韓長孺傳》元光元年，聶壹畫馬邑事，而《漢書·武紀》在二年，蓋元年壹始言之，二年議乃決也。按《史記·將相表》亦在二年。

三年

四年

五年

〔漢〕夏發卒萬人治雁門阻險。師古曰：所以爲固用止匈奴之寇。劉貢父曰：治險阻者，通道令平易，以便伐匈奴。愚按，漢兵出塞，亦不專雁門一郡，前年馬邑事，單于得雁門尉史，以爲天王，恐其導之入寇，故復繕完險塞。顔説是也。

六年

〔漢〕春，使四將軍各萬騎擊胡關市下。車騎將軍衛青出上谷至龍城，龍城，匈奴祭天大會諸部處，無常所。得胡首虜七百人。輕車將軍公孫賀出雲中，無所得。騎將軍公孫敖出代郡，爲胡所敗，亡七千騎。驍騎將軍李廣出雁門，爲胡所敗，匈奴生得廣。廣道亡歸。

秋，以衛尉韓安國爲材官將軍，屯漁陽。

〔匈奴〕冬，匈奴入上谷，殺略吏民。秋，匈奴數千人盜邊，漁陽治漁陽，今順天府密雲縣。尤甚。秋，《匈奴傳》作冬。按太初以前，均以冬爲歲首，是年不應復有冬，今從《本紀》。

元朔元年

〔漢〕秋，拜李廣爲右北平治平剛，故城在今熱河八溝界。太守。廣在郡，匈奴號曰飛將軍，避之數歲，不敢入右北平。

車騎將軍衛青出雁門，將軍李息出代，獲首虜數千級。

臨淄人主父偃上書言九事，其一事諫伐匈奴，略曰：夫務戰勝窮武事，未有不悔者也。昔秦皇帝并吞戰國，務勝不休，欲攻匈奴，李斯諫曰：夫匈奴無城郭之居，無委積之守，遷徒鳥舉，難得而制也。輕兵深入，糧食必絶，踵糧以行，重不及事。得其地不足以爲利，得其民不可調而守也。勝必殺之，非民父母也。靡敝中國，快心匈奴，非長策也。秦皇帝不聽，使蒙恬將兵北伐，辟地千里，暴兵露師，十有餘年，百姓靡敝，天下始畔。高皇帝聞匈奴聚代谷之外，欲擊之。御史成進諫曰：夫匈奴之性，獸聚而鳥散，從之如搏影。今以陛下盛德攻匈奴，臣竊危之。高帝不聽，果有平城之圍。夫匈奴難制非一世也，行盜侵驅，天性固然，虞夏殷周禽獸畜之，今不上觀。虞夏殷周之統，而循近世之失，此臣之所大憂，百姓之所疾苦也。故丞相史嚴安言，周失之弱，秦失之强，今深入匈奴，燔其龍城，議者美之，此人臣之利，非天下之長策也。

〔匈奴〕匈奴入遼西，郡治且慮，今直隸永平府盧龍縣東。殺太守，略二千餘人。又大入上谷、漁陽，敗漁陽太守軍，圍將軍安國壁，盧略千餘人及畜産去。又入雁門，殺略千餘人。

二年

〔漢〕遣衞青、李息出雲中至隴西，擊胡之樓煩、白羊王於河南，得胡首虜數千，羊百餘萬。於是漢遂取河南地，置朔方、五原郡。朔方郡，治三封故城，在今鄂爾多斯右翼後旗套外黄河西岸。五原郡治九原，今吴喇忒旗北。復繕故秦时蒙恬所爲塞，因河以爲固。河自寧夏西折而北，經三受降城，南至廢東勝州，西折而南入府谷縣境，謂之河套。東西二千里，南北廣八九百里。漢亦棄上谷之斗辟縣造陽地，師古曰縣之斗曲，入匈奴界者，其中造陽地，今宣化府龍門赤城至獨石口也。九百餘里，以予胡夏，募民徙朔方十萬口。

〔匈奴〕春，匈奴入上谷、漁陽，殺略數千人。

三年

〔漢〕秋，城朔方城。

張騫自月氏還。初，匈奴降者言，月氏故居敦煌、祁連間，爲彊國匈奴攻破之，殺月氏王，餘衆逃遁遠去，怨匈奴，無與共擊之。上募能通月氏者，張騫以郎應募，出隴西，徑匈奴中。單于得之，留十餘歲。騫得間西去，數十日至大宛。宛爲發譯道，抵康居，傳致大月氏。大月氏地肥饒，少寇，殊無報胡之心。騫留歲餘，不能得要領，乃還。復爲匈奴所得。會匈奴亂，乃逃歸。大月氏，治監氏城，去長安萬一千六百里。董方立以爲今科克倫，魏默深以爲今愛烏罕，徐繼畬曰：月氏本湟中行國，西擊大夏而臣之，都嬀水北爲王庭。今考嬀水即阿母河源。大月氏王庭既在嬀水之北，則其部曲自在嬀水左右，乃今布哈爾境土，回部大國也。敦煌、張掖，漢元鼎六年置郡。祁連山即天山，一曰雪山，亦名白山，隨地異稱。七十一《新疆紀略》曰：雪山自嘉峪關起，龍蜿蜒而西，山南爲哈密，爲闢展，爲哈喇沙拉，爲庫車，爲阿克蘇，爲烏什，爲葉爾羌，爲和闐，爲喀什噶爾，所謂南路也。山北爲巴里坤，爲烏魯木齊，爲伊犁，爲塔拉巴哈臺，所謂北路也。山之往中國者，嘉峪關外東西綿亘九千餘里，爲南北兩路之分界。至葉爾羌愈遠峻，西南折入温都斯坦，復折而西直達西海，其最大者於烏魯木齊曰博克塔班，於伊犁烏什之交曰穆肅魯塔班，於葉爾羌曰米勒臺塔班。大宛治貴山城，去長安萬一千五百五十里。今浩罕一名安集延，亦回部城郭之國。康居國王冬治卑闐城，去長安萬二千三百里，夏所居距卑闐九千一百四里。其地東南起今哈薩克西北，抵今俄羅斯之莫斯科窪境。

〔匈奴〕冬，軍臣單于死，弟伊穉斜單于立，攻破軍臣單于太子於單，於單亡降漢。封爲涉安侯。

夏，匈奴入代，殺太守恭友，略千餘人。

恭友，《通鑑》作恭及，乃傳寫之誤。胡三省於“恭”下注代郡云云，蓋以“及”字屬下句，以“恭”爲太守名，非也。

秋，又入雁門，殺略千餘人。二事《本紀》皆在六月前，從《匈奴傳》分隸。

四年

〔匈奴〕夏，匈奴入代定襄、郡治成樂，今歸化城土默特旗東。上郡，各三萬騎，殺略數千人。匈奴右賢王怨漢奪之河南地，而築朔方，數寇盜邊。及入河南，侵擾朔方，殺略吏民甚衆。

五年

〔漢〕春，車騎將軍衛青將三萬騎出高闕，徐廣曰：在朔方。《史記正義》引《地理志》云，朔方臨戎縣，北有連山，險於長城。其山中斷，兩峰俱峻，俗名高闕也。今哈爾哈納河西。衛尉蘇建爲游擊將軍，左内史李沮爲彊弩將軍，大僕公孫賀爲騎將軍，代相李蔡爲輕車將軍，皆領屬車騎將軍，俱出朔方。大行李息、岸頭侯張次公爲將軍，出右北平。陳子龍曰：此兩軍別將，所以牽制匈奴也。凡十餘萬人，擊匈奴，得右賢裨王十餘人，衆男女萬五千餘人，畜數十百萬。軍還，天子使使者持大將軍印，即軍中拜青爲大將軍，諸將皆屬。

〔匈奴〕秋，匈奴萬騎入代郡，殺都尉朱央，略千餘人。

六年

〔漢〕春二月，大將軍青出定襄，合騎侯公孫敖爲中將軍，太僕賀爲左將軍，翕侯趙信故胡小王降漢封。爲前將軍，衛尉建爲右將軍，郎中令李廣爲後將軍，左内史沮爲彊弩將軍，咸屬大將軍，斬首數千級而還，休士馬於定襄、雲中、雁門。

夏四月，衛青復將六將軍絶幕，斬首虜萬餘人。左將軍建、前將軍信用三千騎，獨逢單于，戰敗，信降匈奴，建亡軍，獨身脱還，贖爲庶人。票姚校尉霍去病以八百騎赴利，斬捕過當，封冠軍侯。校尉張騫以知水草處，軍得不乏，封博望侯。單于得趙信，以爲自次王與謀漢，信教單于益北絶幕，以誘罷漢兵，徼極而取之。

六月，置武功爵。是時比歲發十餘萬衆擊胡，斬捕首虜之士，受賜黄金二十餘萬斤，而漢軍士馬死者十餘萬，兵甲轉漕之費不與焉。於是大司農經用竭，不足以奉戰士。詔令民得賣爵及贖禁錮免臧罪，置賞官名曰武功爵。凡十一級，初一級錢十七萬，自此以上每級加二萬，至十一級合成三十餘萬。

元狩元年

〔漢〕遣博望侯張騫使西域。

〔匈奴〕夏，匈奴數萬騎人上谷，殺數百人。

二年

〔漢〕春，冠軍侯霍去病爲票騎將軍，將萬騎出隴西，過焉耆山今甘肅甘州府山丹縣東南。西河舊事焉支山東西百餘里，南北二百里，水草茂美，宜畜牧，與祁連同。匈奴失此二山，歌曰：亡我祁連山，使我六畜不蕃息。失我焉支山，使我婦女無顔色。千餘里，殺折蘭王，斬盧侯王，張晏曰：折蘭、盧侯，胡國名。執渾邪王子及相國、都尉首虜八千餘級，得休屠王今甘肅涼州府，故匈奴休屠王地。祭天金人。孟康曰：匈奴祭天處本在雲陽甘泉山下，秦擊奪之，後徙休屠王地，故休屠有祭天金人。

夏，驃騎將軍去病、合騎侯敖俱出北地異道，博望侯張騫、郎中令李廣俱出右北平異道。去病踰居延，《班志》居延澤在張掖郡居延東北，今肅州高臺縣東北有二巨澤，西北曰索廓克鄂模，東北曰索博鄂模，即匈奴中居延海也。過小月氏，月氏西走大夏，其餘衆保南山，曰小月氏，今涼州、甘州二府南山也。至祁連山。即天山。匈奴呼天曰祁連，山在今甘州府張掖縣西南。連亘甘州諸衛，西連肅州安西，又西際於葱嶺，蓋數千里。

又祈連有南北之分，此爲南祁連。《西域傳》所謂南山也。其北祁連在今哈密城，北自葱嶺分支，蜿蜒而東，最高者曰博克達山。其餘隨地易名，延袤亦數千里。《西域傳》所謂北山也。得單桓酋涂王及相國都尉二千五百人，首虜三萬餘級，獲裨小王七十餘人。廣殺匈奴三千餘人，盡亡其軍四千人，獨身脱還。及公孫敖、張騫皆後期，當斬，贖爲庶人。

秋，遣票騎將軍迎昆邪入塞，置五屬國。《史記正義》曰：以來降之民徙置五郡，各依本國之俗，而屬於漢，故曰屬國。五屬國之名，《史》《漢》及《通鑑》注均未及，王應麟《困學紀聞》曰：考之《地理志》，屬國都尉安定治三水，上郡治龜兹，天水治勇士，五原治蒱澤，張掖治日勒。閻若璩曰：日勒止注都尉治，不云屬國。其西河之美稷乎，全祖望《經史問答》曰，張掖兩都尉其治日勒者，郡都尉其治居延者，乃屬國都尉。見《續志》。萬氏《困學紀聞集證》及翁注並引《匈奴傳》《功臣表》以證張掖有屬國都尉。愚按，西河屬國，至宣帝元鳳三年始置，故王氏不數西河之美稷。然張掖郡至武帝元鼎六年始分酒泉、武威地置，此時昆邪故地空無居人，不應先置都尉。《漢志》既佚其一，毋寧闕焉。三水，今甘肅固原州之北。龜兹，今陝西榆林府榆林縣。勇士，今蘭州府金縣東北。蒱澤，地闕。李兆洛曰：當在榆林府境。以處其衆。渾邪之降也，發車二萬乘迎之。及至，賞賜數十鉅萬，封渾邪萬户，爲漯陰侯。其裨王四人，皆爲列侯。頃之，乃分徙降者邊五郡，而金城河西西並南山至鹽澤，空無匈奴矣。金城，胡三省曰：河水出金城河關縣西南塞外積石山，東流逕金城郡界，自允吾以西，通謂之金城河。渡河而西則武威等四郡地，然金城郡昭帝元始六年方置，史追書也。並南山者，《正義》曰南山從京南連接至葱嶺萬餘里，故曰並南山也。《西域傳》云，其南山東出金城，與漢南山屬。鹽澤一名蒲昌海，即今羅布淖爾。當西域窪處，回部諸水悉注其中，渟而不流，潛行地下，再出爲星宿海。

〔匈奴〕匈奴入代郡雁門，殺略數百人。

秋匈奴昆邪王今甘肅甘州府，故渾邪王地。殺休屠王，并將其衆，合四萬餘人降漢。

三年

〔漢〕減隴西、北地、上郡戍卒之半。漢得渾邪地，三郡益少胡寇，故減之，以寬天下之繇。

〔匈奴〕秋，匈奴入右北平、定襄，殺略千餘人。《匈奴傳》在明年春，從《本紀》。

四年

〔漢〕夏，大將軍青、驃騎將軍去病，分道出塞。大將軍出定襄，前將軍李廣、左將軍公孫賀、右將軍趙食其、後將軍曹襄皆屬，至幕北，圍單于，斬首虜萬九千餘級，至闐顔山趙信城，如氏曰趙信降匈奴，築城居之。吴熙載曰：疑今土謝圖汗左翼中左旗之轟郭爾山、訥拉特山、商喀山之類。乃還。前將軍廣、右將軍食其皆後期，廣自殺，食其贖死。驃騎將軍出代，與左賢王戰，斬獲首虜七萬餘級，封狼居胥山，禪於姑衍。吴熙載曰：或以爲肯忒山，恐太遠，當在今内興安嶺北克什克騰旗西阿爾哈靈圖等山，遂至阿巴哈納爾及蘇尼特旗，以臨瀚海。乾隆圖志，狼居胥山在喀爾喀界内。臨瀚海瀚海有二，此蘇尼特旗北戈壁，其安西州外沙磧古所謂白龍堆者，乃南瀚海。而還。是後匈奴遠遁幕南，無王庭。漢度河自朔方以西，至令居，往往通渠，置田官稍蠶食，地接匈奴以北。初，漢兩將大出，圍單于，所殺虜八九萬，而漢士馬物故亦萬數。漢馬死者十餘萬匹。匈奴雖病遠去，而漢馬亦少，無以復往。

幕南，今内札薩克地。

令居，漢縣，屬金城郡，今甘肅涼州府平番縣西北。

遣丞相長史任敬使匈奴，匈奴留之。

使博士狄山乘障。師古曰：漢制，每塞要處别築爲城，置人鎮守，謂之候城，即障也。月餘，匈奴斬其頭去。

〔匈奴〕匈奴遣使好辭求和親。

五年

〔漢〕天下馬少平牡馬匹二十萬。如氏曰：貴平牡馬，欲使人競畜馬。

漢方復收士馬，會驃騎將軍去病死，於是漢久不北擊胡。

六年

元鼎元年

二年

〔漢〕西域始通。渾邪王既降漢，漢兵斥逐匈奴於漠北，自鹽澤以東，空無匈奴，西域道可通。於是張騫建言匈奴新困於漢，而故渾邪地空無人，若以此時厚幣賂烏孫，招居故渾邪之地，與漢結昆弟，則是斷匈奴右臂也。天子以爲然，拜騫爲中郎將，將三百人，齎金幣直數千巨萬。騫至烏孫，未能得其決，因分遣副使使大宛、康居、大月氏、大夏、安息、身毒、于闐諸國。騫還後歲餘，所遣使通大夏之屬，皆頗與其人俱來，於是西域始通於漢矣。烏孫，治赤谷城，去長安八千九百里，今新疆阿克蘇北鹽山，土色純赤，是其地也。其種族後西徙，音轉爲斡洛絲、阿羅思，《元史》作兀魯思、斡羅思，即今之俄羅斯也。大夏，在大宛西南二千餘里，無大君長，臣於大月氏。稽之西史，乃今阿富汗國之巴爾克城，在阿母河南，而月氏王庭則在河北。安息，治番兜城，去長安萬一千六百里，今波斯北境之巴爾的也。身毒，即天竺，六朝以後稱印度，皆一音之轉。地在緬甸之西，兩藏西南，今爲英吉利外府。于闐，治西城，去長安九千六百七十里，今新疆和闐州。於渾邪故地置酒泉，治禄福，今甘肅肅州。武威治姑臧，今甘肅涼州武威縣治。郡，徙民以實之。

三年

〔匈奴〕伊穉斜單于死，子烏維單于立。

四年

五年

〔漢〕冬十月，帝出蕭關，從數萬騎獵新秦中，以勒邊兵。新秦中或千里無亭徼，于是誅北地太守以下。

〔匈奴〕秋九月，西羌《後漢書·西羌傳》羌出三苗，舜徙之三危河關之西，南羌地是也。河關屬金城郡，今蘭州府河州西。衆十餘萬人反，與匈奴通使，攻令居安故安故，《通鑑》依《武紀》作故安，胡注改。按《後漢書》本作安故縣，屬隴西郡，今狄道州南。又按《荀紀》作安定，安定今固原州，亦非西羌所能至也。圍枹罕。屬隴西，今蘭州府河州。匈奴入五原，殺太守。

六年

〔漢〕冬，遣將軍李息、郎中令徐自爲討西羌，平之。秋，遣故太僕公孫賀將萬五千騎出九原二千餘里，至浮沮，井胡氏曰：浮沮，匈奴中井名，今外喀爾喀。從票侯趙破奴萬餘騎出令居數千里，至匈奴河水，臣瓚曰：去令居千里。皆不見匈奴一人而還。迺分酒泉、武威地置張掖、治觻得，今甘肅甘州府張掖縣。敦煌治敦煌，今安西州敦煌縣。郡。

四郡之置《帝紀》及《地理志》不合《通鑑考異》已辨之。

元封元年

〔漢〕冬十月，天子巡邊，行自雲陽，縣名，屬左馮翊，今陝西邠州淳化縣西南。北歷上郡西河、漢郡，治平定，今榆林府榆林縣北境。五原，出長城，北登單于臺。在歸化城。至朔方，臨北河。《通典》：河自九原以東，謂之北河。齊召南曰：黄河東北流經鄂爾多斯後旗北境，古朔方地也。最北一派中分，復合，東至噶札爾賀邵山之南，大漢得兒山之西南，始折東南流，自古稱南河、北河二派。今則三支，分合如織。勒兵十八萬騎，旌旗徑千餘里，威震匈奴。遣郭吉風告單于。

使王烏等如匈奴。

〔匈奴〕單于留郭吉不歸，遷辱之北海上，亦不爲寇於漢邊，休養士馬，習射獵，使使好辭甘言求和親。是時漢東拔濊貉、朝鮮以爲郡，而西置酒泉郡，以隔絶胡與羌通之路。又西通月氏、大夏，以翁主妻烏孫王，以分匈奴西方之援國。又北益廣田至眩雷爲塞，而匈奴終不敢以爲言。濊入漢爲蒼海郡，今奉天府鳳凰城東。朝鮮入漢爲樂浪、臨屯、玄菟、真番四郡，俱今朝鮮國。眩雷，服虔曰：在烏孫北。按《地理志》，西河郡增山縣有道西出眩雷塞增山，故城在今榆林府榆林縣東北。按漢妻烏孫王在後六年，此蓋總數歲中大勢言之。

二年

三年

〔漢〕冬十二月，遣從票侯趙破奴及王恢擊姑師，即車師，前王治交河城，去長安八千一百五十里，今哈喇和卓。後王治務塗谷，去長安八千九百五十里，今新疆濟水薩。帝甘心欲通大宛諸國，使者一歲至十餘輩。樓蘭、姑師當道苦之，攻劫漢使王恢等，又數爲匈奴耳目，令其兵遮漢使。於是遣破奴將屬國騎及郡兵數萬擊之，令恢佐破奴將兵。樓蘭，治扜泥城，去長安六千一百里，在今羅布淖爾南，少西皆戈壁。虜樓蘭王，遂破姑師，因暴兵威以動烏孫、大宛之屬。於是漢列亭障至玉門矣。《班志》，敦煌郡龍勒縣有玉門關。《元和志》玉門關在瓜州晉昌縣東二十步，今安西州敦煌縣西。樓蘭既降服貢獻，匈奴聞，發兵擊之。于是樓蘭遣一子質匈奴，一子質漢。

四年

〔漢〕秋，以匈奴弱，可遂臣服，使楊信説之。復使王烏等如匈奴，匈奴使來，死京師。使路充國佩二千石印綬往使，因送其喪，厚遺之。

拜郭昌爲拔胡將軍，及浞野侯趙破奴屯朔方，以東備胡。

〔匈奴〕單于留路充不歸，使奇兵犯邊。

五年

六年

〔漢〕以宗室女爲公主，嫁烏孫王昆莫。昆莫以爲右夫人。匈奴亦以女妻昆莫，昆莫以爲左夫人。徐松曰：按《匈奴傳》，常以太子爲左屠耆王，是匈奴尚左，昆莫先匈奴女，仍畏匈奴也。

尊卑之節，非所論於夷狄，即其方壻，漢家又取胡女，羈縻懷貳，蓋可知已。

〔匈奴〕烏維單于死，子兒單于立。單于益西北左方兵直雲中，右方兵直酒泉、敦煌。胡三省曰匈奴左方兵，本直上谷以東，右方直上谷以西，單于庭直代雲中，今徙去而西北，故左右方亦徙。

太初元年

〔漢〕使兩使入匈奴，一人弔單于，一人弔右賢王，欲以乖其國，單于悉留之。夏，使因杅將軍服虔曰：匈奴地名，因所征以爲將軍之號，今地未詳。將軍公孫敖築受降城。今吴喇忒旗之北。單于好殺伐，左大都尉欲殺單于以降漢，乃築受降城以應之。

秋，貳師將軍李廣利伐大宛。

二年

〔漢〕秋，浞野侯趙破奴爲浚稽將軍，將二萬騎出朔方二千餘里，至浚稽山。應劭曰：浚稽山在武威塞北，匈奴常以爲障蔽。胡三省曰：據《班史》，匈奴中有兩浚稽山，東浚稽山在龍勒水上，今喀爾喀土喇河及鄂爾渾河間。與匈奴左大都尉期未發而覺，匈奴誅左大都尉，浞野侯戰敗爲所得。

〔匈奴〕單于遣兵攻受降城，不能下，侵入邊而去。

三年

〔漢〕夏，使光禄徐自爲出五原塞《史記正義》曰：即五原郡榆林塞也。《唐・地理志》勝州榆林縣有隋故榆林宫，東有榆林關，今鄂爾多斯左翼後旗黄河南流處。數百里或千里，築城障列亭。《地理志》從稒陽縣北出石門障，即得所築城。《正義》曰：《括地志》稒陽縣北出石門障得光禄城，又西北得支就縣，又西北得頭曼城，又西北得牢城河，又西北得宿虜城，即所築城障列亭至盧朐也。今吴喇忒，故九原城東北，有廢稒陽縣，又北得光禄塞。西北至盧朐，師古曰：山名。杜佑《通典》：盧朐在勝州銀城縣北，猶謂之光禄塞。今額爾古訥上游之克魯倫河。唐時謂之康千河。五代、遼時以此河爲邊界。《元史》作怯緑憐喀魯連河，即古盧朐河也，源出車臣汗部中右後旗大肯忒山，東北流八百餘里，合黑龍江肯忒山，直河套二千餘里，即盧朐山也。而使游擊將軍韓説、長平侯衛伉屯其旁。使强弩都尉路博德築居延澤上。《正義》曰：《括地志》漢居延縣故城在張掖東北千五百三十里，有漢遮虜障，路博德所築。

〔匈奴〕單于欲自攻受降城，會病死，右賢王句犂湖單于立。

秋，匈奴大入雲中、定襄、五原、朔方，殺略數千人，敗數二千石而去，行破壞光禄諸亭障。又入酒泉、張掖，殺都尉，略數千人。會軍正任文文時將兵屯玉門關。擊救，盡復，失其所得而去。

四年

〔漢〕春，貳師將軍李廣利破大宛還。單于欲遮之，以兵盛，不敢遣騎，因樓蘭候漢使後過者，欲絶勿通。軍正任文知狀以聞，上詔文引兵捕得王。將詣闕，簿責王，對曰：小國在大國間，不兩屬無以自全，願徙國居漢地。上直其言，遣歸國，亦使候伺匈奴。匈奴自是不親信樓蘭。自大宛破後，西域震懼，多遣使來貢獻，於是自敦煌西至鹽澤往往起亭，而輪臺渠犂皆有田卒，置使者、校尉、領護，以給使外國者。輪臺在車師西千餘里，今玉古爾及庫車間。渠犂，在西域都護所治烏壘城南三百三十里，今策特爾及車爾楚間，南近塔里木河。吴熙載以爲今託和鼐台。

下詔伐胡。詔曰：高皇帝遺朕平城之憂，高后時單于書絶悖逆。昔齊襄公復九世之讎，《春秋》大之。

〔匈奴〕句犂湖單于死，弟且鞮侯單于立，盡歸漢使之不降者路充國等使使來獻。

天漢元年

〔漢〕遣中郎將蘇武及張勝、常惠等使匈奴，厚幣賂遺單于。

浞野侯破奴，自匈奴亡歸。《衛霍傳》：破奴爲虜所得，居匈奴中十歲，始亡入漢。釋《匈奴傳》，自没匈奴及亡歸，先後僅四歲耳。

秋，發謫戍屯五原。

〔匈奴〕單于留蘇武不歸，徙之北海上。今俄羅斯白哈兒湖亦曰北海。

《荀紀》：是年三月，匈奴使使來獻，而蘇武使匈奴乃在去年，先後互異，今從《通鑑》。

二年

〔漢〕夏五月，貳師將軍李廣利三萬騎出酒泉，擊右賢王於天山。師古曰：即祁連山也。匈奴呼天曰祁連。胡三省曰：據《唐志》，疑在兩處。王鳴盛《十七史商榷》引《寰宇記》《西河舊事》，以爲二山相去二千餘里，譏顔氏混而爲一。愚按祁連發源葱嶺，葱嶺之左幹爲天山，即北祁連之祖脈，其右幹爲南山，乃南祁連之祖脈。以分支言之，則或在伊吾，或在甘州，相去恒數千里，乃昔人所謂山本同而末異也。不得以是議小顏。得胡首虜萬餘級而還，匈奴大圍貳師將軍，漢軍乏食數日，假司馬趙充國與壯士百餘人潰圍陷陣，貳師引兵隨之，乃得解。漢兵物故什六七。

復使因杅將軍公孫敖出西河，與强弩都尉路博德會涿涂山，胡三省曰：在高闕塞北千餘里，今土謝圖汗部境内杭愛分支也。無所得。又使騎都尉李陵將步兵五千人出居延北千餘里，與單于戰，所殺過當，兵敗，降匈奴。其軍脱歸者四百人。初，武帝以陵爲有廣之風，使將八百騎，深入匈奴二千餘里，過居延，視地形不見虜，還拜騎都尉。將勇敢五千人，教射酒泉、張掖以備胡。至是爲路博德所誤，故敗。然陵亦不肯脱身歸塞，遂降匈奴。

君臣之義，無所逃於天地之間。陵之降也，其軍脱歸者四百人，非無生歸之路也。及征和三年，陵與匈奴大將將三萬騎追漢商邱成於浚稽山，轉戰九日，可謂盡兵力矣。雖不反服，毋爲戎首，至毆左衽之屬，以亢故國之兵，史遷所謂得當以報漢者，欺天乎誰欺也。

以匈奴降者介和王爲開陵侯，將樓蘭國兵擊車師。匈奴遣右賢王將數萬騎救之，漢兵不利，引還。

三年

〔匈奴〕秋，匈奴入雁門，太守坐畏愞，棄市。

四年

〔漢〕春，遣貳師將軍李廣利將六萬騎步兵七萬人出朔方，因杅將軍公孫敖萬騎步兵三萬人出雁門，游擊將軍韓説步兵三萬人出五原，强弩都尉路博德步兵萬餘人，與貳師會廣利與單于戰余吾水上，胡三省曰：在朔方北，今土謝圖汗部右翼左末旗之翁金河也。南渡漠至河套可八百里許。連日敖與左賢王戰，不利，皆引還。時上遣敖深入匈奴，迎李陵。敖軍無功還，因曰得生口言，李陵教單于爲兵，以備漢軍，故臣無所得。上於是族陵家。

太始元年

〔匈奴〕且鞮侯單于死，子狐鹿姑單于立。

二年

三年

四年

征和元年

二年

〔匈奴〕秋九月，匈奴入上谷、五原，殺略吏民。

三年

〔漢〕春三月，遣貳師將軍李廣利將七萬人出五原，御史大夫商丘成二萬人出西河，重合侯馬通四萬騎出酒泉。時漢恐車師遮馬通軍，復遣開陵侯將樓闌諸國兵共圍車師。車師王降服，臣屬漢。匈奴聞漢兵大出，悉輜重北徙成，至浚稽山與虜大將及李陵戰，多斬首。通至天山，虜引去，無所得，皆引兵還。貳師將軍出塞，擊破匈奴於夫羊：句山陿。服虔曰：夫羊，地名也。師古曰：句山，西山也。乘勝追，北至范夫人城。應劭曰：本漢將，築此城將亡，其妻完保之，因名。在今喀爾喀界内。匈奴莫敢敵，會聞家遭巫蠱事，欲深入要功戰，敗降匈奴。自貳師没後，漢新失大將軍士卒數萬人，不復出兵。

〔匈奴〕正月，匈奴入五原、酒泉，殺兩部都尉。

四年

〔漢〕遣使者報送匈奴使。單于留之，三歲迺還。有司請田輪臺，上不許，下詔深陳既往之悔。略曰：前有司奏欲益民賦三十助邊，是重困老弱孤獨也。今又請遣卒田輪臺，輪臺西於車師千餘里，前擊車師，雖降其王，以遼遠乏食，道死者尚數千人，況益西乎。匈奴常言漢極大，然不耐飢渴，失一狼走千羊。乃者貳師敗，軍士死略，離散悲痛，常在朕心。今又請遠田輪臺，欲遠起亭隧，是擾勞天下，非所以優民也，朕不忍聞。大鴻臚等又議欲募囚徒送匈奴使者，明封侯之賞以報忿。此五伯之所弗爲也。當今務在禁苛暴，止擅賦，力本農，脩馬復令，以補缺，毋乏武備而已。郡國二千石各上進蓄馬方略，補邊狀與計對。自是不復出軍，而封田千秋爲富民侯，以明休息，思富養民也。

〔匈奴〕單于使使遺書言和親。

後元元年

二年

〔漢〕冬，發軍屯西河，左將軍上官桀行北邊。此與匈奴入朔方，均昭帝初立時事，尚未改元。

〔匈奴〕冬，匈奴入朔方，殺略吏民。

前漢匈奴表卷三

孝昭始元元年

二年

〔漢〕冬，發習戰射士詣朔方，調故吏將屯田張掖郡。

〔匈奴〕狐鹿姑單于死。前此者漢兵深入窮追二十餘年，匈奴孕重墮殰，罷極苦之，常有欲和親計。會病死。子壺衍鞮單于立。匈奴左賢王、右谷蠡王以不得立，怨望去居其所，不肯復會龍城，匈奴始衰。

三年

四年

〔匈奴〕秋，匈奴入代殺都尉。

五年

六年

〔漢〕春，蘇武自匈奴還。凡留十九歲，常惠、徐聖、趙終根俱來歸。馬宏前副光禄大夫王忠使西國，爲匈奴所遮，忠戰死，宏生得不肯降，亦以是年歸。

以邊塞闊遠，取天水、治平襄，今甘肅鞏昌府通渭縣。隴西、張掖郡各二縣，置金城郡。治允吾，今甘肅蘭州府皋蘭縣。

元鳳元年

〔匈奴〕匈奴發左右部二萬騎爲四隊，並入邊爲寇，漢兵追之，斬首獲虜九千人，生得甌脱王。服虔曰：甌脱，作土室以伺也。師古曰：境上候望之處，若今之伏宿處也。

二年

〔匈奴〕匈奴遣九千騎屯受降城，以備漢。北橋余吾令可度，以備奔走。時匈奴兵數困思，欲和親，而恐漢不聽，故不肯先言，常使左右風漢使者。然其侵盜益希，遇漢使益厚，欲以漸致和親，漢亦羈縻之。

三年

〔漢〕遣度遼將軍范明友將二萬騎出遼東，擊匈奴，攻烏桓兵。初，冒頓破東胡，東胡餘衆散保烏桓及鮮卑山，爲二族世役，屬匈奴。武帝擊破匈奴左地，因徙烏桓於上谷、漁陽、右北平、遼東、塞外，爲漢偵察匈奴動静。置烏桓校尉監領之，使不與匈奴交通。至是部衆漸强，遂反漢，復得匈奴降者，言烏桓嘗發先單于冢，匈奴怨之，方發二萬騎擊。烏桓乃使明友將兵邀擊之，誡明友兵不空出，即後匈奴，遂擊烏桓。烏桓亦曰烏丸，今直隸承德府地。《遼史・地理志》烏州有烏丸山，今阿禄科爾沁西北有烏聯山，即烏丸山也。鮮卑山在喀喇沁左翼。胡三省曰：鮮卑先遠竄于遼東塞外，與烏桓相接，未嘗通中國。至後漢稍徙遼西塞外，始爲中國患。後匈奴因乘烏桓敝，擊之，斬獲甚衆。

〔匈奴〕匈奴右賢王、犂汗王四千騎分三隊入日勒、屋蘭、番和。三縣皆屬張掖郡。日勒，今甘州府山丹縣東南。屋蘭，今山丹縣西北。番和，今涼州府永昌縣西。張掖太守屬國都尉發兵擊大破之，殺犂汗王。時漢先得降者，聞其計詔邊。警備故捷，自是後匈奴不敢入張掖。

匈奴三千餘騎入五原，殺略數千人。後數萬騎南傍塞獵行，攻塞外亭障，略取吏民。是時漢邊郡獘火候望精明，匈奴爲邊寇者少，利希復犯塞。

四年

〔漢〕遣駿馬監傅介子誘樓蘭王安歸，殺之。時漢校尉賴丹田輪臺、龜兹貴人姑翼説王殺之，而上書謝漢。樓蘭王死，匈奴先遣其質子歸，得立。漢詔令入朝，王辭不至。樓蘭最在東垂，近漢，常主發導送迎漢使，又數爲吏卒所侵懲，艾不便與漢通，後復爲匈奴反間，數遮殺漢使。介子願往刺之，乃遣齎金幣，以賜外國爲名。至樓蘭，樓蘭王來見使者，因使壯士刺殺之，傳首詣闕，立其弟在漢者尉屠耆爲王，更名其國爲鄯善。復遣吏士田伊循城，以填撫之。龜兹，治延城，去長安七千四百八十里，今新疆庫車廳。伊循，樓蘭地名。

五年

六年

元平元年

〔漢〕詔下公卿議救，會帝崩。

〔匈奴〕匈奴發騎田車師，車師與匈奴爲一共侵烏孫。烏孫公主初公主死，漢復以楚王戊之孫爲公主，妻烏孫王岑陬，岑陬死，翁歸靡復尚之。上書請救於漢。

孝宣本始元年

〔匈奴〕匈奴連發大兵侵烏孫，使使欲得漢公主。公主及烏孫、昆彌皆上書，願發國半精兵五萬騎盡力擊匈奴，惟天子出兵以救公主。

二年

〔漢〕秋，大發關東輕車鋭卒選郡國吏三百石，伉健習騎射者，皆從軍。御史大夫田廣明爲祁連將軍，趙充國爲蒲類匈奴蒲類海，今名巴爾庫勒海，在鎮西廳西北。將軍，雲中太守田順爲虎牙將軍，及度遼將軍范明友，前將軍韓增凡五將軍，兵十五萬，騎校尉常惠持節護烏孫兵，咸擊匈奴。

三年

〔漢〕春正月，五將軍師發長安，匈奴老弱犇走敺畜産遠遁逃。度遼將軍出張掖千二百餘里，至蒲離候水，吴熙載曰：疑今昌寧河或額濟納河。得首虜七百餘級。前將軍出雲中千二百餘里，至烏員，即今喀爾喀界内之烏員山。吴熙載曰：疑今克魯倫河南。得首虜百餘級。蒲類將軍出酒泉千八百餘里，至候山，《明史·地理志》肅州衛西南有雪山，又西北有西候山。明肅州，漢酒泉郡也。吴熙載曰：疑今阿爾洪山及哈薩克圖山。得單于使者以下三百餘級。祁連將軍出西河千六百里，至雞秩山，吴熙載曰：疑今錫拉布里都泊及鄂羅克泊以南之山也。按吴氏所釋，蓋依史載出塞里數而以今地圖實之，非有所據也。如錫拉布里都泊及鄂羅克泊，在黄河之南，鄂爾多斯右翼後旗漢朔方郡地，而謂雞秩山，乃在其南，此可信乎當在喀爾喀界内。虎牙將軍出五原八百餘里，至丹餘吾水，吴熙載曰：疑即余吾水也。並引兵還。常惠將烏孫兵入匈奴右地，護單于父行及居次名王以下三萬九千餘級、馬牛羊驢橐駞七十餘萬。匈奴民衆死傷而去，及畜産遠移死亡，不可勝數。于是匈奴遂衰耗，怨烏孫。上復遣常惠持金幣賜烏孫貴人有功者。惠自烏孫還，以便宜發諸國兵，三面攻龜兹兵，未合先遣人責其王，以前殺賴丹狀，王執姑翼，詣惠，惠斬之而還。

〔匈奴〕匈奴田者驚去，車師復通於漢。

冬，單于自將擊烏孫，得老弱欲還。會大雨雪，人民畜産悉凍死，於是丁令今俄羅斯義爾古德部地。攻其北，烏桓入其東，烏孫擊其西，匈奴大虚弱。後漢出三千餘騎三道入匈奴，捕虜數千人還，匈奴終不敢取當兹，欲嚮和親。

四年

地節元年

二年

〔漢〕以匈奴不能爲邊患，罷外城，師古曰：如光禄塞、受降城、遮虜障等是也。以休百姓。

〔匈奴〕壺衍鞮單于死，弟虚閭權渠單于立。匈奴二萬騎入塞，未到會三騎亡降漢。漢發兵屯要害處，而使大將軍軍監治衆師古曰：治衆者，軍監之名。等四人將五千騎，分三隊出塞，各捕得虜數十人而還，匈奴亡其三騎，不敢入，即引去。

秋，匈奴前所得西嗕居左地者，孟康曰：匈奴種。胡三省曰：西嗕，自是一種，爲匈奴所得，使居左地耳，非匈奴種也。南降漢。

三年

〔漢〕侍郎鄭吉發西域城郭諸國胡三省曰：西域諸國有逐水草與匈奴同俗者，謂之行國，其城居者謂之城郭諸國也。兵擊車師，破之。車師王奔烏孫，匈奴更以車師王昆弟兜莫爲車師王，收其餘民，東徙。漢遂遣吏士分田車師地以實之。

四年

〔匈奴〕匈奴怨諸國共擊車師，遣騎屯田右地，以侵迫烏孫、西域。

元康元年

〔漢〕西域莎車叛，衛候馮奉世矯發諸國兵擊破之。莎車，治莎車城，去長安九千九百五十里，今新疆莎車州。

〔匈奴〕匈奴遣左右薁鞬王及左大將再擊漢之田車師城者，不能下。匈奴大臣皆言車師地肥美，近匈奴，使漢得之，多田積穀，必害人國，不可不爭，由是數遣兵擊之。

二年

〔漢〕鄭吉將渠犂田卒救車師，爲匈奴所圍，上書請益吏卒。上與趙充國等議，欲因匈奴衰弱，擊其右地，使不敢復擾西域。因魏相諫，乃遣常惠將騎往車師，迎鄭吉及其吏士還渠犂，召故車師太子軍宿在焉耆焉耆，治員渠城，去長安七千三百里，今喀喇沙爾東大澤曰博斯騰泊，其四岸有故城，周九里許，其遺址矣。者，立以爲王，盡徙車師國民居渠犂，遂以車師故地與匈奴，以鄭吉爲衛司馬，護鄯善以西南道。自玉門、陽關出西域有兩道，從鄯善旁南山循河西行，至莎車爲南道，南道西踰葱領，則出大月氏、安息，自車師前王庭隨北山循河西行，至疏勒爲北道，北道西踰葱嶺，則出大宛、康居、奄蔡。時漢獨護南道，未能盡併北道也，然匈奴不自安矣。漢南道在塔里木河南，今南路陽關在玉門關南。疏勒，治疏勒城，去長安九千三百五十里，今新疆喀什噶爾廳。奄蔡，在康居西北可二千里，今俄羅斯倭羅克達城大俄路十九部之一。其北近白海，即所謂大澤矣。葱嶺在葉爾羌西南，黄河初源出焉，古之崑崙也。

〔匈奴〕單于將十萬騎，欲入寇，會其民題除渠堂降漢，漢遣後將軍趙充國將四萬餘騎屯緣邊九郡。師古曰：九郡者，五原、朔方、雲中、代郡、雁門、定襄、北平、上谷、漁陽也。單于病歐血，因不敢入，還去即罷兵，迺使入漢求和親。

繹《匈奴傳》，匈奴擊漢屯田士，似元康二年，充國屯邊，似神爵元、二年。考神爵元年，充國已將兵擊羌，《充國傳》叙其屯緣邊九郡，更在元康三年前。班、史《匈奴傳》宣帝以後，叙次頗亂，爲綜核紀傳分隸之。

三年

四年

〔匈奴〕西羌復與匈奴通使，藉兵欲擊鄯善、燉煌，以絶漢道。

神爵元年

〔漢〕秋七月，後將軍趙充國擊叛羌，降其萬餘人，遂罷騎兵，屯田湟中。湟水東逕湟中城北，胡小月氏之地，今西寧西北邊外。

充國條屯田便宜十二事曰：步兵九校吏士萬人留屯，以爲武備，因田致穀，威德並行，一也。又因排折羌虜，令不得歸肥饒之地，貧破其衆，以成羌虜相畔之漸，二也。居民得並田作，不失農業，三也。軍馬一月之食，度支田士一歲，罷騎兵以省大費，四也。至春省甲士卒，循河湟，漕穀至臨羌，以示羌虜揚，威武傳世，折衝之具，五也。以閒暇時下，先所伐材，繕治郵亭，充入金城，六也。兵出乘危，徼幸不出，令反畔之虜，竄於風寒之地，離霜露疾疫瘃墮之患，坐得必勝之道，七也。無經阻遠，追死傷之害，八也。內不損威武之重，外不令虜得乘間之勢，九也。又無驚動河南，大并使生他變之憂，十也。治湟陿中道橋，令可至鮮水，以制西域，伸威千里，從枕席上過師，十一也。大費既省，繇役豫息，以戒不虞，十二也。

昭宣之困匈奴，以田車師東都之制北虜，以屯伊吾屯田之法，乃禦夷之上策，非直破先零，撫罕幵已也。

二年

〔漢〕夏五月，羌虜降服罷屯兵，充國振旅而還。

秋，鄭吉發兵迎日逐王口萬二千人，小王將十二人將詣京師，封日逐王爲歸德侯。《功臣表》在三年四月。以鄭吉爲西域都護，并護車師以西北道。吉既破車師，降日逐，威震西域，并護北道都護之置，自吉始焉。匈奴益弱，不敢近西域。吉於是中西域而立幕府，治烏壘城，督察烏孫、康居等三十六國，漢之號令班西域矣。烏壘城去陽關二千七百三十八里，今阿爾巴特台及玉古爾界。

〔匈奴〕虛閭權渠單于死，烏維單于耳孫握衍朐鞮單于立，匈奴日逐王先賢撣降漢。單于遣名王奉獻，賀正月，始和親。見《宣帝紀》，此與四年夏五月單于遣弟呼留若王入朝，似是一事，故《通鑑》不取，以《荀紀》與本紀合從之。

三年

四年

〔匈奴〕夏五月，匈奴單于遣弟呼留若王勝之入朝。

匈奴內亂，左地貴人共立虛閭單于子稽侯狦爲呼韓邪單于，西擊握衍殺之。

冬，日逐王薄胥堂立爲屠耆單于東襲呼韓邪，呼韓邪敗走。

五鳳元年

〔漢〕廷臣議，因匈奴壞亂，舉兵滅之，御史大夫蕭望之以爲乘亂不義，乃止。

〔匈奴〕五單于争立，呼揭王立爲呼揭單于，右奠鞬王立爲車犂單于，烏籍都尉立爲烏籍單于，屠耆擊破之，烏籍呼揭皆去單于號。

二年

〔匈奴〕屠耆爲呼韓邪所敗，自殺。車犂降呼韓邪，李陵子，復立烏籍爲單于，呼韓邪捕斬之，遂復都單于庭衆裁數萬人。屠耆從弟休旬王復立，爲閏振單于，在西邊。呼韓兄呼屠吾斯亦立爲郅支骨都侯單于，在東邊。

三年

〔漢〕六月，置西河、北地屬國，以處匈奴降者。西河屬國，治美稷，今山西汾州府汾陽縣西北。北地屬國，《地理志》不載，富平縣渾懷都尉治，塞外渾懷障近之，今甘肅寧夏府靈州西南。又按《荀紀》，置西河屬國都尉，不云北地，或班紀有誤。

〔匈奴〕呼韓邪左大將烏厲屈與父烏厲温敦率數萬衆降漢。是年二月，封爲侯。

四年

〔漢〕以邊塞亡寇，減戍卒什二。

〔匈奴〕匈奴單于稱臣，遣弟右谷蠡王入侍。《通鑑考異》曰：按《匈奴傳》，呼韓邪稱臣，即遣銖婁渠堂入侍，事在明年。時匈奴有三單于，不知此單于爲誰也。

閏振單于率衆東擊郅支，郅支與戰殺之，并其衆，遂進攻呼韓邪。呼韓邪敗，走郅支都單于庭。

甘露元年

〔漢〕分烏孫爲兩昆彌。漢外孫元貴靡爲大昆彌，翁歸靡胡婦子烏就屠爲小昆彌，遣常惠將三校屯赤谷，分别其人民地界，大昆彌户六萬餘，小昆彌户四萬餘，然衆心皆附小昆彌。

〔匈奴〕匈奴左伊秩訾王勸呼韓邪稱臣入朝於漢，呼韓邪從之，引衆南近塞，遣子右賢王銖婁渠堂入侍。郅支亦遣子右大將駒于利受入侍。

冬，呼韓邪單于遣弟左賢王朝賀。紀據荀。

二年

〔漢〕從太子太傅蕭望之議，時丞相黄霸、御史大夫于定國議曰："聖王之制，先京師而後諸夏，先諸夏而後夷狄。匈奴單于朝賀，其禮儀宜如諸侯王位次在下，望之以爲單于非正朔所加，故稱敵國，宜待以不臣之禮，位在諸侯王上，外夷稽首稱藩中國，讓而不臣，此羈縻之誼、謙亨之福也。《書》曰'戎狄荒服'，言其來服荒忽無常，如使匈奴後嗣卒有鳥竄鼠，伏闕於朝享，不爲畔臣萬世之長策也。"天子采之，詔以客禮待之，令單于位在諸侯王上，贊謁稱藩臣而不名。

荀悦曰："《春秋》之義，王者無外，欲一於天下也。《書》曰：'西戎即序'，言皆順從其序也。道里遼遠，人物介絶，人事所不至，血氣所不沾，不告諭以文辭，故正朔不及，禮義不加，非導之也。其勢然也。《詩》云：'自彼氐羌，莫敢不來王。'故要荒之君，必奉王貢，若不供職，則有辭讓號令加焉。非敵國之謂也。望之欲待以不臣之禮，加之王公之上，僭度失序，以亂天常，非禮也。"

遣車騎都尉韓昌迎單于，發所過七郡郡二千騎爲陳道上。師古曰：所過之郡，爲發兵陳列於道，以爲寵衛也。七郡謂過五原、朔方、西河、上郡、北地、馮翊而後至長安也。

〔匈奴〕呼韓邪單于款五原塞，願奉國珍朝三年正月。

三年

〔漢〕春正月，單于朝天子於甘泉宮，贊謁稱藩臣而不名，賜以璽綬、冠帶、衣裳、安車、駟馬、黄金、錦繡、繒絮，使有司導單于先行，就邸長安，宿長平。如氏曰：長平，阪名，在池陽南上原之阪有長平觀，去長安五十里，今陝西西安府涇陽縣西南。上自甘泉宿池陽宮池陽縣，屬左馮翊，有離宮在焉，今涇陽縣西北。上登長平阪，詔單于毋謁，其左右當户之群，皆列觀。蠻夷君長王侯迎者數萬人，夾道陳上，登謂橋，《初學記》曰：秦都咸陽，渭水貫都造渭橋，在今陝西西安府。咸稱萬歲。單于就邸，置酒建章宮，未央宮西。饗賜單于，觀以珍寶。二月，單于罷歸，遣高昌侯董忠、車騎都尉昌、騎都尉虎將萬六千騎，送單于出雞鹿塞，朔方郡窳渾縣外之塞，今鄂爾多斯右翼後旗黄河西北岸。因留衛單于。單于居幕南保光禄城，詔北邊振穀食。是歲，郅支亦遣使奉獻。

冬，烏孫公主來歸。

〔匈奴〕郅支單于遠遁，匈奴遂定。

四年

〔匈奴〕兩單于俱遣使朝獻，漢待呼韓邪使有加。

黃龍元年

〔漢〕春正月，呼韓邪單于來朝，二月歸國。

〔匈奴〕屠耆弟自立爲伊利目單于，郅支擊殺之，遂留居右地，遣使烏孫，欲與并力。烏孫殺其使，持頭送，都護發八千騎迎郅支。郅支逢擊破之，因北擊烏揭。在堅昆東，今俄羅斯揭的河地。烏揭降發其兵，西破堅昆，北降丁令，并三國留都堅昆。堅昆，在今俄羅斯境額爾齊斯河下游，東去單于庭七千里，南至車師五千里。

孝元初元元年

〔漢〕詔雲中、五原郡轉穀二萬斛給呼韓邪。初置戊己校尉，師古曰：戊已校尉者，鎮安西域，無常治處，亦猶甲乙等各有方位，而戊與己四季寄王，故以名官也。時有戊校尉。一說戊與己位在中央，今所置校尉在三十六國之中，故曰戊已。胡三省曰車師之地，不在三十六國之中，當從師古前説爲是。使屯田車師故地。胡三省曰：元康二年，以車師地與匈奴，今匈奴款附故復屯田故地。愚按是時呼韓保光禄塞，而郅支、西都、堅昆、車師地空，故置屯田士以實之。

〔匈奴〕秋八月，上郡屬國降胡萬餘人亡入匈奴。

二年

三年

四年

〔匈奴〕郅支單于自以道遠，又怨漢擁護呼韓邪，遣使上書求侍子。

五年

〔漢〕冬十二月，遣衛司馬谷吉送郅支侍子，御史大夫貢禹、博士匡衡議令送至塞而還。吉上書言，中國與夷狄有羈縻不絕之義，今既養全其子十年，德澤甚厚，空絕而不送，近從塞還，示棄捐不畜，使無鄉從之心，棄前恩立後怨，不便。臣幸得建彊漢之節，承聖明之詔，宣諭厚恩不宜敢桀，若懷禽獸心加無道於臣，則單于長嬰大罪，必遁逃遠塞，不敢近邊，没一使以安百姓，國之計，臣之願也。願送至庭上許焉。至，郅支殺之。漢得匈奴降者言，聞甌脱間殺之，呼韓邪使來漢，輒簿責之甚急。

〔匈奴〕郅支既殺谷吉，自知負漢，欲遠去。會康居王數爲烏孫所困，使使迎之，郅支遂入康居。

永光元年

〔漢〕遣車騎都尉韓昌、光禄大夫張猛送呼韓邪侍子，求問吉等，因赦其罪。昌、猛見單于兵衆盛，恐北去後難約束，與之盟，其後匈奴竟北歸。

二年

三年

四年

五年

建昭元年

二年

三年

〔漢〕秋，使西域都護騎都尉甘延壽、副校尉陳湯矯制發戊己校尉屯田吏士及西域胡兵入康居，斬郅支單于，得漢使節及谷吉等所齎帛書，斬閼氏、太子名王以下千五百級，生虜百四十餘人，降虜五千餘人。始郅支數借康居兵擊烏孫，又責大宛諸國歲遺漢使三輩至康居求谷吉等死。郅支困辱使者，而因都護上書言居困厄願歸計，强漢遣子入侍，其驕慢如此。至是湯主謀與延壽共擊斬之，傳首京師，縣蠻夷邸門。

四年

〔漢〕春正月，以誅郅支單于，告祠郊廟，赦天下。

五年

〔匈奴〕呼韓邪單于聞漢誅郅支，且喜且懼，上書願入朝見。

竟寧元年

〔漢〕春正月，呼韓邪單于來朝。單于願壻漢氏，詔以後宫良家子王嬙賜單于。單于驩喜，上書願保塞上谷以西至敦煌，願罷邊備塞吏卒，以休人民。天子下有司議，郎中侯應曰："周秦以來，匈奴暴桀，寇侵邊境。漢興，尤被其害。臣聞北邊塞至遼東外有陰山，東西千餘里，草木茂盛，多禽獸，本冒頓單于依阻其中，治作弓矢，來出爲寇，是其苑囿也。至孝武世，出師征伐，斥奪此地，攘之於幕北，建塞徼，起亭隧，築外城，設屯戍以守之。然後邊境得用少安，幕北少草木，多大沙，匈奴來寇，少所蔽隱，從塞以南，徑深山谷，往來差難。邊長老言，匈奴失陰山之後，過之未嘗不哭也。如罷備塞戍卒，示夷狄之大利，不可一也。今聖德廣被，天覆匈奴，匈奴得蒙全活之恩，稽首來臣。夫夷狄之情，困則卑順，强則驕逆，天性然也。前以罷外城，省亭隧，今裁足以候望通烽火而已，古者安不忘危，不可復罷，二也。中國有禮義之教，刑罰之誅，愚民猶尚犯禁，又況單于，能必其衆不犯約哉，三也。自中國尚建關梁，以制諸侯，所以絶臣下之覬欲也。設塞徼，置屯戍，非獨爲匈奴而已，亦爲諸屬國降民，本故匈奴之人，恐其思舊逃亡，四也。近西羌保塞，與漢人交通，吏民貪利，侵盜其畜産，妻子以此怨恨，起而背畔，世世不絶。今罷乘塞則生嫚易分争之漸，五也。往者從軍多没，不還者子孫貧困，一旦亡出，從其親戚，六也。又邊人奴婢愁苦欲亡者，多曰：聞匈奴中樂，無奈候望急何，然時有亡出塞者，七也。盜賊桀黠，群輩犯法，如其窘急亡走北出，則不可制，八也。起塞以來，百有餘年，非皆以土垣也。或因山巖石木柴，僵落谿谷水門，稍稍平之，卒徒築治，功費久遠，不可勝計。臣恐議者不深慮其終始，欲以壹切省繇戍，十年之外，百歲之内，卒有他變，障塞破壞，亭隧滅絶，當更發屯繕治，累世之功，不可卒復，九也。如罷戍卒省候，望單于自以保塞守御，必深德漢，請求無已，小失其意，則不可測，開夷狄之隙，虧中國之固，十也。非所以永持至安，威制百蠻之長策也。”對奏，天子詔勿議罷邊塞事，使車騎將軍許嘉口諭單于，曰：“單于上書，向慕禮義，所以爲民計者甚厚，朕甚嘉之。中國四方皆有關梁障塞，非獨備塞外，亦以防中國姦邪，放縱出爲寇害也。敬論單于之意，朕無疑焉。”單于謝曰：“愚不知大計，天子幸使告語甚厚。”陰山，徐廣曰：在五原北，今吴喇忒西境，至歸化城東北。又東至直隸豐潤縣界，隨地易名，延袤數千里。

孝成建始元年

〔漢〕右將軍長史姚尹使匈奴。

二年

〔匈奴〕呼韓邪單于死，子復株絫若鞮單于立，匈奴謂孝爲若鞮，自呼韓邪降後與漢親密，見漢帝，謚常爲孝。慕之至，復株絫以下，皆稱若鞮。遣子右致盧兒醯諧屠奴侯入侍。

三年

四年

〔漢〕西域都護段會宗爲烏孫兵所圍，尋解。

河平元年

〔匈奴〕單于遣右皋林王伊邪莫演等奉獻，朝正月。

二年

〔漢〕春，伊邪莫演罷歸，遣使者送至蒲反。縣屬河東郡，今山西蒲州府永濟縣東南。

伊邪莫演言欲降，使者以聞，下公卿議，光禄大夫谷永、議郎杜欽以爲，漢興匈奴數爲邊害，故設金爵之賞，以待降者。今單于屈體稱臣，列爲北藩，遣使朝賀，無有二心，漢家接之，宜異於往時。假單于初立，欲委身中國，未知利害，私使詐降，以卜吉凶。受之，虧德沮善，令單于自疏不親，邊吏或者設爲反間，欲因以生隙，受之適合其策，使得歸曲而責直，此誠邊境安危之原，師旅動静之首，不可不詳也。書奏，天子從之。使中郎將王舜往問狀，伊邪莫演曰：我病狂妄言耳。遣去歸到官位如故，不肯令見漢使。

史言永、欽知匈奴之情，愚謂卻之固是，抑何不舉而誅之，使謂單于曰："伊邪莫演奉使不忠，背本國而請降於漢朝廷，控御中外，視同一體，今已誅訖，於以震讋單于，使知中國之輕重，不亦可乎？"

〔匈奴〕單于上書願朝。

三年

四年

〔漢〕春正月，匈奴單于來朝。

陽朔元年

二年

三年

四年

〔漢〕復以段會宗爲西域都護。

鴻嘉元年

〔漢〕五月，遣中郎將楊興使弔。

〔匈奴〕正月，復株絫單于死，弟搜諧若鞮單于立，遣子左祝都韓王昫留斯侯入侍。

二年

三年

四年

永始元年

二年

三年

四年

元延元年

〔匈奴〕單于爲朝二年，發行未入塞病死。弟車牙若鞮單于立，遣子右於涂仇撣王烏夷當入侍。

二年

〔漢〕自烏孫分立兩昆彌，漢用憂勞，且無寧歲。時康居復遣子侍漢貢獻，都護郭舜上言："本匈奴盛時，非以兼有烏孫、康居故也。及其稱臣妾，非以失二國也。漢雖皆受其質子，然三國内相輸遺，交通如故，亦相候司，見便則發。以今言之，結配烏孫，竟未有益，反爲中國生事，然烏孫既結在前，今與匈奴俱稱臣，義不可距。而康居驕黠，迄不肯拜使者。都護吏至其國，坐之烏孫諸使下，故爲無所省以夸旁國，以此度之，何故遣子入侍，其欲爲好辭之詐也。匈奴，百蠻大國，今事漢甚備，聞康居不拜，且使單于有悔自卑之意。宜歸其侍子，絶勿復使，以章漢家不通無禮之國。漢爲其新通，重致遠人，終羈縻不絶。"

三年

四年

綏和元年

〔漢〕遣中郎將夏侯藩、副校尉韓容使匈奴。大司馬王根以單于有斗入漢地，直張掖郡得之，於邊甚饒，乃白上以指曉潘，令求之。藩至，語次説單于上書獻此地，單于曰："此詔語耶。將使者所求也。"藩曰："詔指也。然亦爲單于畫善計耳。"單于曰："此温偶駼王所居地，請遣使問之。"藩容歸後，復使匈奴，至則求地。單于曰："父兄傳五世，漢不求此地，至知獨求此地，何也？已問温偶駼王，匈奴西邊仰此材木，且先父地，不敢失也。"藩還，單于上書，以藩求地狀聞，詔報。匈奴以爲藩擅稱詔，當死，更大赦二，令徙爲濟南太守。吴熙載曰："藩所求地，今亦不喇山昌寧湖合黎山等處。"胡三省曰："是年後至明年，哀帝即位大赦，又明年改元，赦詔云更大赦二，以知藩再使匈奴，必在建平初。"

〔匈奴〕車牙單于死，弟烏珠留若鞮單于立，遣子右股奴王烏鞮牙斯入侍。

二年

〔漢〕單于侍子死，歸葬。

〔匈奴〕單于復遣子左於駼仇撣王稽留昆入侍。

孝哀建平元年

二年

〔匈奴〕烏孫庶子卑援疐入匈奴西界，寇盜牛畜，頗殺其民。單于遣騎擊破之，受其質子，以狀聞。漢遣使者責讓單于，令歸還質子。單于受詔遣歸。

三年

四年

〔漢〕帝被疾，或言，匈奴從上游來厭人，詔問公卿，亦以爲虛費府帑，可且弗許。單于使辭去未發，從黄門郎揚雄諫，略曰："臣聞六經之治，貴於未亂，兵家之勝，貴於未戰。今單于上書求朝，國家弗許。臣以爲，漢與匈奴，從此隙矣。本五帝所不能臣，三王所不能制，其不可使隙明甚，故前世以爲不一勞者不久佚，不暫費者不永寧，是以忍百萬之師，運府庫之財，而不悔。今單于歸義願朝，乃上世之遺策，神靈之所想望者也。夫百年勞之，一日失之，費十而愛一，臣竊爲國不安也。惟陛下留意於未亂未戰，以息邊甿之禍。"召還使者，更報單于書而許之。

〔匈奴〕單于遣使上書願朝，五年正月，單于未發會病，復遣使願朝明年。

元壽元年

二年

〔漢〕春正月，匈奴單于、烏孫大昆彌俱來朝，既罷，遣中郎將韓況送單于，遣稽留昆隨單于去。單于之來，上以太歲厭勝所在，舍之上林苑蒲陶宫，告之以加敬于單于，單于知之，不説。上林，今陝西西安長安盩厔鄠等縣。蒲陶本出大宛，武帝取其種植之離宫，故名。自黄龍以來，單于每入朝，其賞賜錦繡繒絮，輒加厚於前，以慰接之。

〔匈奴〕單于歸國，復遣稽留昆同母兄右大且方與婦入侍，還歸，復遣且方同母兄左日逐王都與婦入侍。

孝平元始元年

〔漢〕太皇太后稱制，王莽秉政，風單于令遣王昭君女須卜居次云。李奇曰：居次者，女之號，若漢公主。文穎曰：須卜氏，匈奴貴族。入侍。

二年

〔漢〕遣中郎將王駿、王昌，副校尉甄阜、王尋使匈奴，班四條。中國人亡入匈奴者，烏孫亡降匈奴者，西域諸國佩中國印綬降匈奴者，烏桓降匈奴者，皆不得受。西域凡五十國，自譯長及將相王侯佩漢印綬三百七十六人。付單于令奉行，因收故宣帝所爲約束封函還。胡三省曰：宣帝與匈奴約，長城以南漢有之，長城以北匈奴有之，有降者不得受，今莽以約束未明，故頒四條而收舊所爲約束。

莽奏令中國不得有二名，帝更名衎，莽因使使者風單于，宜上書慕化爲一名，漢必加厚賞，單于從之，更囊知牙斯曰知。

〔匈奴〕西域車師後王姑句去胡來王。婼羌國王號今羅布淖爾東戈壁中矣。唐兜降匈奴，匈奴受，置左谷蠡地，遣使上書言狀。漢遣中郎將韓隆等使匈奴責讓單于，單于執二虜付使者，因請其罪。莽不聽，詔會西域諸國王，斬以示之。

三年

四年

五年

附録

自夫火德中衰，胡運寖盛，邊甿不習金革之事，而匈奴休息數稔，狡焉思啓。然而成哀以來，扶服稱臣，貢獻不絶，蓋中國無釁，抑呼韓之約，未忍忘也。彼王莽者遭值陽九，叨據非分，既無控御之才，則當修舊約，布恩信，羈縻之已耳，奈何視蠻夷之長，五帝所不能臣，三王所不能制者，若井田封建之，可以數更革也。夫其簒竊之迹，則爲異域所輕搆難之由，又歸曲於我。然使因府庫之羨，踵漢氏累世之威，命十二部者先至，則深入窮追後者，更番繼之。雖非義動，亦足縣旌天山，飲馬瀚海。及其頻年征調，丁壯苦屯戍，老弱罷轉饋，三十萬衆，猶未集而胡塵四合，緣邊虛空，諸將在塞，奉朝命不敢擊，後復命將出師，博募奇異之士，至則止屯於邊。故尋其始終，初無一矢以相加，遣而關東之民，已困矣。夫秦怙武事而失之，彊莽挾鞭棰匈奴之資，而縣兵久屯，自即於弱，其爲草菅生民，流毒諸夏，班生所謂殊途同歸者，與以其顛覆漢紀，足用爲鑒。故叙而録之，而以孺子嬰及更始并著於篇。

孺子嬰居攝元年

〔漢新莽　淮陽王〕

〔匈奴〕

二年

初始元年

莽始建國元年

〔新〕莽自稱新皇帝，廢孺子爲定安公，遣五威將王駿率甄阜、王颯、陳饒、帛敞、丁業等，齎金帛遺單于，曉以受命代漢狀，因易單于故印，故印文曰匈奴單于璽，莽更曰新匈奴單于章。單于既上故印，陳饒即椎破之。明日，單于覺，求故印，已無可奈何，又多得賂遺，即遣弟右賢王隨將率入謝，因上書求故印。將率還到右犁汗王咸所居地，見烏桓民，多令還之，單于使咸報曰：從塞内還之耶，從塞外還之耶。將率以聞，莽令從塞外還之。

又遣五威將至西域，盡改其王爲侯。

〔匈奴〕單于遣右大且渠等將兵衆萬騎，以護送烏桓爲名，勒兵朔方塞下。單于始用夏侯藩求地，有距漢語。及莽頒四條，後匈奴以求税，烏桓不得寇略其人民，烏桓見略者，親屬持財畜往贖，匈奴並留之。至是重以印文改易，故怨恨。

二年

〔新〕冬十二月，更名匈奴單于曰降奴服于，募卒三十萬人，遣立國將軍孫建，率十二將分道並出，五威將軍苗訢、虎賁將軍王況出五原，厭難將軍陳欽震、狄將軍王巡出雲中，振武將軍王嘉、平狄將軍王萌出代郡，相威將軍李棽、鎮遠將軍李翁出西河，誅貉將軍揚俊、討濊將軍嚴尤出漁陽，奮武將軍王駿、定胡將軍王晏出張掖。先至者屯邊郡，須畢具乃同時出，窮追匈奴，納之於丁。令分其國土人民以爲十五，立呼韓邪子孫十五人爲單于，中郎藺苞、戴級馳之塞下，召拜當爲單于者。

〔匈奴〕西域車師後王須置離謀降匈奴，都護但欽斬之。置離兄狐蘭支將人衆二千餘人，敺畜産，舉國亡降匈奴。單于受之，與共入寇，擊車師，殺後成長，師古曰：後成車師，小國名也。按據《西域傳》當作後城，後城即車師後王城也。傷都護司馬。

秋九月，西域戊己校尉史陳良、終帶等，賊殺校尉刁護，脅略吏士，自稱廢漢大將軍，亡入匈奴。

三年

〔新〕遣田禾將軍趙並發戍卒屯田五原北假，《水經注》：北假，地名，自高闕以東陽山以西皆北假也，今吴喇忒旗西北。以助軍糧。

藺苞、戴級至雲中塞下，誘呼右犂汗王咸，咸子登、助三人至，脅拜咸爲孝單于，助爲順單于，傳送登助至長安。時諸將在邊，以大衆未集，未敢出擊匈奴，討濊將軍嚴尤諫曰："臣聞匈奴爲害，所從來久矣，未聞上世有必征之者也。後世三家周秦漢征之，然皆未有得上策者，周得中策，漢得下策，秦無策焉。當周宣王時，獫允内侵，至於涇陽，命將征之，盡境而還。其視戎狄之侵，譬猶蟁蝱之螫，毆之而已。故天下稱明，是爲中策。漢武帝選將練兵，約齎輕糧，深入遠戍，雖有克獲之功，胡輒報之，兵連禍結三十餘年，中國罷耗，匈奴亦創艾，而天下稱武，是爲下策。秦始皇不忍小恥，而輕民力築長城之固，延袤萬里，轉輸之行，起於負海疆，境既完，中國内竭，以喪社稷，是爲無策。今天下遭陽九之厄，比年飢饉，西北邊尤甚。發三十萬衆，齎三百日糧，東援海代，南取江淮，然後乃備。計其道里，一年尚未集合，兵先至者，聚居暴露，師老械敝，埶不可用，此一難也。邊既空虚，不能奉軍糧，内調郡國，不相及屬，此二難也。計一人三百日，食用糒十八斛，非牛力不能勝，牛又自當齎食，加二十斛重矣。胡地沙鹵，多乏水草，以往事揆之，軍出未滿百日，牛必物故且盡，餘糧尚多，人不能負，此三難也。胡地秋冬甚寒，春夏甚風多，齎釜鍑薪，炭重不可勝食，糒飲水以歷四時，師有疾疫之憂。是故前世伐胡，不過百日，非不欲久，勢力不能，此四難也。輜重自隨，則輕鋭者少，不得疾行，虜徐遁逃，勢不能及，幸而逢虜，又累輜重，如遇險阻，銜尾相隨，虜要遮前後，危殆不測，此五難也。大用民力，功不可必立，臣伏憂之。今既發兵，宜縱先至者，深入霆擊，且以創艾胡虜。"莽不聽，尤言轉兵穀如故，天下騷動。咸既受莽孝單于之號，馳出塞歸庭，具以見脅狀白單于，單于更以爲於粟置支侯，匈奴賤官也。

〔匈奴〕單于遣兵入雲中益壽塞，今山西歸化城土默特旗西。大殺吏民。是後匈奴告左右部諸邊王入塞寇盜，大輩萬餘，中輩數千，小者數百，殺雁門、朔方太守、都尉，略吏民畜産不可勝數，緣邊虛耗。

四年

〔新〕二月，厭難將軍陳欽震、狄將軍王巡上言，捕得虜生口言，虜犯邊皆孝單于咸子角所爲，莽斬其子登助病死，莽以登代助爲順單于。於長安，以視諸蠻夷。初北邊自宣帝以來，數世不見烟火之警，人民熾盛，牛馬布野。及莽撓亂匈奴，與之搆難，邊民死亡係獲。又十二部兵久屯而不出，吏士罷敝，數年之間，北邊虛空，野有暴骨矣。

五年

〔匈奴〕烏珠留單于死，弟烏累若鞮單于立。時王昭君女伊墨居次云之壻須卜當用事，云常欲與中國和親，又素與於粟置支侯咸善，見咸前後爲莽所拜立爲單于，勸令和親。

西域焉耆叛殺都護但欽。是歲，烏孫、大小昆彌遣使貢獻，莽見匈奴諸邊並侵，意欲得烏孫心，小昆彌胡婦子，烏孫歸附之，迺遣使者引小昆彌，使置大昆彌使上，西域諸國以莽積失恩信，焉耆先叛，殺都護，莽不能討。

莽天鳳元年

〔新〕遣和親侯王歙王昭君兄子也。及其弟颯使匈奴，厚賂之，詐許還其侍子登，因購求陳良、終帶等。單于執良等付使者，檻車詣長安，莽作焚如之刑燒殺之。

緣邊大飢，莽采諫大夫如普言，罷諸將軍率屯兵。單于貪莽賂遺，外不失漢家故事，内實利寇掠會。使還，知侍子登前誅死，發兵寇邊，莽復發軍屯。

〔匈奴〕匈奴右骨都侯須卜當伊墨居次云遣人至西河虎猛塞下，虎猛縣制虜塞，今鄂爾多斯左翼前旗。言和親。

二年

〔新〕夏五月，復遣王歙與五威將王咸率伏黯、丁業等送單于侍子登屍歸匈奴。敕令掘單于知墓棘鞭其屍，又令匈奴卻塞于漠北，責單于馬萬匹，牛三萬頭，羊十萬頭，及所略邊民生口在者，皆還之。莽好爲大言如此。因遺單于金珍，改其號曰恭奴善于。又封須卜當爲後安公，子奢爲後安侯。單于貪莽金幣，故曲聽之，然寇盜如故。

三年

〔新〕夏，遣并州牧宋宏、游擊都尉任萌等將兵擊匈奴，至邊止屯。

遣五威將王駿等出西域，焉耆詐降，伏兵擊，駿等皆死，西域自此絶。

四年

五年

〔新〕遣和親侯王歙誘伊墨居次云及須卜當至塞下，以兵脅將至長安，强立當爲須卜單于，後安公子奢爲後安侯。大司馬嚴尤諫曰：當在匈奴右部，兵不侵邊，單于動静，輒語中國，此方面之大助也。於今迎當至長安藁街中一胡人耳，不如在匈奴有益，莽不聽。

〔匈奴〕烏累單于死，弟呼都而尸道皋若鞮單于立，貪賞賜，遣須卜當子大且渠奢與伊墨居次云女弟之子醯櫝王，俱奉獻至長安。

六年

〔新〕大募天下兵，議以嚴尤、廉丹爲二徵將軍，將兵擊誅單于而立當代之。嚴尤以直諫免，兵調度亦不合，而匈奴愈怒，並入北邊。時北邊多罹其禍，惟代郡中尉蘇竟完輯一郡。劉攽《後漢書刊誤》曰，按郡無中尉，當作都尉。

莽地皇元年

二年

〔新〕轉天下穀帛詣西河、五原、朔方、漁陽，每一郡以百萬數，欲以擊匈奴。須卜當死，莽以庶女妻後安公奢所以尊寵之甚厚，終欲爲發兵立之者。

三年

淮陽王更始元年

〔淮陽王〕漢兵誅莽。云奢亦死。

二年

〔濮陽王〕冬，遣中郎將歸德侯劉颯、大司馬護軍陳遵使匈奴，授單于漢舊制璽綬，因送云當餘親屬貴人從者還匈奴。單于輿驕，謂遵、颯曰：匈奴本與漢爲兄弟，匈奴中亂，孝宣皇帝輔立呼韓邪單于，故稱臣以尊漢。今漢亦大亂，爲王莽所篡，匈奴亦出兵擊莽，空其邊境，令天下騷動思漢，莽卒以敗，而漢復興，亦我力也。當復尊我，遵與相撐，拒單于，終持此言。

三年

〔濮陽王〕夏颯等自匈奴還。

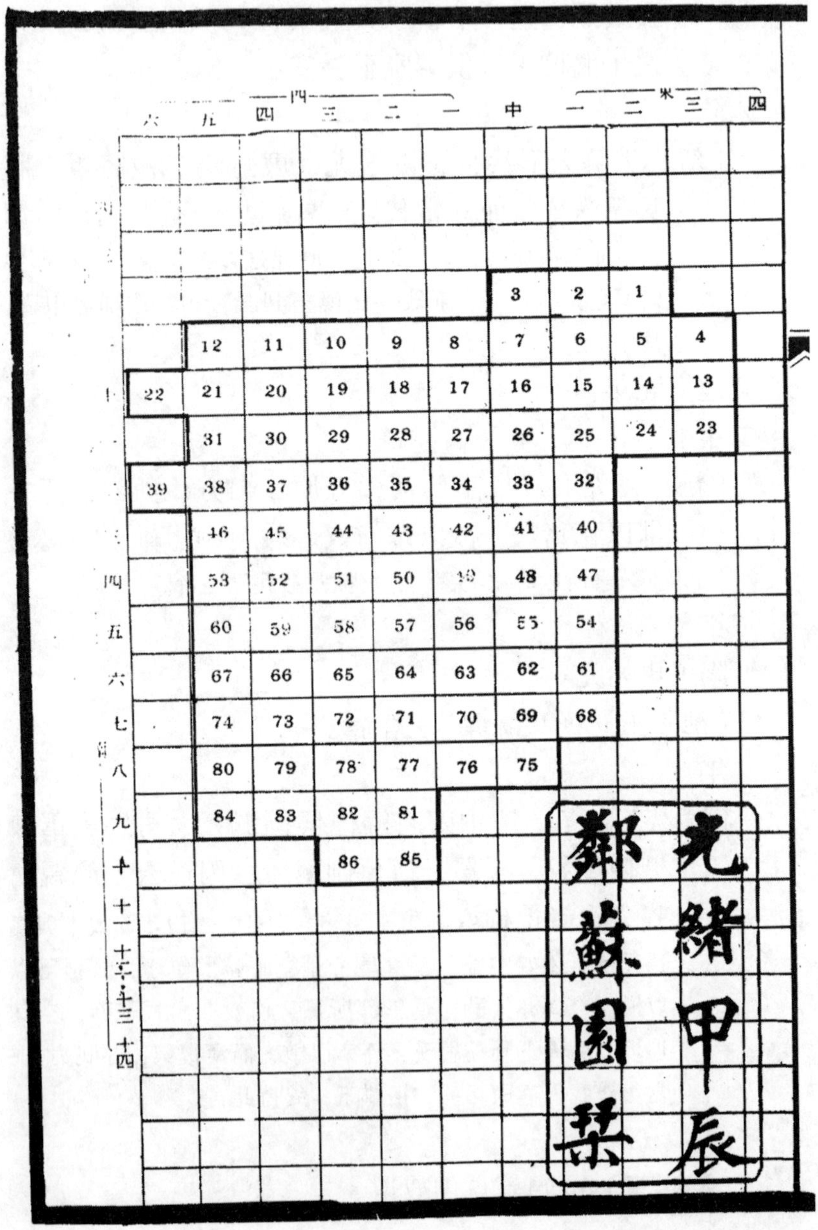
六 五 四 三 二 一 中 一 二 三 四
四 五 六 七 八 九 十 十一 十二 十三 十四
光緒甲辰
鄰蘇園栞

前漢地理圖

之後遂亡失傳晉裴秀言所見漢氏圖粗具形似不爲精審此必非漢司空之圖二千年來不聞有追爲之圖者蓋郡縣之所在有山川之界但按道理圖之則山南或逾於山北水西或度於水東此一難也漢魏郡縣以地形走駐之多有遷徙

漢地理志圖自序

周禮大司徒掌建邦土地之圖注云今之司空郡國輿地圖亦見後漢書光武紀建武十五年詔書是漢室亦後有專官班氏之為地理志必得見司空之圖故能精核絕倫措手易代

圖求合漢志分灌淮為二水而東陵鄉易位移鬱水於廣西而牂柯江無著故書雖詳不復兼綜又有汪氏士鐸漢志釋地凡漢志千五百八、八十餘縣皆一一指以今地夫前漢之縣著於東京者唯應劭孟如易陽有易陽城館陶有館陶城清淵有清淵城是也而地志諸書不免以新為故甚雜二也故城古近大抵以括地志後漢書注元和志通典寰宇記所載為詳而諸書亦不免參差其雜三也近時姚有番為陳氏漢志水道圖說但據今

出李氏兆洛今但據其地志韻編
填寫除江河諸大水之外皆不復
圖避雜就易未足饜飫人心者
也有酈氏之水經注在今城故城
左右縈帶次序井然余乃與門人
熊君會貞刺取為漢志圖其久

康略著其迹如聞喜應劭曰今曲沃安邑孟康曰今縣邸是也司馬彪以下遂盡放闕如以魏王泰章懷太子李賢逮杜君卿樂史言所不聞者汪氏從何處知之憑臆位置欺罔後學莫此為甚又有陽湖惲氏所刊歷代輿圖稍

失所在者闕焉志所不載見於紀傳者地關隘要亦附出之别為釋例一卷為讀班志者度甚凡豈敢謂畫厥義蘊庶免不知而作之誚乎

光緒乙巳七月宜都楊守敬記

陳留郡	南二西一		
潁川郡	南二西一	南三西一	
汝南郡	南三中	南三西一	
南陽郡	南三西一	南三西二	南四西一
南郡	南四西一	南四西二	南五西一
江夏郡	南三西一	南四西一	南五西一
廬江郡	南四中	南四西一	
九江郡	南三中	南四中	
山陽郡	南二中	南二西一	
濟陰郡	南二中	南二西一	
沛郡	南二中	南三中	
魏郡	南一西一	南二西一	

前漢地理圖編目

宜都楊守敬初稿　枝江熊會貞參校並繪圖

京兆郡　南二西二　南三西二

左馮翊　南二西二　南二西三

右扶風　南二西二　南二西三　南三西二　南三西三

弘農郡　南二西一　南二西二　南三西二

河東郡　南一西二　南二西一　南二西二

太原郡　中西一　中西二　南一西一　南一西二

上黨郡　南一西一　南二西一

河内郡　南一西一　南二西一

河南郡　南二西一

東郡　南一中　南一西一　南二中　南二西一

琅邪郡 南一東一 南二東一 南二中
東海郡 南二中
臨淮郡 南二中 南三東一 南三中
會稽郡 南三東一 南三中 南四東一 南五東一
南五中 南六東一 南六中 南七東一
南七中
丹陽郡 南三中 南四東一 南四中 南五中
豫章郡 南五中 南五西一 南六中 南六西一
南七中 南七西一
桂陽郡 南六西一 南六西二 南七西一 南七西二
武陵郡 南四西二 南五西二 南五西三 南六西二
南六西三 南七西二 南七西三

鉅鹿郡　中西一　南一西一
常山郡　中西一　南一西一
清河郡　南一中　南一西一
涿郡　中中　中西一
勃海郡　中中　南一中
平原郡　南一中
千乘郡　南一中
濟南郡　南一中
泰山郡　南一中　南二中
齊郡　南一中
北海郡　南一東一　南一中
東萊郡　南一東一

巴郡	南三西三	南四西二	南四西三	南五西三
武都郡	南二西三	南二西四	南三西三	南三西四
隴西郡	南二西三	南二西四		
金城郡	南一西四	南二西五	南二西四	南二西五
天水郡	南一西四	南二西三	南二西四	
武威郡	北一西四	中西四	南一西四	
張掖郡	北一西四	北一西五	中西四	
酒泉郡	中西五	中西五		
敦煌郡	中西五	中西六		
安定郡	南一西三	南一西四	北一西三	
北地郡	中西二	南一西三	南二西二	南二西三
上郡	中西二	南一西二	南二西二	南二西三

零陵郡	南六西二	南七西二		
漢中郡	南三西二	南三西三	南四西二	
廣漢郡	南三西三	南三西四	南四西三	南四西四
蜀郡	南三西四	南四西四	南五西四	南五西五
犍為郡	南四西四	南五西三	南五西四	南六西三
	南六西四			
越巂郡	南五西四	南五西五	南六西四	南六西五
	南七西五			
益州郡	南七西四	南七西五	南八西四	南八西五
	南九西五	越南上		
牂柯郡	南五西三	南六西二	南六西四	南七西三
	南七西四	南八西三	南八西四	越南上

玄菟郡	北二東二	北一東三	中東一	
樂浪郡	北一東三	北一東二	中東三	中東二
	南一東三	南一東二		
南海郡	南七中	南七西一	南八中	南八西一
	南八西二			
鬱林郡	南七西二	南七西三	南八西二	南八西三
蒼梧郡	南七西二	南八西二		
交趾郡	越南上	越南中		
合浦郡	南八西二	南八西三	南九西三	南九西四
九真郡	越南上	越南中		
日南郡	越南中	越南下		
趙國	南一西一			

西河郡	中西二	南一西二		
朔方郡	北一西二	北一西三		
五原郡	北一西二	中西二		
雲中郡	北一西一	北一西二		
定襄郡	北一西一	北二西二	中西二	
雁門郡	北一西一	中西一	中西二	
代郡	北一西一	中西一		
上谷郡	北一中	北一西一	中西一	
漁陽郡	北一中	中中		
右北平郡	北一東一	北一中	中中	
遼西郡	北一東一	北一中	中東一	中中
遼東郡	北二東二	北二東一	北一東二	北一東一

東平國 南一中 南二中
魯國 南一中 南二中
楚國 南二中 南三中
泗水國 南三中
廣陵國 南三中
六安國 南三中 南三西一 南四中 南四西一
長沙國 南五西一 南五西二 南六西一 南六西二
附
沈黎廢郡 南五西四
汶山廢郡 南四西四
珠崖廢郡 南十西二
儋耳廢郡 南十西三
臨屯廢郡 中東三

廣平國　南一西一
真定國　中西一
中山國　中西一
信都國　南一中　南一西一
河間國　中中　南一中
廣陽國　中中
菑川國　南一中
膠東國　南一東一
高密國　南一東一
城陽國　南二中
淮陽國　南二西一　南三西一
梁國　南二中　南二西一

真番穢郡　南一東二

西域　西域上一　西域上二　西域上三

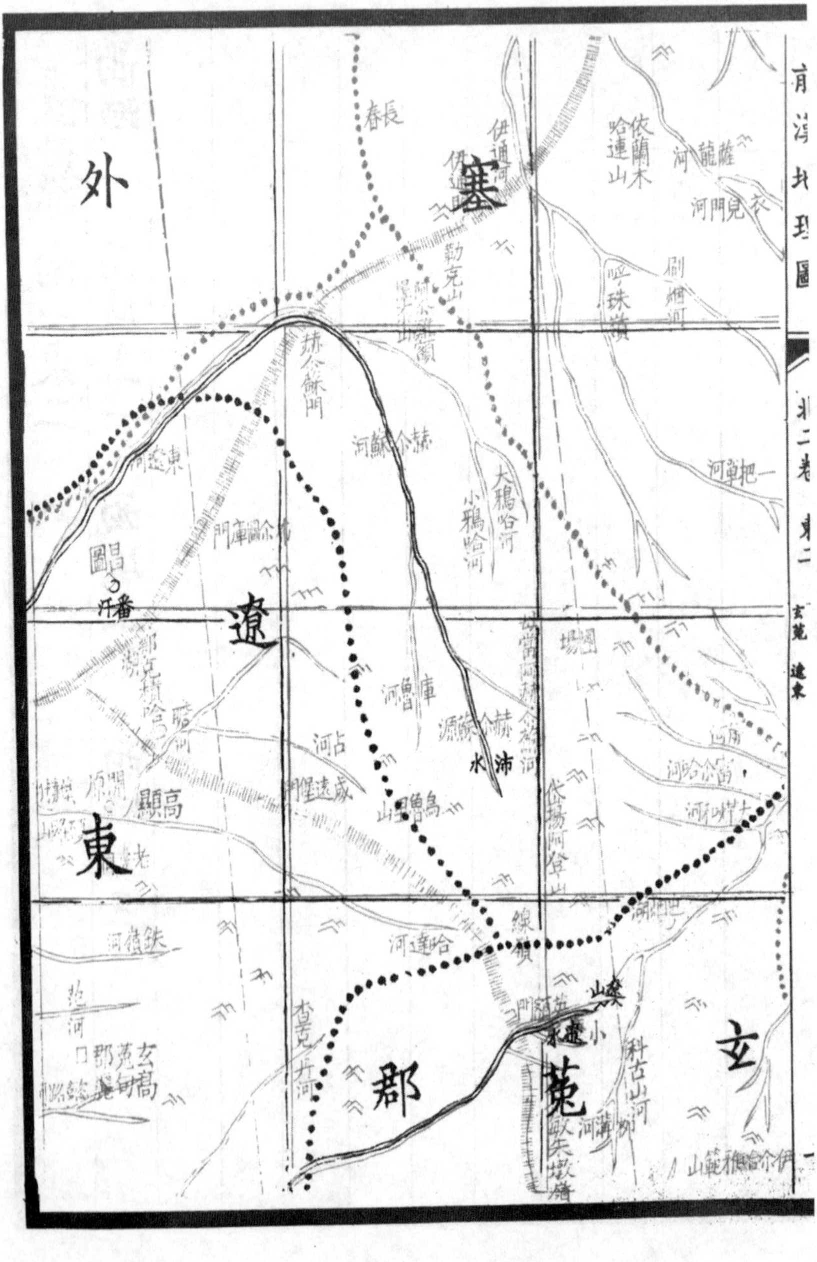
外
塞
遼
東
玄
菟
郡
長春
沛水
伊通河
玄菟
遼東

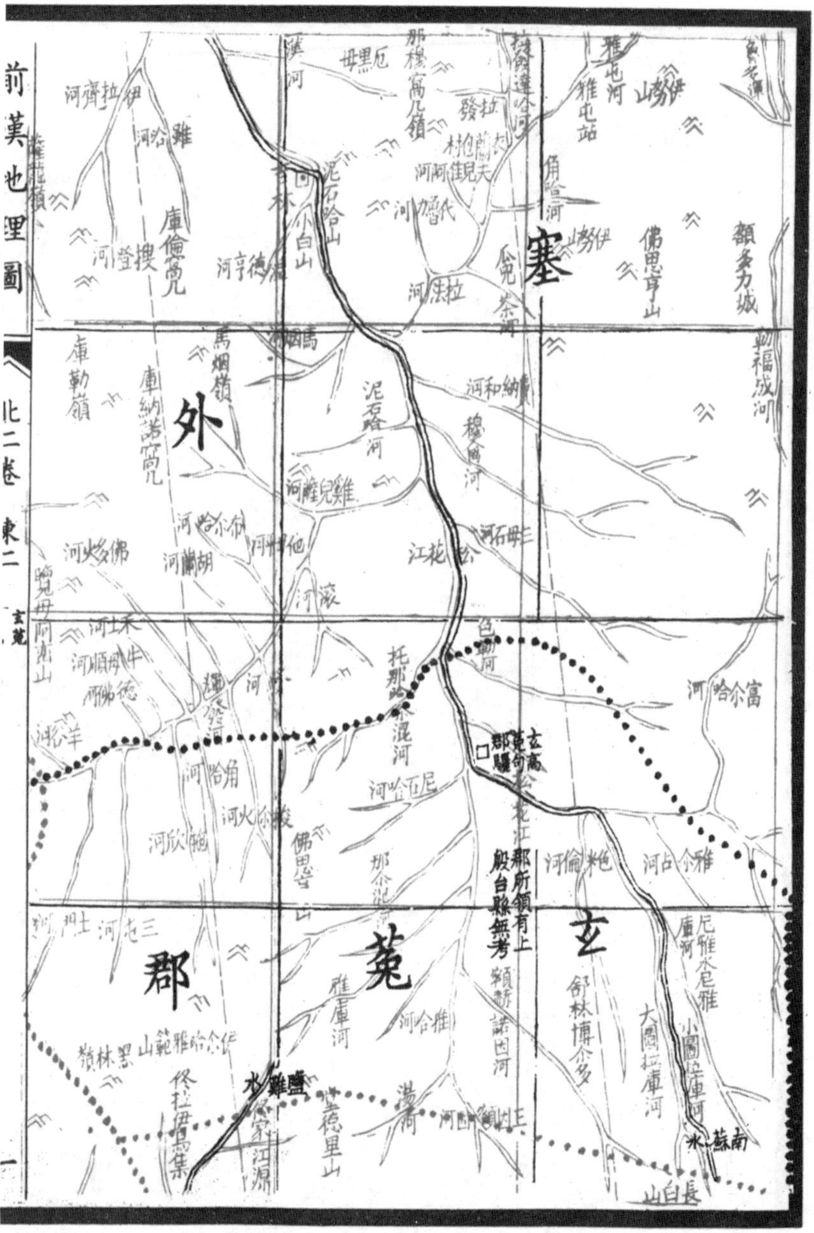
前漢地理圖
北二卷東二
外
塞
玄
菟
郡
玄菟郡所領有上殷台縣無考
高句驪
長白山

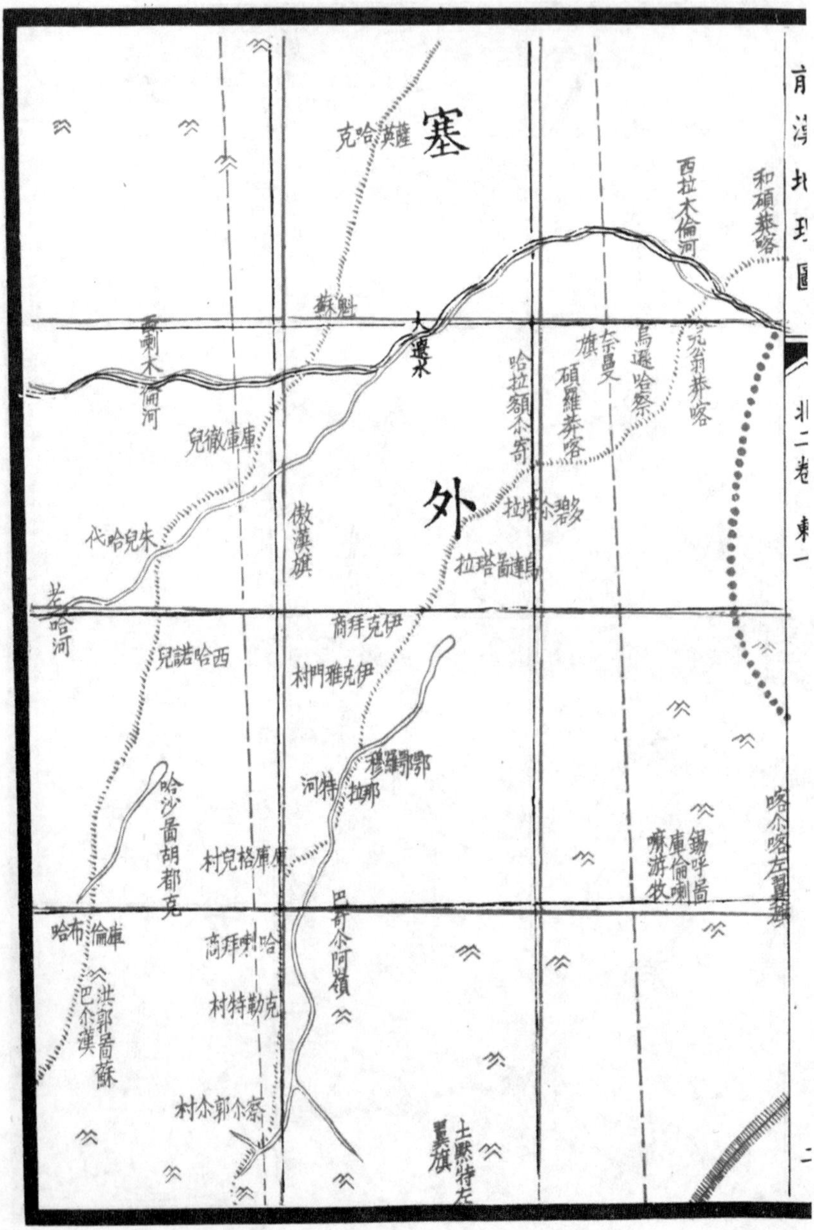
前漢地理圖
北二卷　東一
塞
外
大遼水
西拉木倫河
敖漢旗
喀尔喀左翼旗
土默特左翼旗
錫呼圖庫倫喇嘛游牧

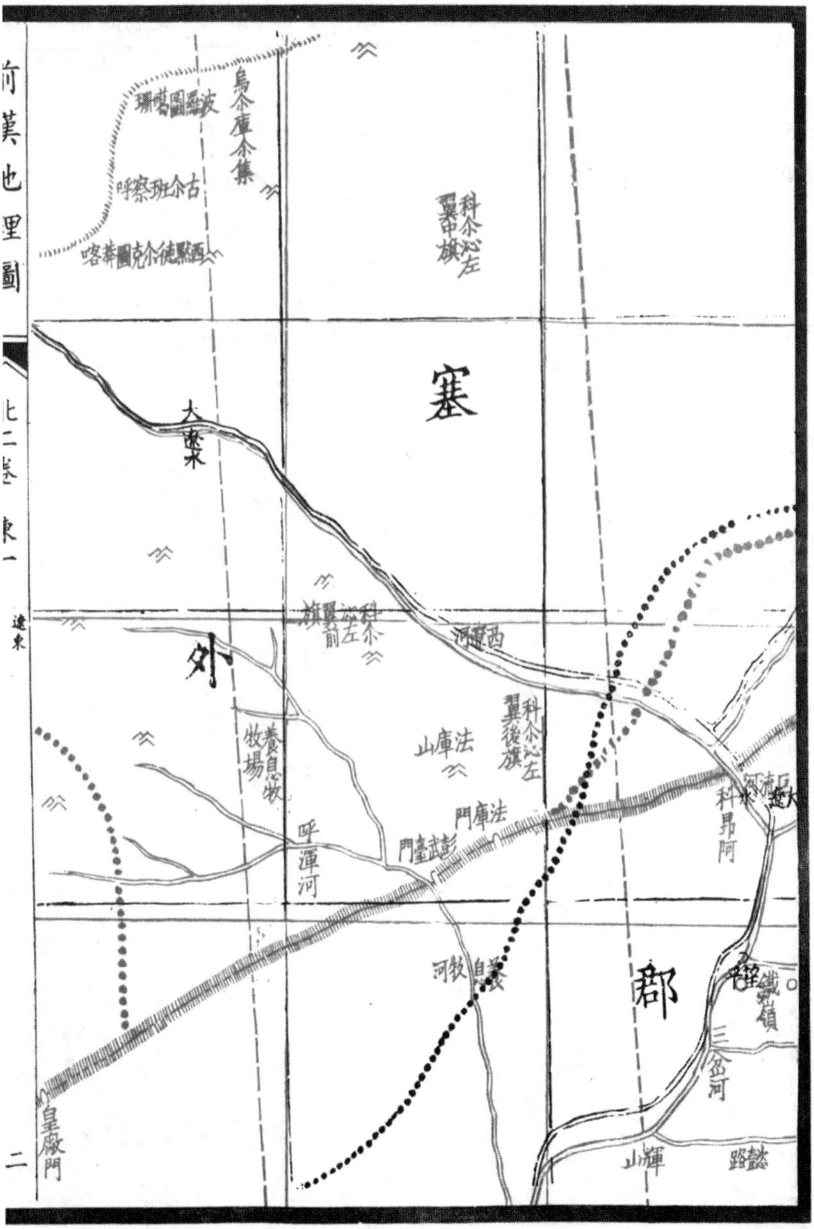
前漢地理圖
北二卷　東一
二
塞
外
郡
大遼水
西遼河
科尔沁左翼中旗
科尔沁左翼前旗
科尔沁左翼後旗
法庫山
法庫門
彰武臺門
養息牧牧場
養息牧河
鐵嶺
輝山
懿路

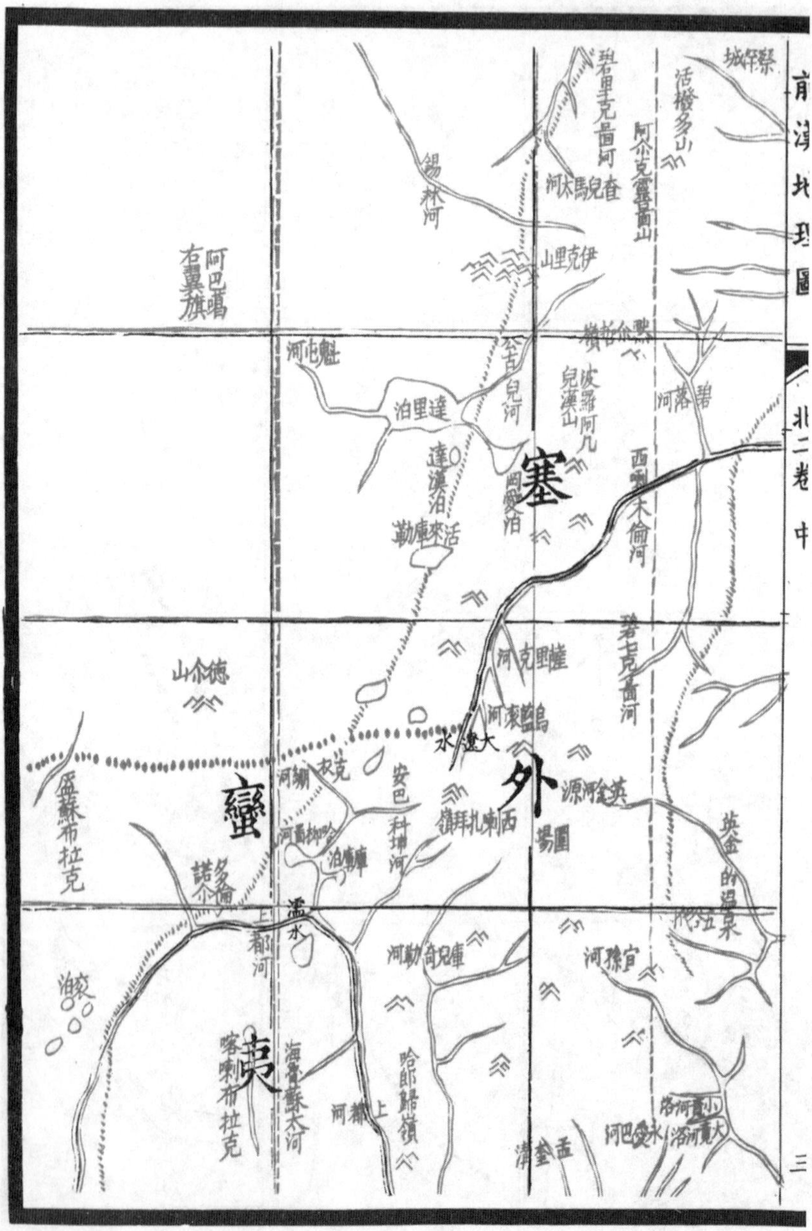
塞
外
蠻
夷
錫林河
濡水
北二卷中

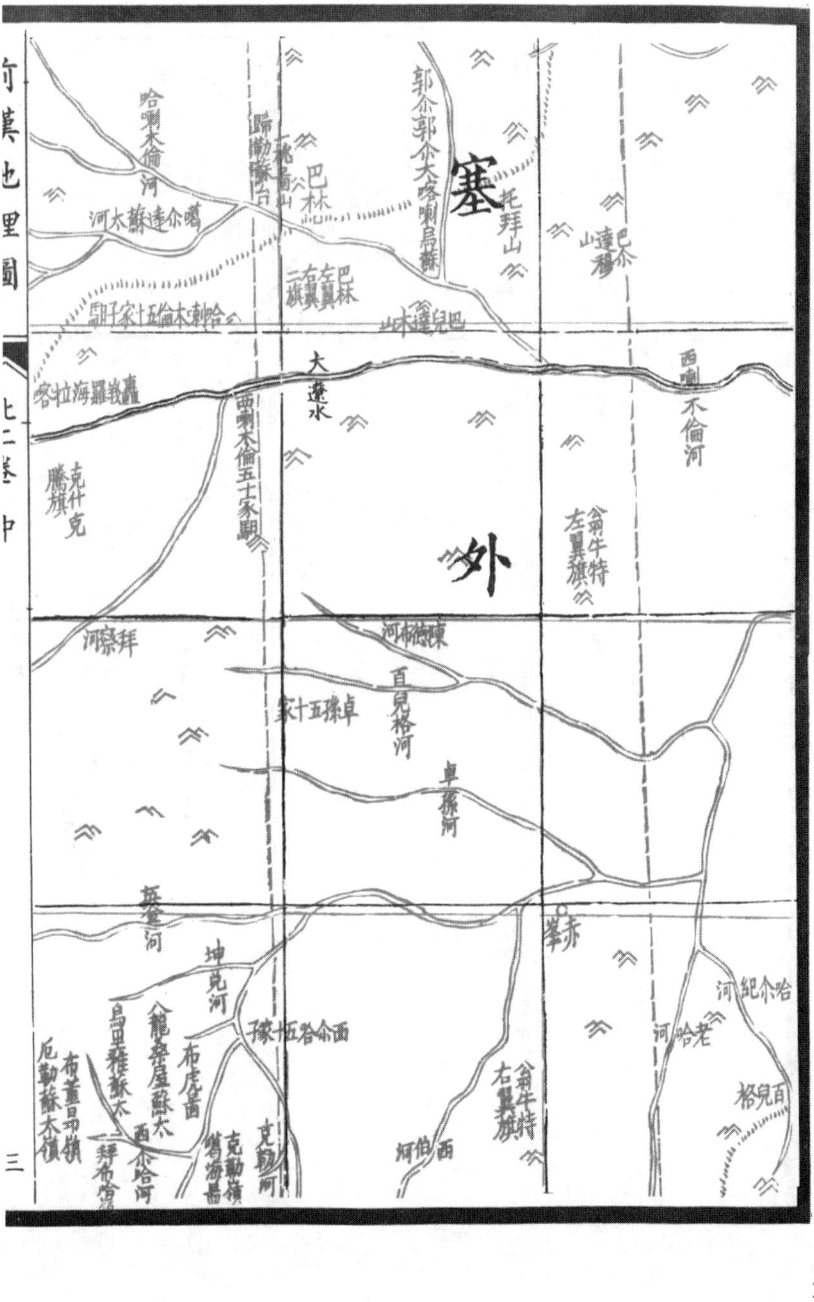
塞
外
大遼水
托拜山
巴林
哈喇木倫河
西喇木倫五十家子
西喇木倫河
翁牛特左翼旗
翁牛特右翼旗
克什克騰旗
赤峯
老哈河
哈尒紀河
百兒格河
三

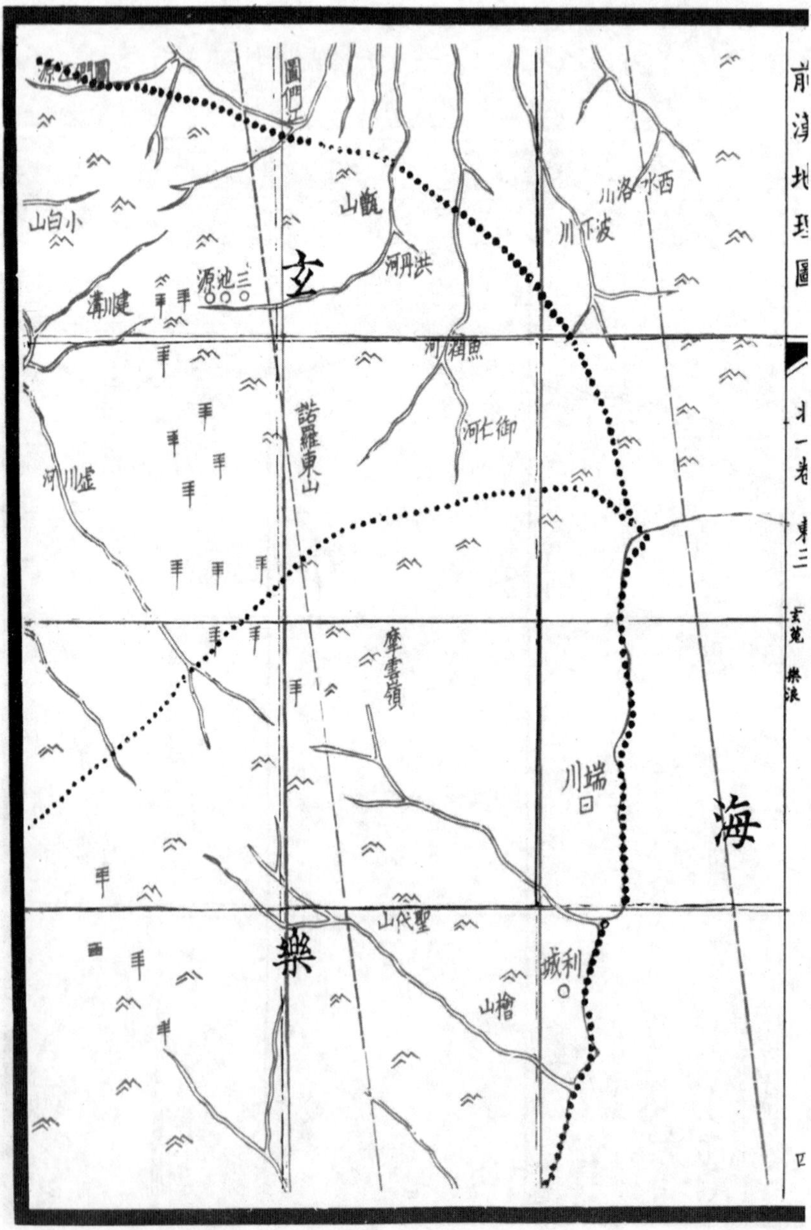
前漢地理圖
北一卷　東三
玄菟
樂浪
玄
樂
海
圖們江
小白山
甑山
洪丹河
三池源
諾羅東山
御仁河
盧川河
西水洛川
摩雲嶺
端川
聖代山
利城
檜山

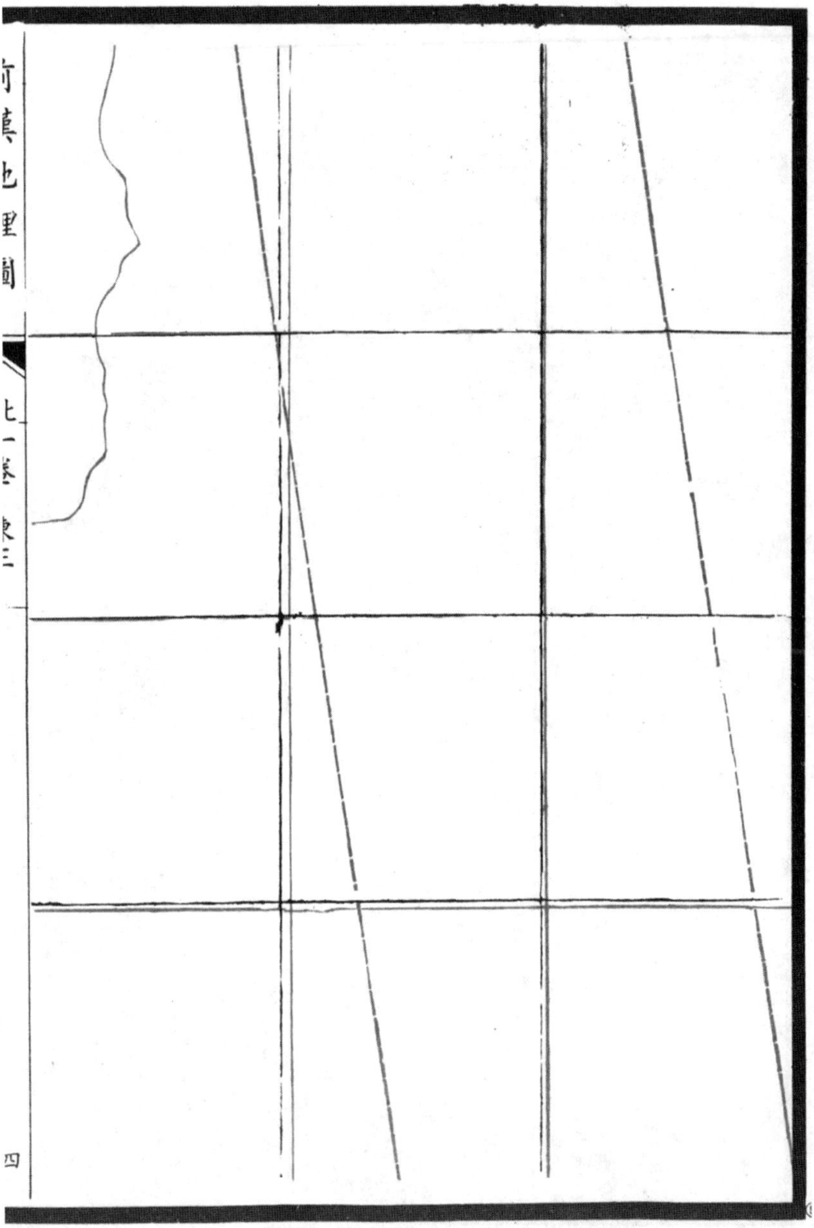

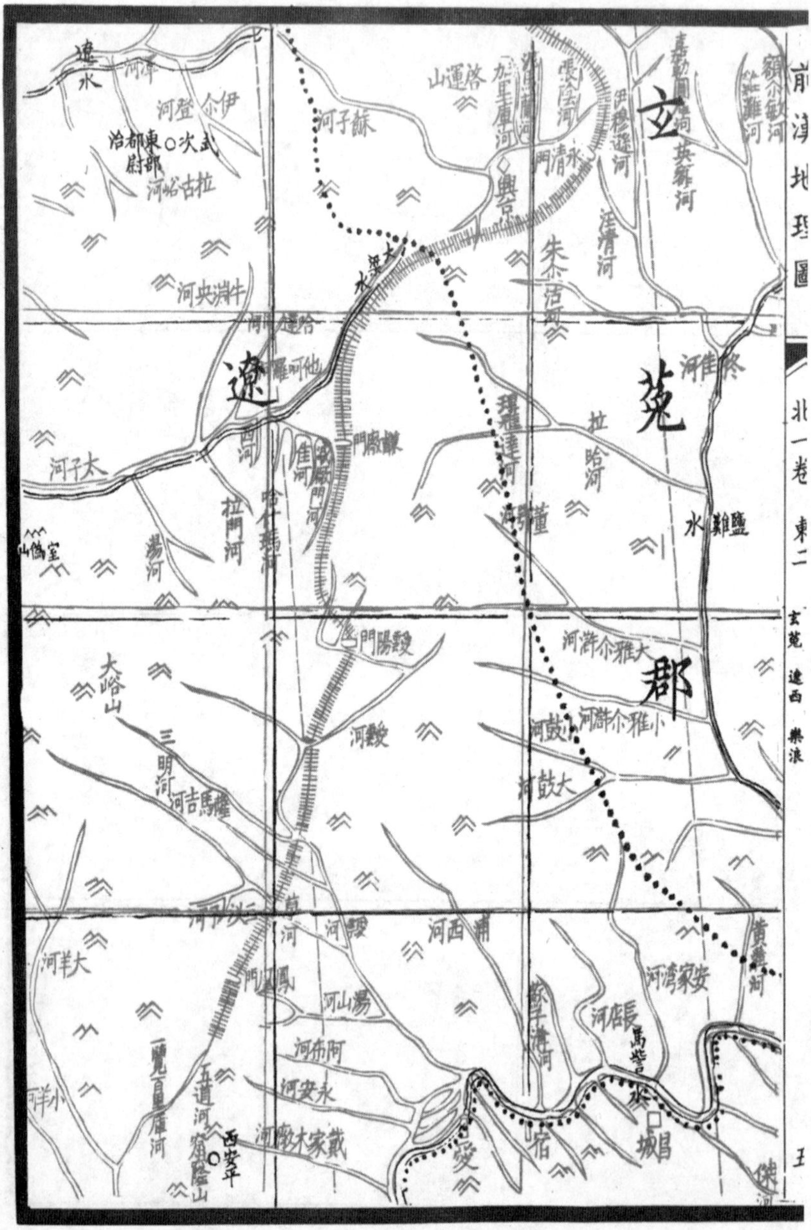
前漢地理圖
北一卷　東二
玄菟　遼西　樂浪
玄
菟
郡
遼
遼水
大梁水
鹽難水
大子河
武次 東部都尉治
西安平
大峪山
興京

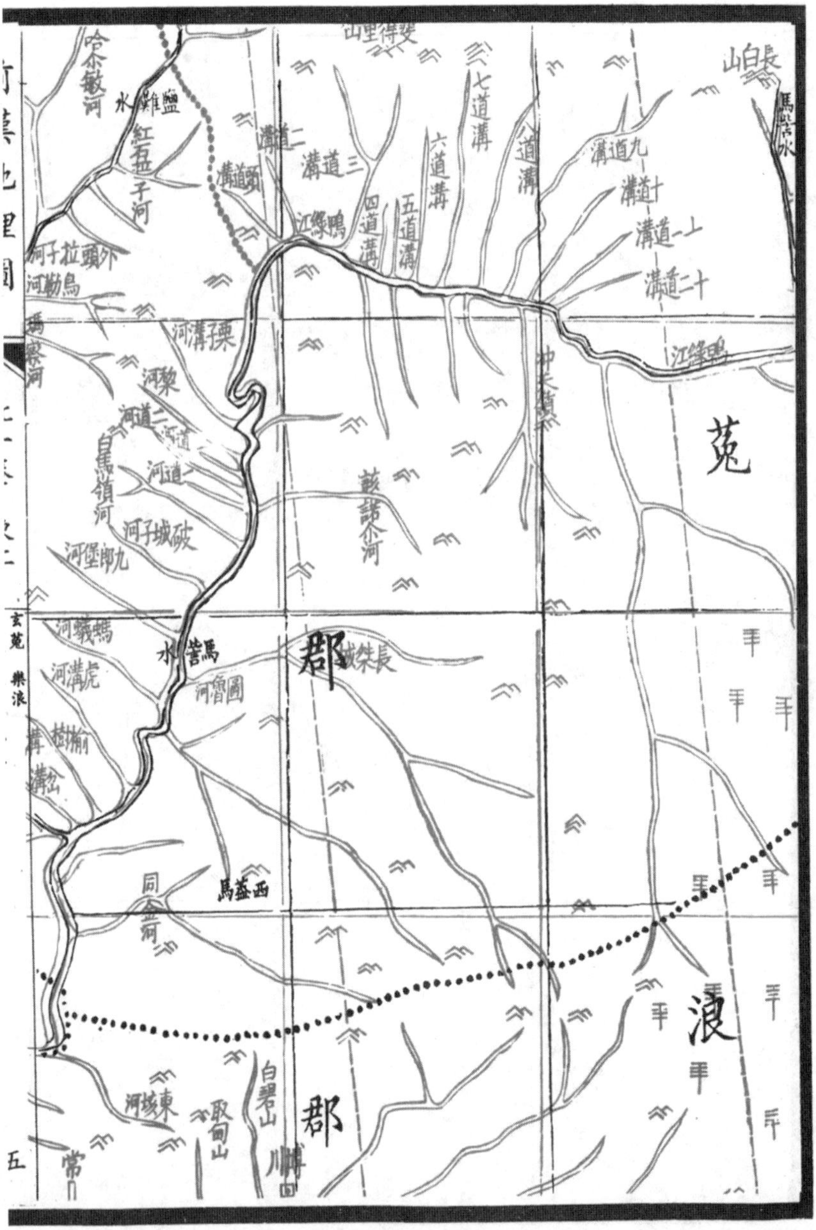
長白山
鴨綠江
七道溝
六道溝
五道溝
四道溝
三道溝
二道溝
九道溝
十道溝
十一道溝
十二道溝
菟
郡
浪
郡
玄菟　樂浪
破城子河
九郎堡河
長城
圖們河
西益馬
同金河
東城河
白翠山
五

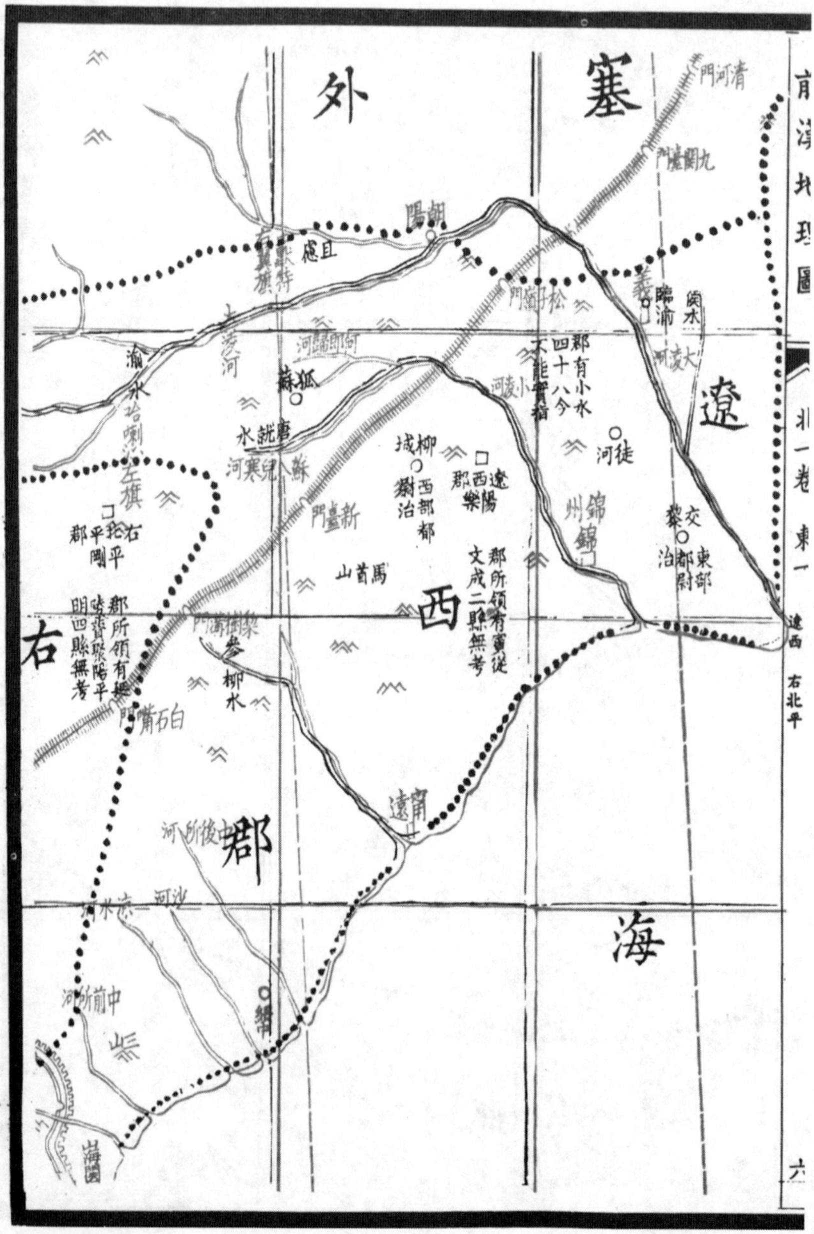
前漢地理圖
北一卷　東一
遼西
右北平
外
塞
遼
西
郡
海
右
六

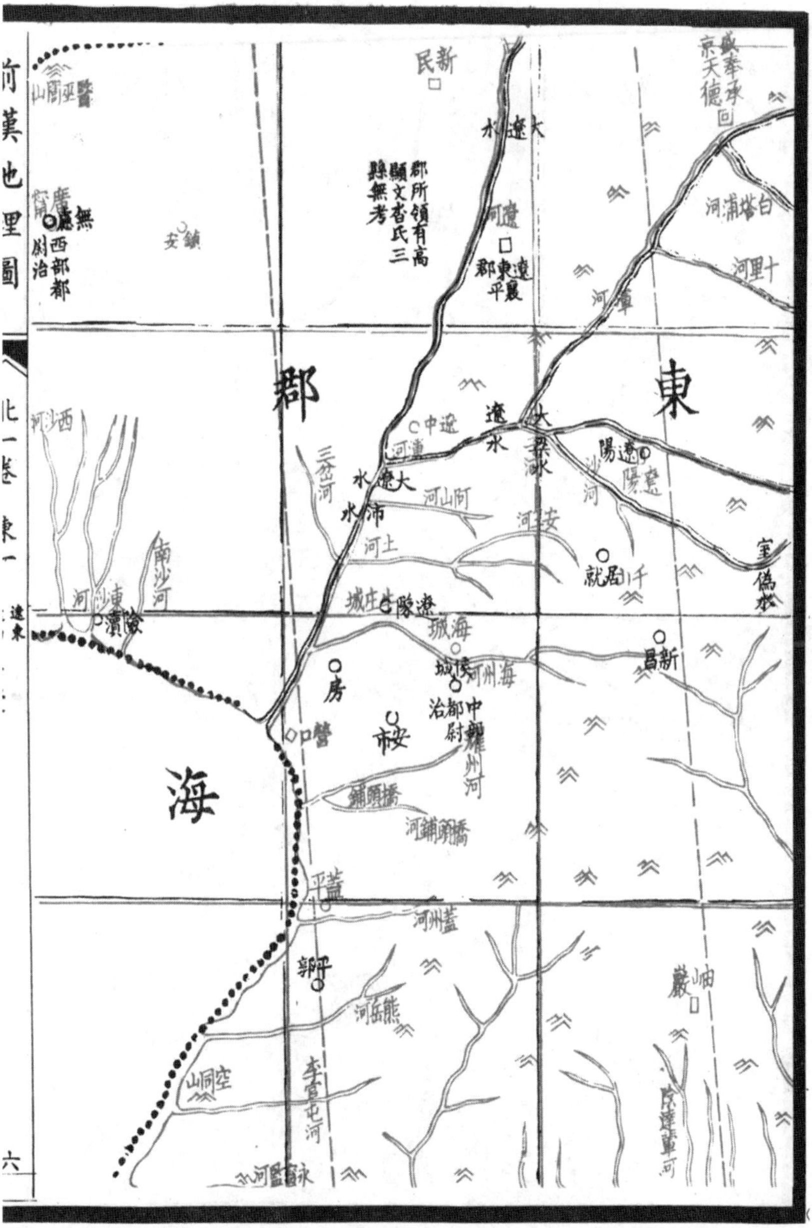
前漢地理圖
郡
東
海
郡所領有高顯文皆氏三縣無考
大遼水
新民
十里河
白塔浦河
千
海城
房
營口
蓋平
空同山
南沙河
西沙河
東沙河
三岔河
大遼水
承德
熊岳河
岫巖

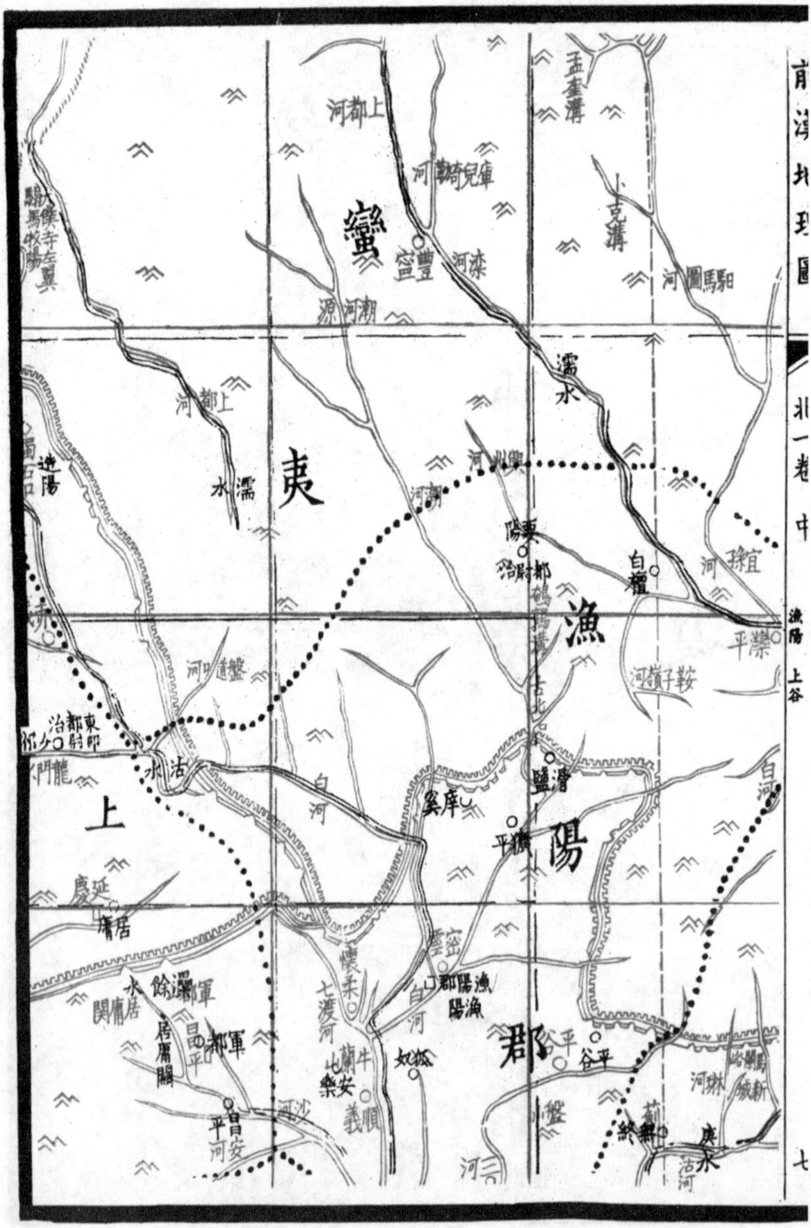
夷
漁
陽
郡
上
上都河
濡水
灤河
豐寧
潮河源
駝馬圖河
白檀
要陽
都尉治
宜孫河
漁陽
上谷
鞍子嶺河
盤道河
東部都尉治
龍門
沽水
滑鹽
厗奚
獷平
白河
延慶
居庸
軍都
居庸關
昌平
密雲
漁陽郡
漁陽
懷柔
七渡河
牛蘭
安樂
狐奴
順義
平谷
沽河
庚水

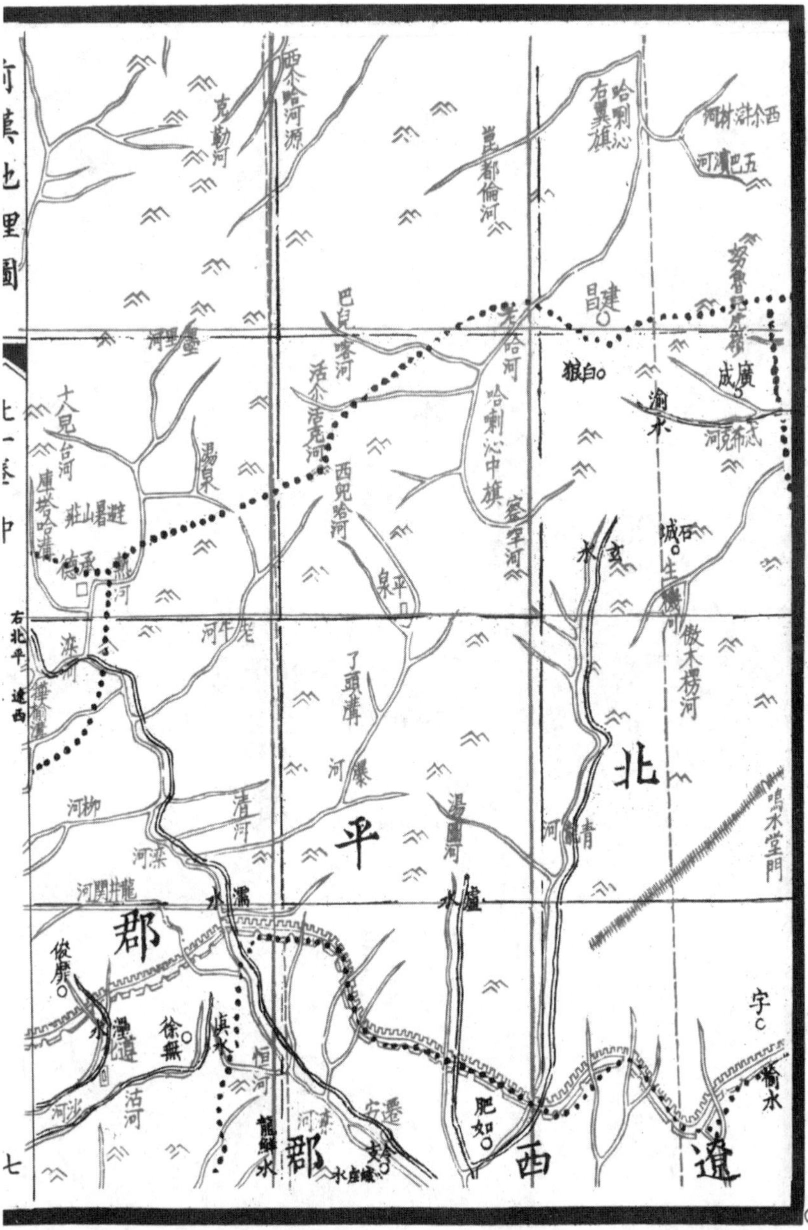
前漢地理圖
北一卷中
七
克勤河
西小哈河源
哈喇沁右翼旗
都倫河
五巴爾河
建昌
白狼
廣成
渝水
哈喇沁中旗
巴兒哈河
湯泉
避暑山莊
承德
灤河
老牛河
平泉
石城
玄水
傲木楞河
柳河
清河
灤河
龍井關河
濡水
盧水
青河
北
平
郡
俊靡
徐無
沽河
肥如
西
遼
宇

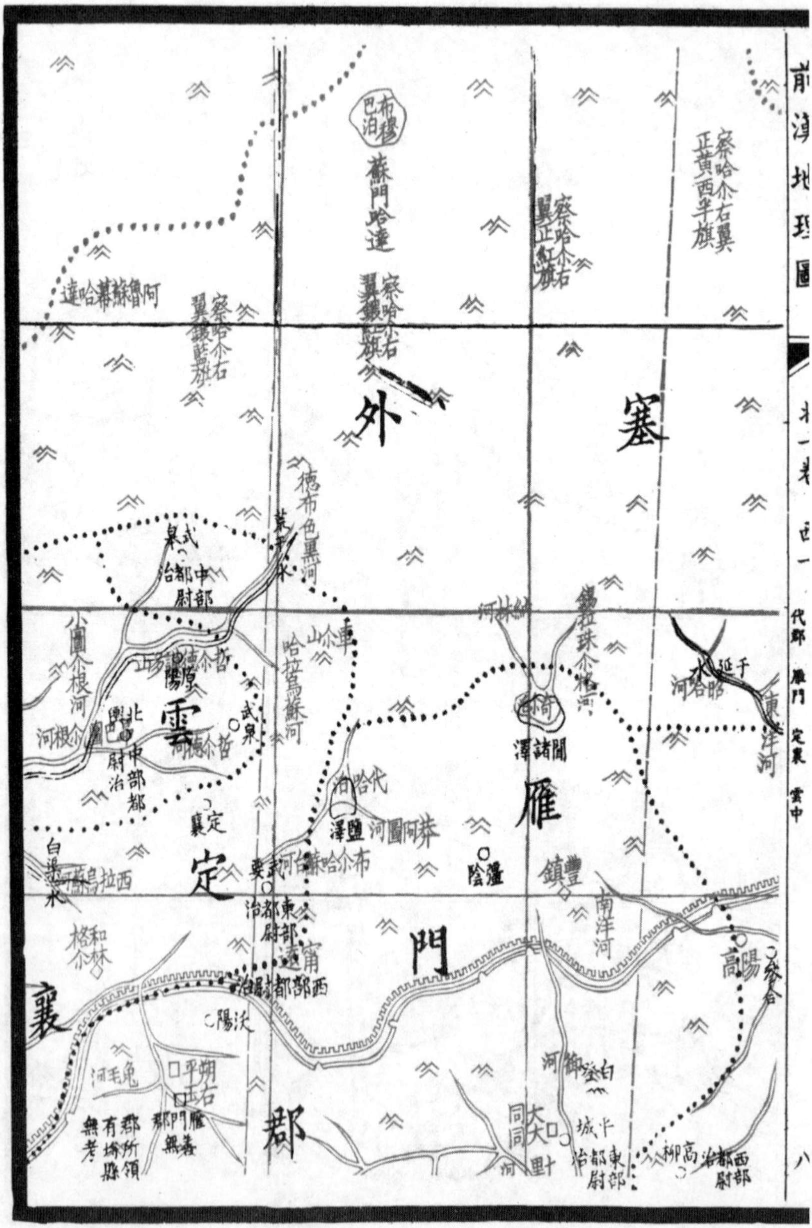
前漢地理圖
代郡　雁門　定襄　雲中
外
塞
雲
定
雁
門
襄
郡
察哈尔右翼正黄西半旗
蘇門哈達
武泉
定襄
高陽
陰館
豐鎮
南洋河
東洋河
沃陽

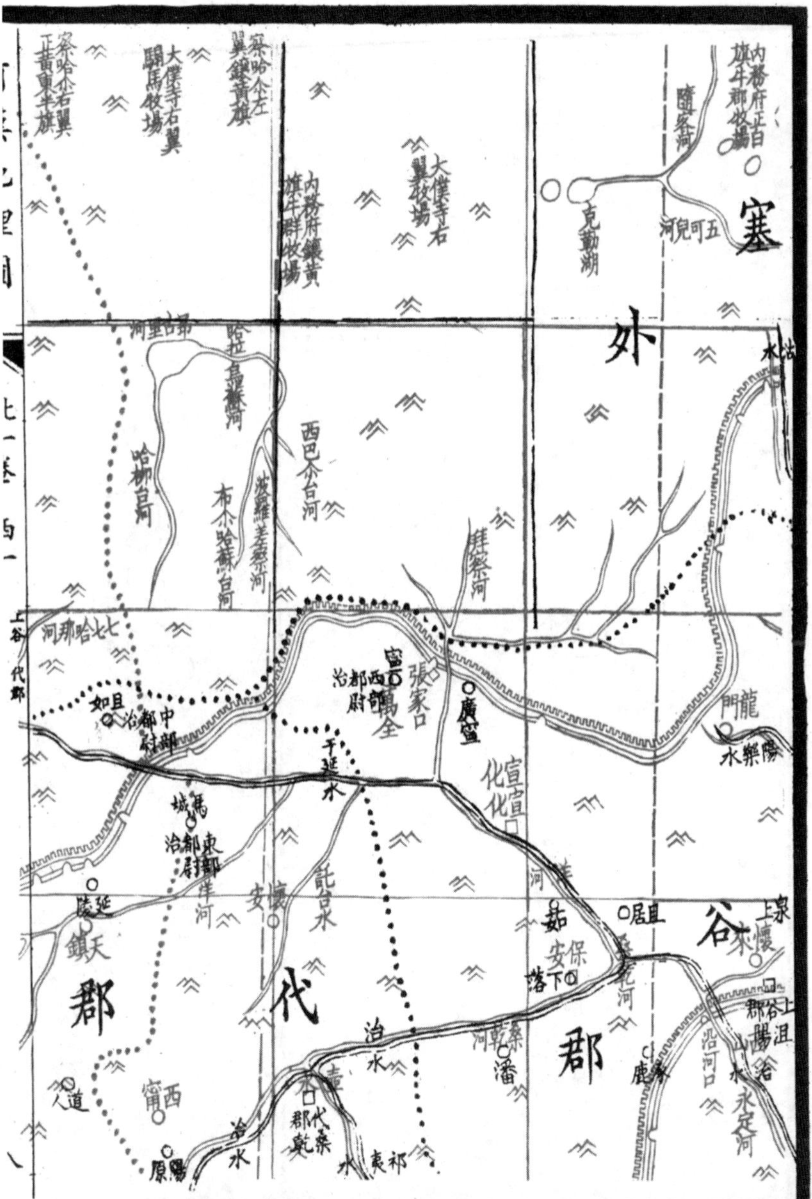
塞
外
代
郡
郡
張家口
廣甯
宣化
保安
下落
且居
涿鹿
沮陽
上谷郡
桑乾
潘
延陵
天鎮
西甯
陽原
道人
且如
中部都尉治
西部都尉治
東部都尉治
馬城
于延水
治水
祁夷水
永定河
龍門
克勤湖

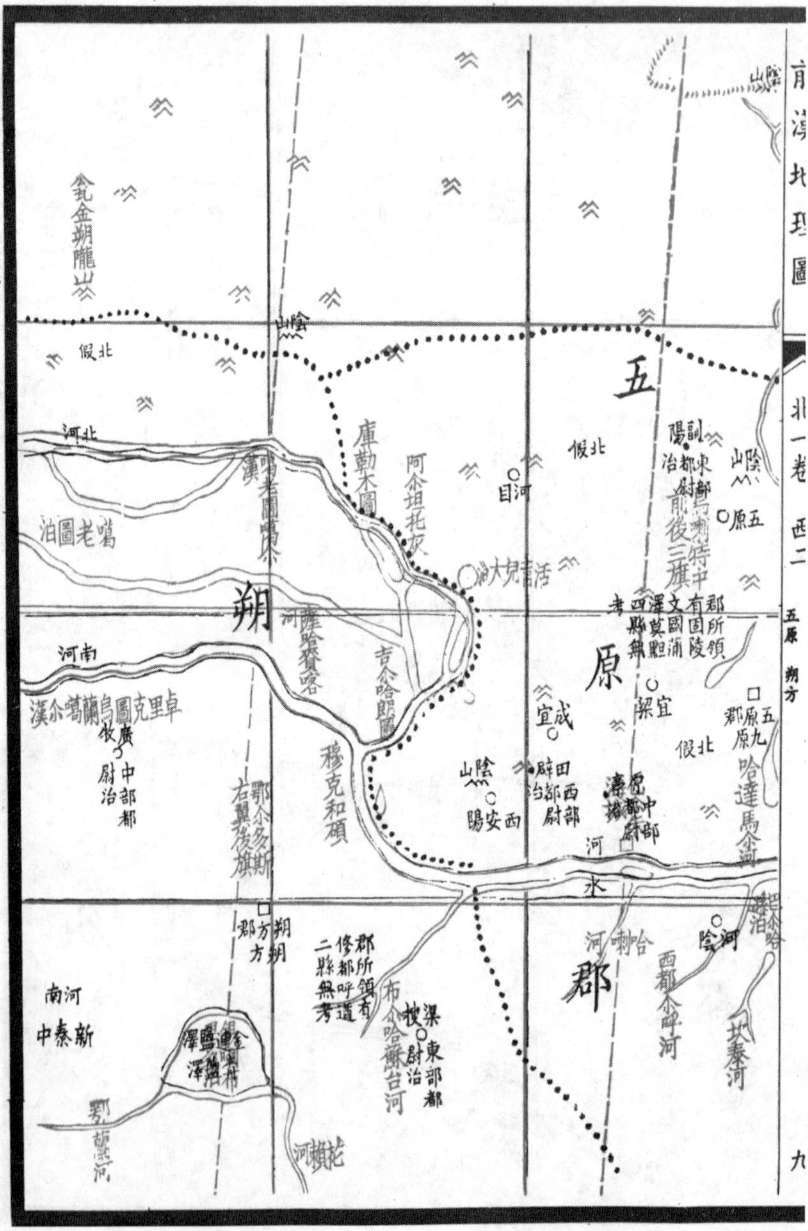
五
原
郡
朔

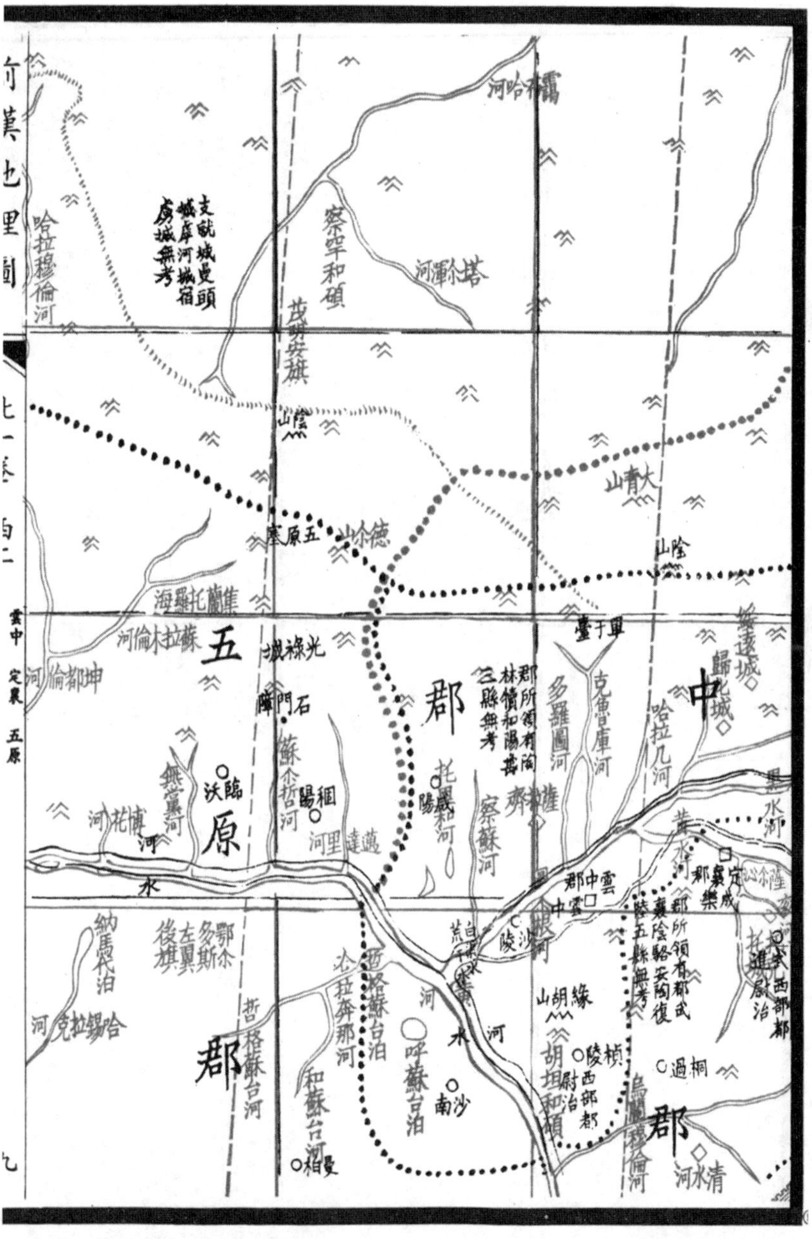
雲中　定襄　五原
哈拉穆倫河
支就城曼頭城虖河城宿虜城無考
察罕和碩
茂明安旗
陰山
大青山
五原塞
陰山
五
光祿城
石門障
原
臨沃
稒陽
郡
中
歸化城
綏遠城
哈拉几河
多羅圖河
雲中
沙陵
定襄
成樂
武進
西部都尉治
胡坦和碩
楨陵
桐過
南沙
呼蘇台泊
清水河
烏蘭穆倫河
鄂尔多斯左翼後旗
納馬代泊
哲格蘇台河
和蘇台河
曼柏
郡

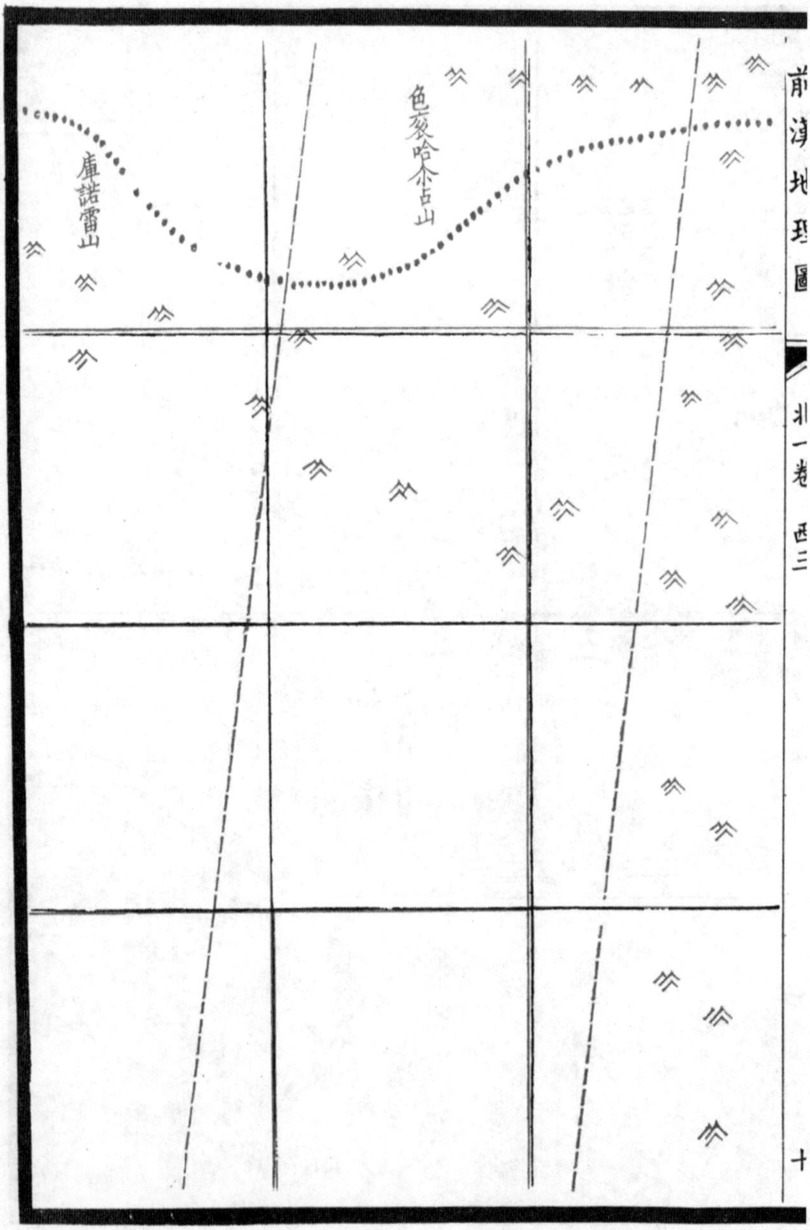
前漢地理圖
北一卷　西三
十
庫諾雷山
色亥哈尒占山

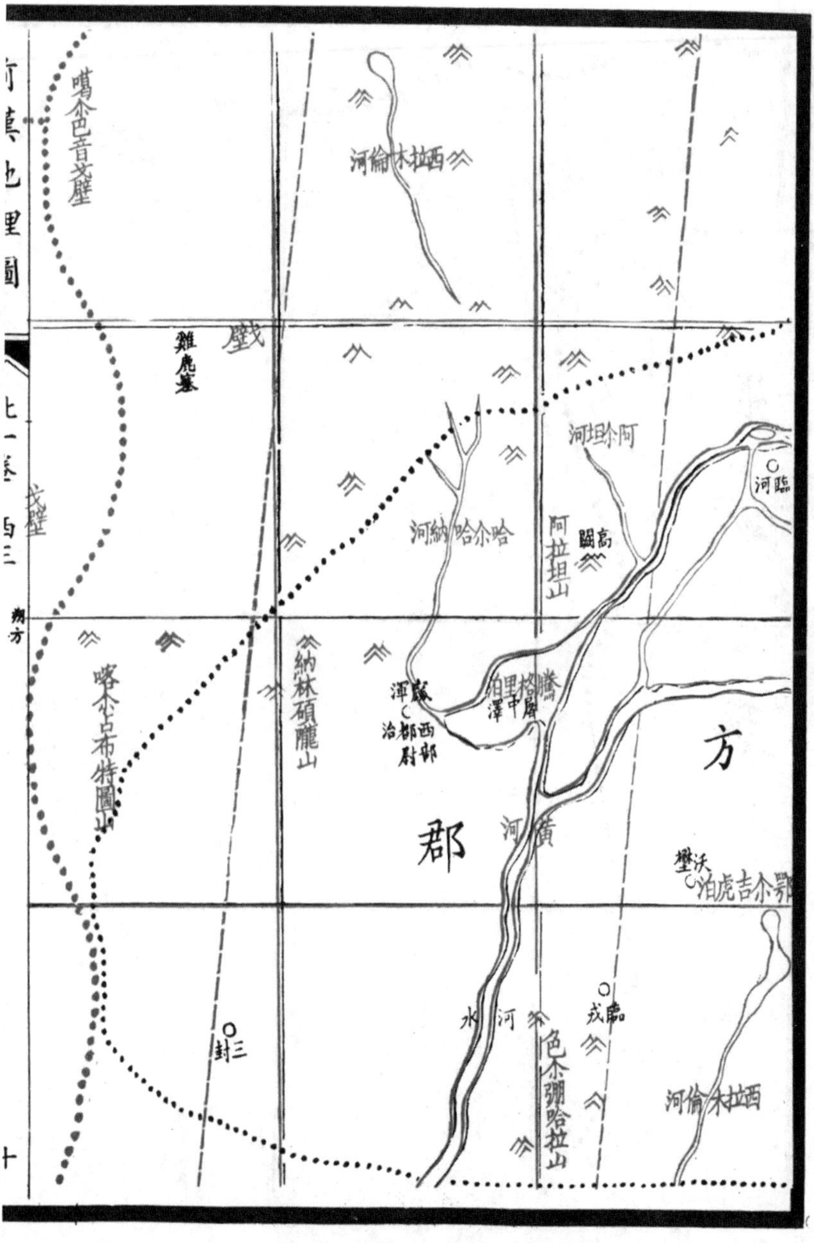
前漢地理圖
噶尒巴音戈壁
西拉木倫河
雞鹿塞
戈壁
阿尒坦河
臨河
哈尒哈納河
阿拉坦山
高闕
朔方
喀尒占布特圖山
納林碩隴山
窳渾
西部都尉治
騰格里泊
屠申澤
朔方郡
黃河
沃壄
鄂尒吉虎泊
三封
臨戎
河水
色尒彌哈拉山
西拉木倫河

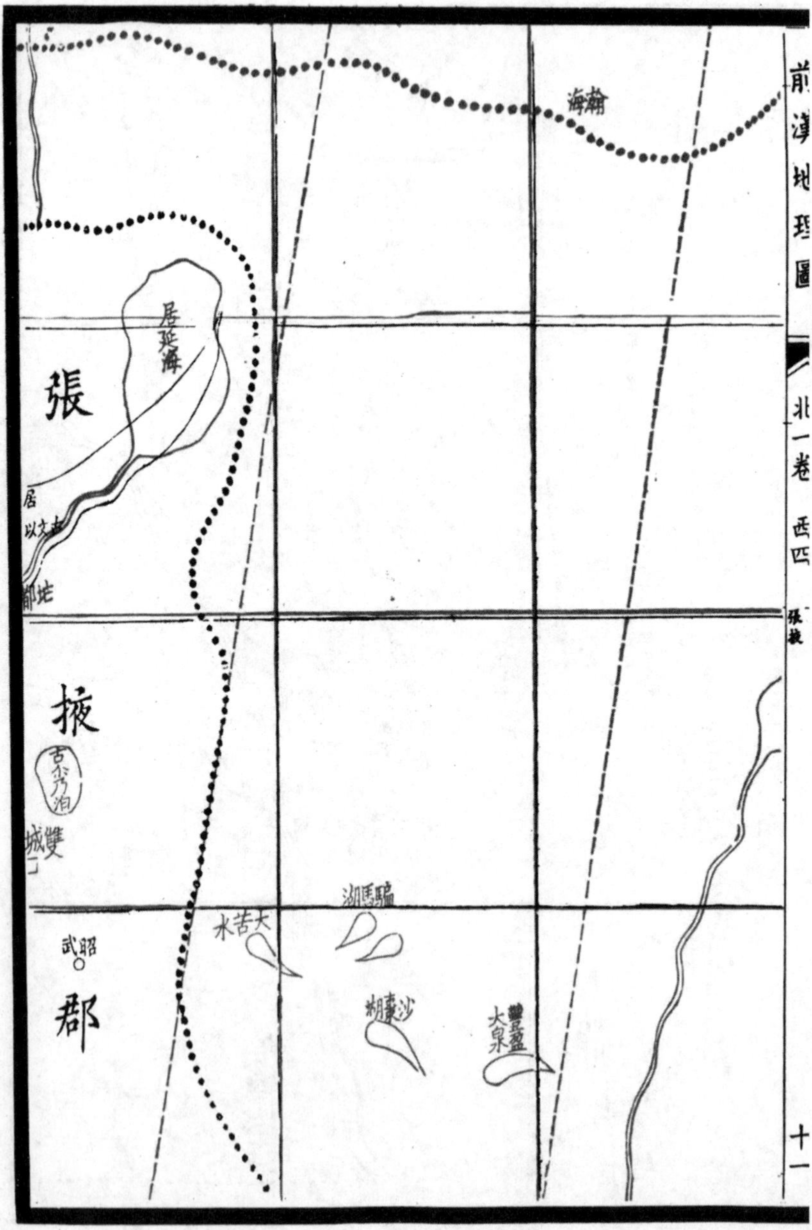
前漢地理圖
北一卷　西四
張掖
十一
翰海
居延海
張掖郡
雙城
昭武
大苦水
驢馬湖
沙棗湖

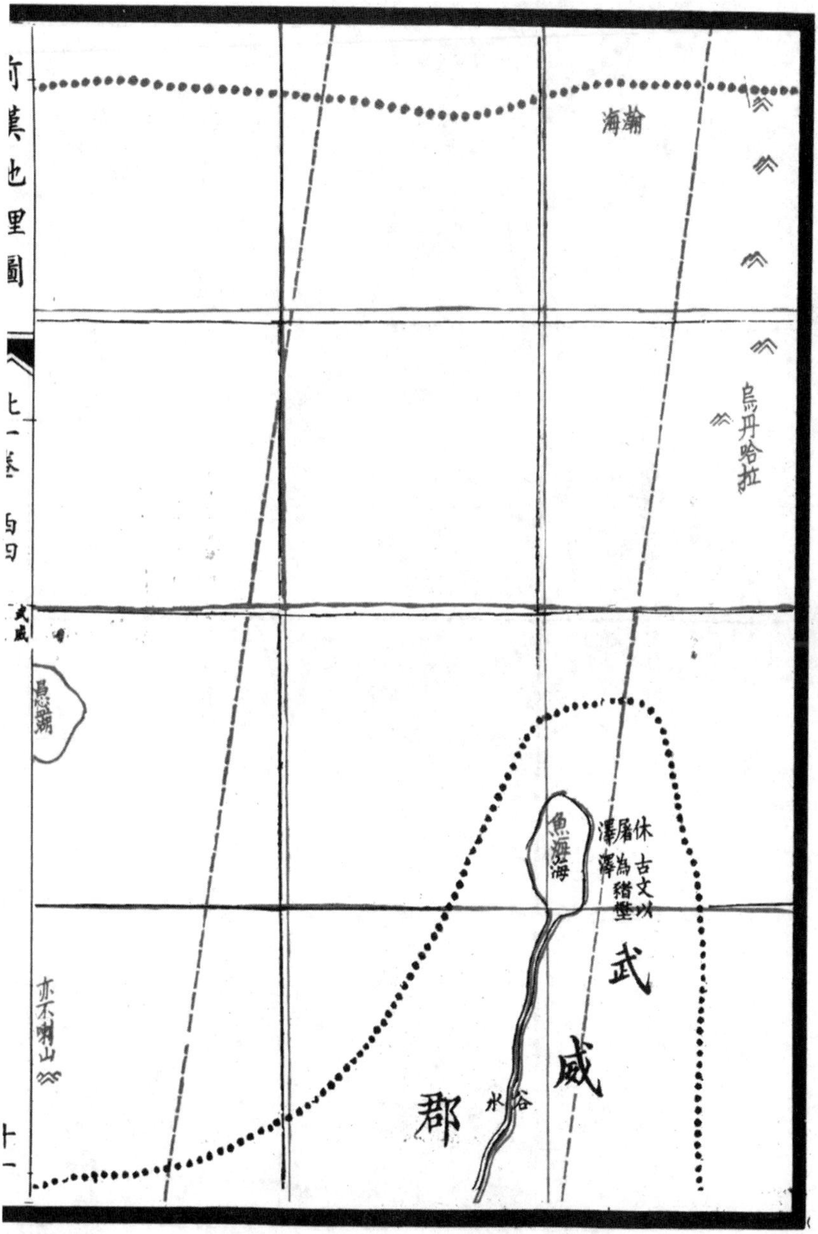
瀚海
烏丹哈拉
魚海
休屠澤
古文以為豬壄澤
武威郡
谷水
亦不喇山

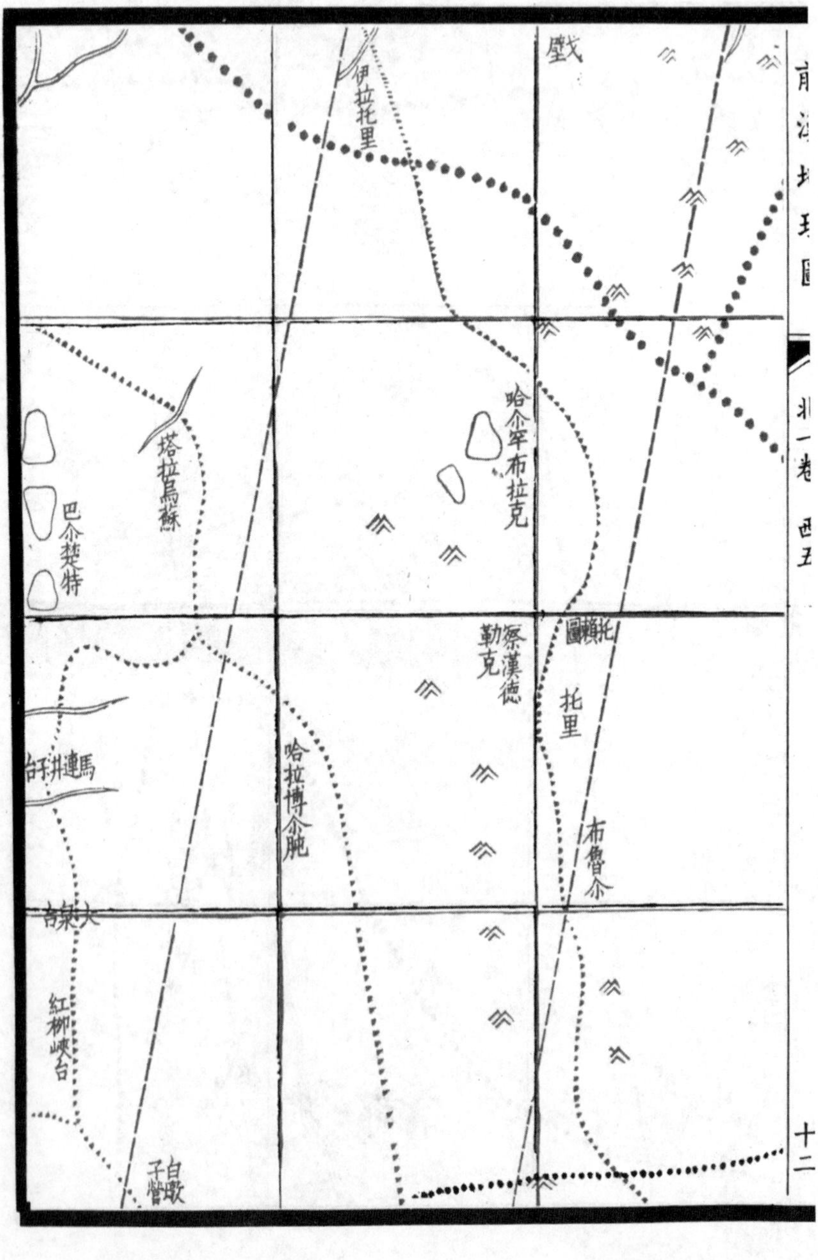
伊拉托里
哈尔罕布拉克
塔拉烏蘇
巴尔楚特
察漢德勒克
托賴圖
托里
馬連井子台
哈拉博尔
布魯尔
大泉台
紅柳峡台
十二

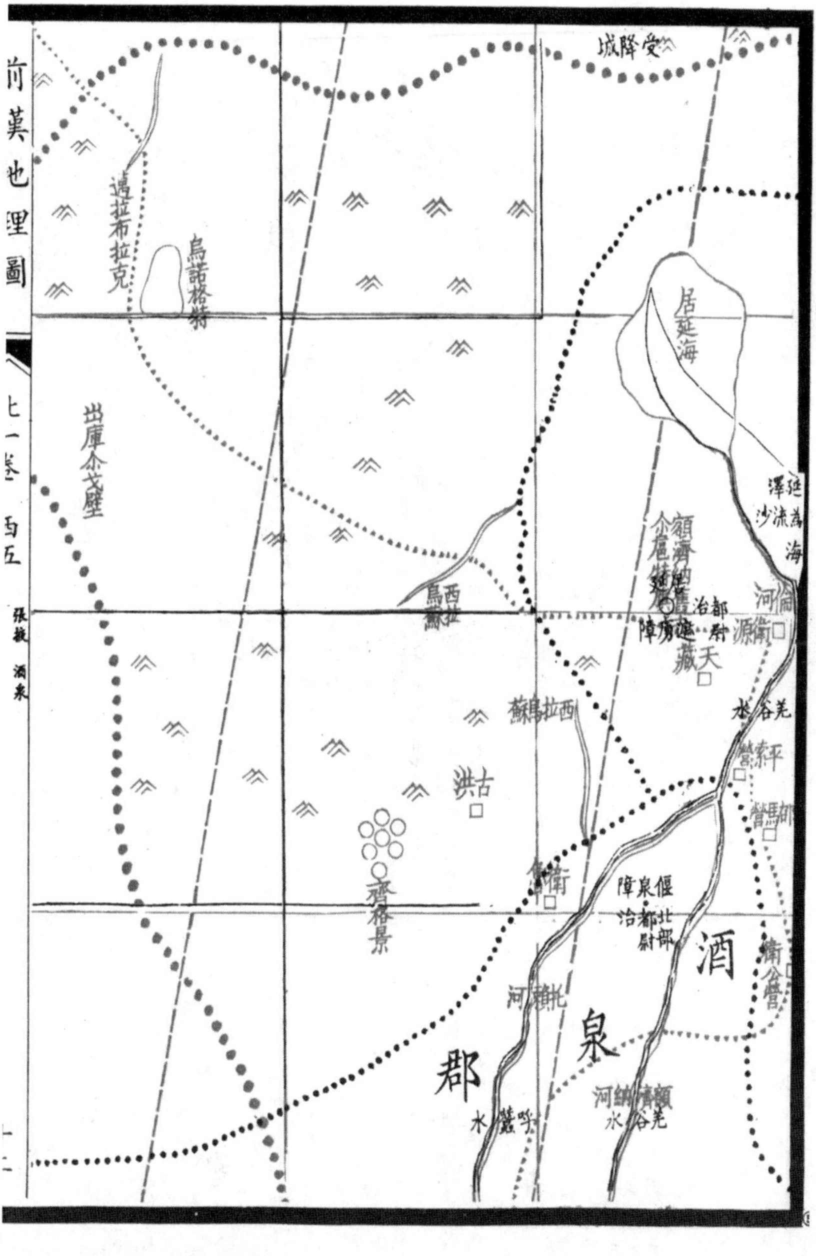
前漢地理圖
受降城
居延海
烏諾格特
遏拉布拉克
出庫余戈壁
張掖
酒泉
洪古
酒
泉
郡

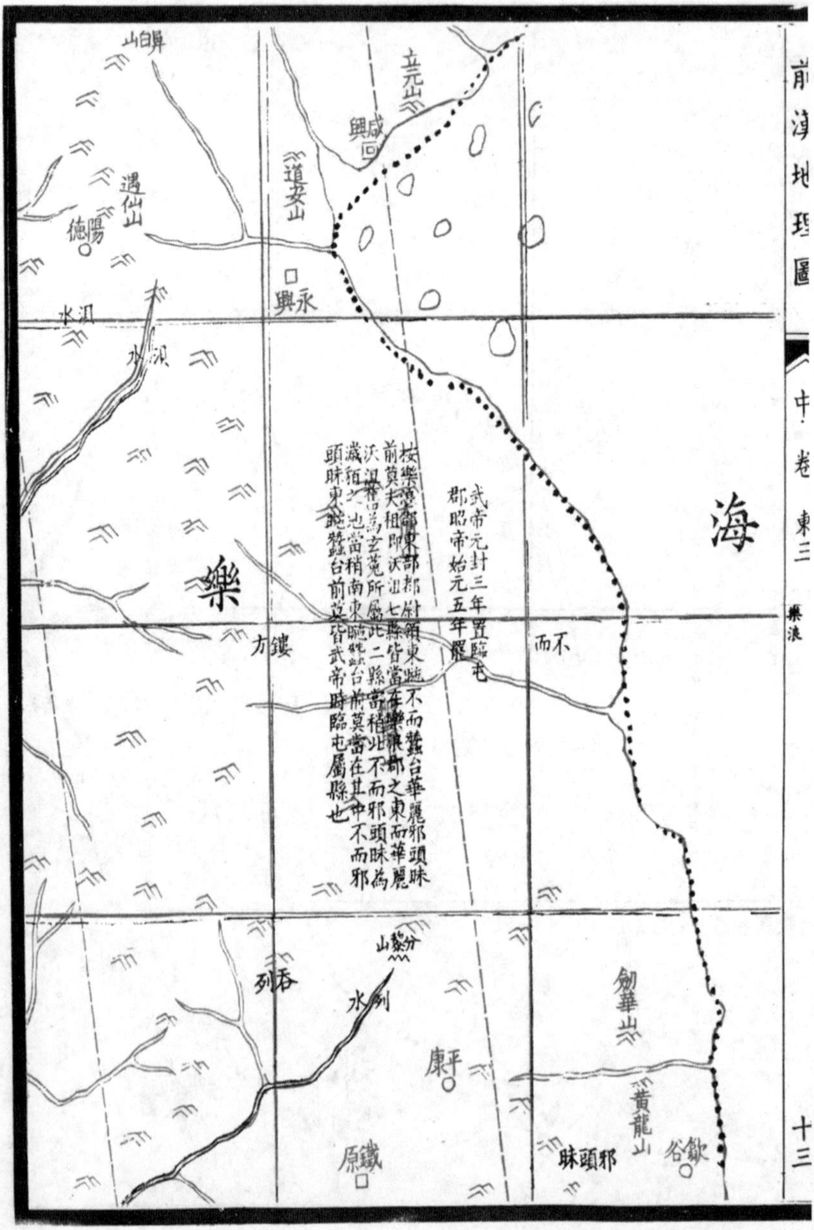
前漢地理圖
中卷　東三
樂浪
十三
立元山
咸興
道安山
遇仙山
陽德
永興
樂
鏤方
不而
海
武帝元封三年置臨屯
郡昭帝始元五年罷
按樂浪郡東部都尉領東暆不而蠶台華麗邪頭昧
前莫夫租即沃沮七縣皆當在樂浪郡之東而華麗
沃沮本爲玄菟所屬此二縣當稍北不而邪頭昧爲
濊貊之地當稍南東暆蠶台前莫當在其中不而邪
頭昧東暆蠶台前莫皆武帝時臨屯屬縣也
分黎山
吞列
列水
平康
鐵原
劍華山
黃龍山
邪頭昧
歙谷

前漢地理圖　中卷東三　十三

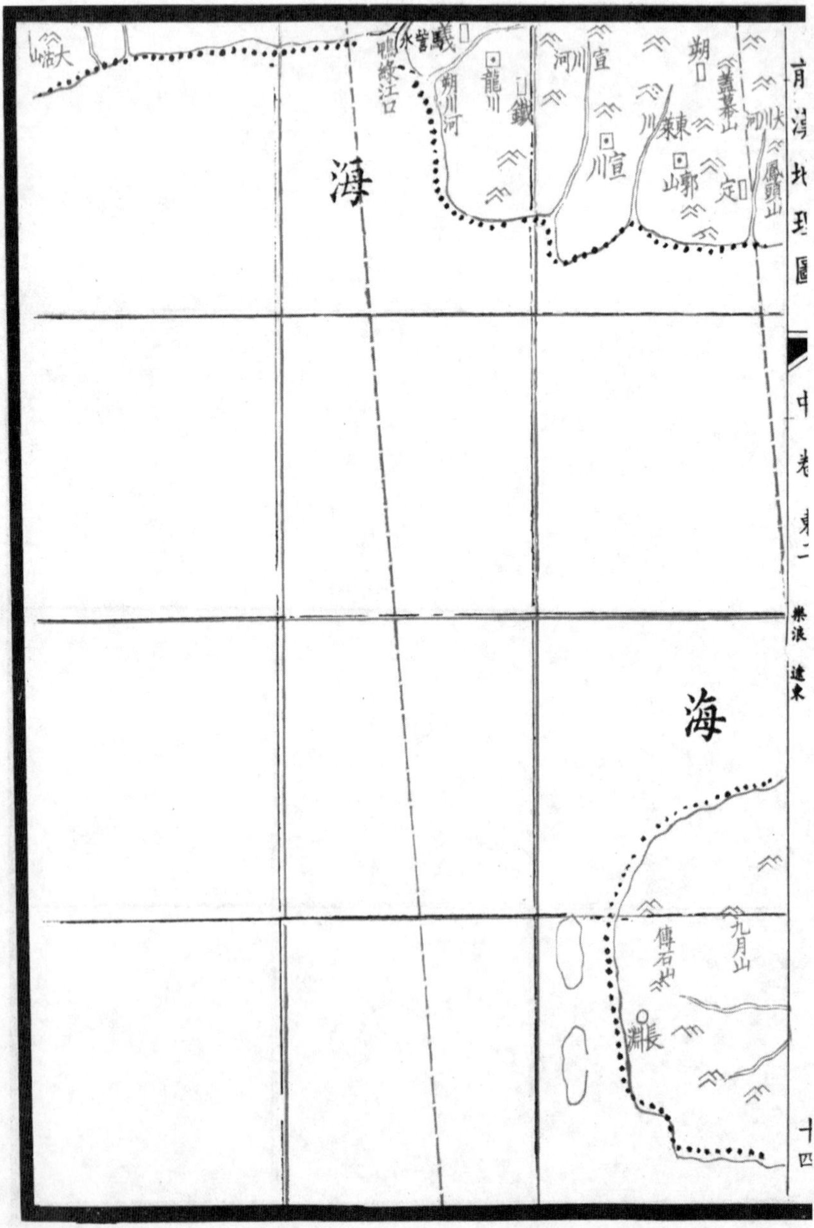
海
海
鴨綠江口
龍川
鐵山
宣川
郭山
九月山
長淵
樂浪
遼東

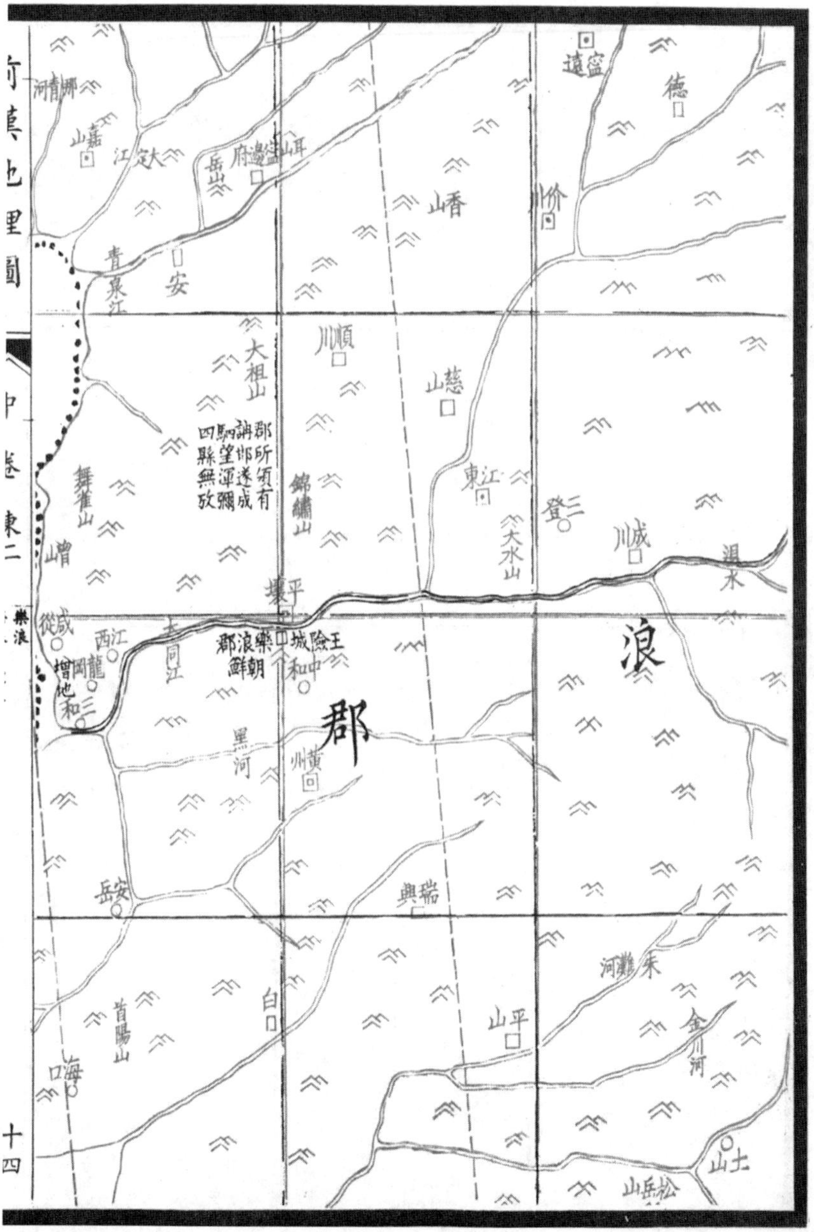
前漢地理圖
中卷東二
十四
樂浪
浪
郡
郡所領有
訥邯遂成
駟望渾彌
四縣無攷
樂浪郡
朝鮮
王險城
中和
平壤
大同江
大祖山
錦繡山
舞雀山
香山
慈山
順川
江東
三登
成川
大水山
浿水
安州
青泉江
德川
价川
寧遠
黃州
瑞興
平山
首陽山
海口
安岳
白川
金川河
松岳山
土山

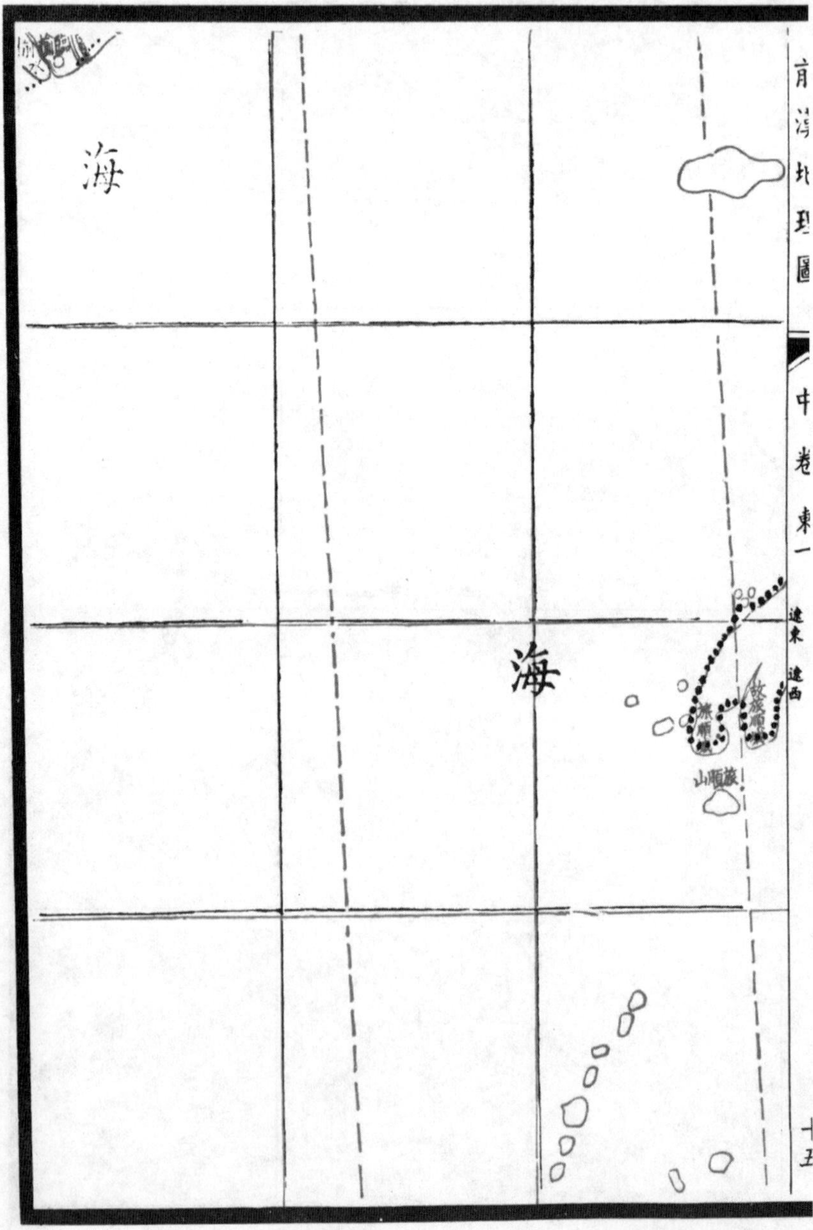
海
海
遼東
遼西

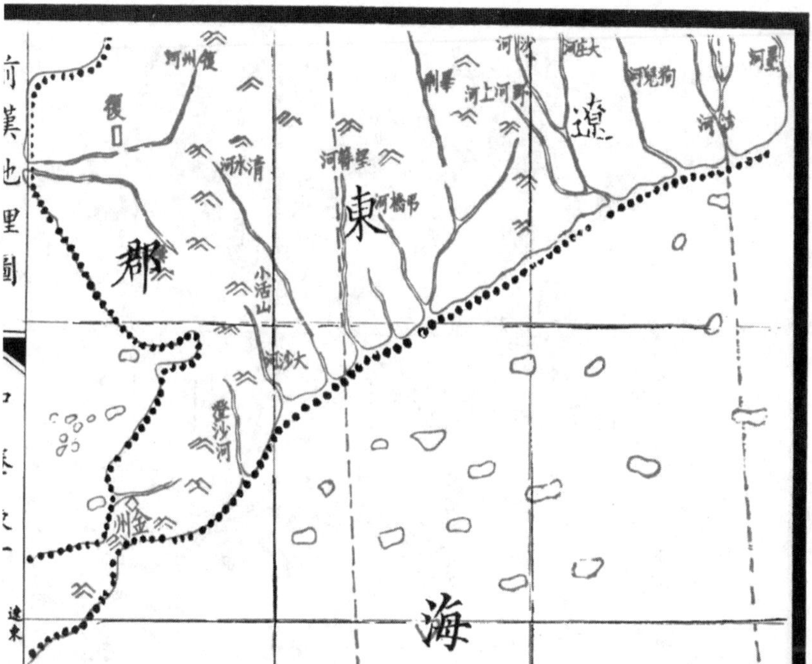
前漢地理圖
復州河
清水河
遼
東
郡
大沙河
金州
海
遼東

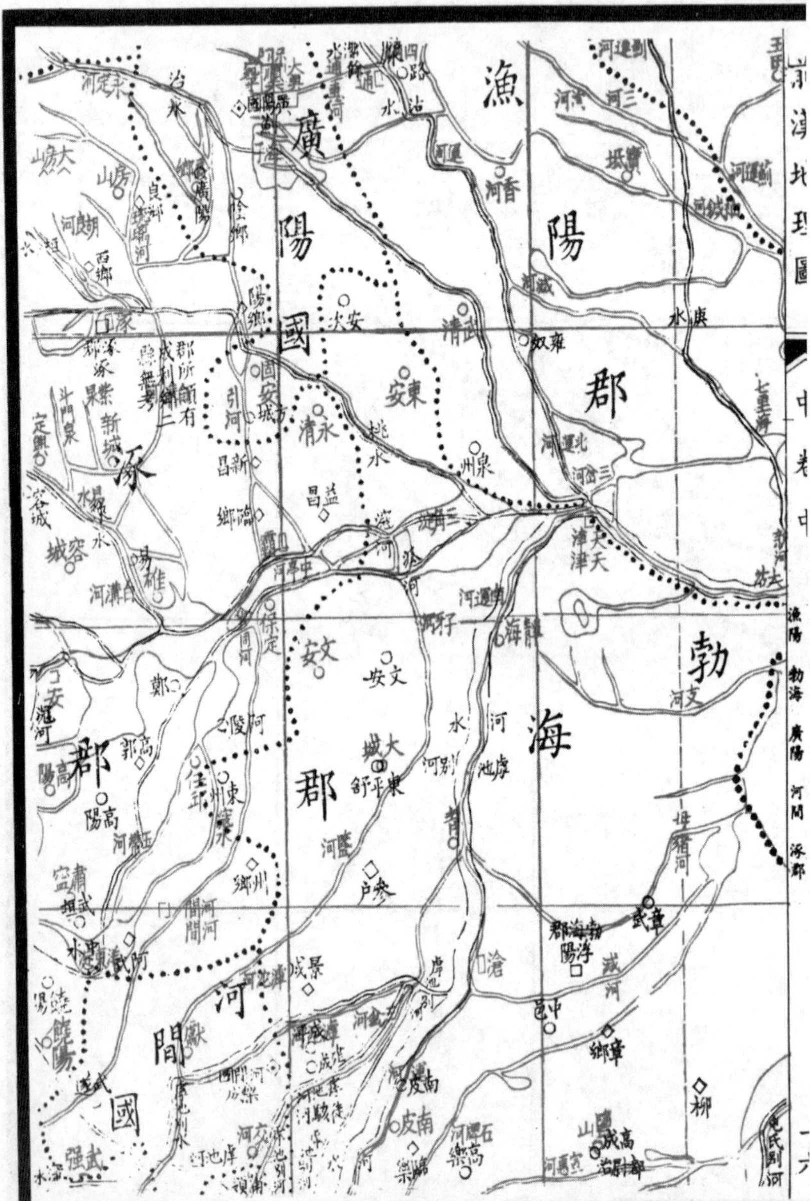
前漢地理圖
中卷中
漁陽
勃海
廣陽
河間
涿郡
廣陽國
漁陽郡
涿郡
勃海郡
河間國

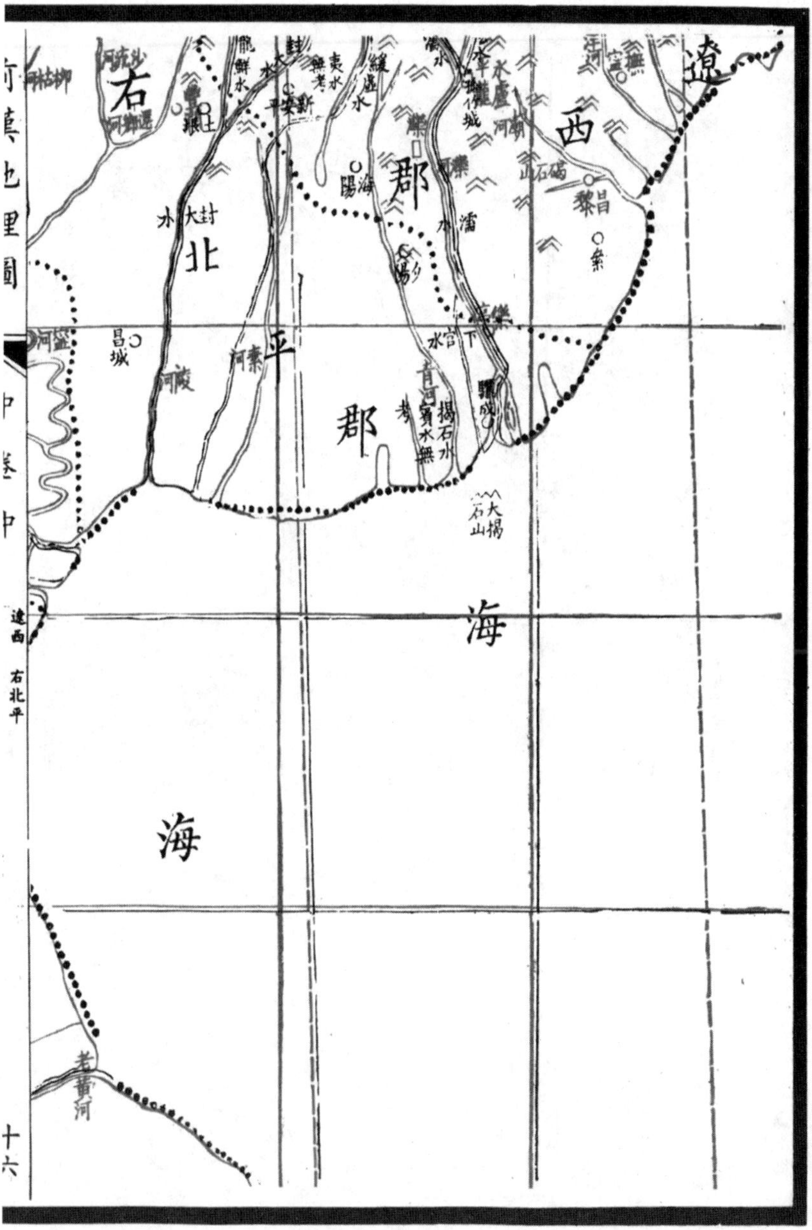
右
北
平
郡
遼
西
郡
海
海
大揭石山
昌城
封大水
遼西
右北平
十六

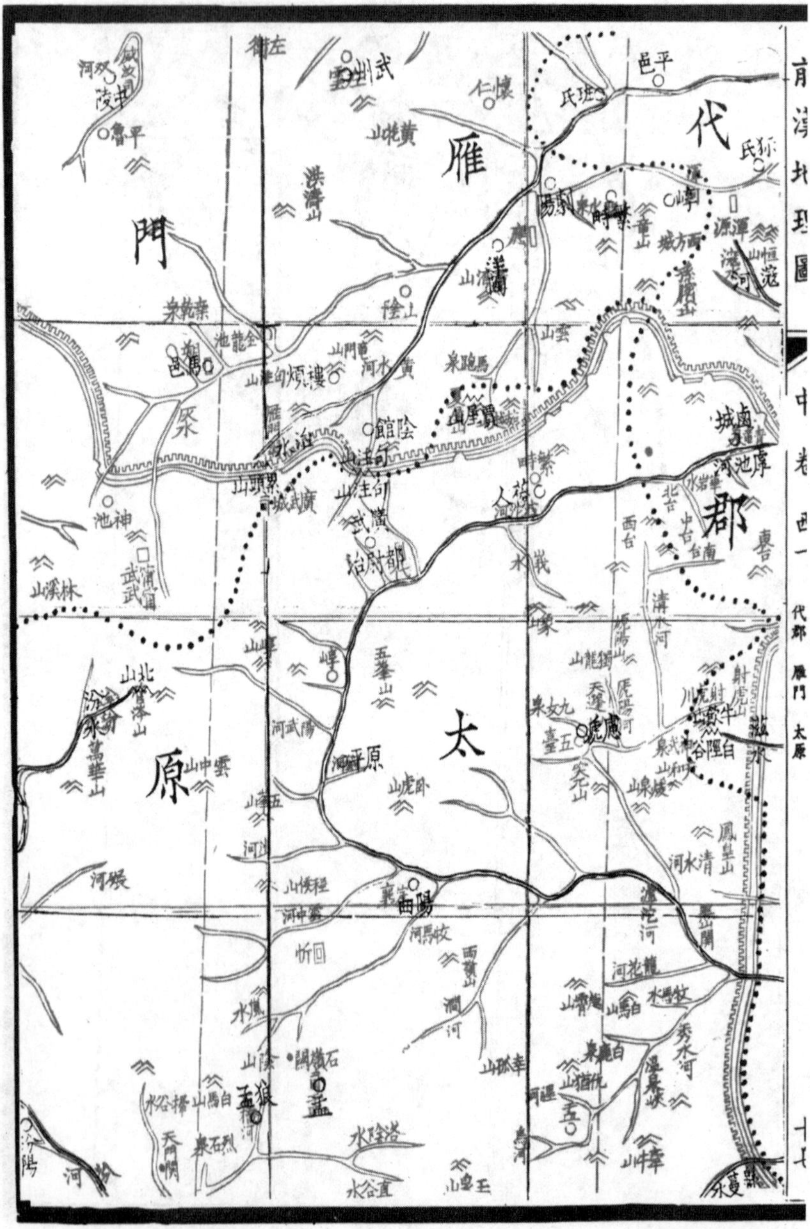
前漢地理圖
中卷　西一
代郡　雁門　太原
代
郡
雁
門
太
原

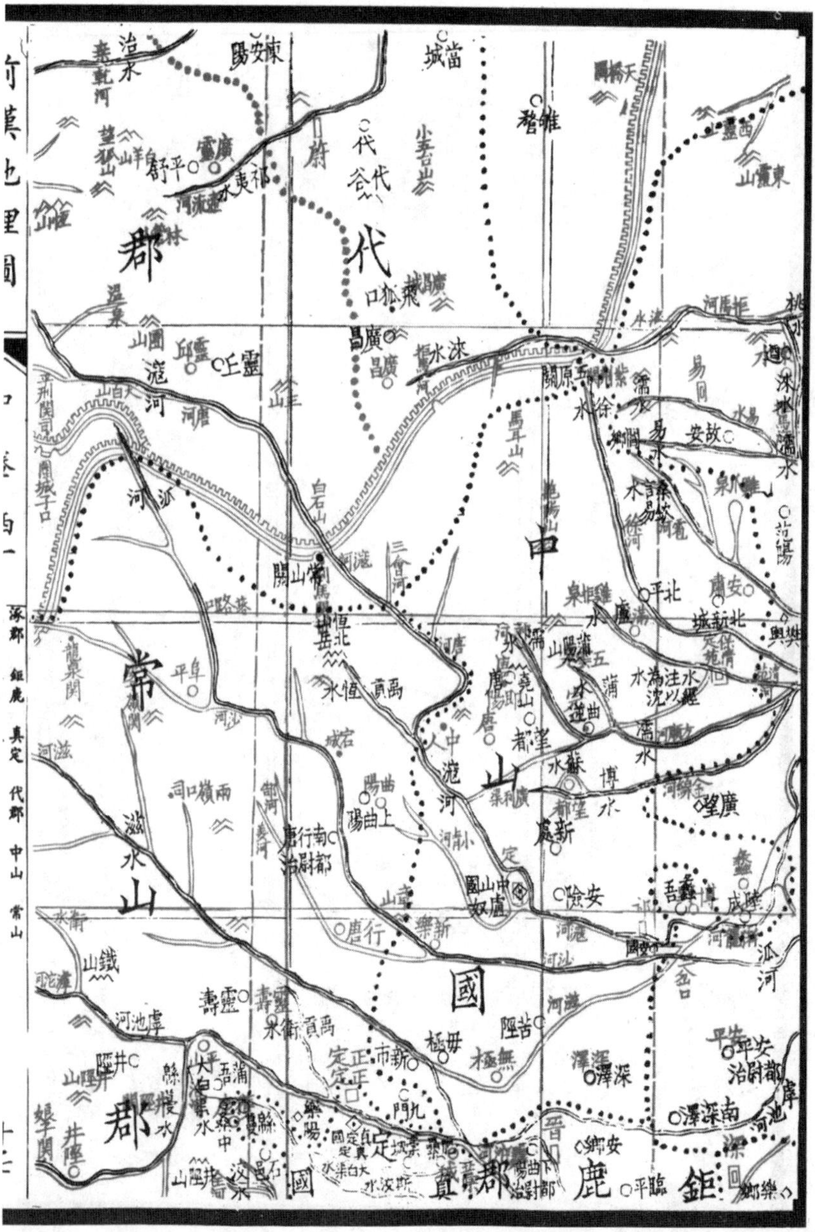
前漢地理圖
涿郡　鉅鹿　真定　代郡　中山　常山
代
郡
中
山
國
常
山
郡
鉅
鹿
郡
東安陽
當城
代谷
飛狐口
廣昌
靈丘
中山國
盧奴
新市
安國
唐
北平
望都
曲陽
新處
安險
深澤
苦陘
毋極
上曲陽
南行唐
石邑
元氏
真定
井陘
靈壽
鐵山
下曲陽
臨平
安平
南深澤
安鄉
廣望
北新城
故安
范陽

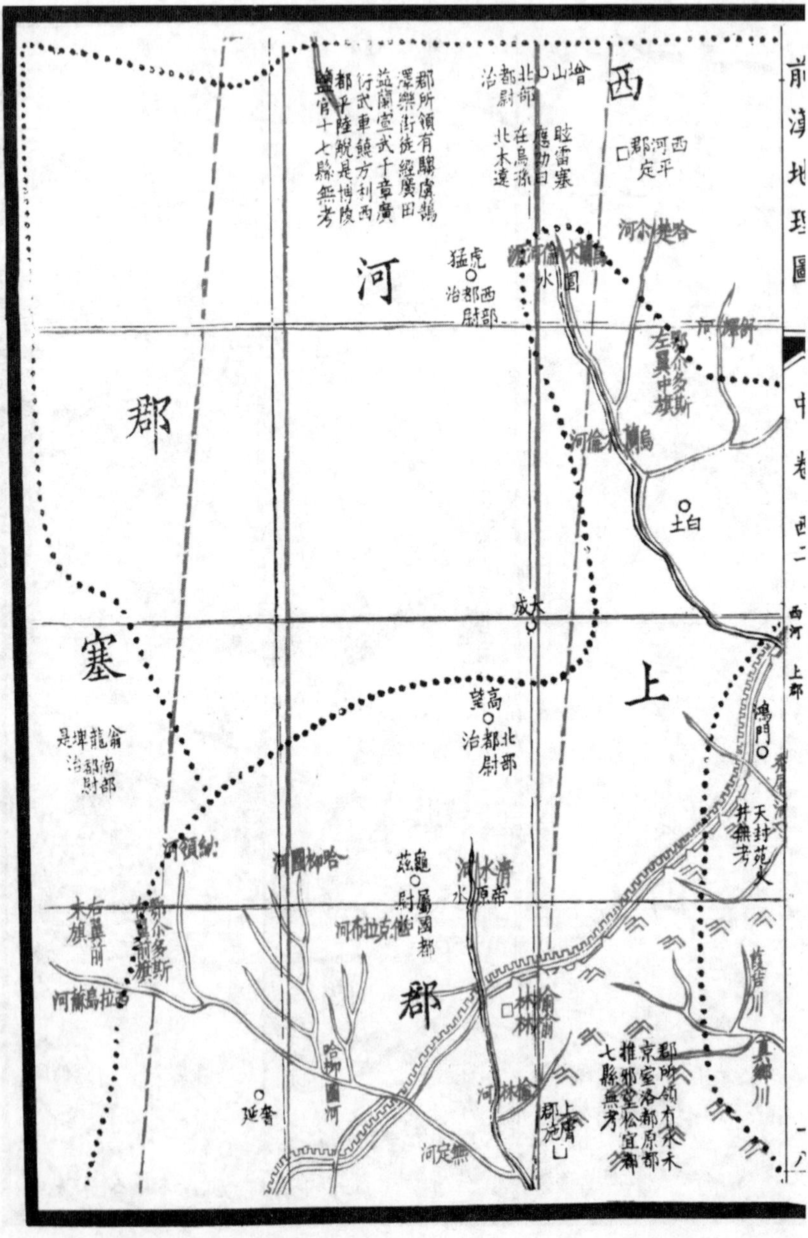
前漢地理圖
中卷
西河
上郡
西
河
郡
上
郡
塞
西河郡
平定
郡所領有騶虞鵠澤樂街徒經廣田益蘭宣武千章廣衍武車鯨方利西都平陸觀是博陵鹽官十七縣無考
增山
北部都尉治
虎猛
西部都尉治
大成
高望
北部都尉治
白土
鴻門
龜茲
屬國都尉治
上郡
膚施

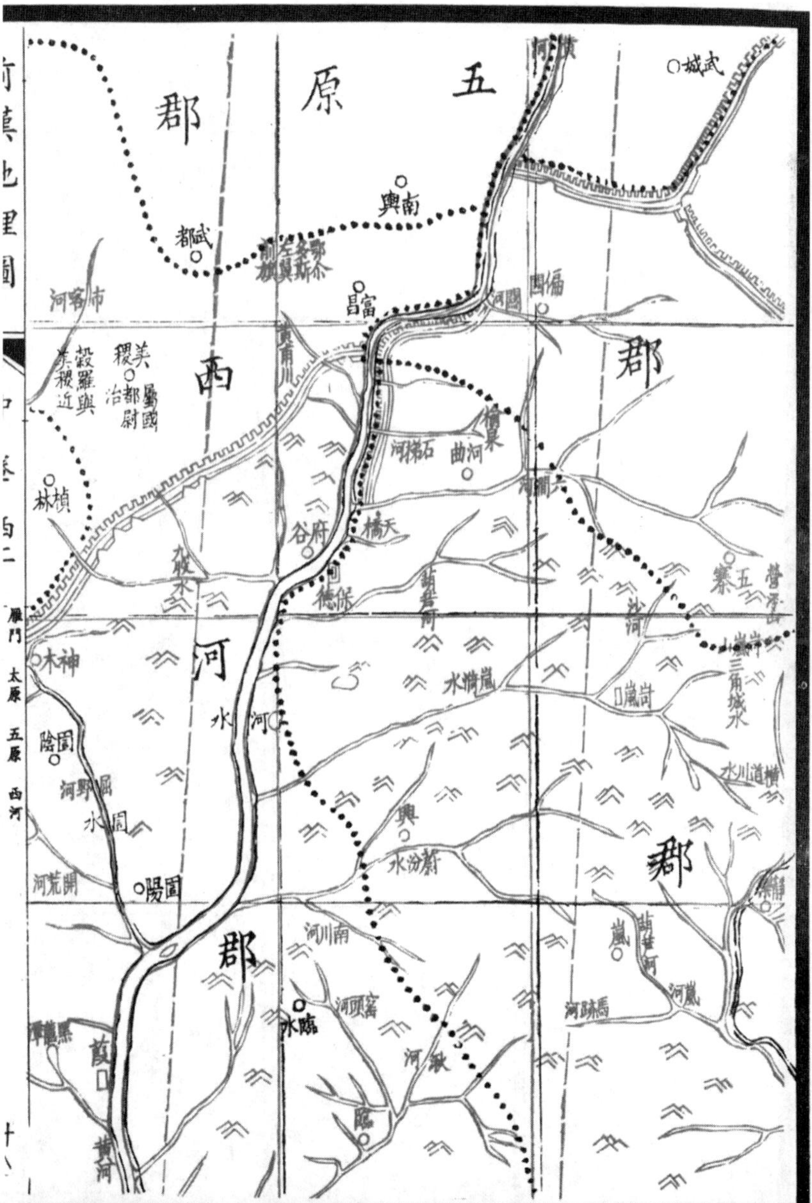
五原郡
西河郡
郡
武城
南興
富昌
府谷
保德
河曲
天橋
神木
五寨
臨水
雁門　太原　五原　西河

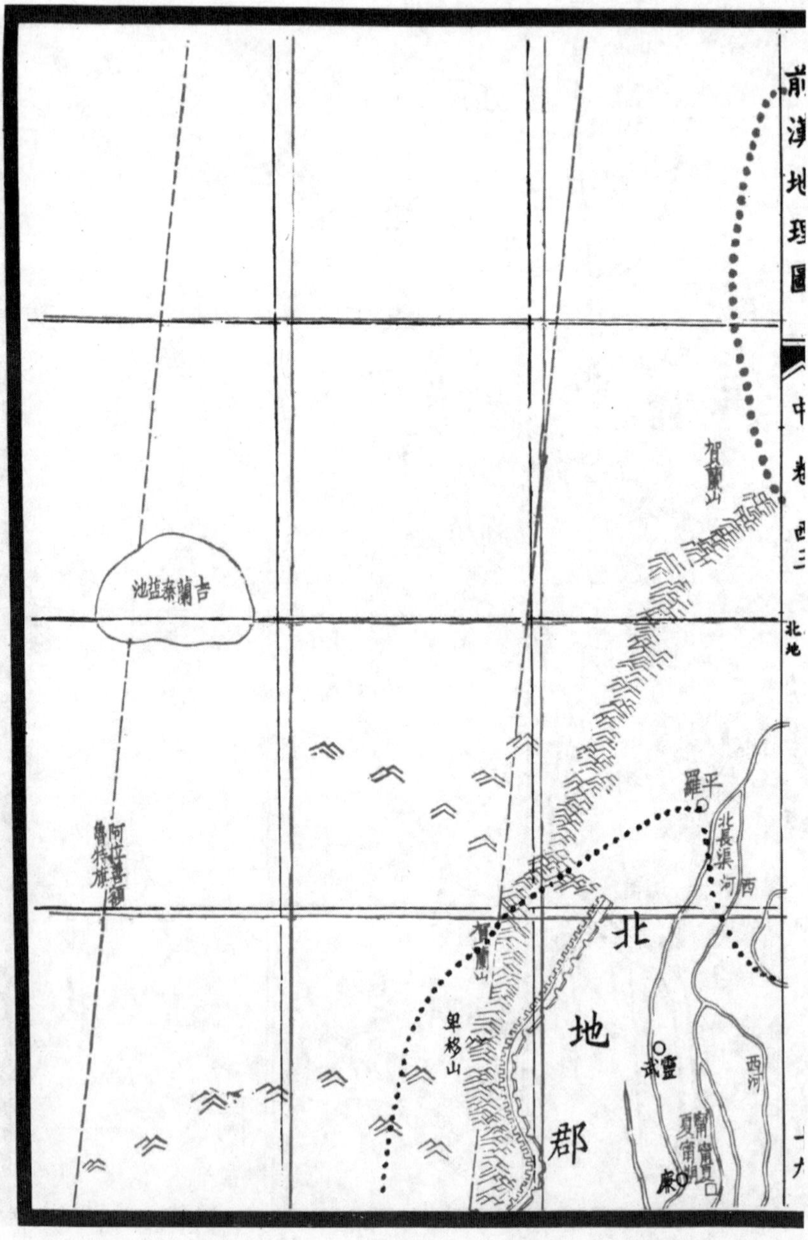
前漢地理圖
賀蘭山
吉蘭泰鹽池
阿拉善額魯特旗
北地郡
平羅
卑移山
靈武
西河

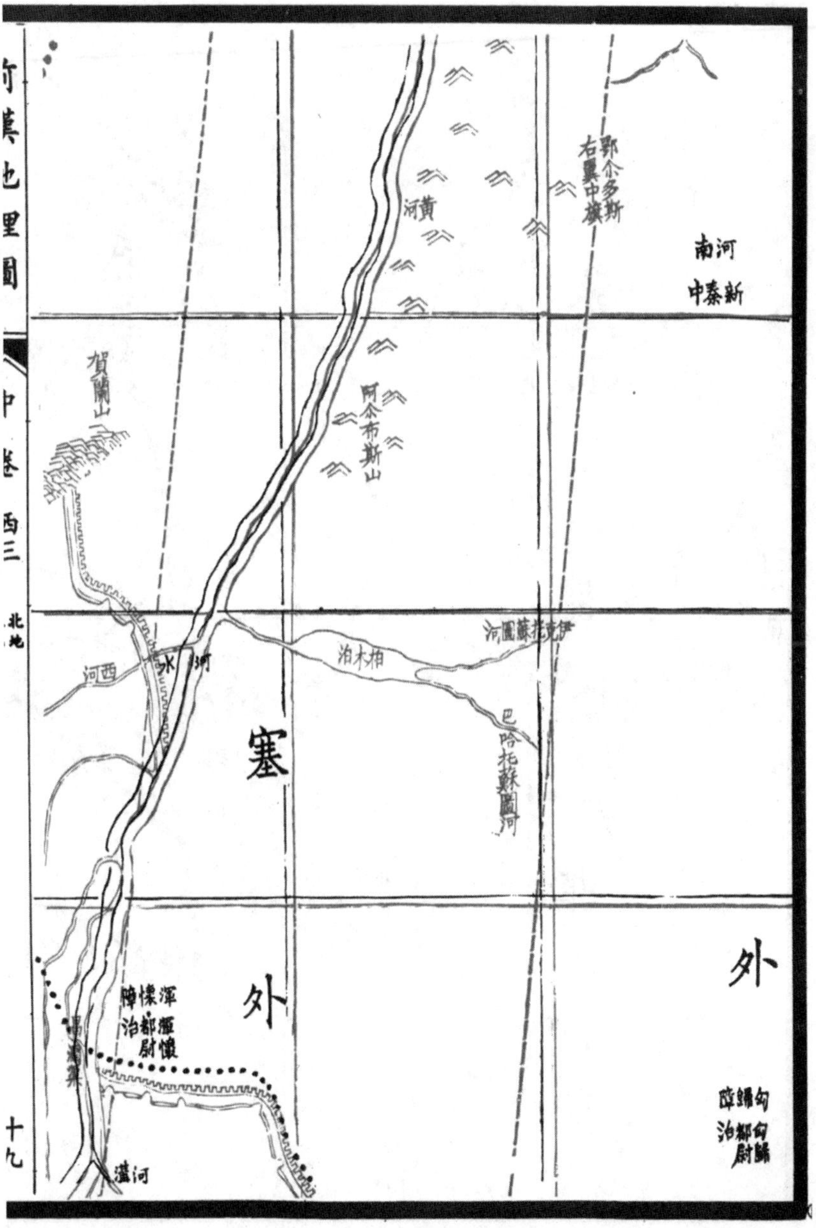
前漢地理圖
中卷
西三
北地
十九
鄂尔多斯右翼中旗
黃河
河南
新秦中
賀蘭山
阿尔布斯山
伊克托蘇圖河
柏木泊
河水
西河
巴哈托蘇圖河
塞
外
渾懷障
渾懷都尉治
外
匈歸障
匈歸都尉治

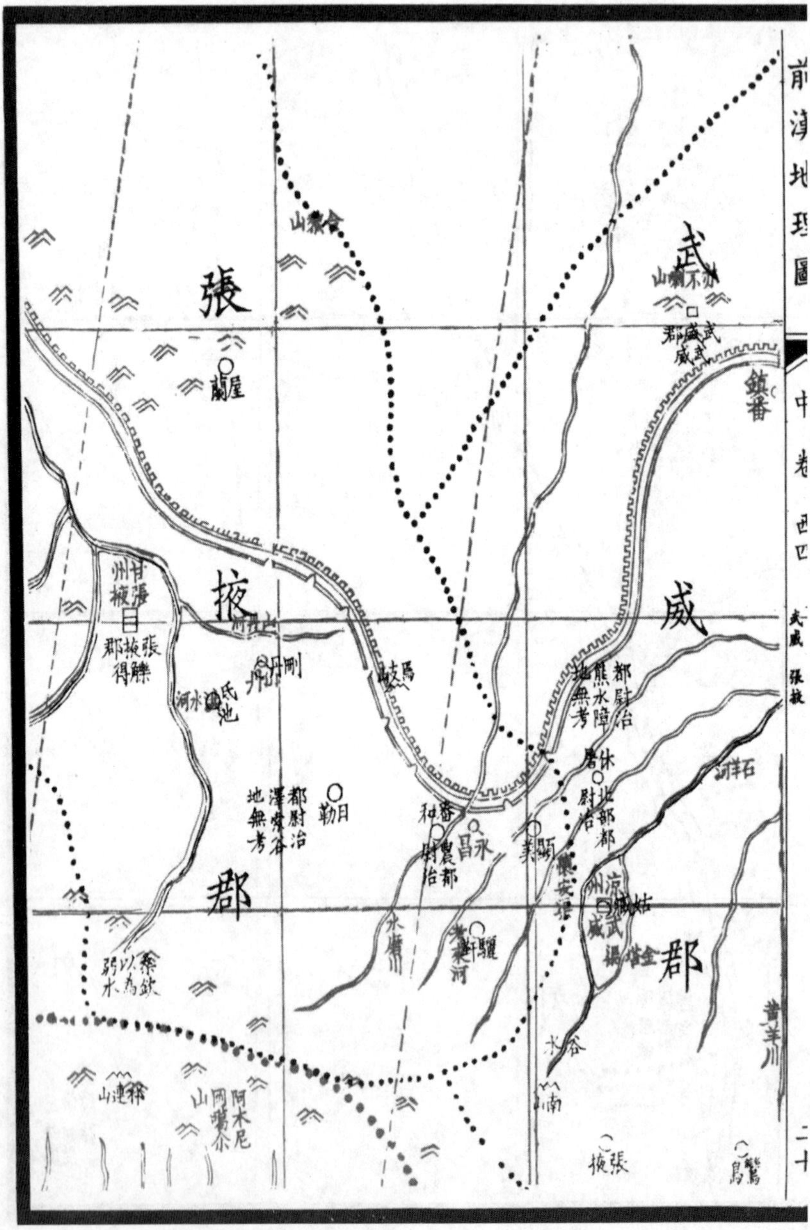
張掖郡
武威郡
武威郡
觻得
張掖郡
删丹
氐池
日勒
番和
永昌
顯美
休屠
姑臧
驪靬
張掖
鸞鳥

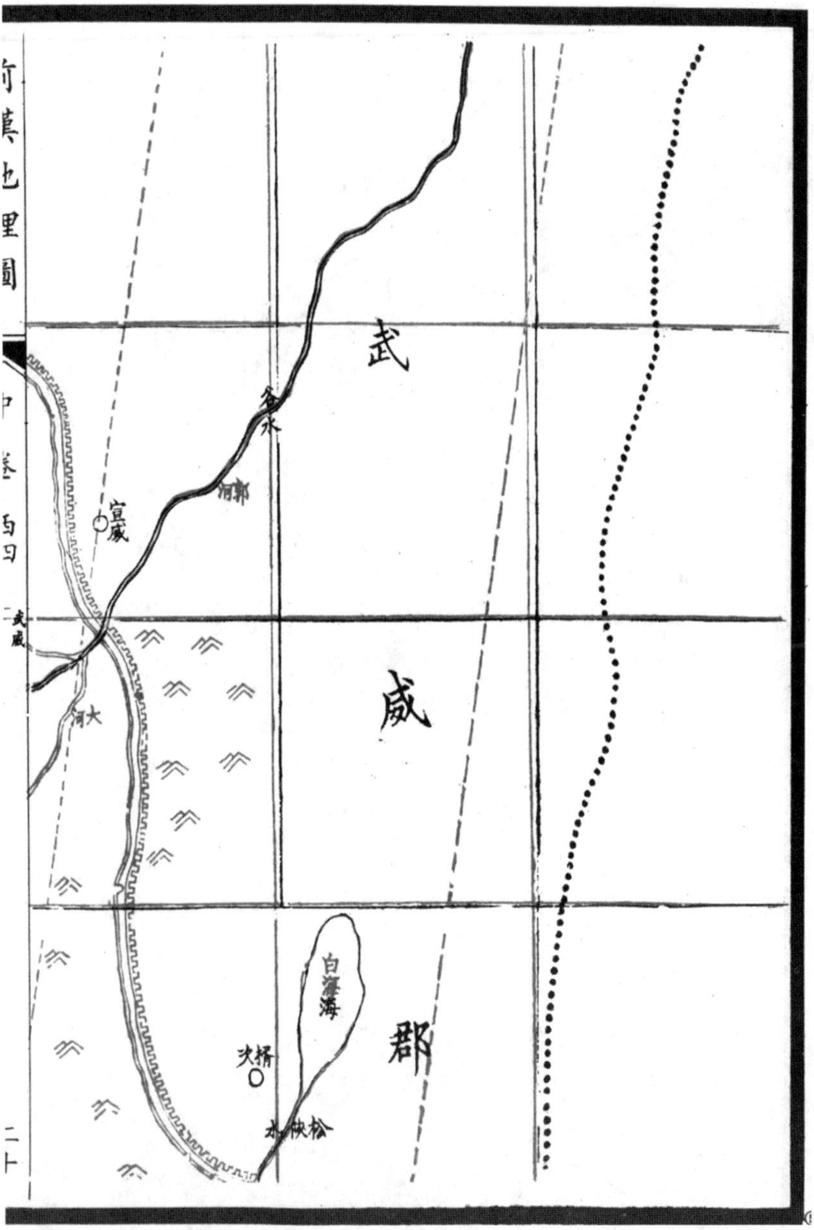
武
威
郡
宣威
大河
武威
松陝水

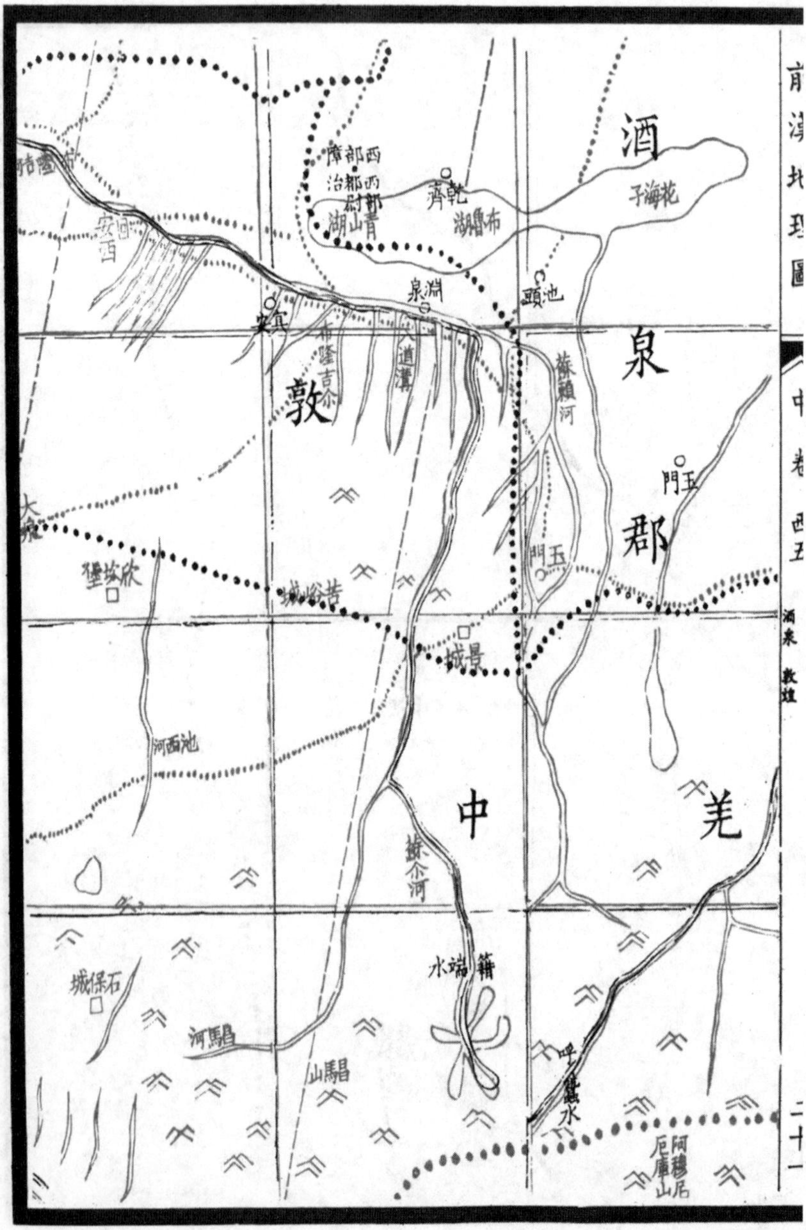
酒泉郡
敦
中
羌
西部障
西部都尉治
青山湖
乾齊
布魯湖
花海子
淵泉
池頭
蘇賴河
玉門
玉門
景城
池西河
昌馬河
昌馬山
石堡城
酒泉
敦煌
二十一

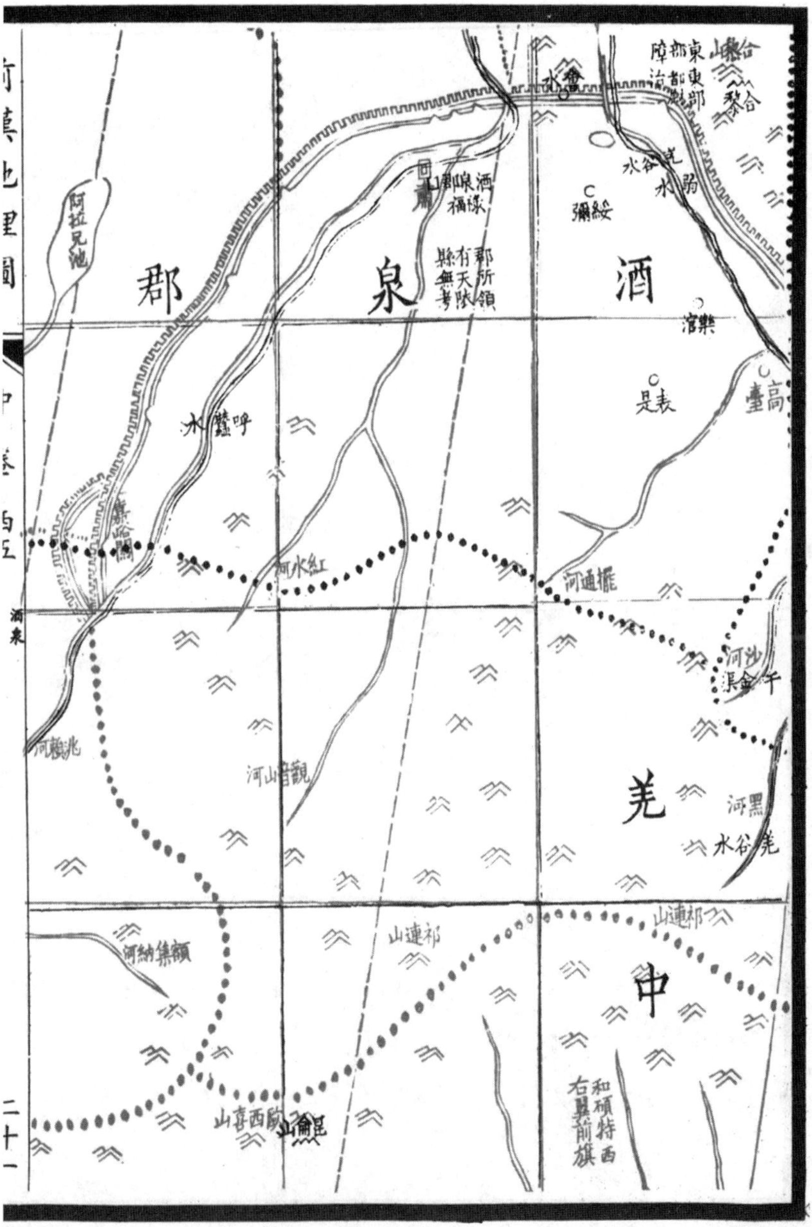
酒泉郡
羌
中
酒泉郡治祿福
郡所領有天隄縣無考
會水
合黎山
東部都尉治東部障
綏彌
弱水
羌谷水
樂涫
表是
高臺
呼蠶水
紅水河
擺通河
沙河
千金渠
黑河
羌谷水
阿拉克池
觀音山河
祁連山
和碩特西右翼前旗
二十一

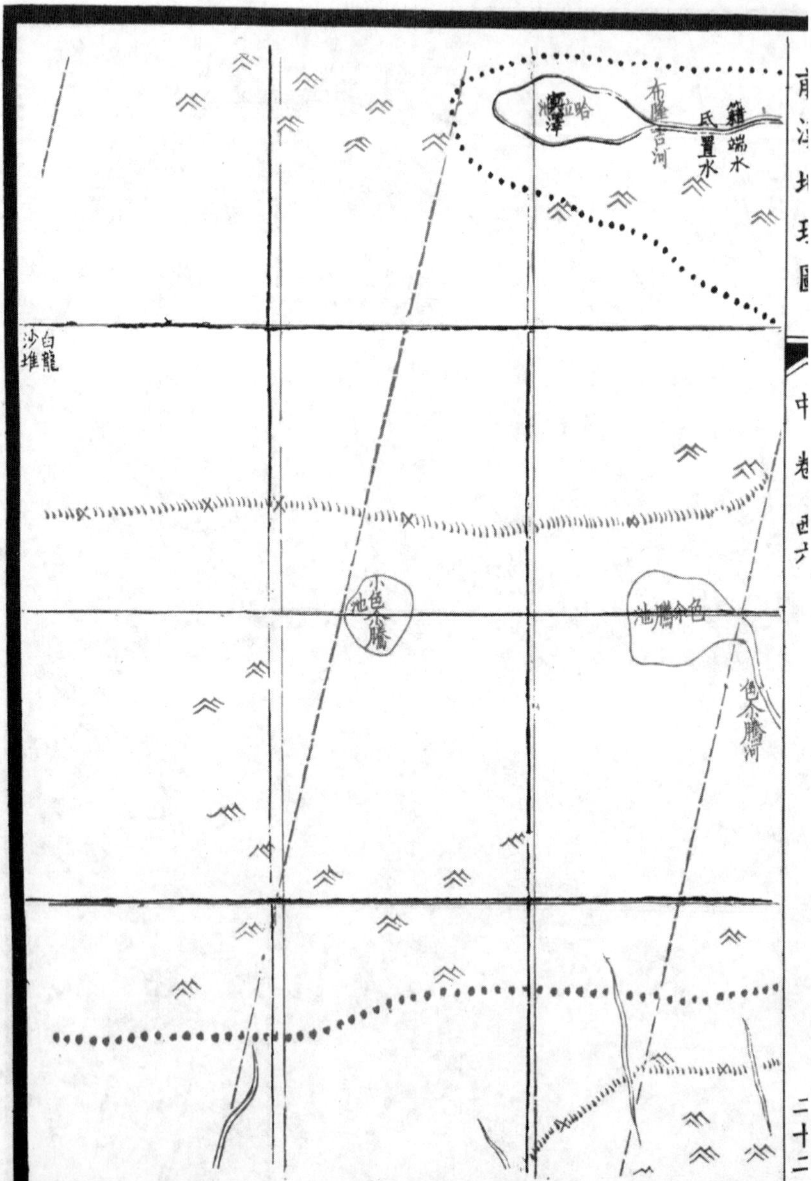
哈拉池
布隆吉河
氐置水
籍端水
白龍堆沙
小色爾騰池
色爾騰池
色爾騰河

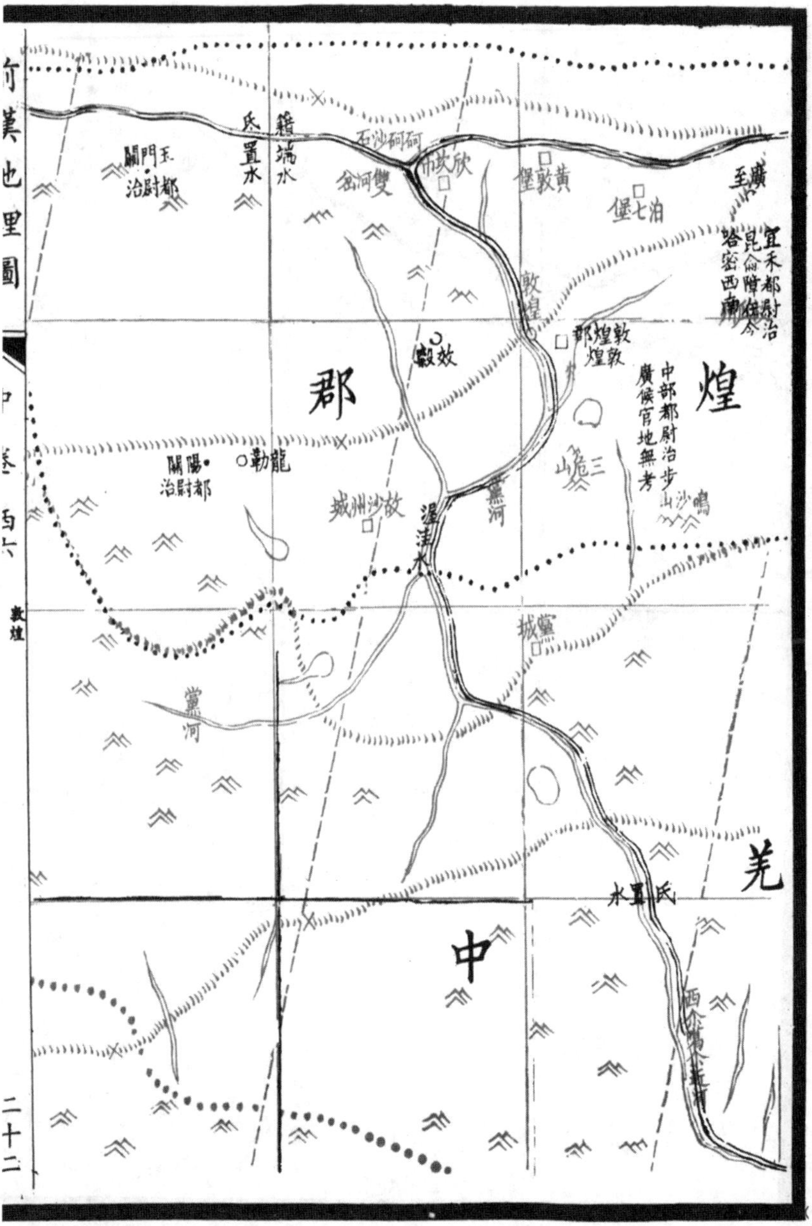
前漢地理圖
敦煌
二十二
玉門關都尉治
氐置水
籍端水
黃墩堡
泊七堡
廣至
敦煌
敦煌郡敦煌
效穀
郡
煌
中部都尉治步廣候官地無考
三危山
鳴沙山
龍勒
陽關都尉治
故沙州城
渥洼水
黨河
黨城
黨河
氐置水
羌
中

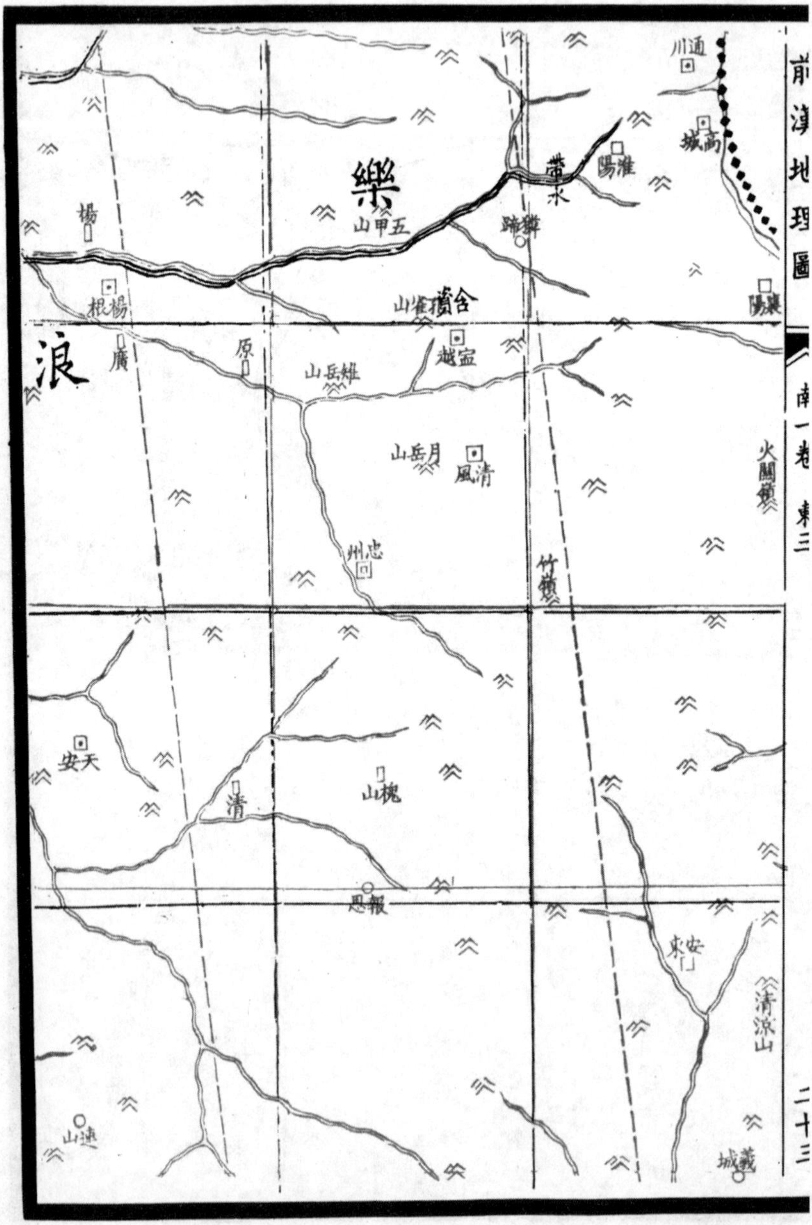
前漢地理圖
南一卷
東三
二十三
樂
浪
通川
高城
淮陽
襄陽
帶水
五甲山
含資
楊根
楊
廣
原
雉岳山
寧越
月岳山
清風
忠州
竹嶺
火關嶺
天安
清
槐山
報恩
安東
清涼山
義城

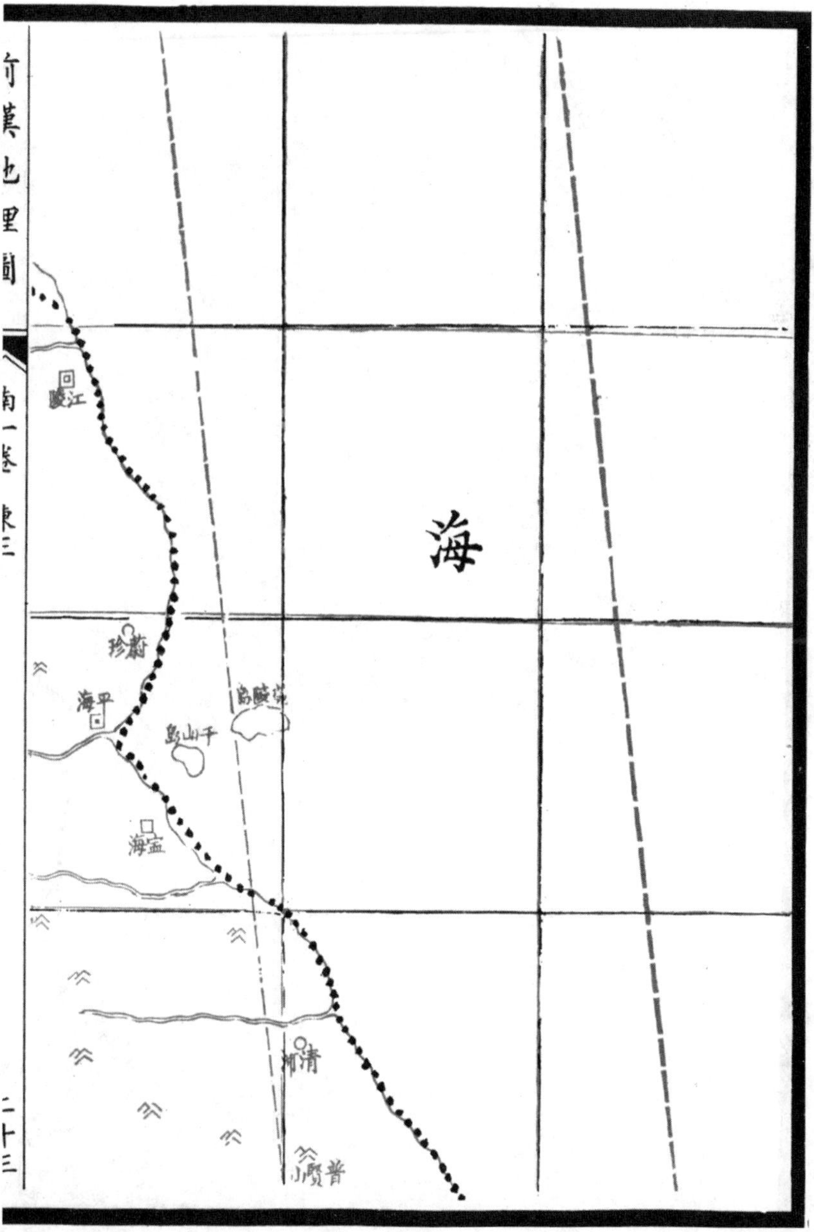
海
江陵
蔚珍
平海
于山島
鬱陵島

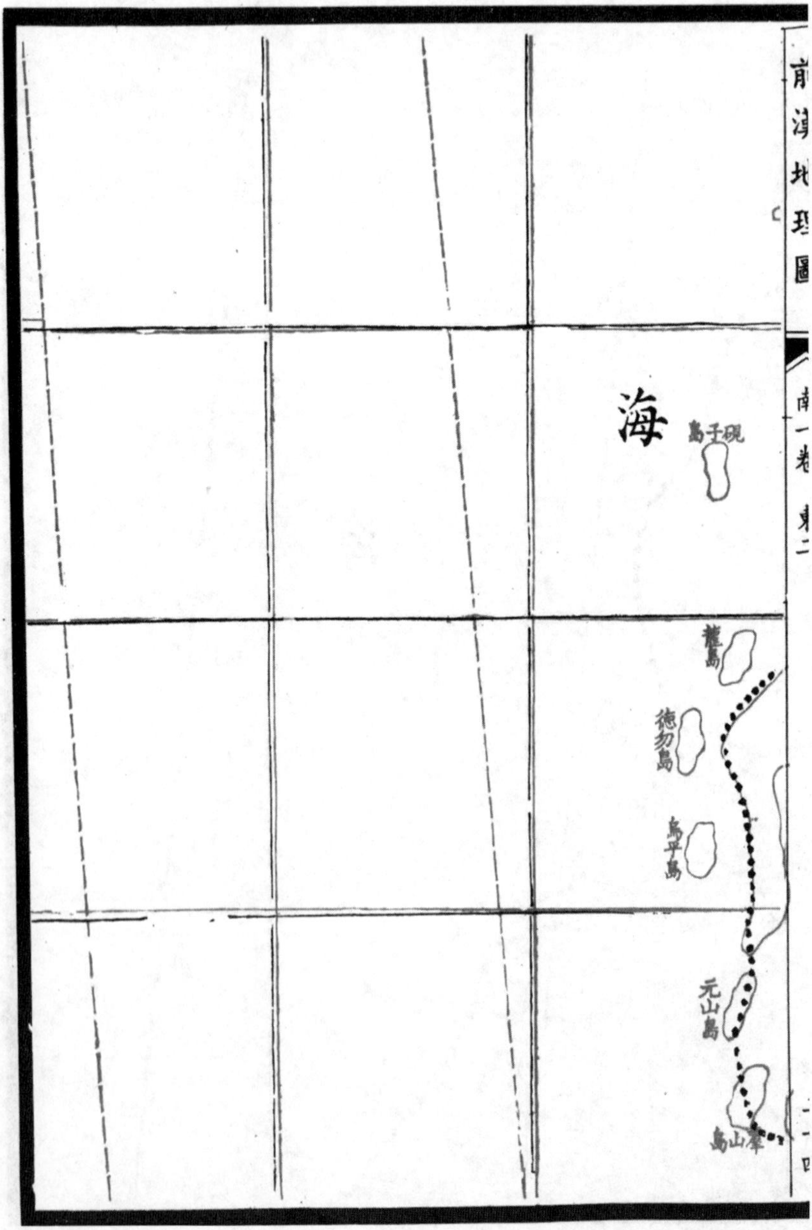
前漢地理圖
南一卷　東二
海
硯子島
龍島
德勿島
烏平島
元山島
摩山島

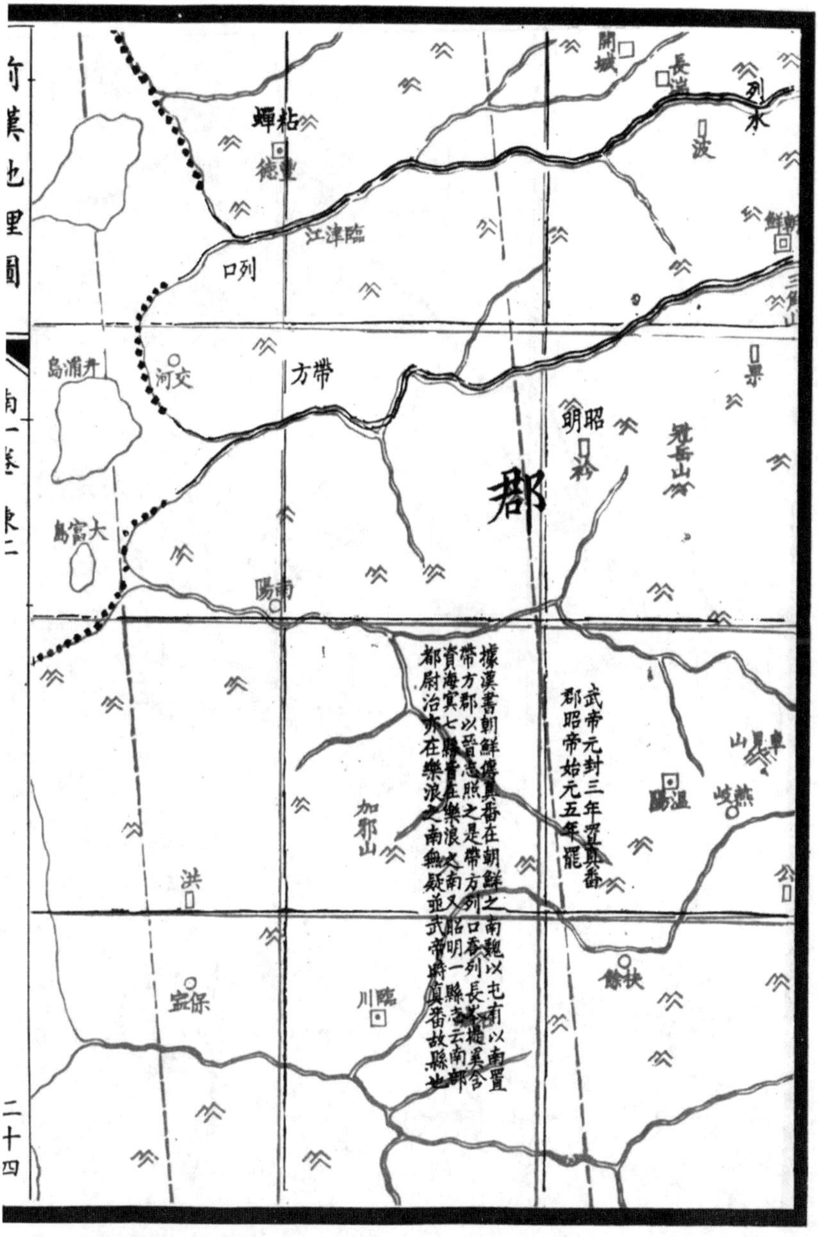
前漢地理圖
二十四
郡
帶方
列口
臨津江
粘蟬
豐德
交河
井浦島
大富島
南陽
昭明
冠岳山
開城
長湍
列水
朝鮮
溫陽
車嶺山
加耶山
洪
保寧
臨川
扶餘
據漢書朝鮮傳眞番在朝鮮之南魏以屯有以南置
帶方郡以晉志照之是帶方列口南新長岑提奚含
資海冥七縣皆在樂浪之南又昭明一縣志云南部
都尉治亦在樂浪之南無疑並武帝時眞番故縣也
武帝元封三年置眞番
郡昭帝始元五年罷

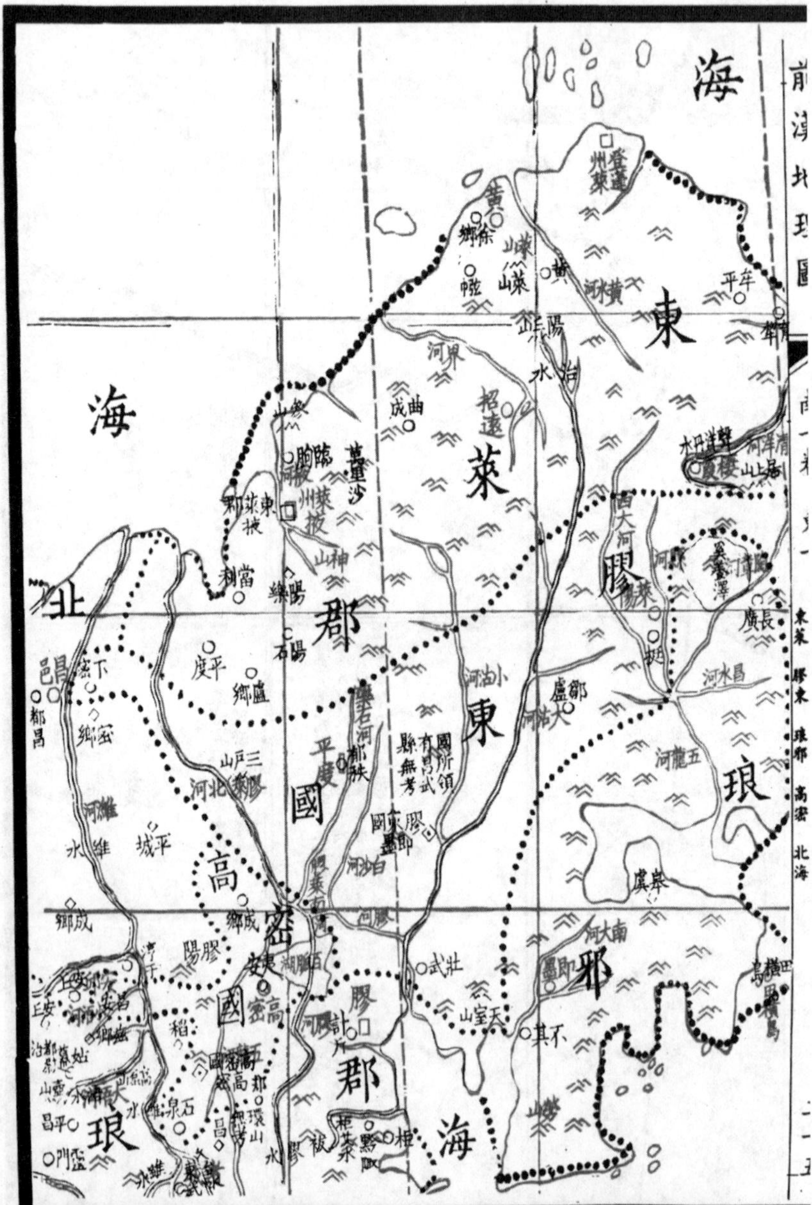
海
海
海
東萊郡
膠東國
高密國
郡
琅
琅邪
東萊
膠東
琅邪
高密
北海

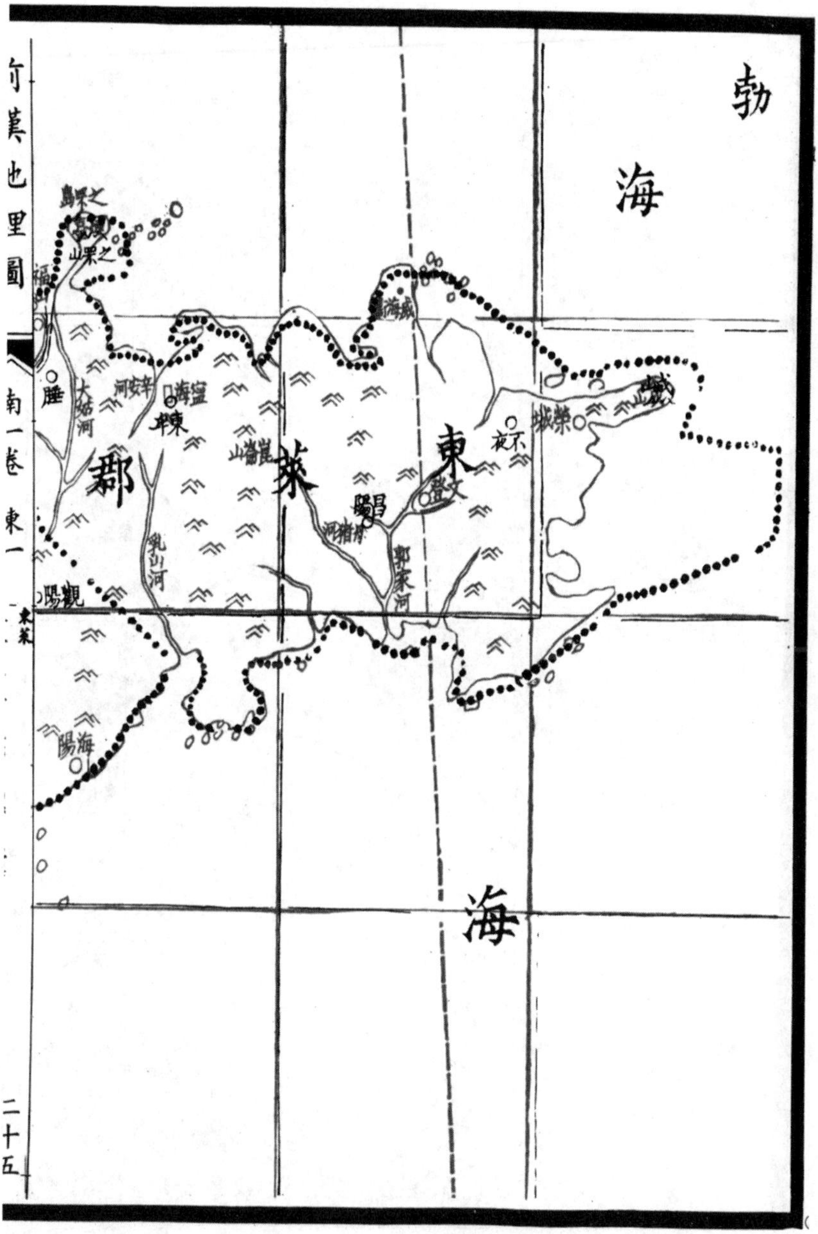
前漢地理圖
南一卷 東一
二十五
勃海
海
東萊郡
文登
不夜
昌陽
觀陽
海陽
東牟
大姑河
乳山河
郭家河
崑崙山
榮城

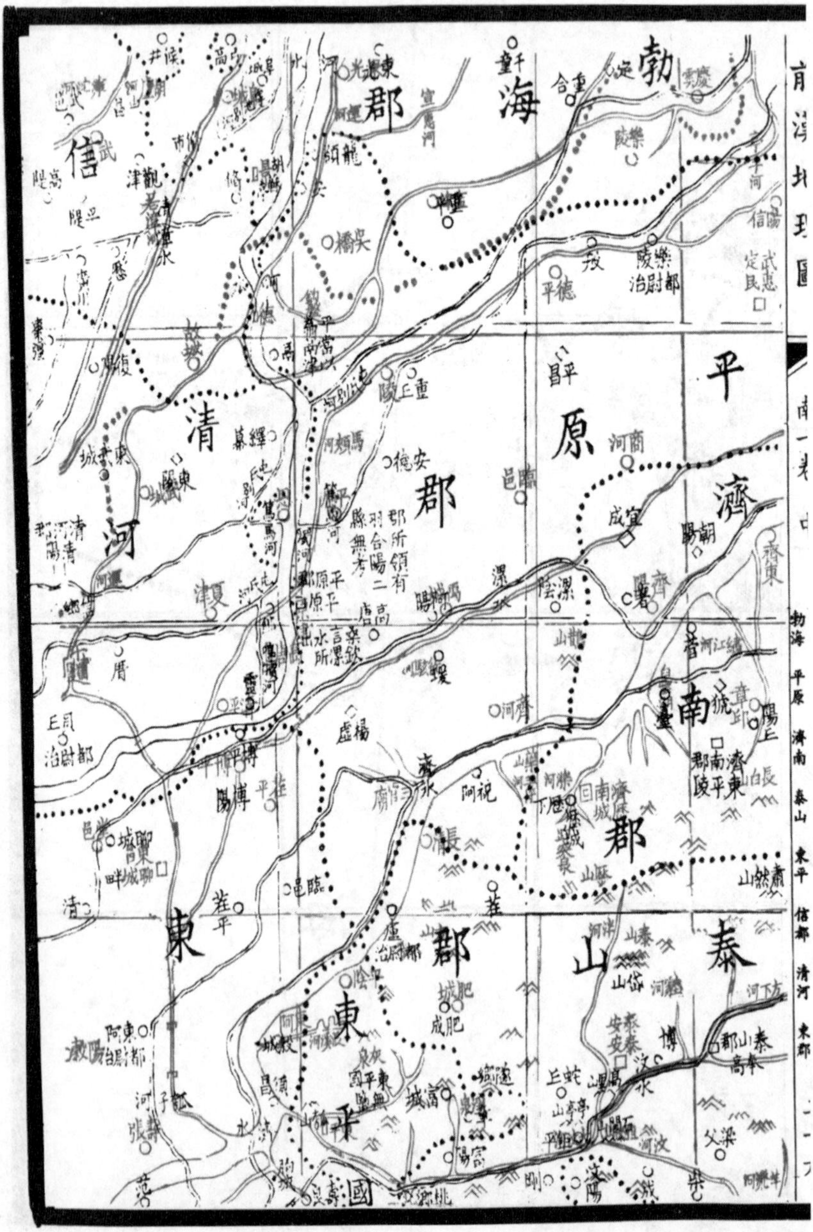
勃海郡
平原郡
清河
濟南郡
泰山
東郡
東平國
信都
勃海 平原 濟南 泰山 東平 信都 清河 東郡

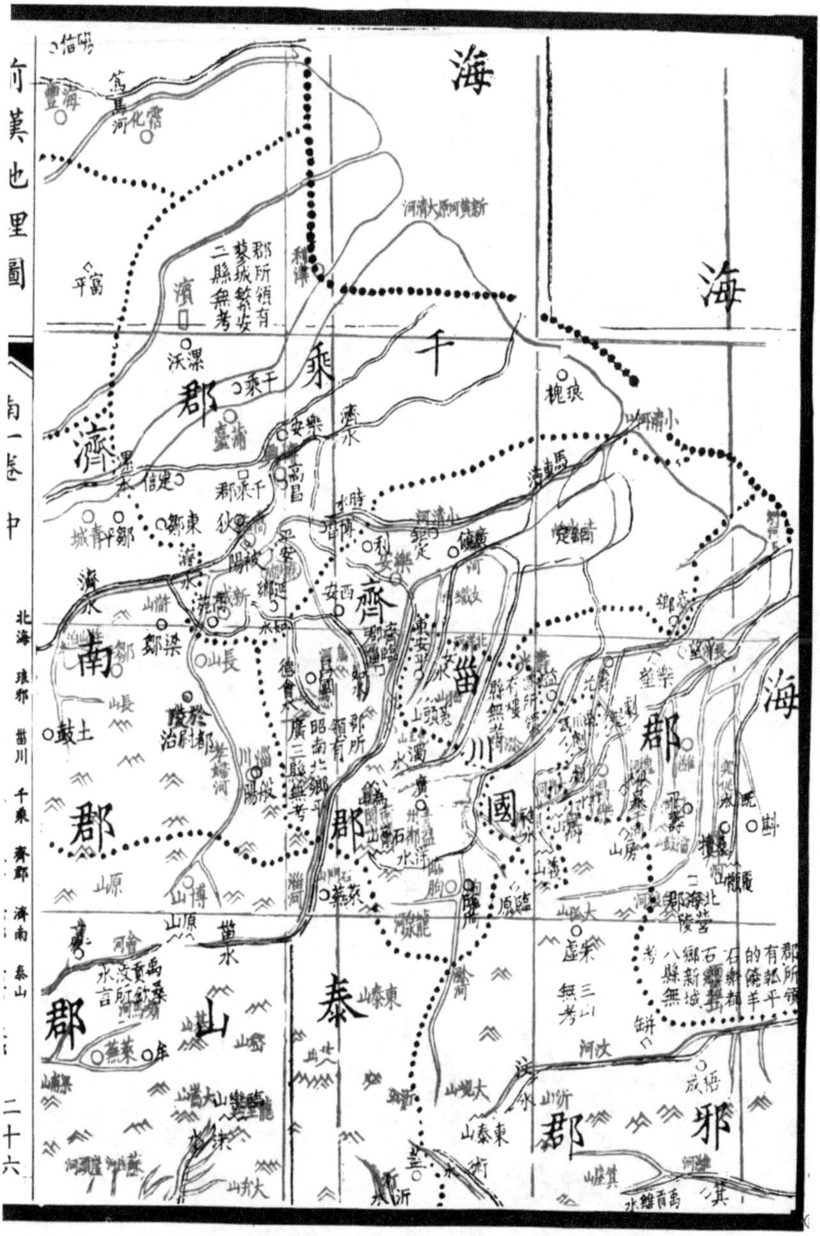
前漢地理圖
二十六
北海 琅邪 菑川 千乘 齊郡 濟南 泰山
海
海
海
千乘郡
濟南郡
齊郡
菑川國
泰山郡
郡
郡
邪

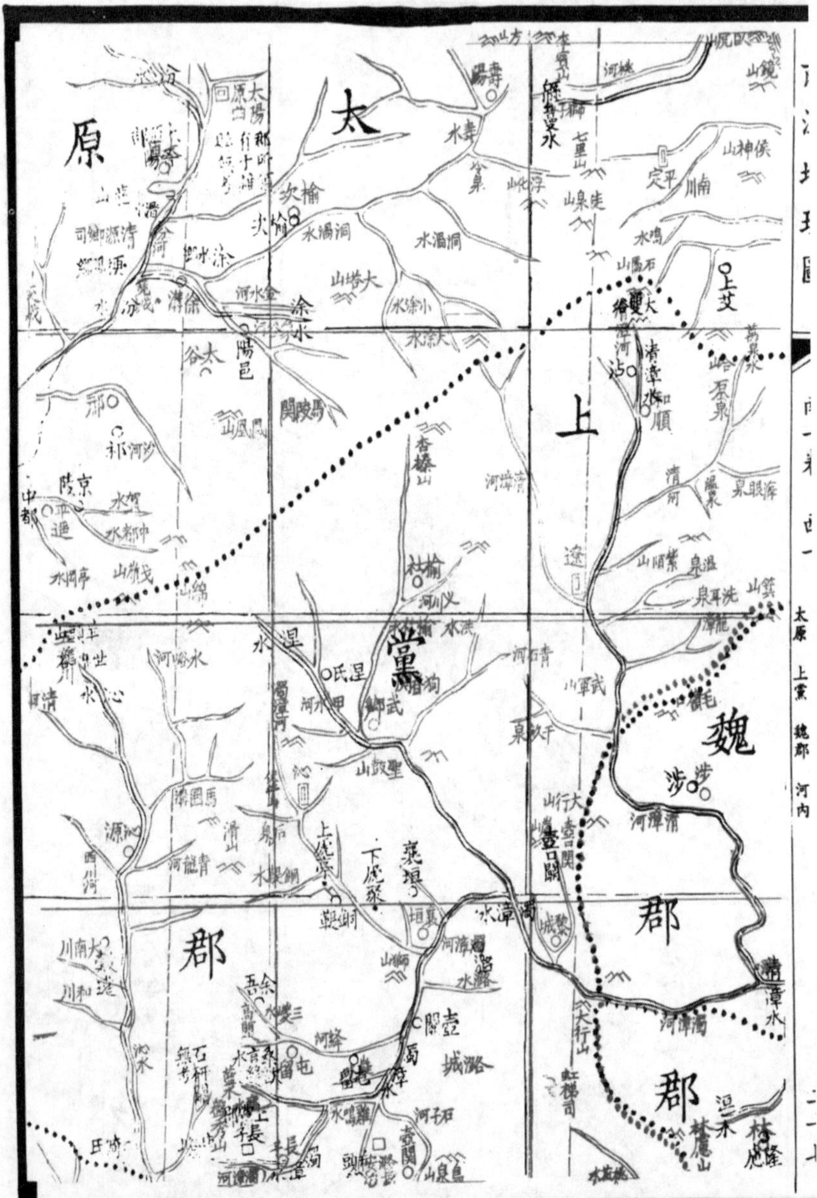
太原
上黨
魏郡
河內
榆次
陽邑
上艾
沾
涉
壺關
長子

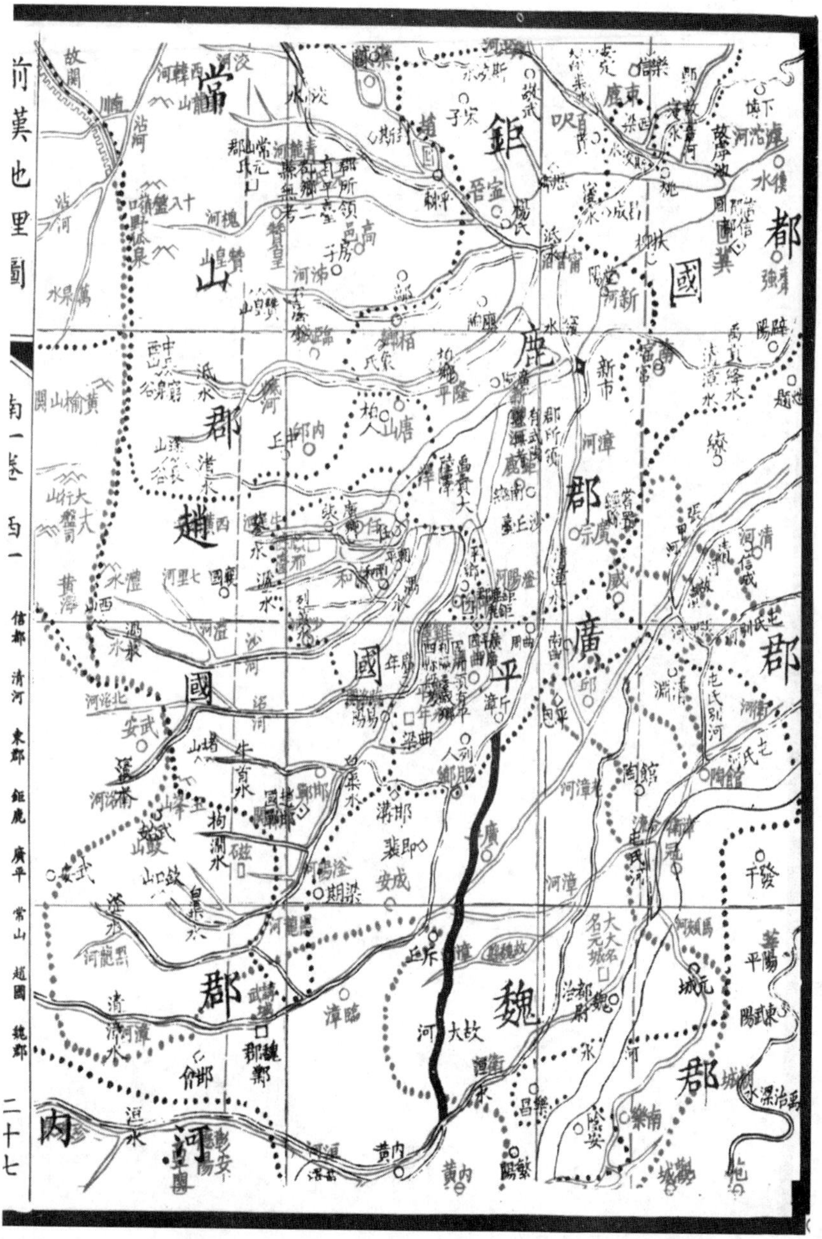
前漢地理圖
二十七
信都 清河 東郡 鉅鹿 廣平 常山 趙國 魏郡
常
山
郡
趙
國
鉅
鹿
郡
國
廣
平
國
魏
郡
河
內
都
國
郡
郡

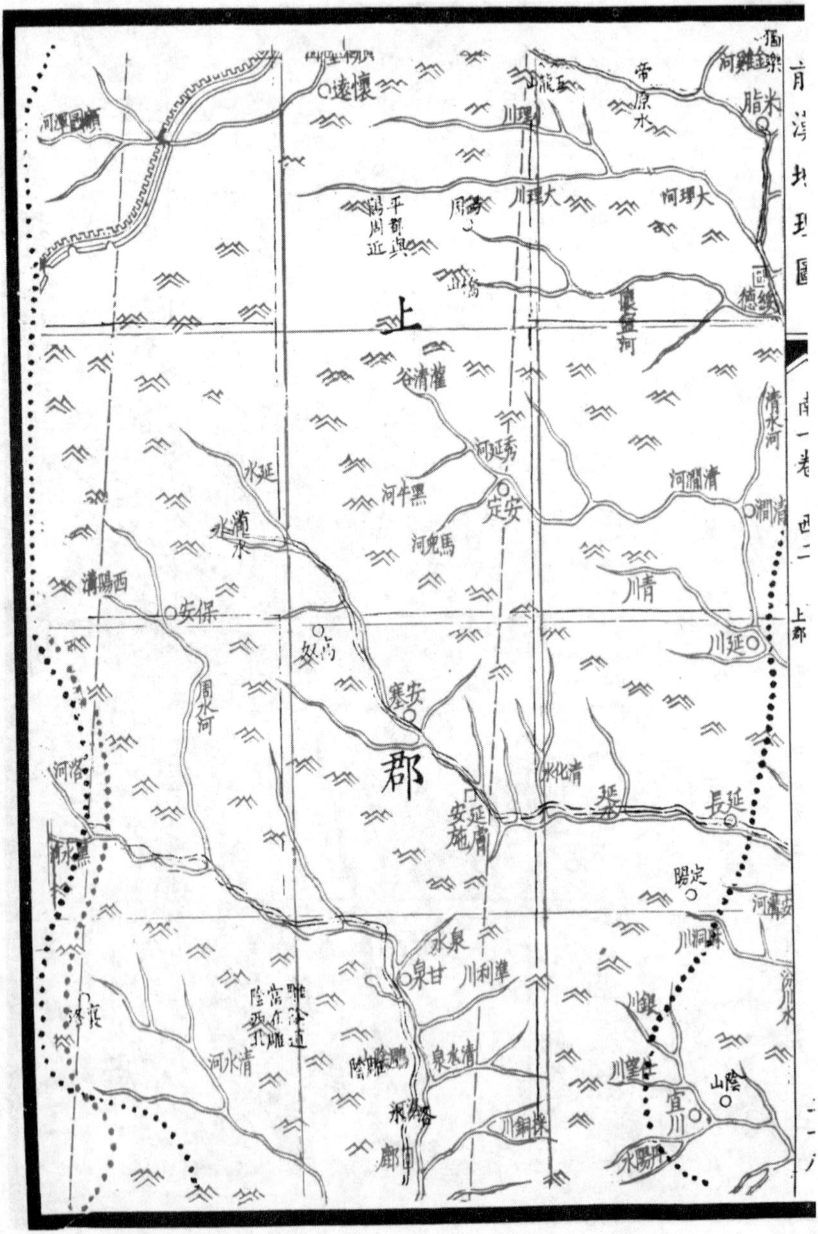
上
郡
懷遠
安定
保安
安塞
延長
延川
甘泉
宜川
延安
清澗
米脂
綏德
定陽
清水河
大理河

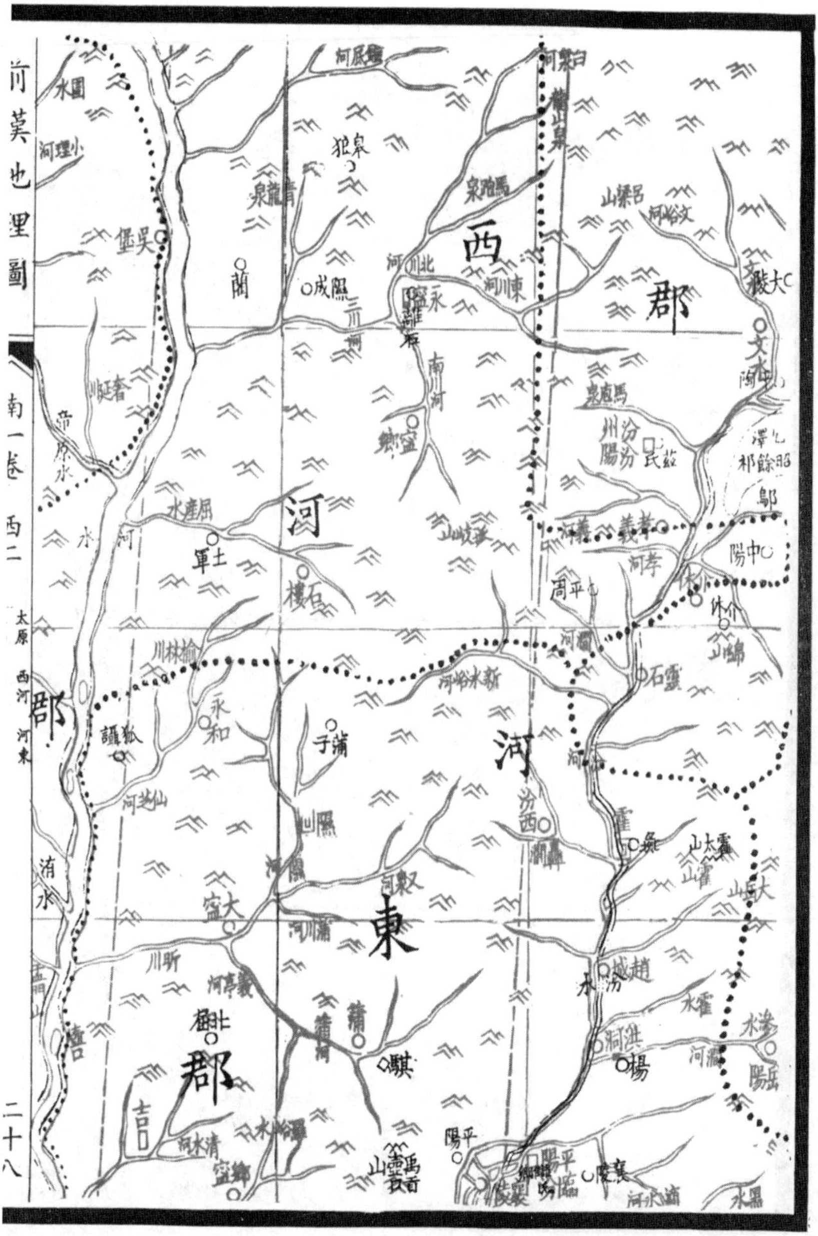
前漢地理圖
南一卷　西二
太原　西河　河東
二十八
西河郡
河東郡

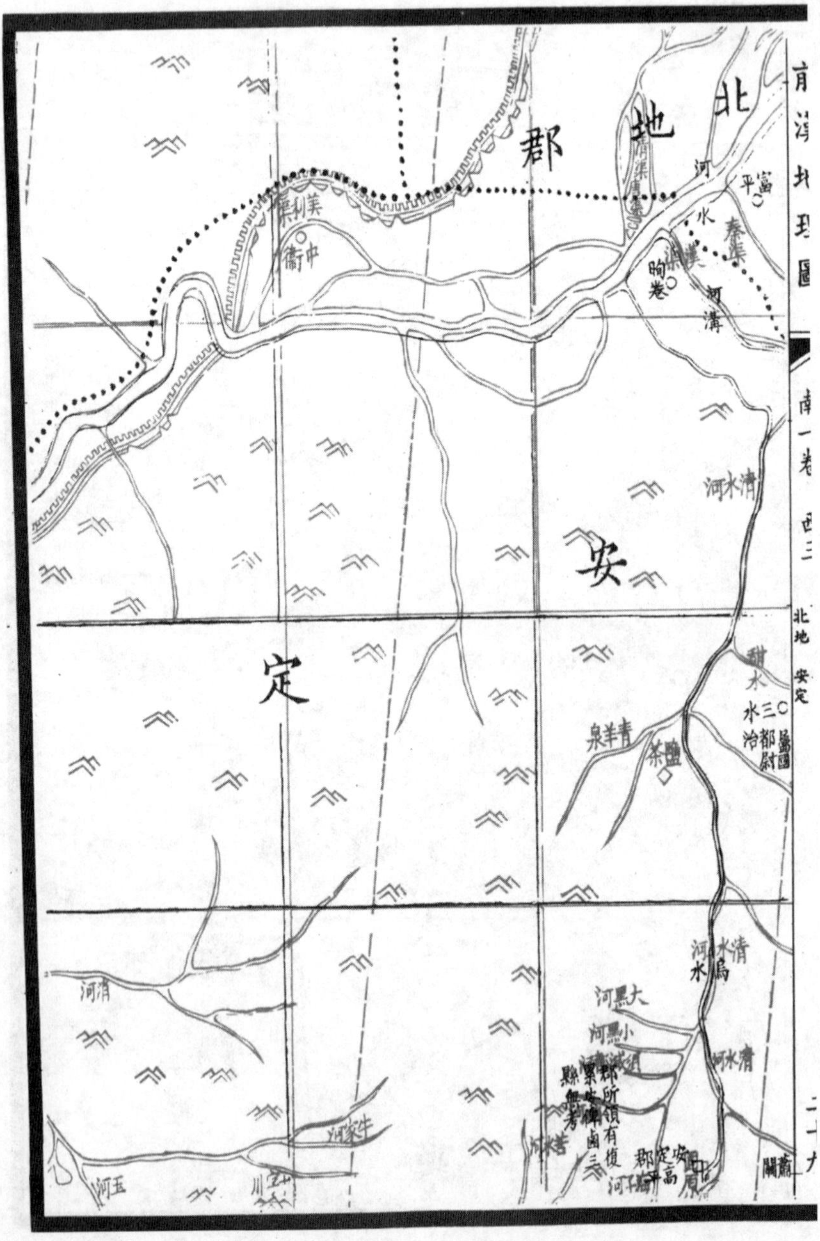
前漢地理圖
南一卷　西三
北地　安定
北地郡
安定
富平
河水
秦渠
漢渠
眴卷
河溝
美利渠
中衛
清水河
甘水
三水
屬國都尉治
青羊泉
鹽茶
烏水
大黑河
小黑河
安定郡
高平
牛家河
清河
玉河
蕭關

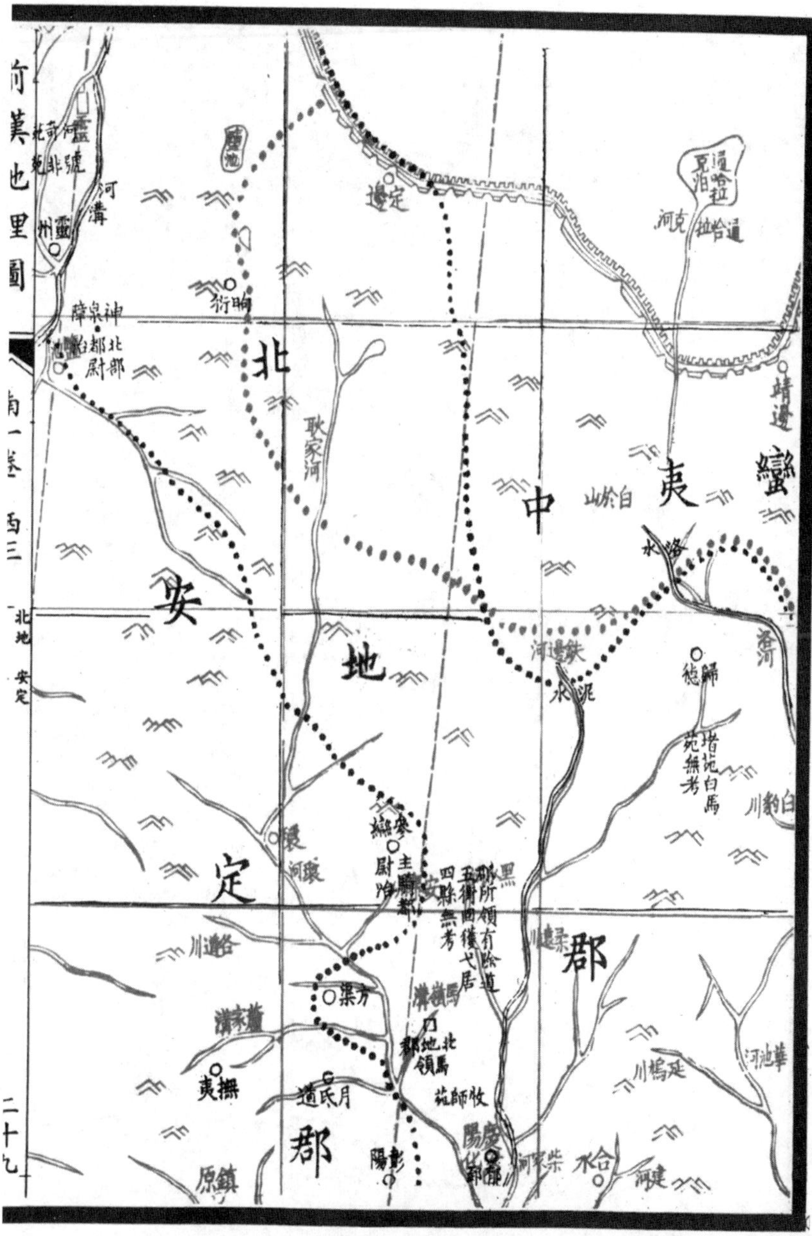
前漢地理圖
北
地
安
定
郡
中
夷
蠻
耿家河
定邊
靈州
月氏道
彭陽
方渠

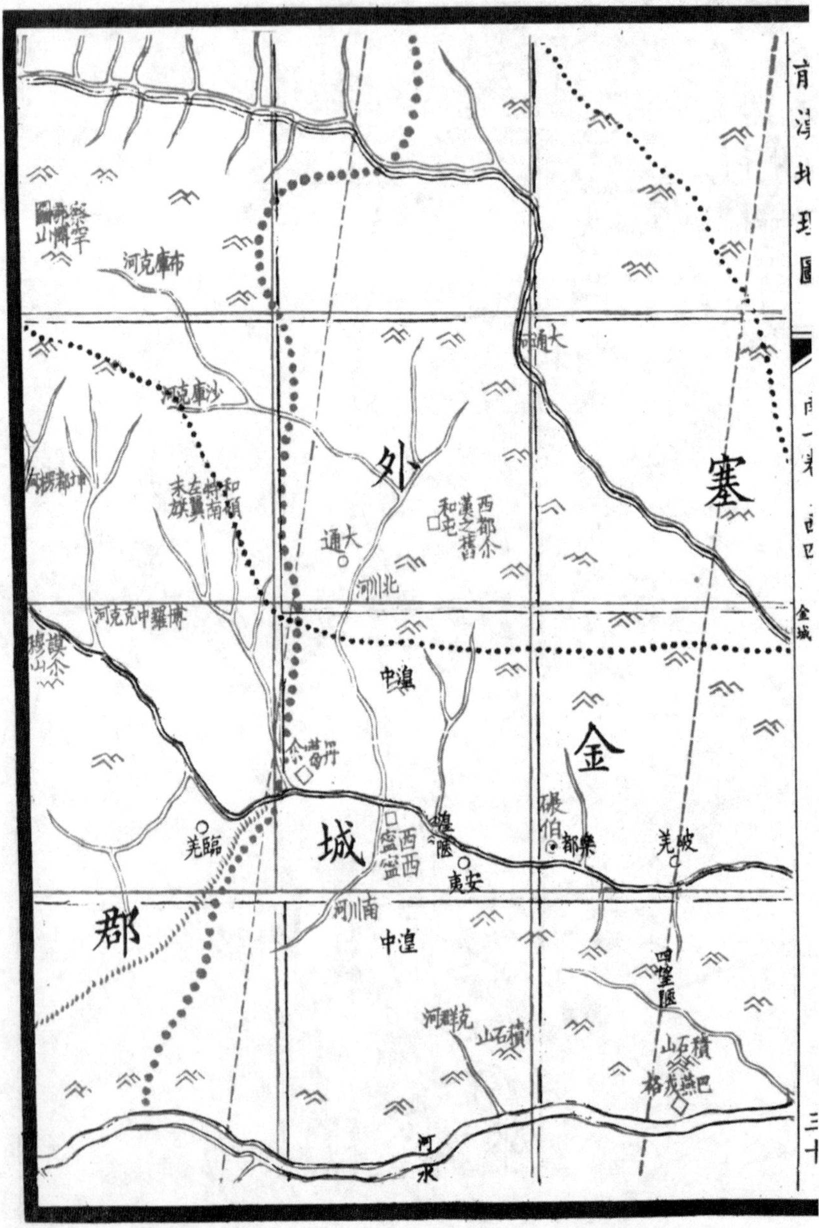
外
塞
金
城
郡
大通河
布庫克河
沙庫克河
博羅中克克河
北川河
南川河
湟中
臨羌
破羌
安夷
大通
四望峽
積石山
巴燕戎格
河水
金城

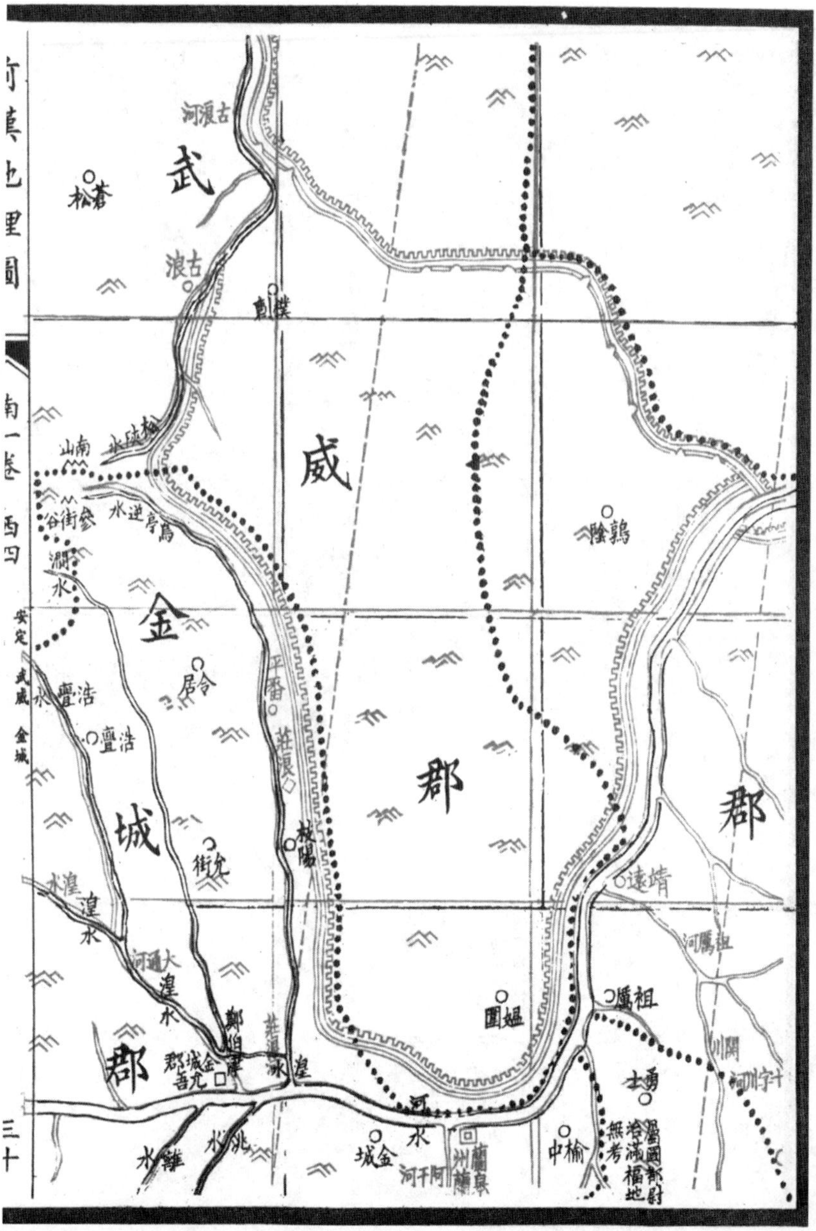
古浪河
武
威
郡
蒼松
古浪
鸇陰
南山
金
城
郡
令居
浩亹水
浩亹
允街
枝陽
湟水
大通河
金城郡
允吾
河水
洮水
金城
榆中
祖厲
勇士
媼圍
靖遠
郡
安定
武威
金城
三十

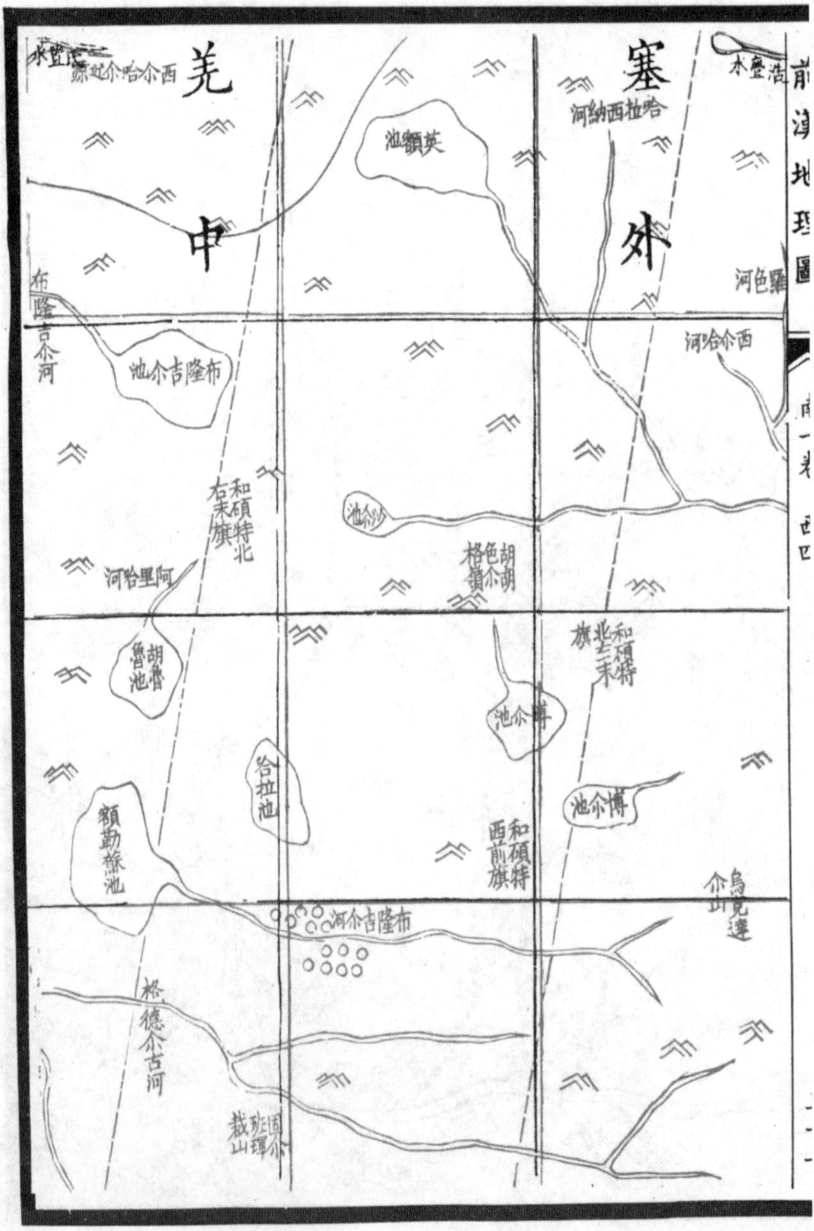
前漢地理圖
羌中
塞外
英額池
哈拉西納河
布隆吉尒河
布隆吉尒池
阿里哈河
胡魯池
哈拉池
博尒池
格德尒古河
和碩特北右末旗
和碩特西前旗
胡胡尒色格嶺
羅色河
西尒哈河

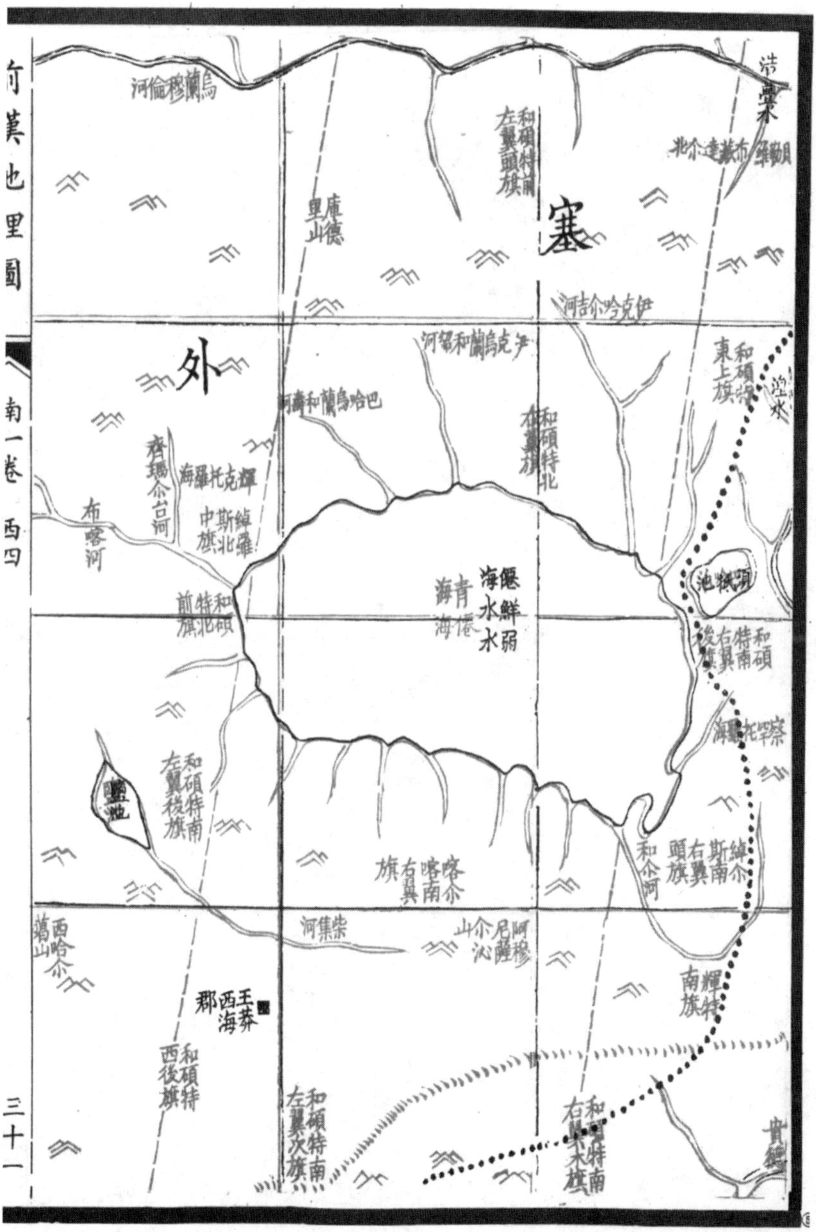
前漢地理圖
南一卷　西四
三十一
塞
外
烏蘭穆倫河
青海
僊海
鮮水
弱水
鹽池
王莽西海郡
貴德

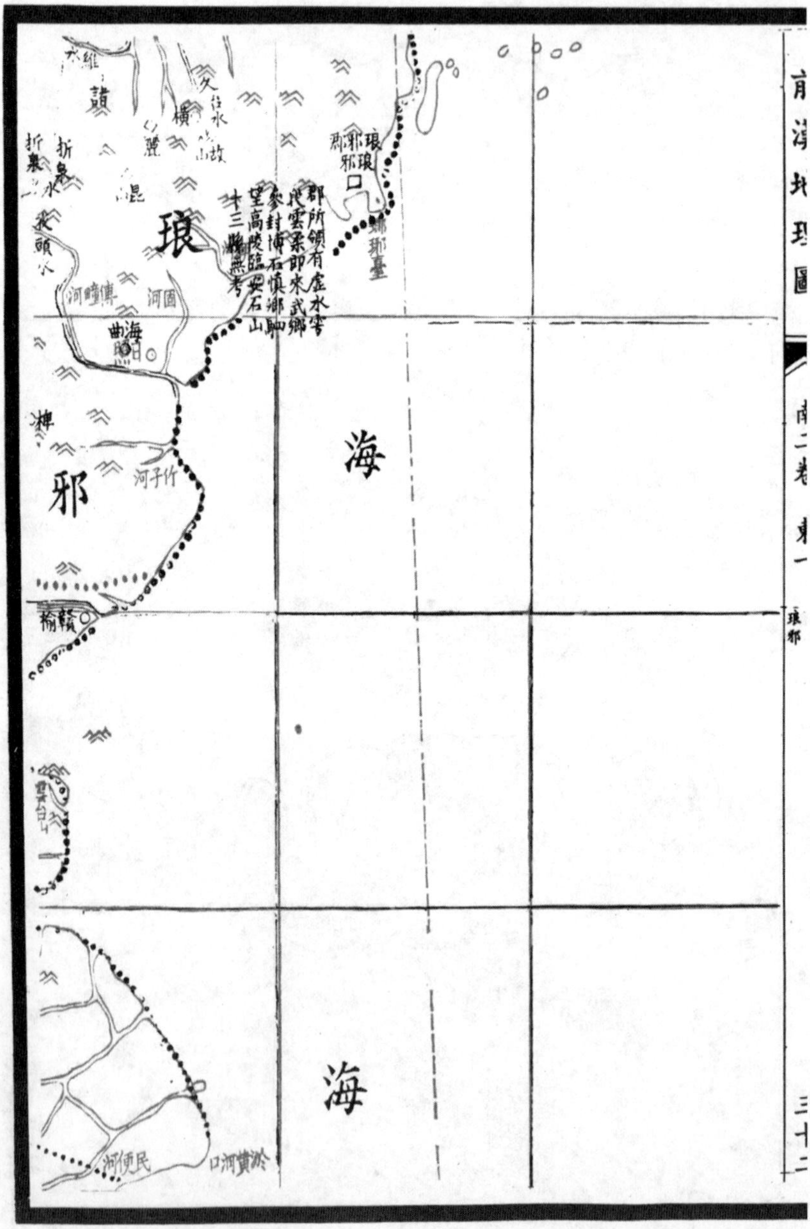
前漢地理圖
南二卷　東一
琅邪
琅邪
海
海
琅邪臺
海曲
贛榆
竹子河
傅疃河
固河
民便河
於貫河口

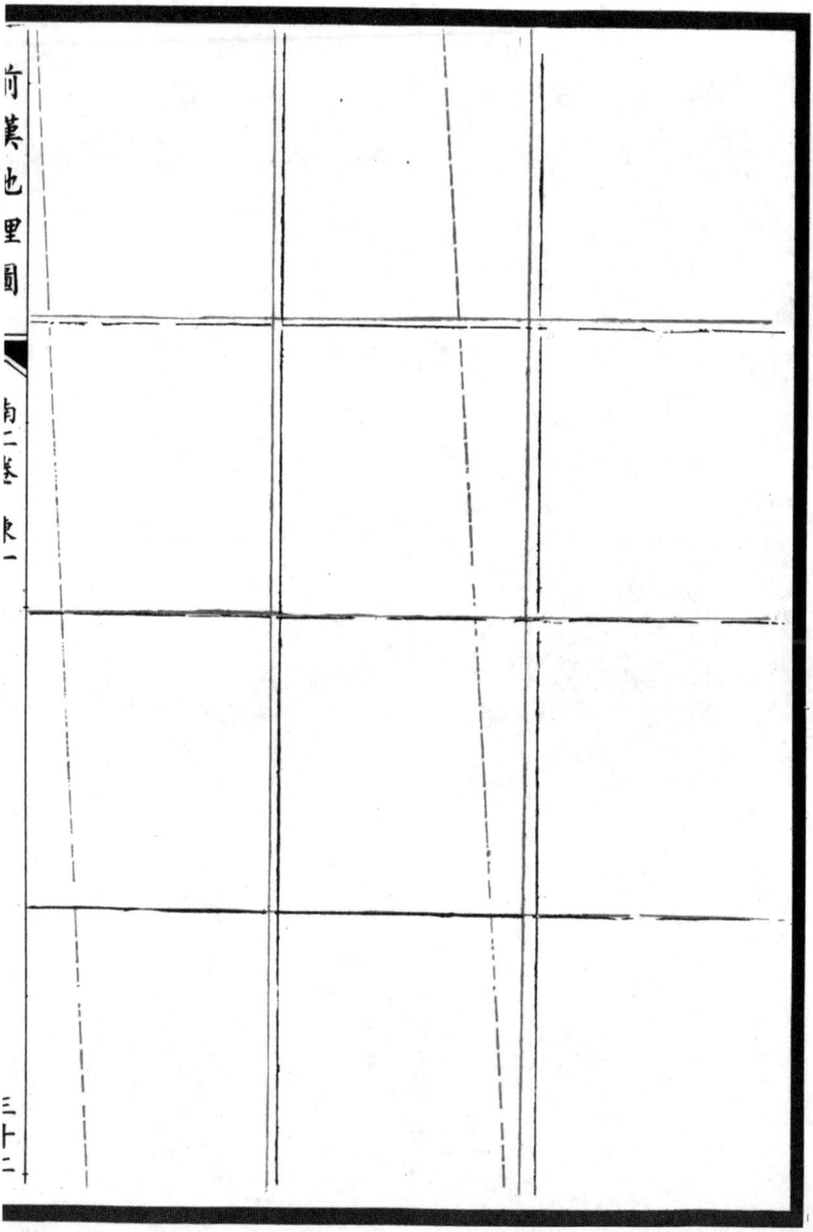
前漢地理圖
南二卷 東一
三十二

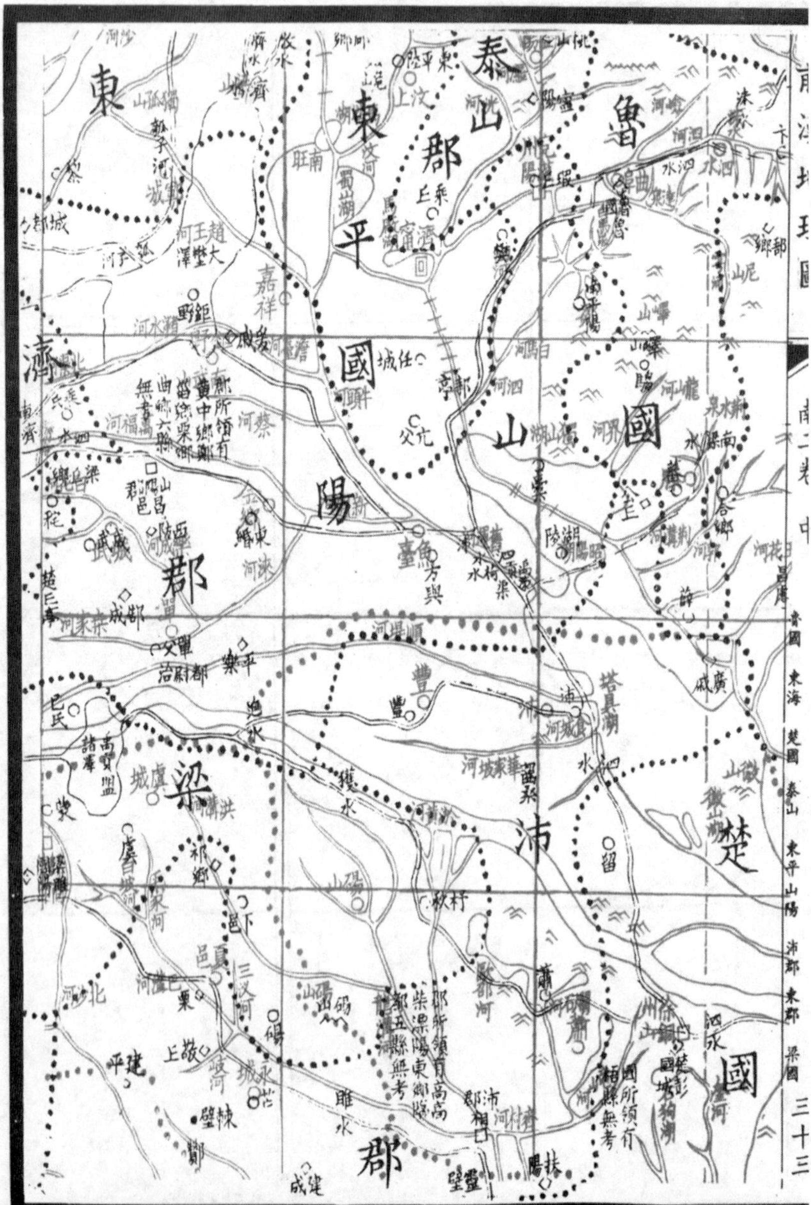
魯國
東海
楚國
泰山
東平
山陽
沛郡
東郡
梁國
三十三

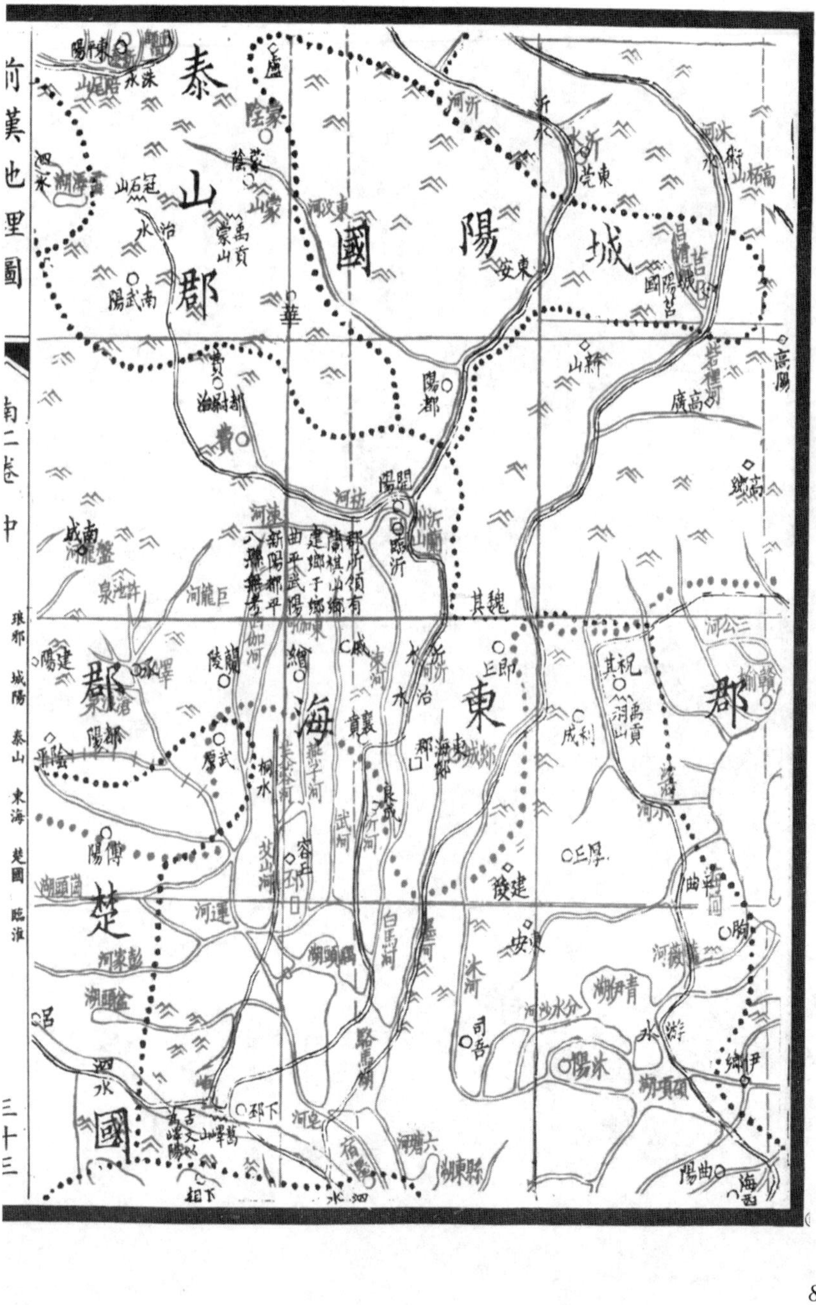
前漢地理圖
南二卷中
琅邪 城陽 泰山 東海 楚國 臨淮
三十三
泰山郡
城陽國
東海郡
楚國
郡

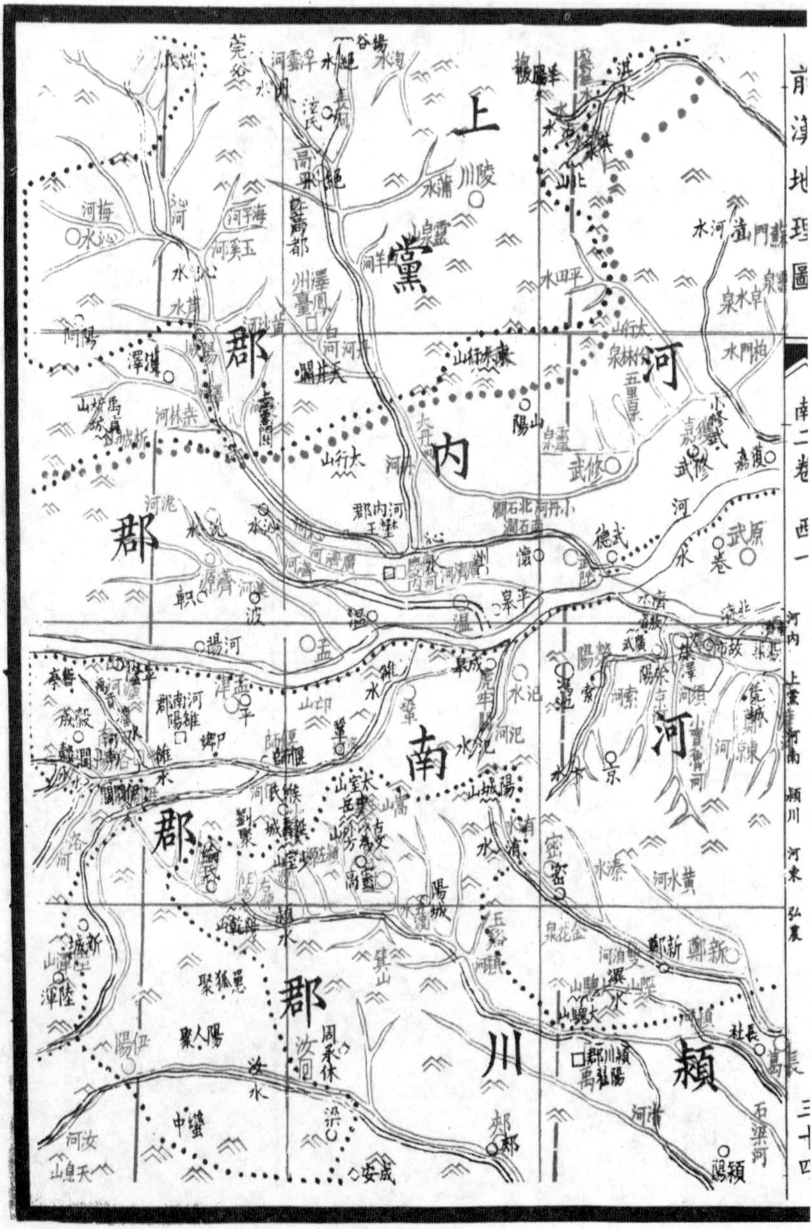
前漢地理圖
南二卷西一
河内　上黨　河南　潁川　河東　弘農
三十四
上黨
郡
河
内
郡
河
南
郡
潁
川
郡

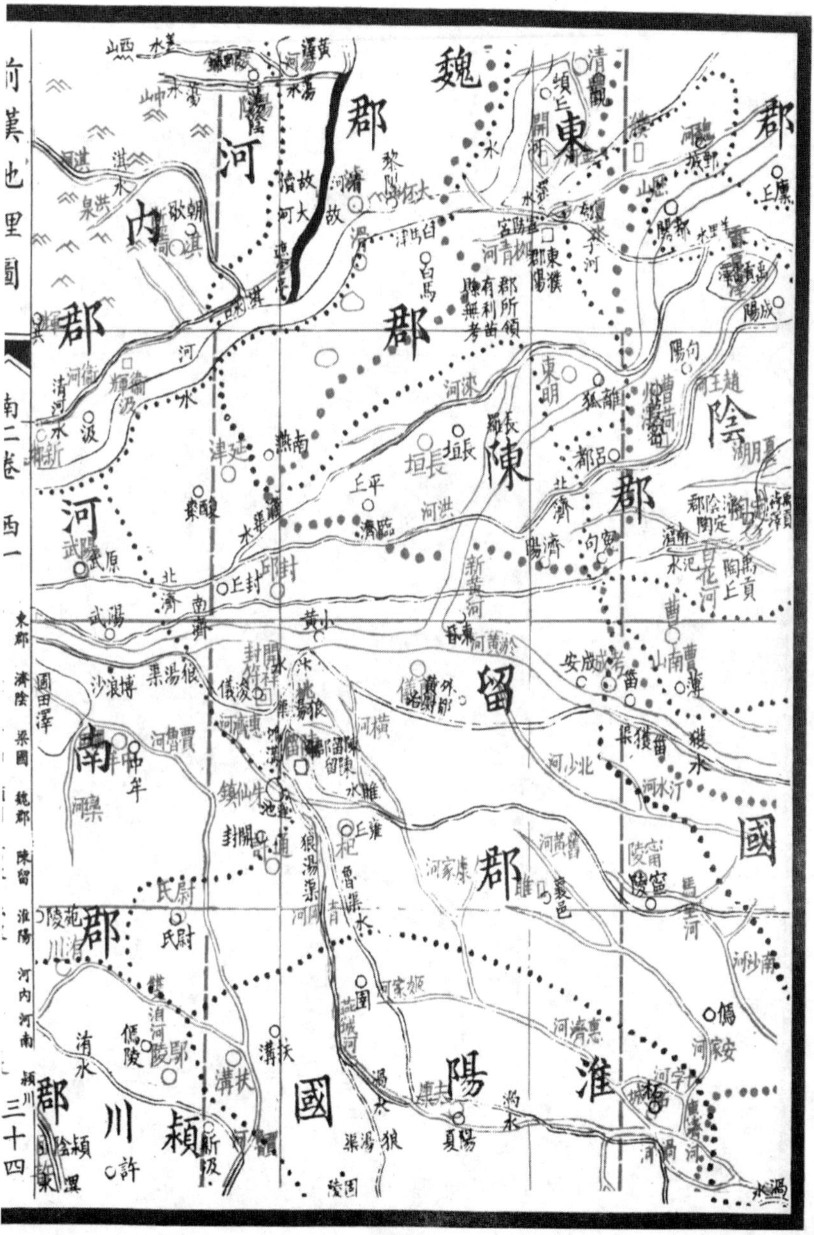
前漢地理圖
南二卷 西一
東郡 濟陰 梁國 魏郡 陳留 淮陽 河內 河南 潁川
三十四

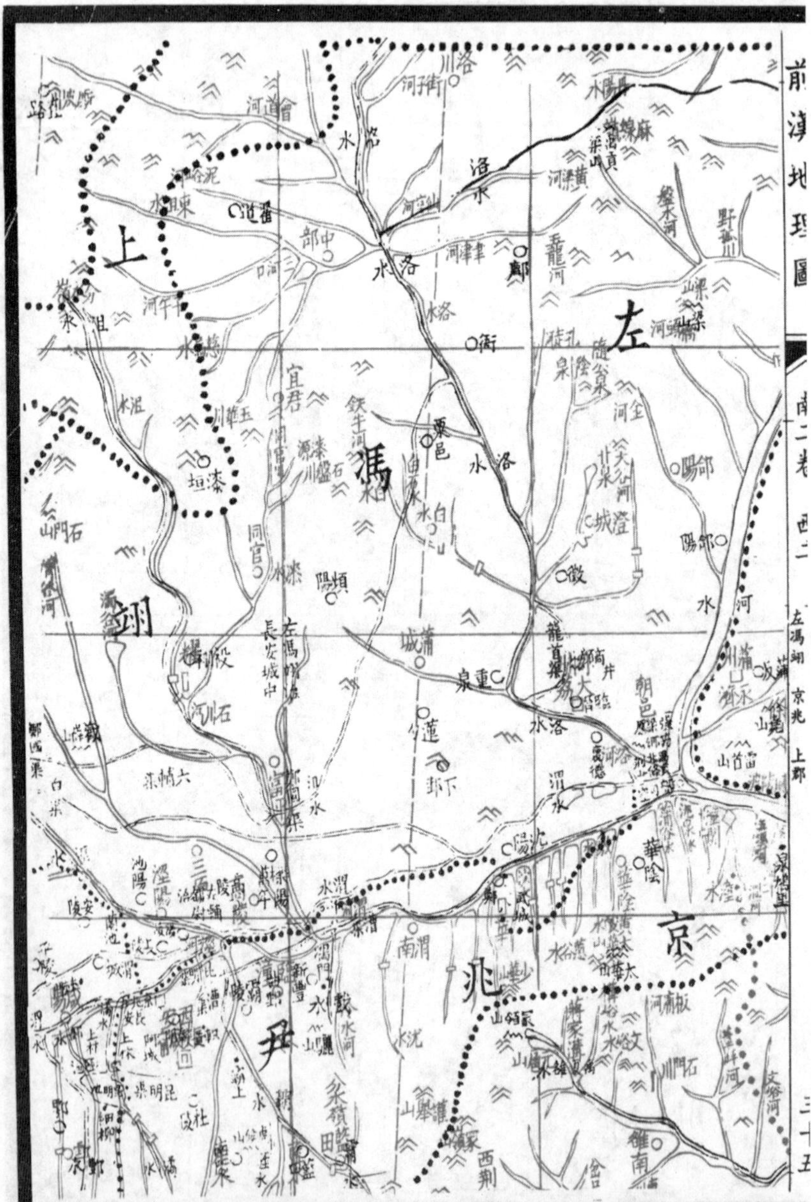

前漢地理圖
南二卷　西二
左馮翊　京兆　上郡
三十五
上
左
馮
翊
京
兆
尹
洛水
鄜
衙
重泉
蓮勺
下邽
華陰
白水
粟邑
漆垣
同官
頻陽
長安城中

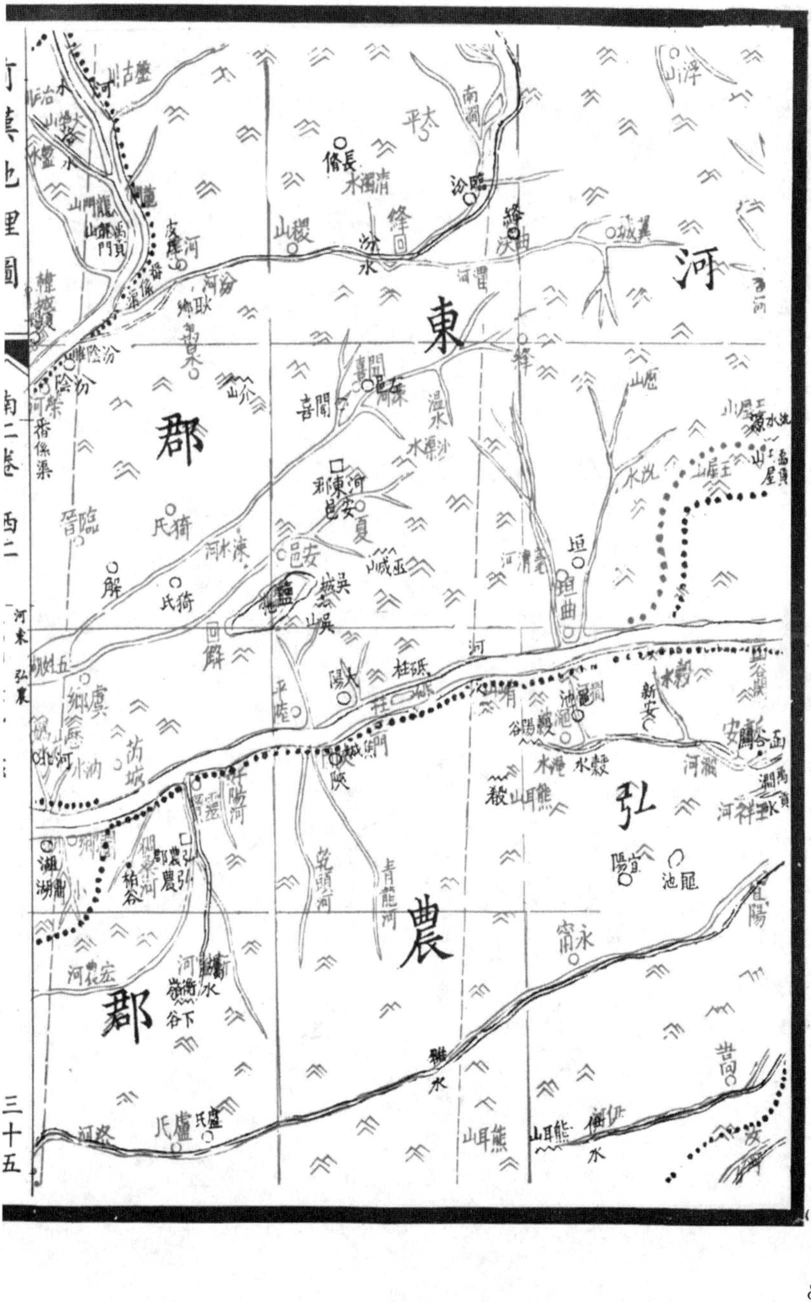
前漢地理圖
南二卷 西二
河東 弘農
三十五
河東郡
弘農郡

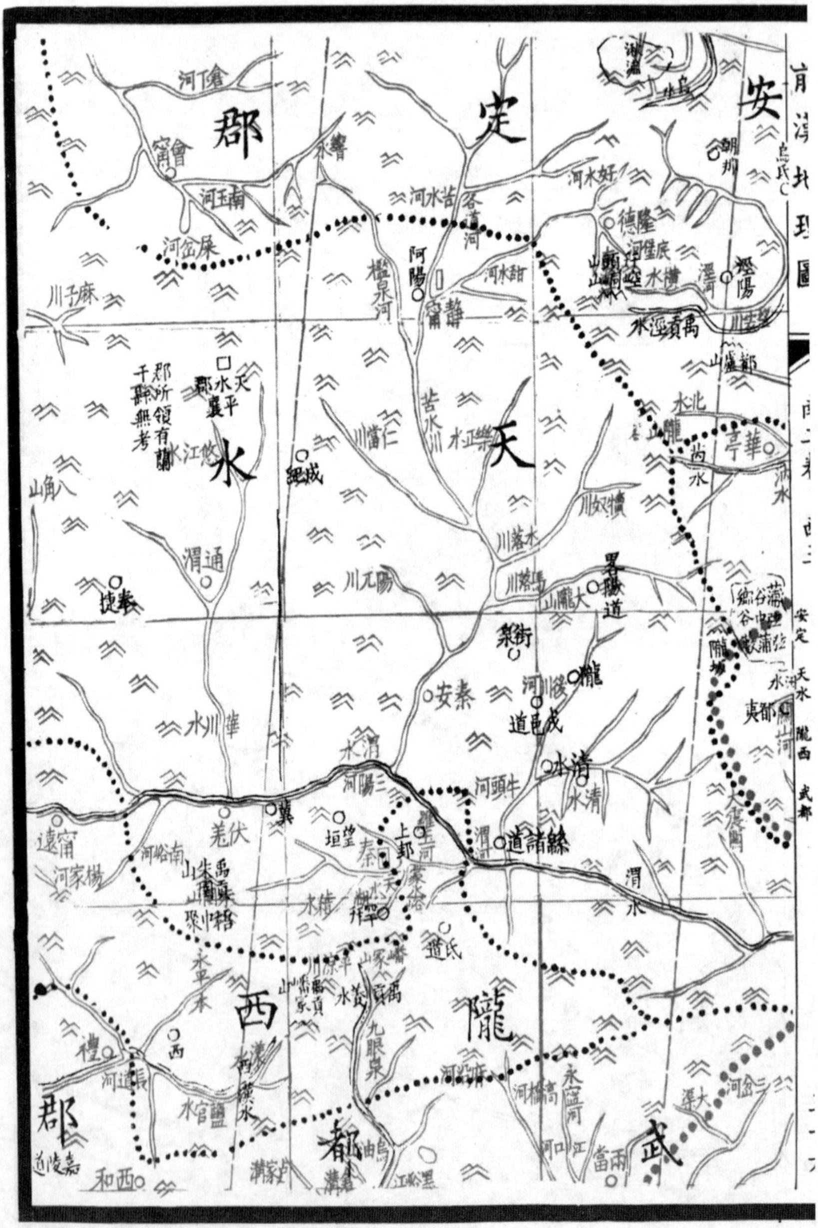
安
定
郡
天
水
隴
西
武
都
郡
天水郡平襄
成紀
秦安
清水
伏羌
上邽
隴西

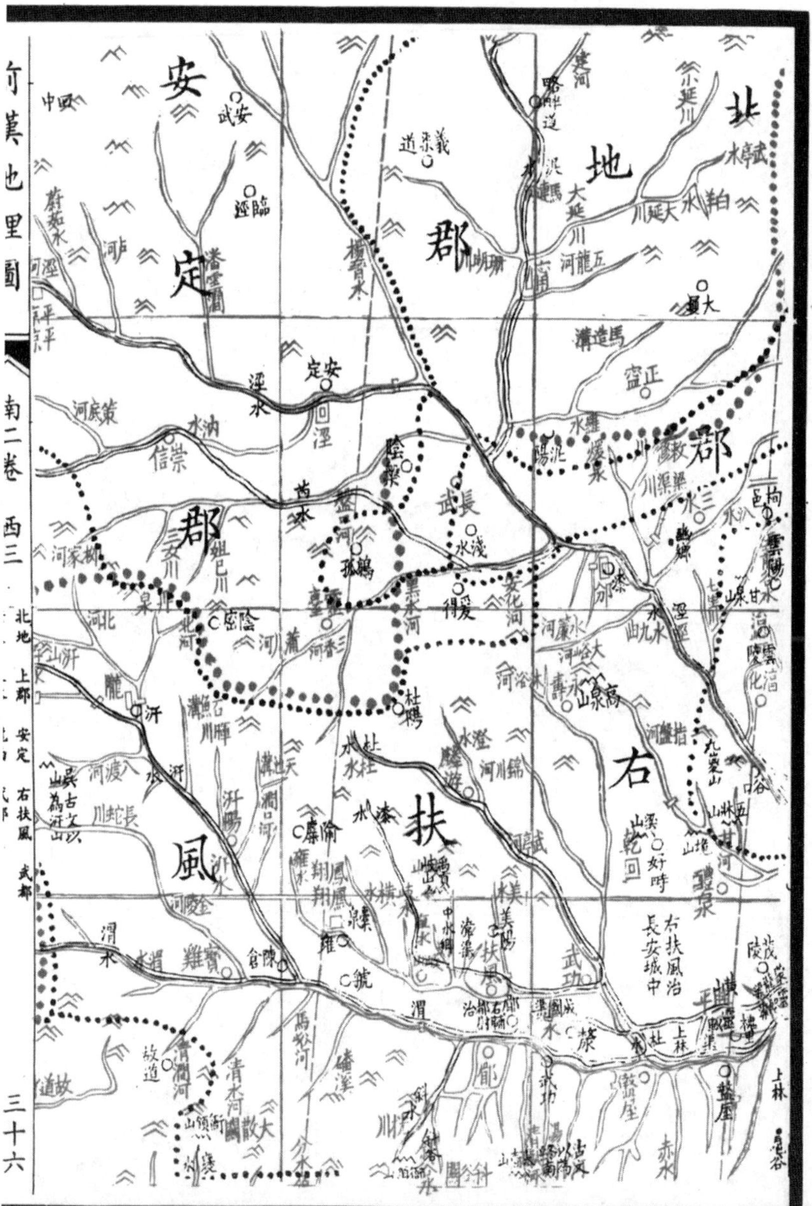
前漢地理圖
南二卷　西三
三十六
北地　上郡　安定　右扶風　武都
安定郡
北地郡
右扶風
右扶風治長安城中
渭水
涇水
漆水
杜水
汧水
鄠
盩厔
杜陽
武功
美陽
漆
雍
陳倉

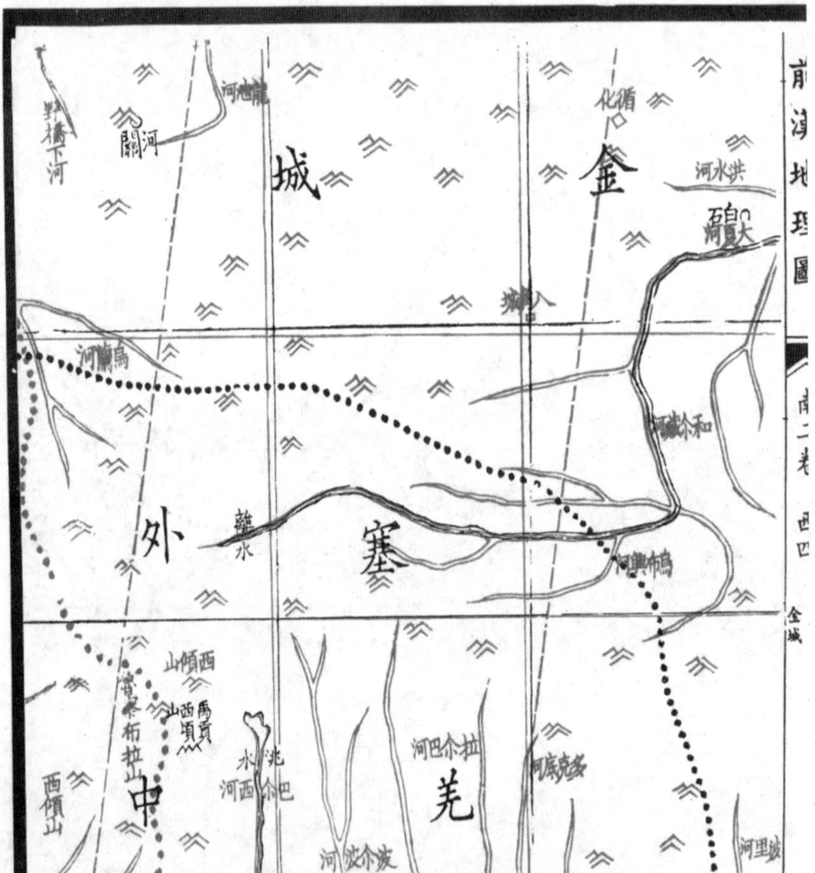
前漢地理圖
南二卷　西四
金城
三十七
金
城
外
塞
羌
中
循化
洪水河
大夏河
龍池河
烏蘭河
西傾山
洮河
岷山

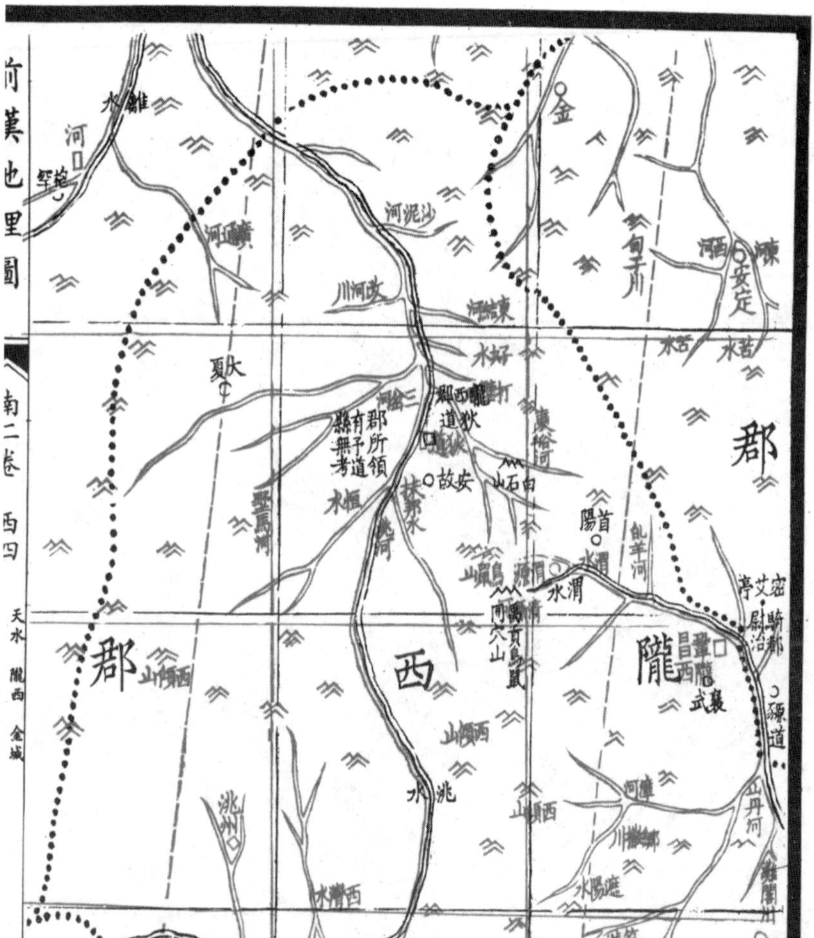
前漢地理圖
南二卷 西四
天水 隴西 金城
隴西郡
塞外

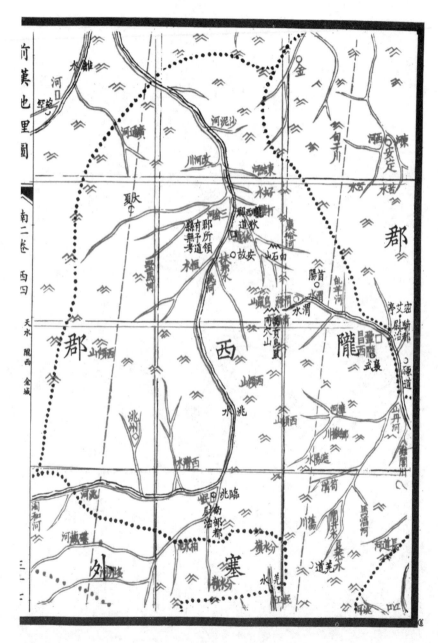

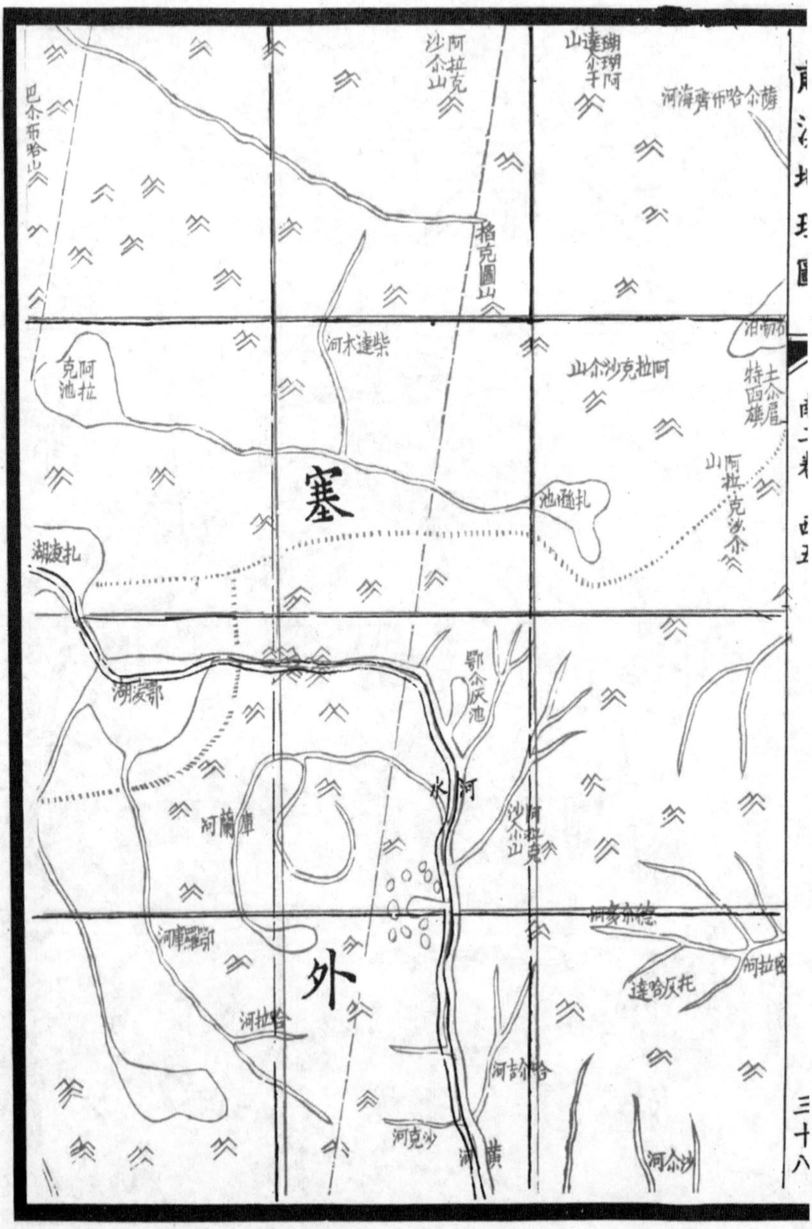
薩尒哈布齊海河
阿拉克沙尒山
巴尒布哈山
格克圖山
柴達木河
阿拉克池
阿拉克沙尒山
扎凌湖
塞
外
鄂凌湖
河水
庫蘭河
阿拉克沙尒山
哈拉河
托灰哈達
哈喇河
沙克河
黄河
沙尒河
三十八

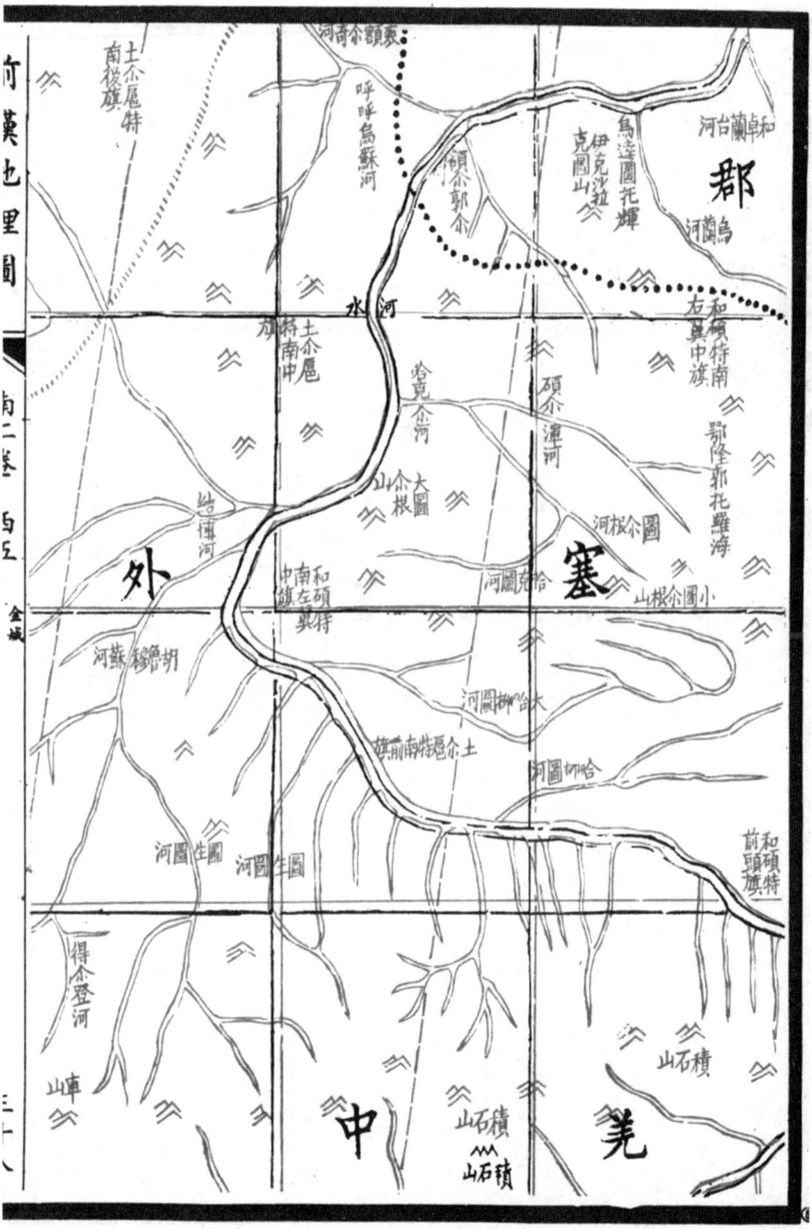
前漢地理圖
金城
郡
塞
外
中
羌
河水
和卓蘭台河
烏蘭河
呼呼烏蘇河
大圖尔根山
小圖尔根山
哈克圖河
大哈柳圖河
哈柳圖河
生圖河
得尔登河
積石山
車山

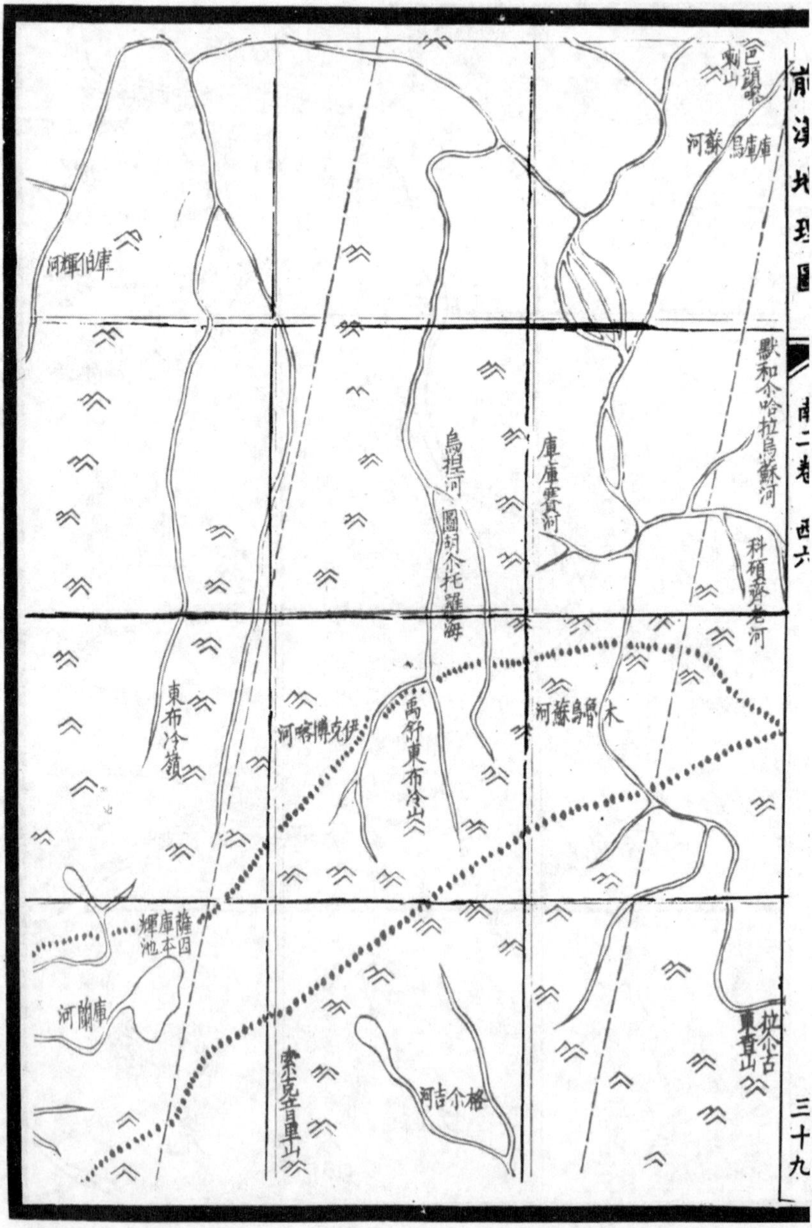
前漢地理圖
三十九
庫伯輝河
庫烏蘇河
庫庫賽河
烏担河
東布冷嶺
伊克博喀河
木魯烏蘇河
庫蘭河
格尔吉河

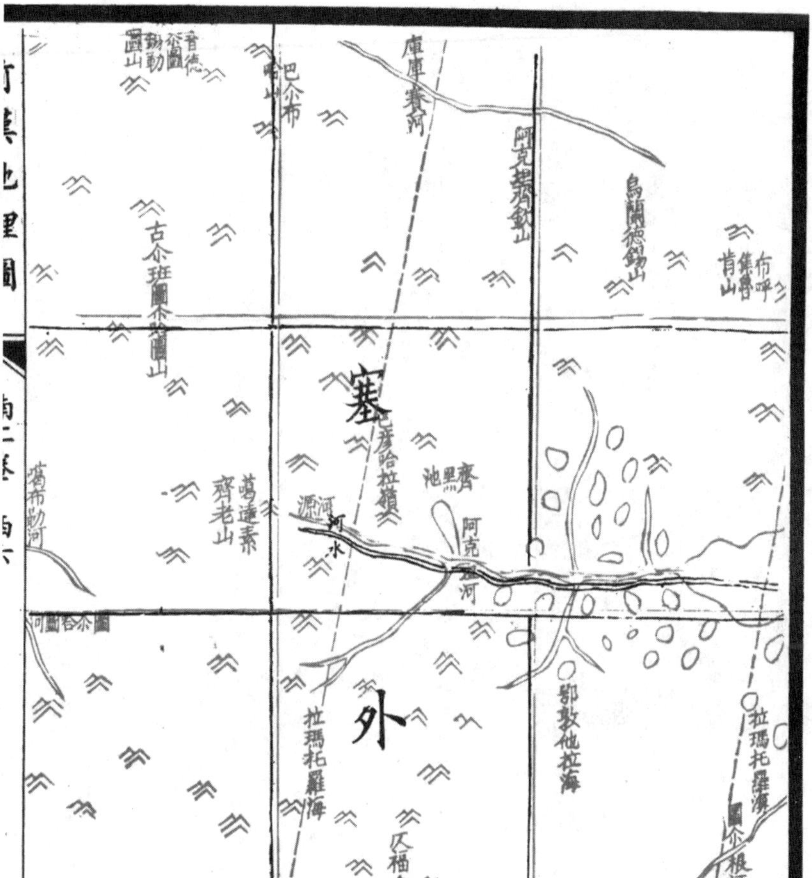
塞
外
庫庫賽河
烏蘭德錫山
齊黑池
鄂敦他拉海
拉瑪托羅海
圖尒根河
立里山

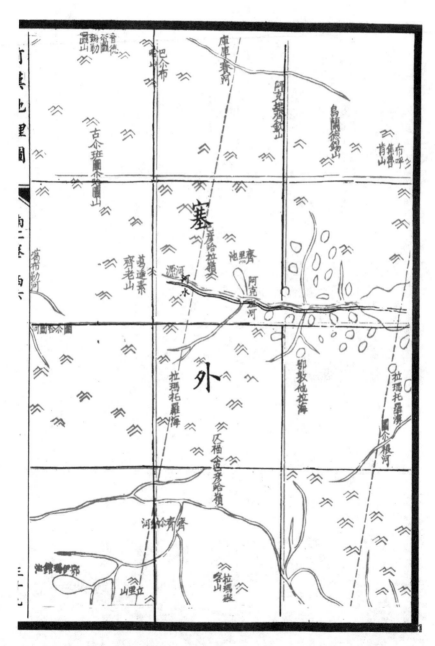

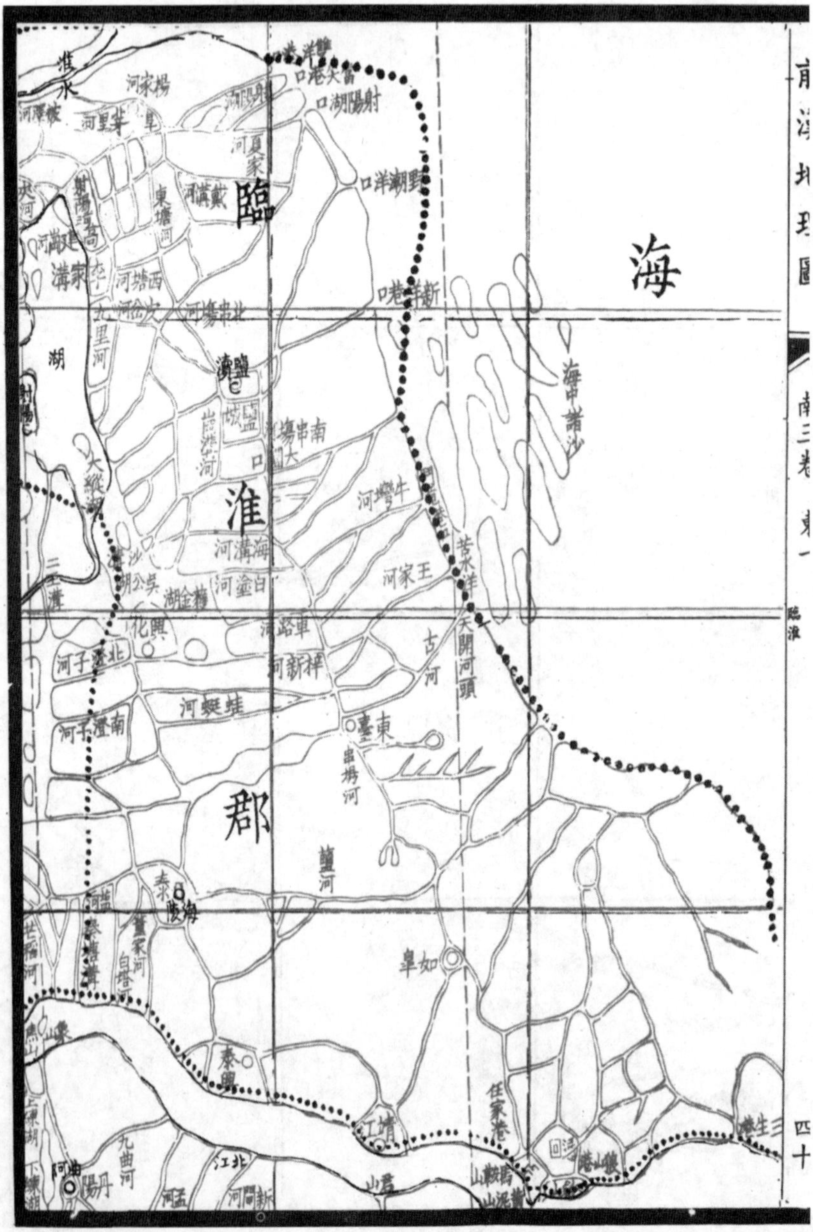
臨
淮
郡
海
海中諸沙
淮水
射陽湖口
東臺
如皋
泰興
海陵
北江
苦水洋
天開河頭
臨淮
四十

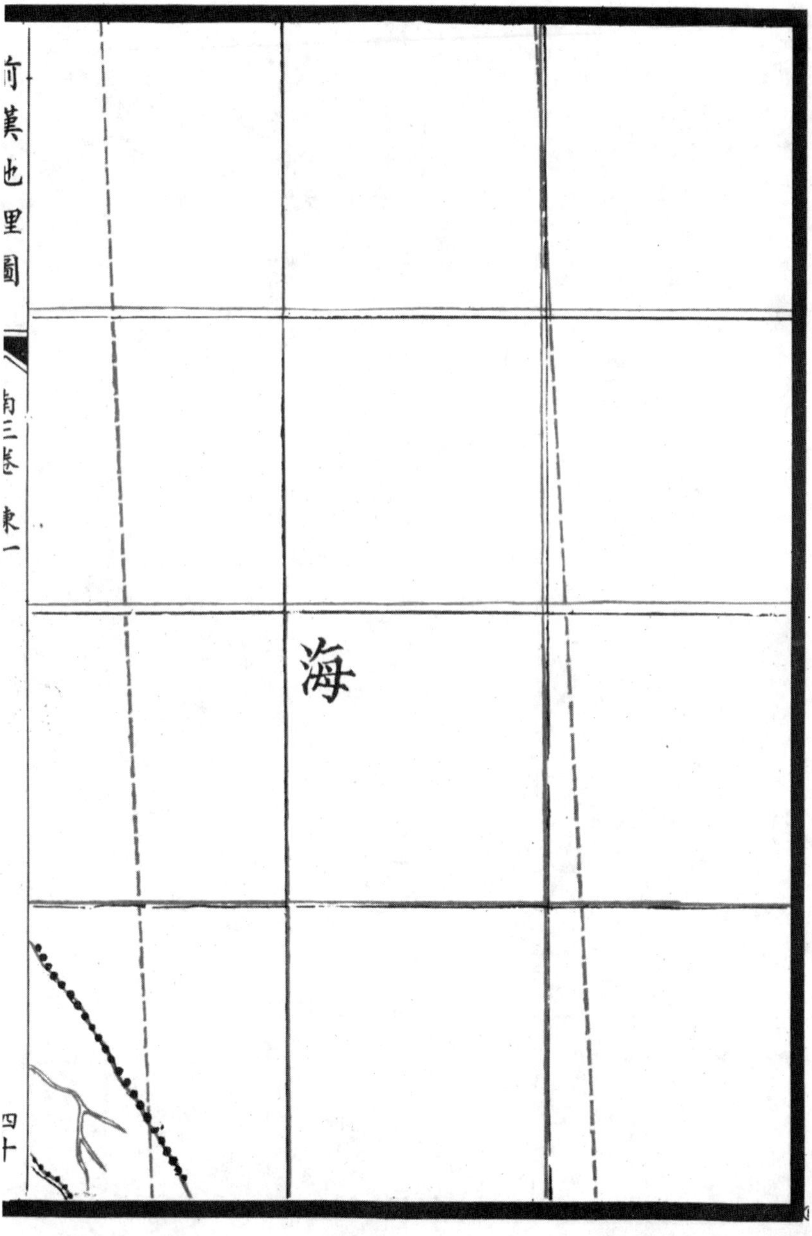
海

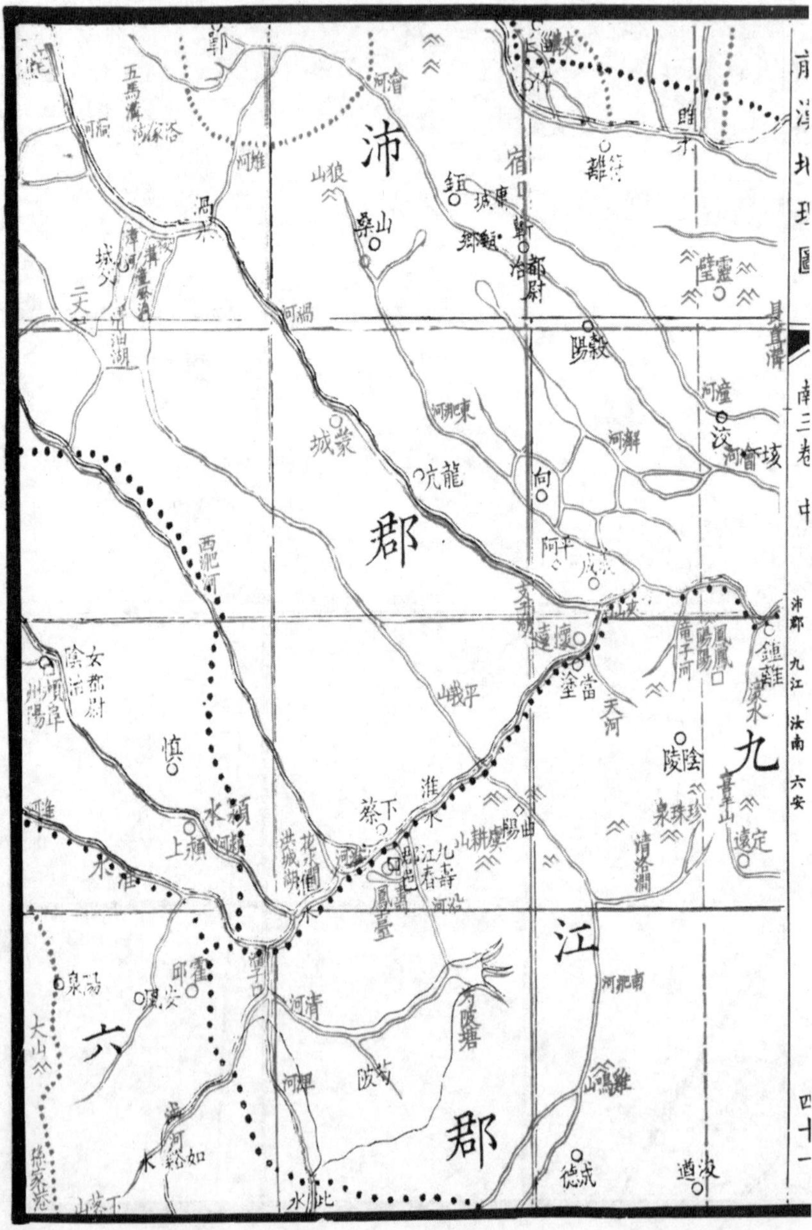
前漢地理圖
南三卷中
沛郡 九江 汝南 六安
四十一
沛
郡
九
江
郡
六

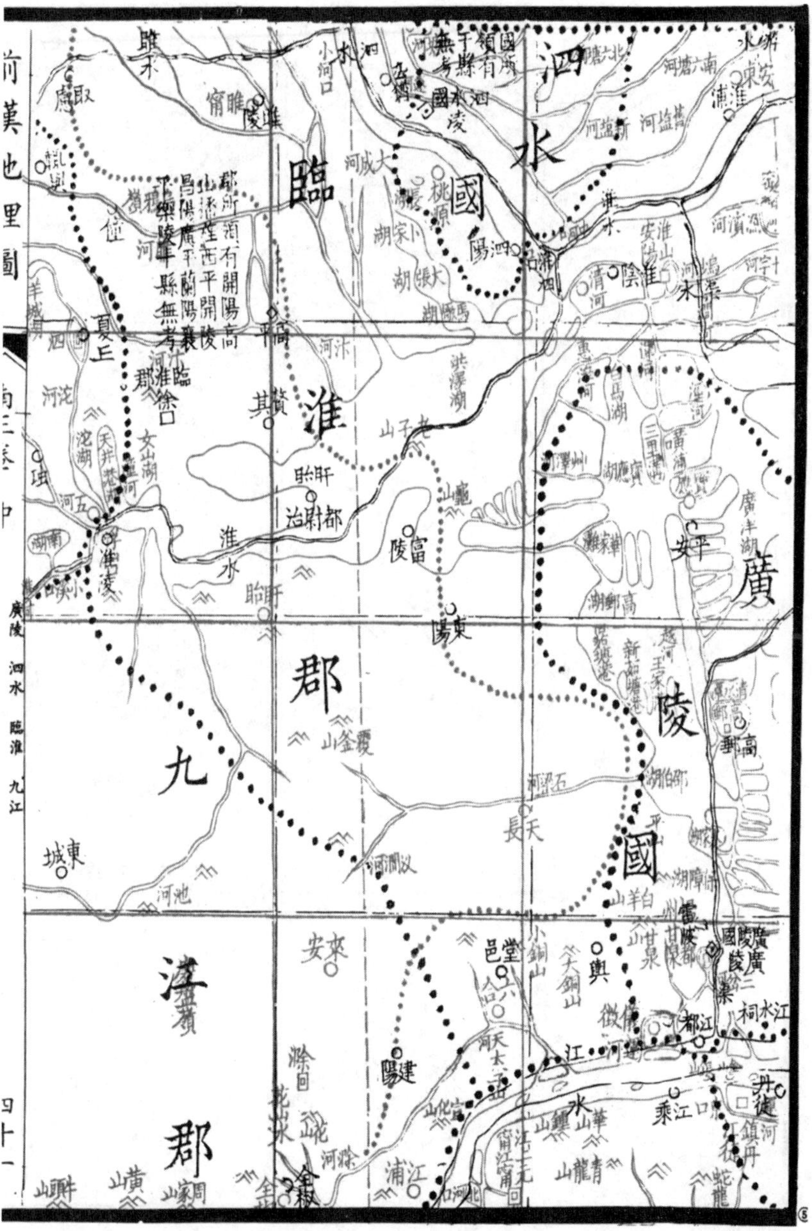
前漢地理圖
廣陵
泗水
臨淮
九江
泗水國
臨淮郡
廣陵國
九江郡
淮水
江水
廣陵
江都
高郵
東陽
富陵
盱眙
淮陵
淮陰
泗陽
夏丘
東城
建陽
堂邑
輿
天長

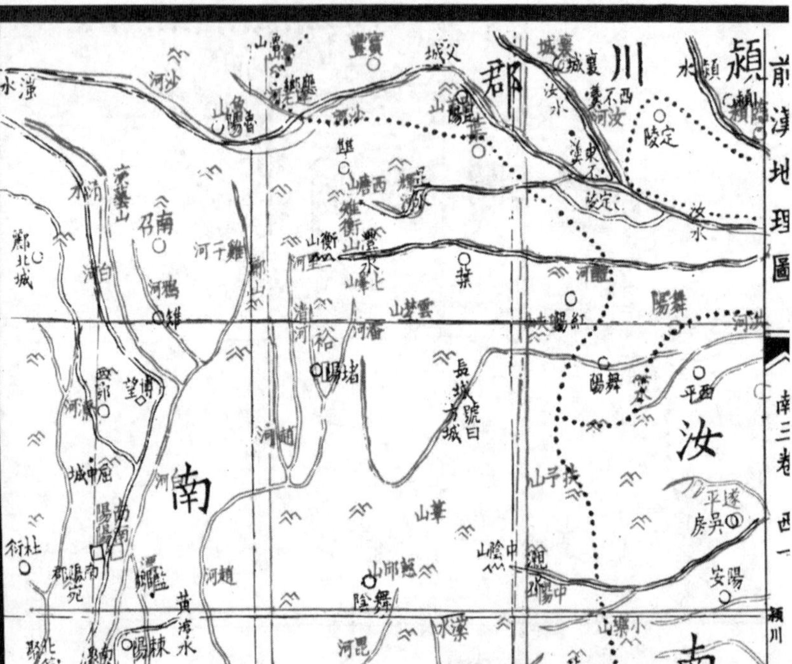
前漢地理圖
南三卷　西一
潁川　汝南　南陽
潁川郡
汝南郡
南
定陵
舞陽
西平
安陽
朗陵
新野
新都
春陵

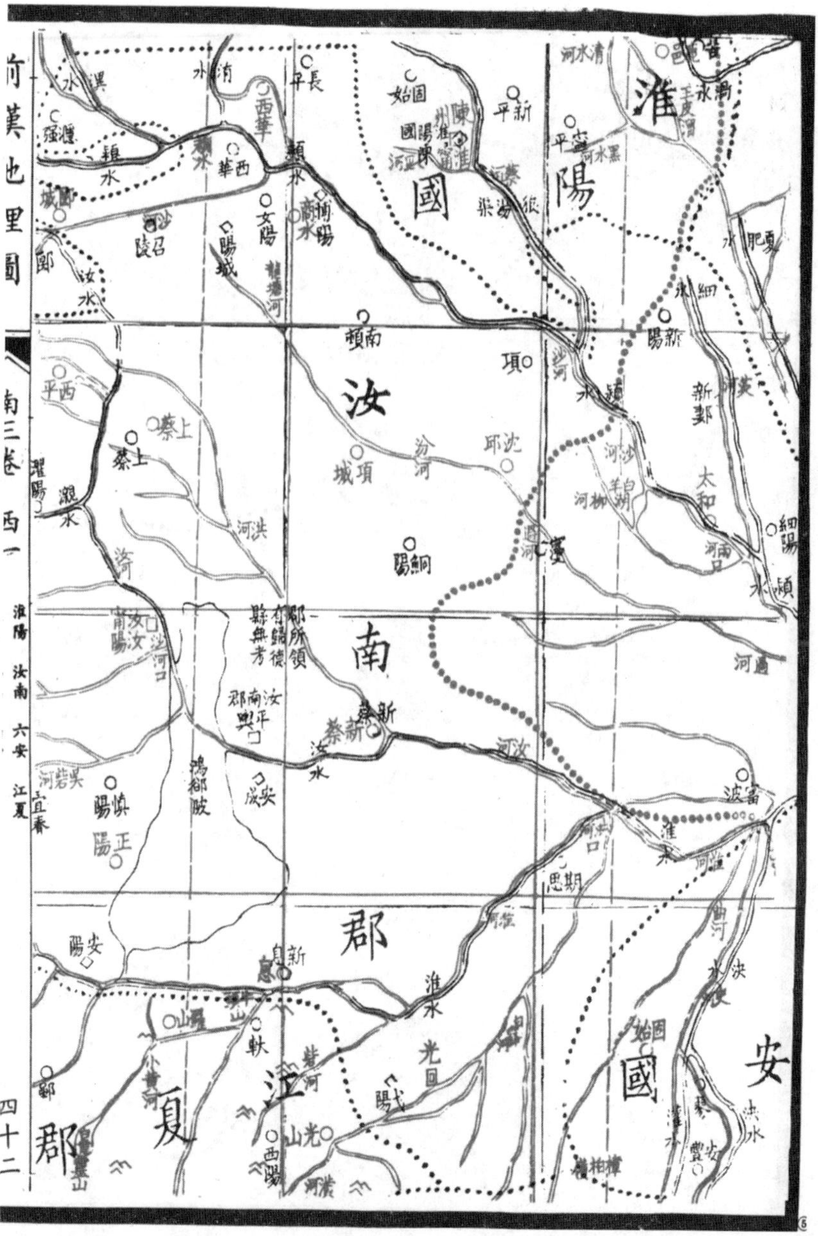
前漢地理圖
南三卷 西一
淮陽 汝南 六安 江夏
四十二
淮陽國
汝南郡
江夏郡
六安國
新蔡
汝水
淮水
項
新息

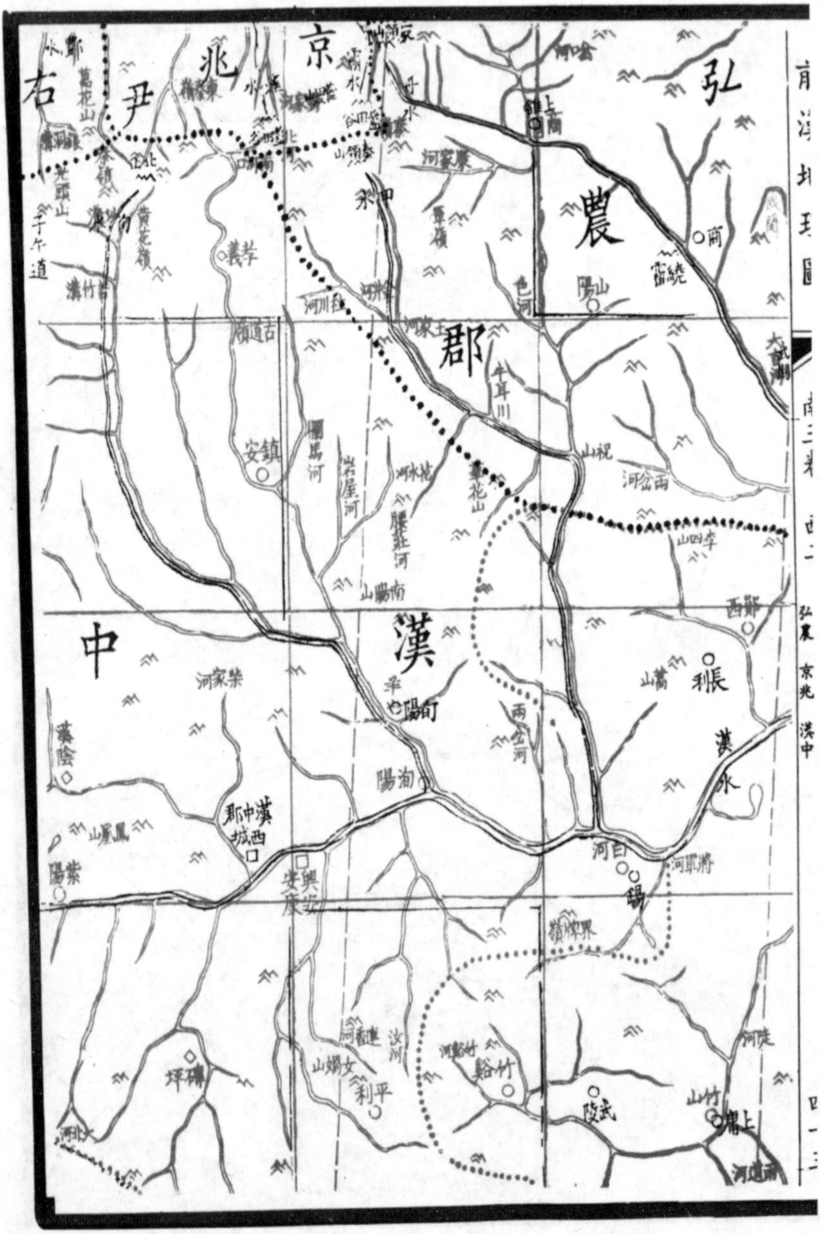
前漢地理圖
京兆尹
右
弘農
郡
漢
中
弘農
京兆
漢中
漢水

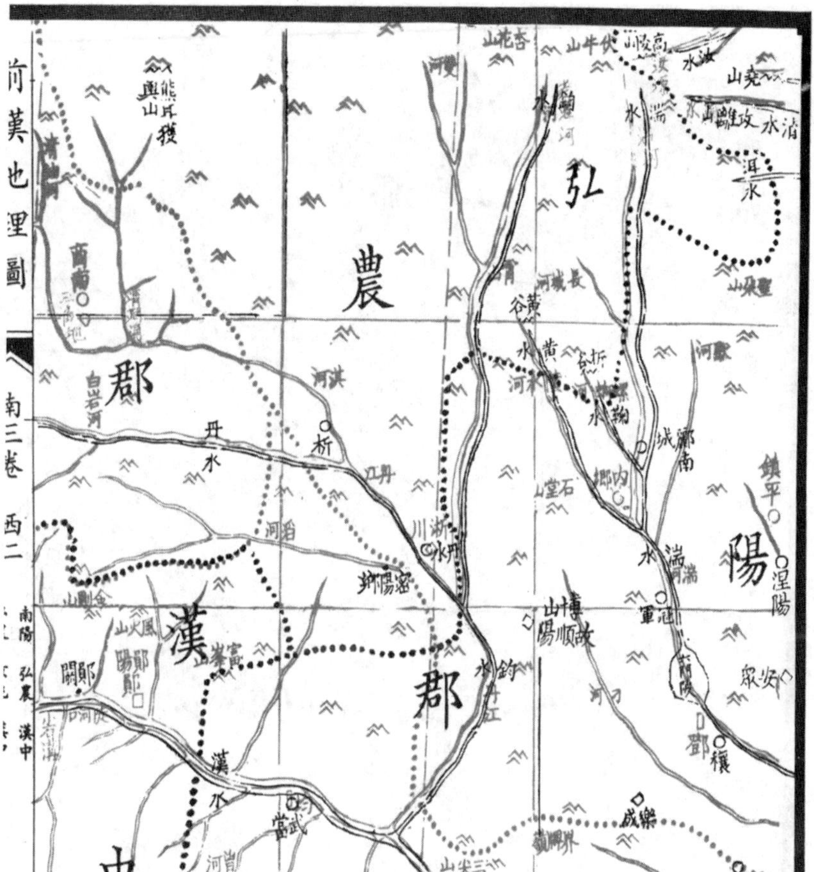
前漢地理圖
南三卷 西二
南陽 弘農 漢中
四十三
弘
農
郡
陽
漢
郡
中
郡

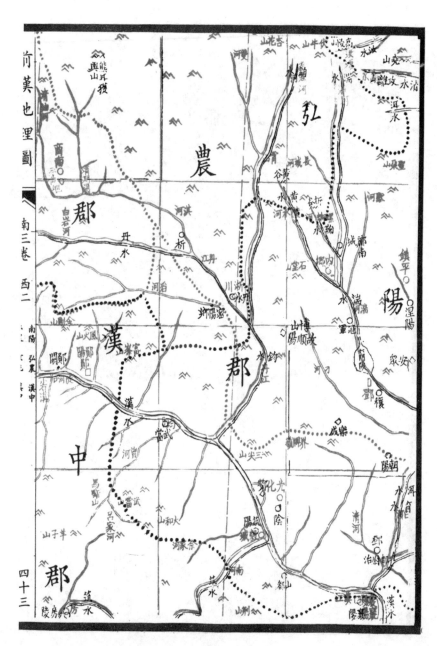

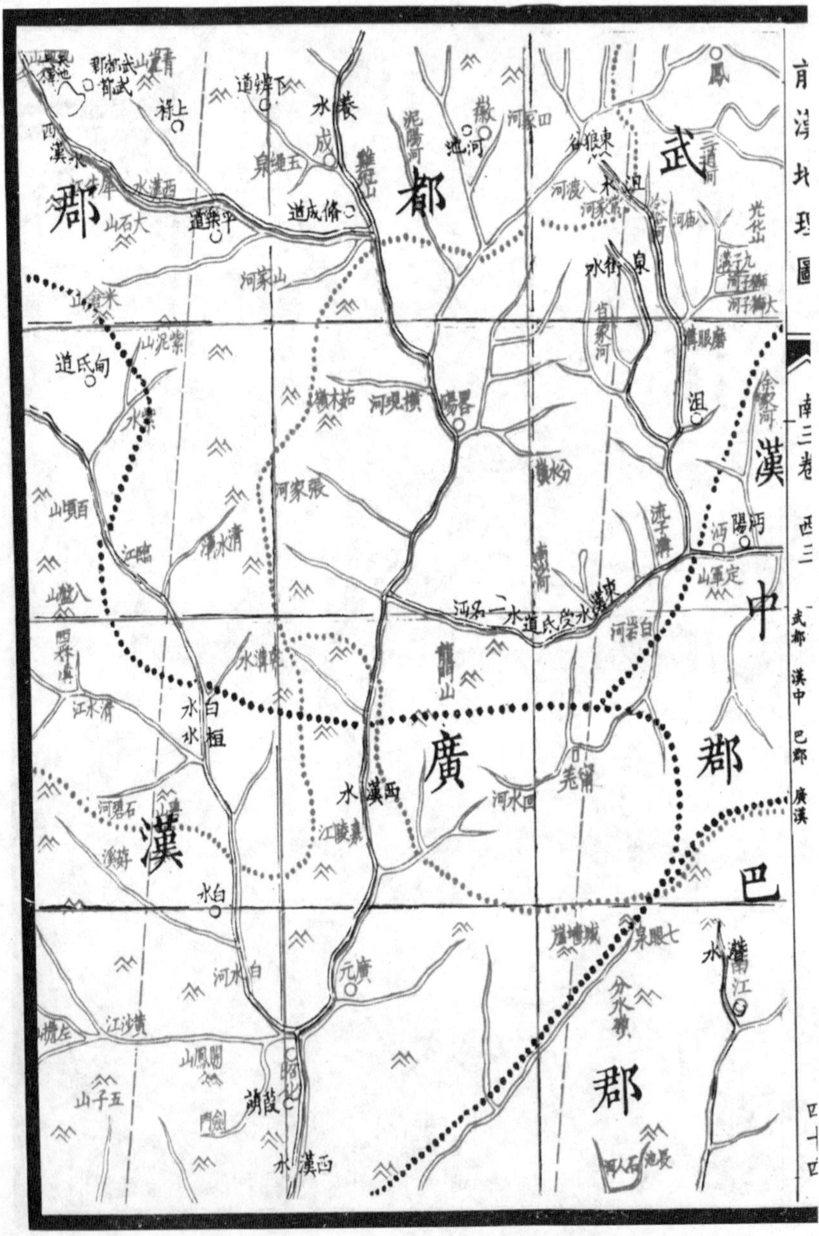
前漢地理圖
南三卷　西三
武都　漢中　巴郡　廣漢
四十四
武都郡
漢中郡
巴
廣漢
郡
西漢水
略陽
沮
沔陽
廣元
昭化
葭萌
劍門
白水
定軍山

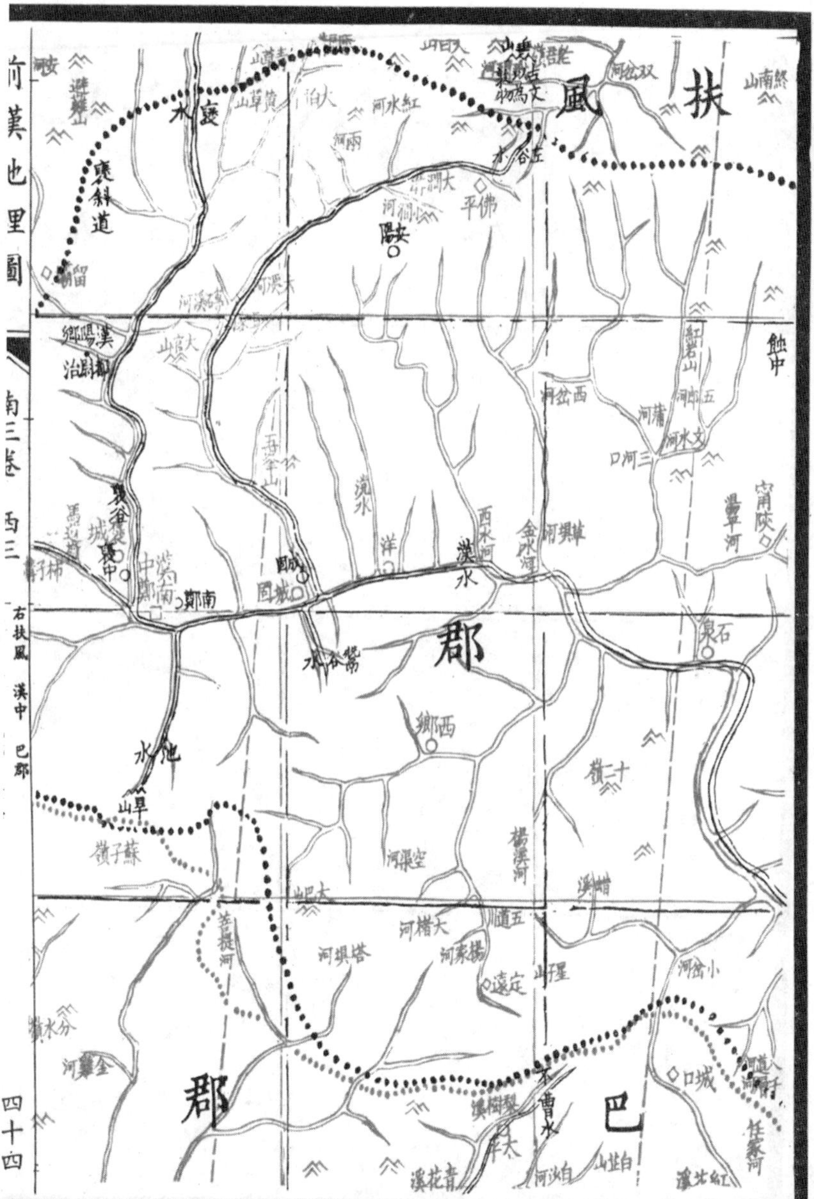
前漢地理圖
南三卷 西三
右扶風 漢中 巴郡
四十四
扶風
郡
巴
郡
褒斜道
褒水
漢水
池水
南鄭
城固
西鄉
洋
石泉
十二嶺
佛坪
大白山
黃草山
紅水河
終南山
定遠
城口
蘇子嶺
空渠河
大巴山
五郎河
西岔河
塔壩河
楊家河
大楮河
白沙河
分水嶺
任家河
湯草河
文水河
蒲河
五郎河
三河口
西水河
金水河
草壩河
太平
曹水

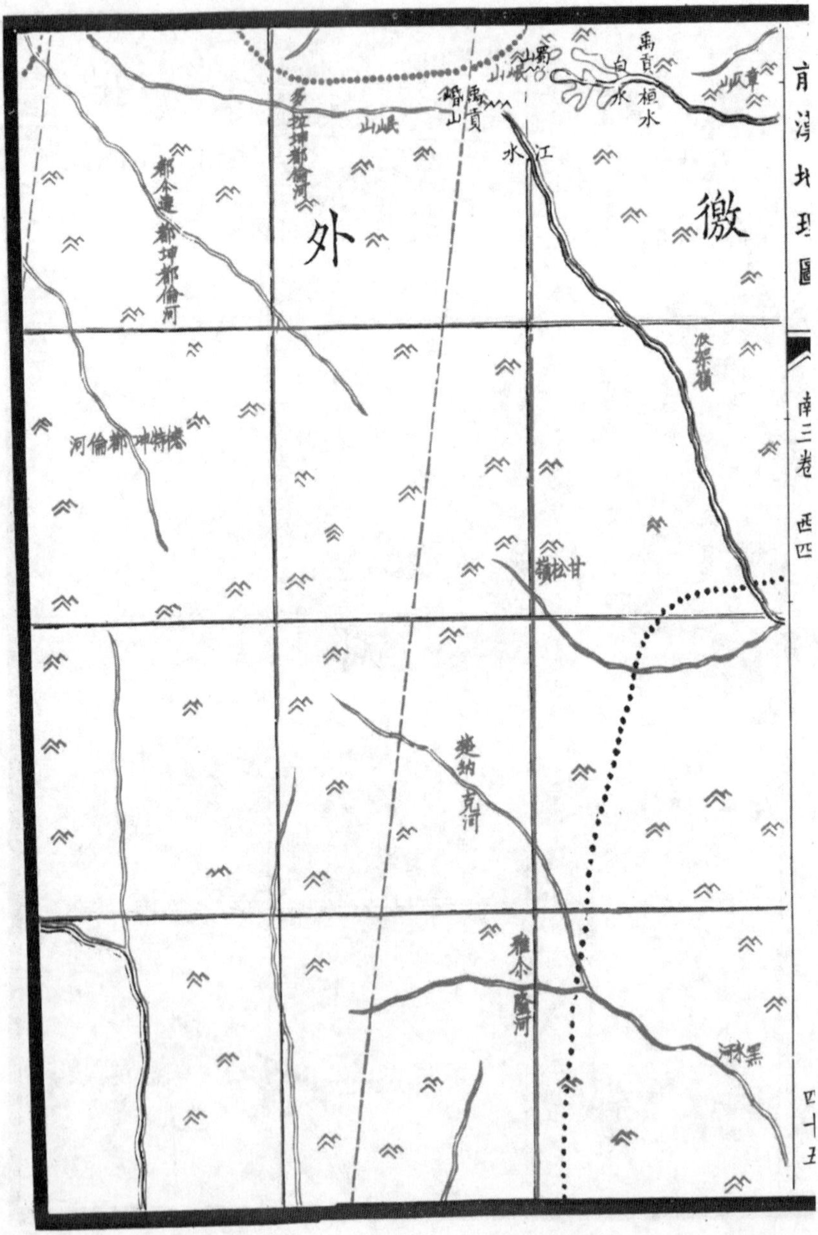
外
徼
江水
白水
桓水
禹貢
甘松嶺

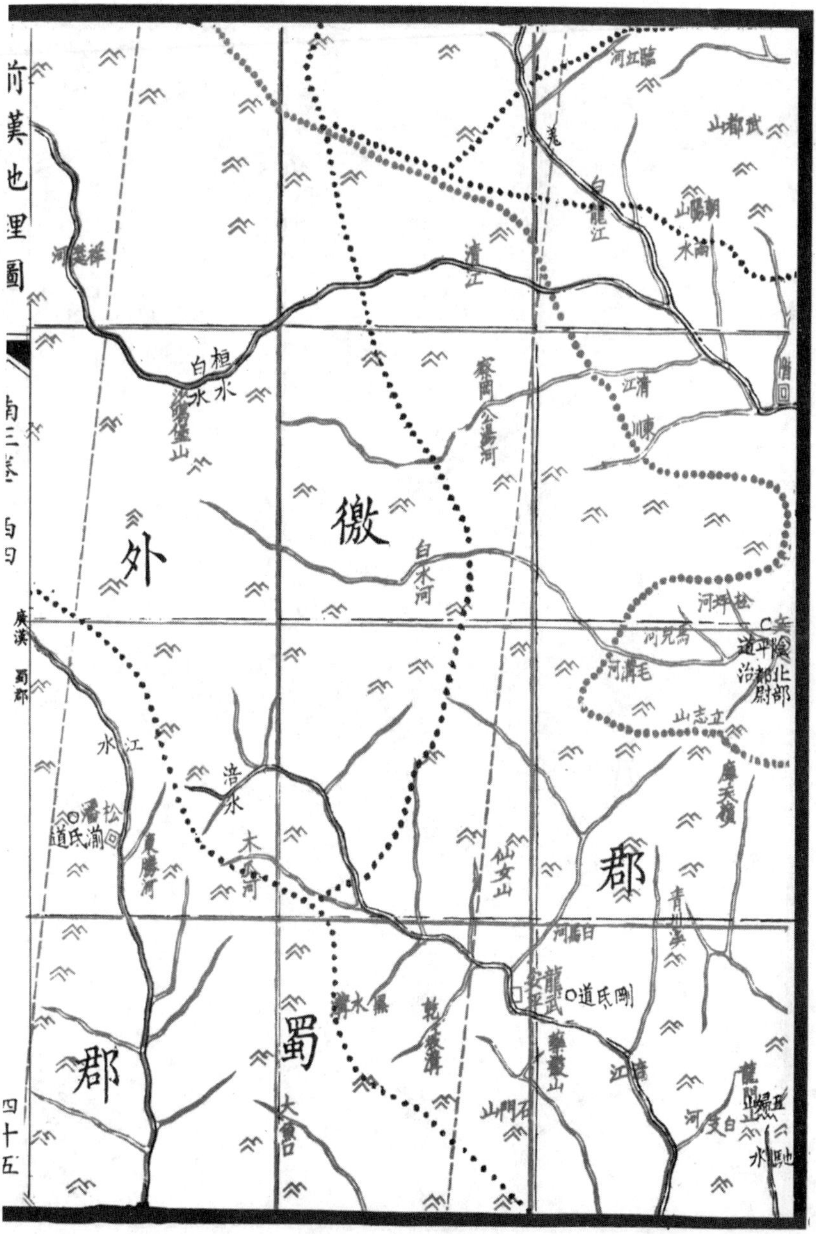
前漢地理圖
四十五
外
徼
郡
蜀
郡
臨江河
武都山
白龍江
清江
桓水
白水
白水河
松坪河
涪水
江水
仙女山
龍安
平武
剛氐道
白馬河
青川溪
石門山
摩天嶺
立志山
廣漢
蜀郡

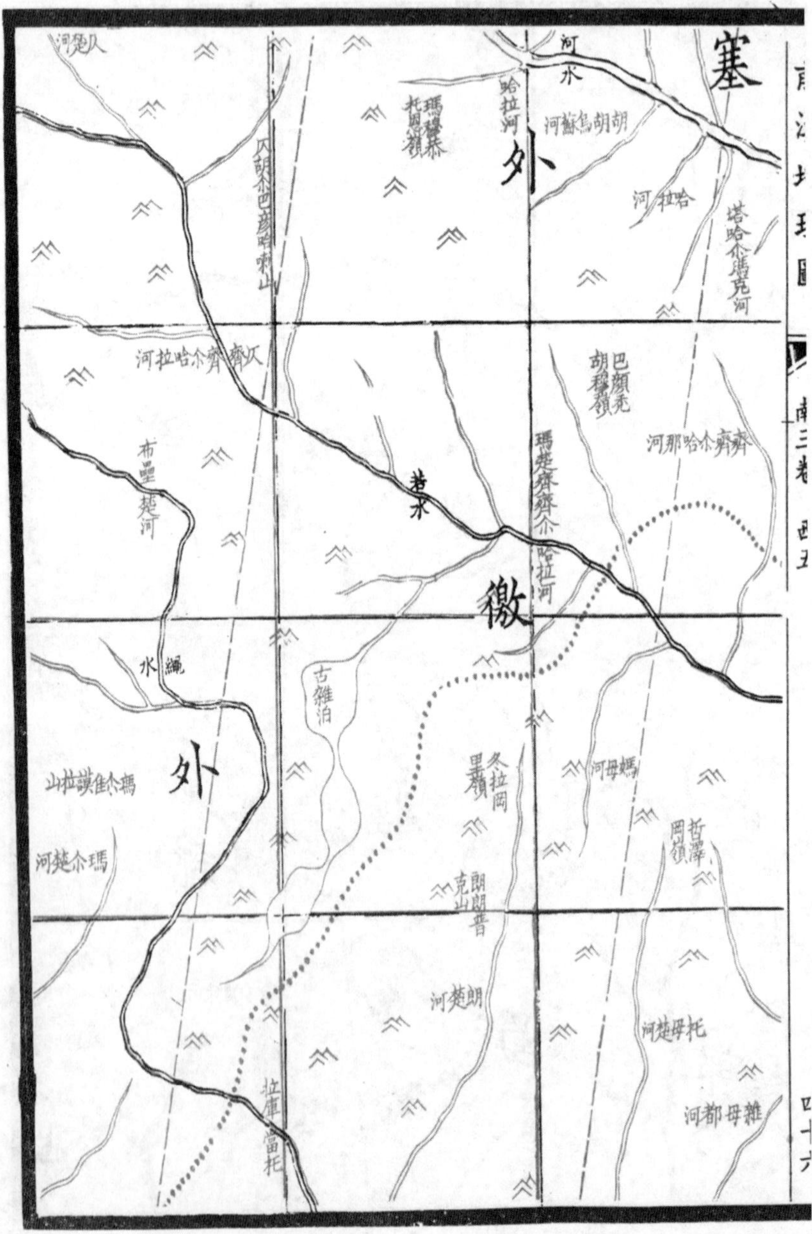
塞
外
徼
外
河水
哈拉河
胡胡烏蘇河
若水
繩水
古雜泊
朗楚河
托母楚河
瑪尒楚河

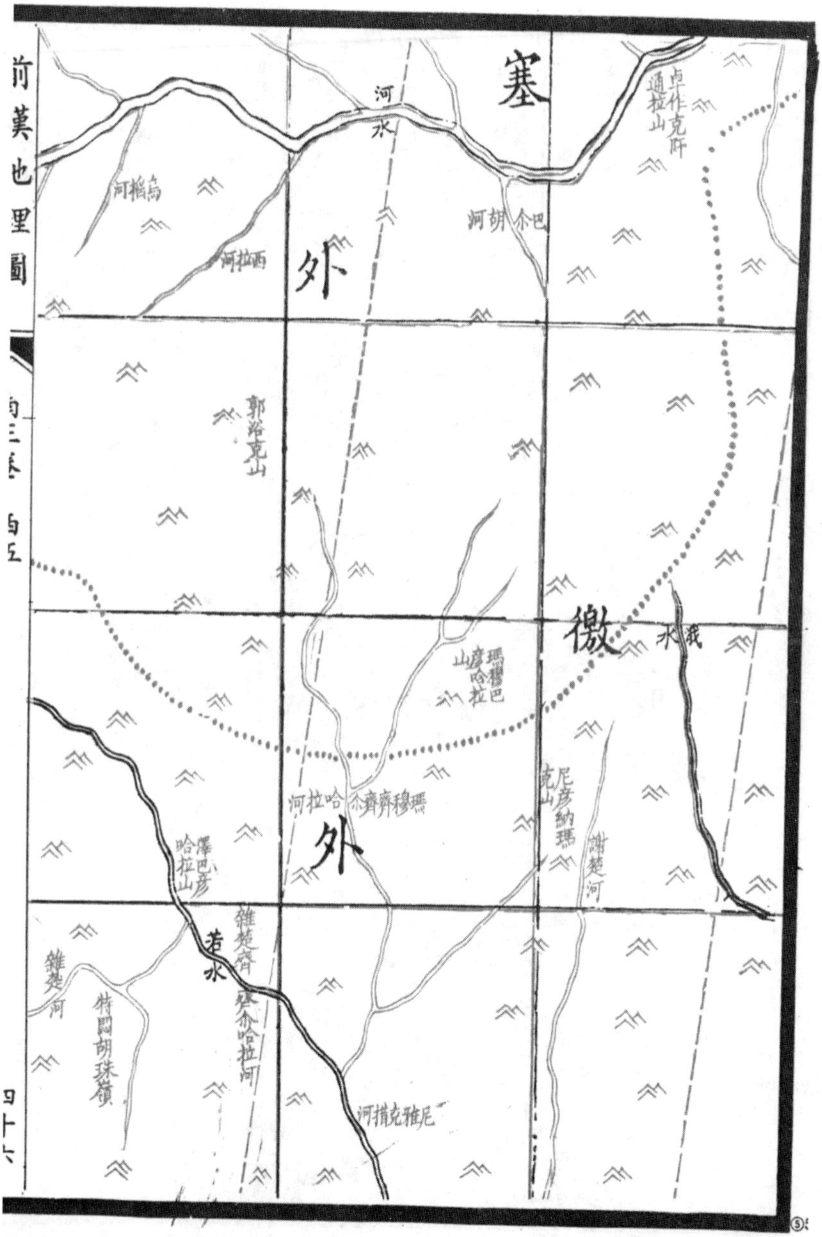
前漢地理圖
塞
外
徼
外
河水
烏稽河
西拉河
巴尔胡河
郭洛克山
瑪穆巴彥哈拉山
瑪穆齊齊尔哈拉河
瑪納彥尼克山
謝楚河
澤巴彥哈拉山
若水
雜楚河
特闘胡珠嶺
尼雅克措河

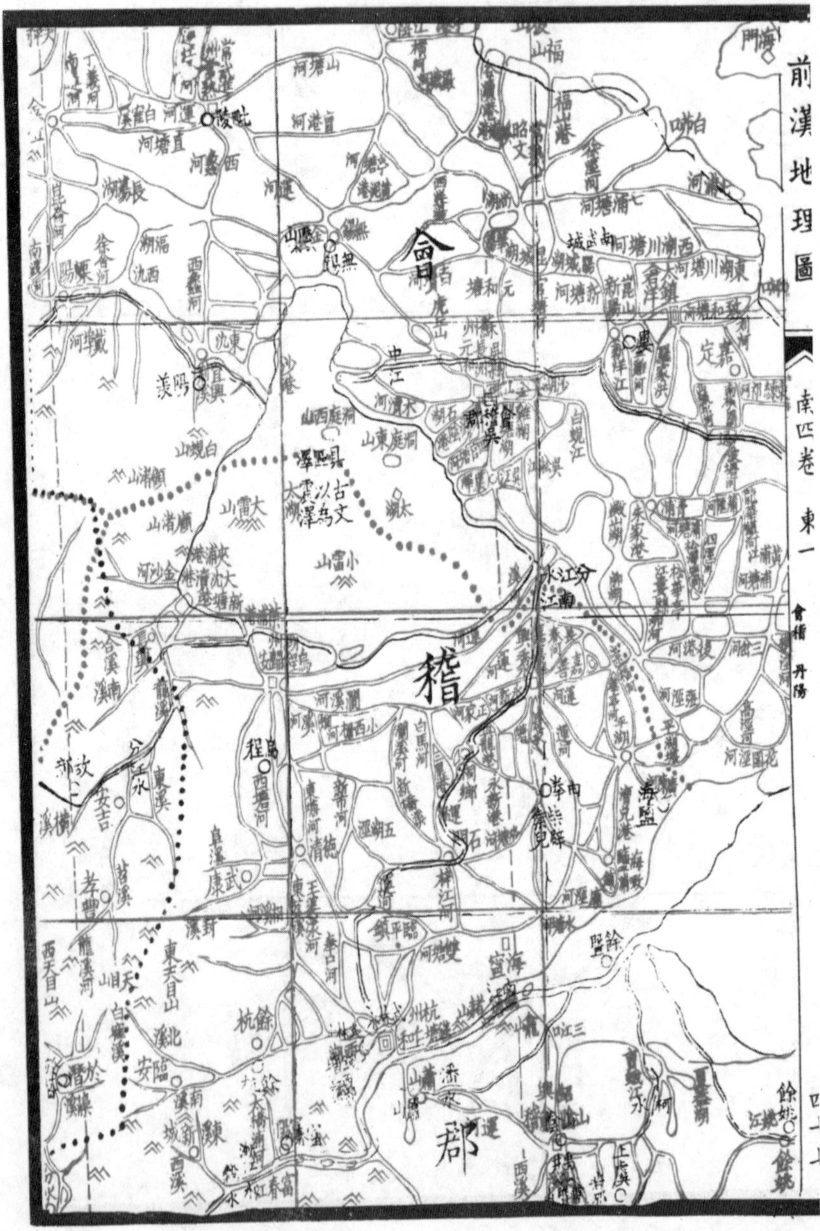
前漢地理圖
南四卷　東一
會稽　丹陽
會
稽
郡

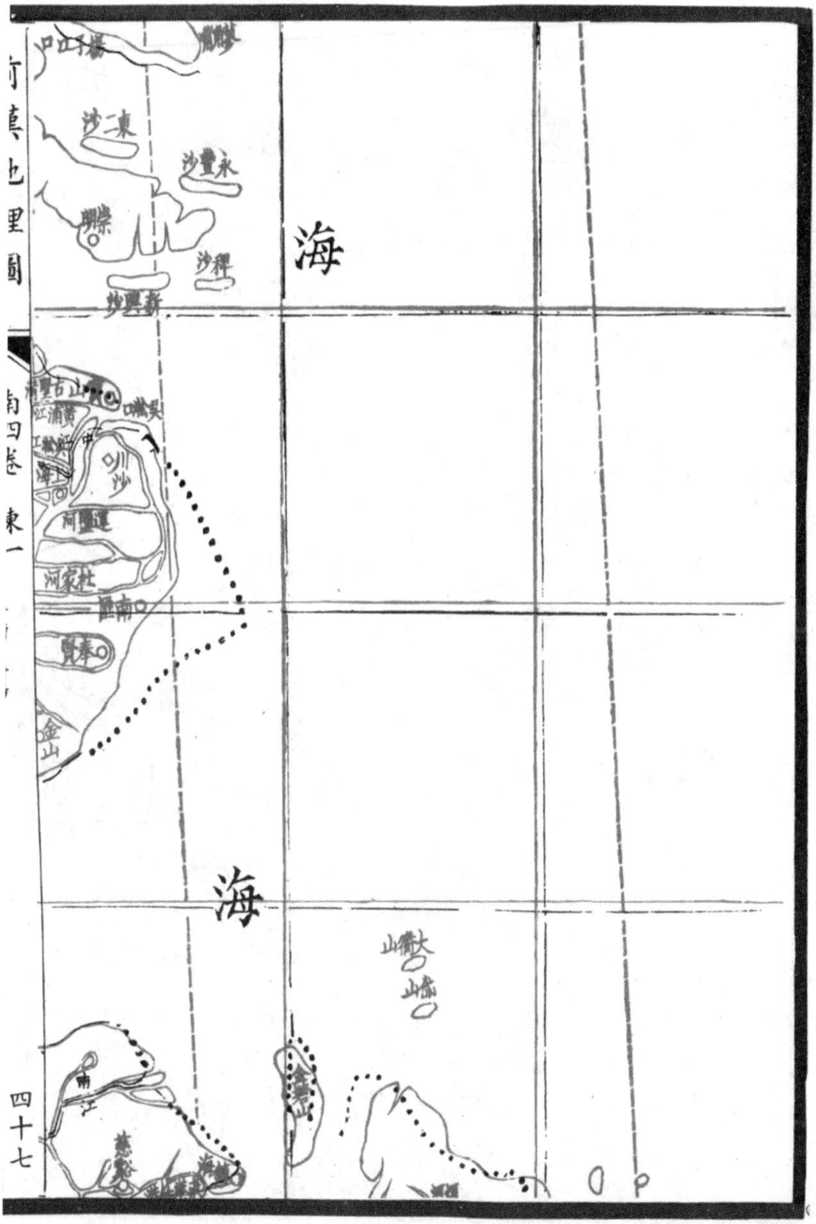
海
海
四十七

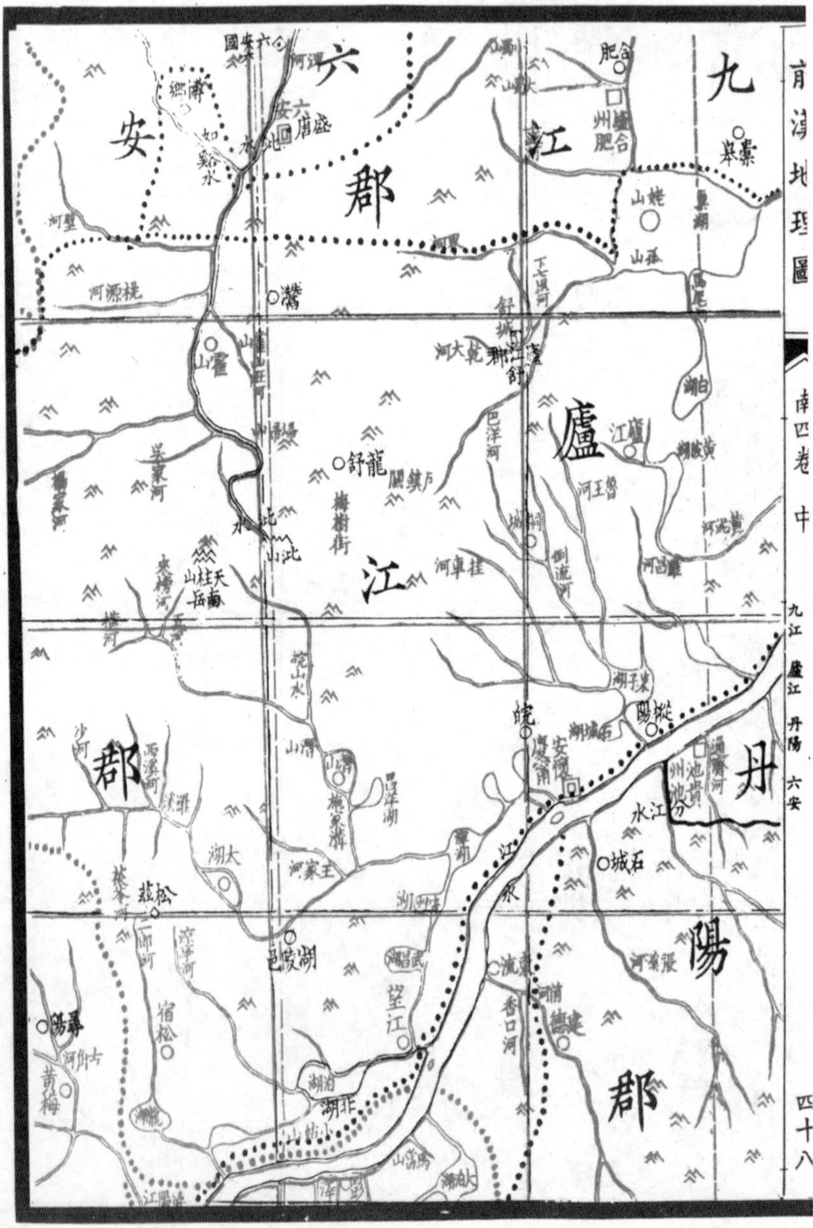
南四卷中
九江　盧江　丹陽　六安
四十八
六安郡
九江
盧江郡
丹陽郡
龍舒
舒
廬江
鬱陽
望江
湖陵邑
松滋
石城
皖

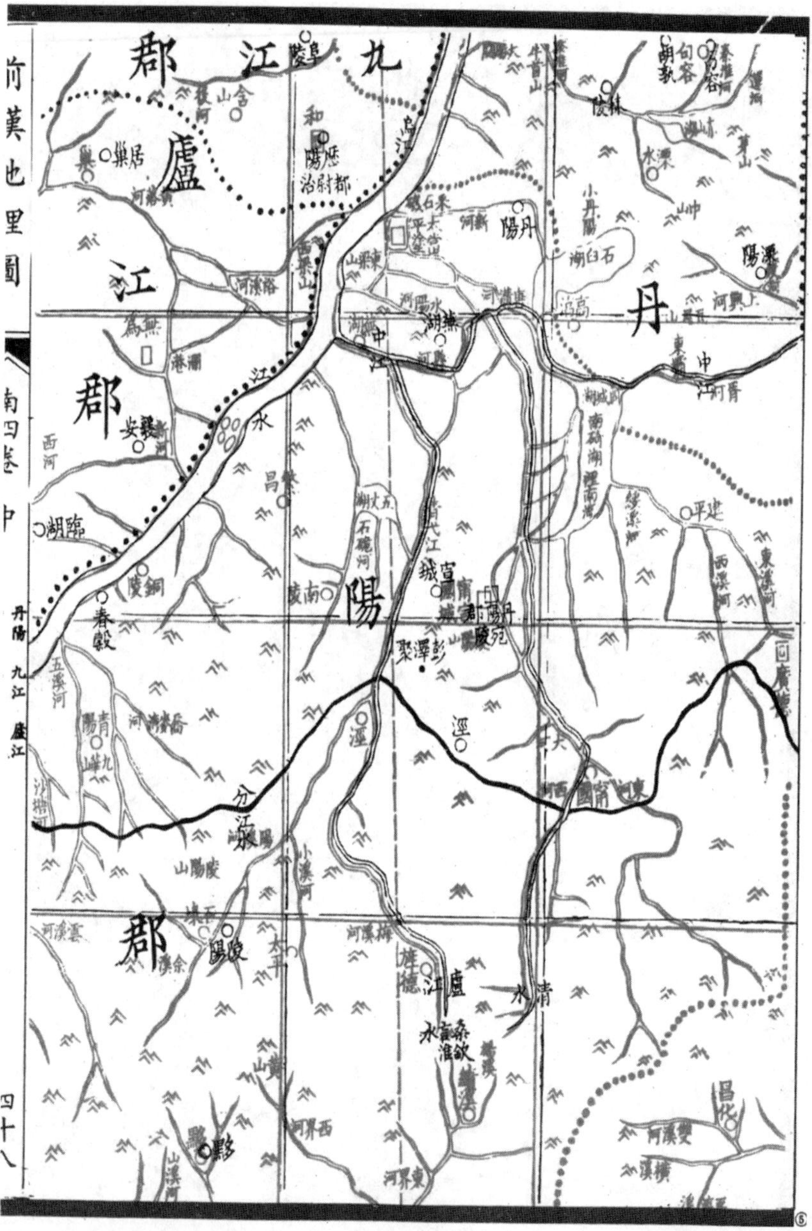
前漢地理圖
南四卷中
丹陽 九江 盧江
四十八
九江郡
盧江郡
丹陽

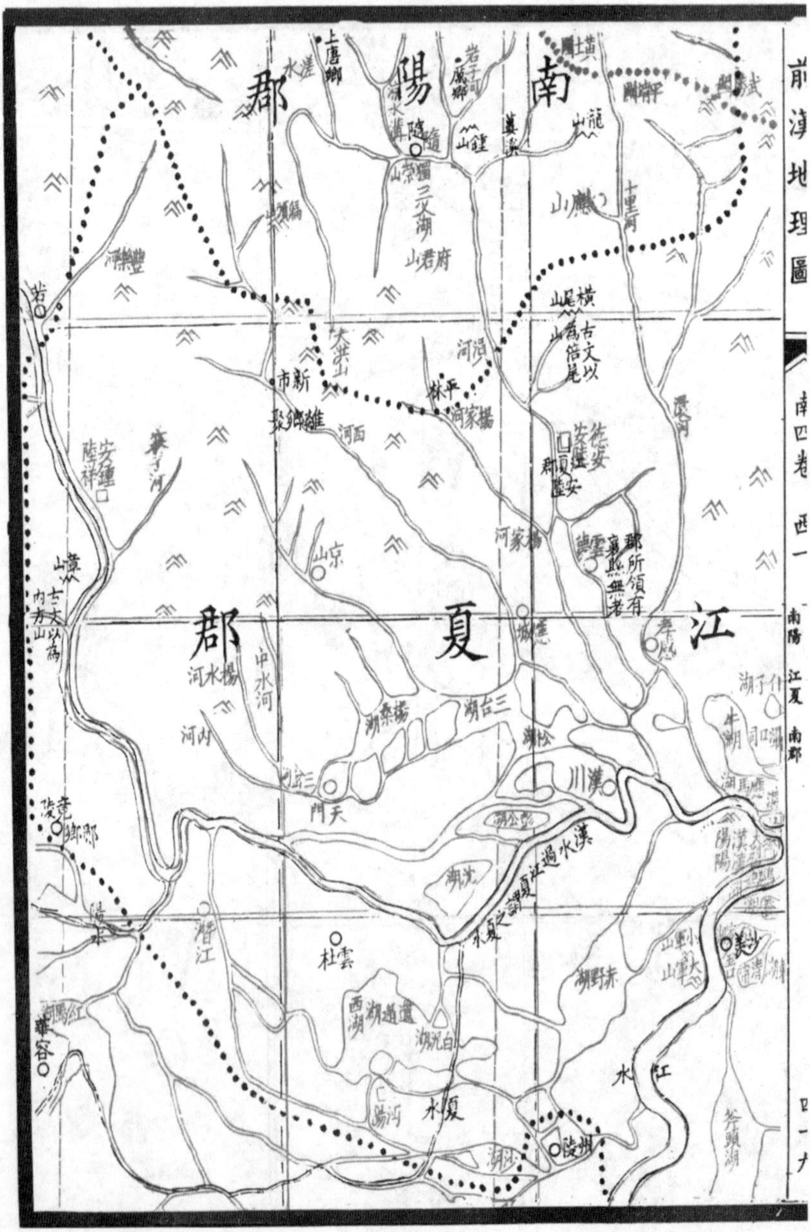
前漢地理圖
南四卷　西一
南陽　江夏　南郡
南陽郡
江夏郡
郡所領有無考者
漢水過江夏謂之夏水
隨
新市
雲杜
竟陵
華容
州陵

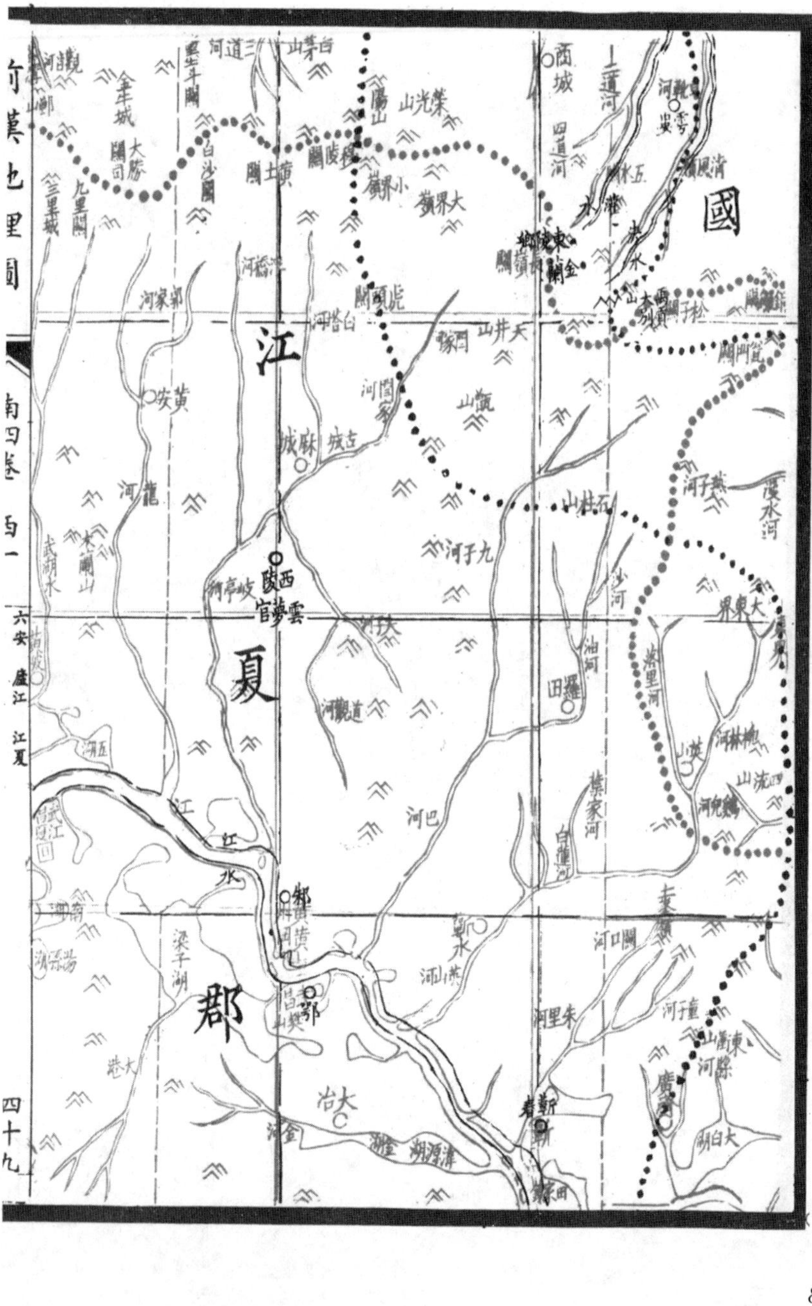
江夏郡
國

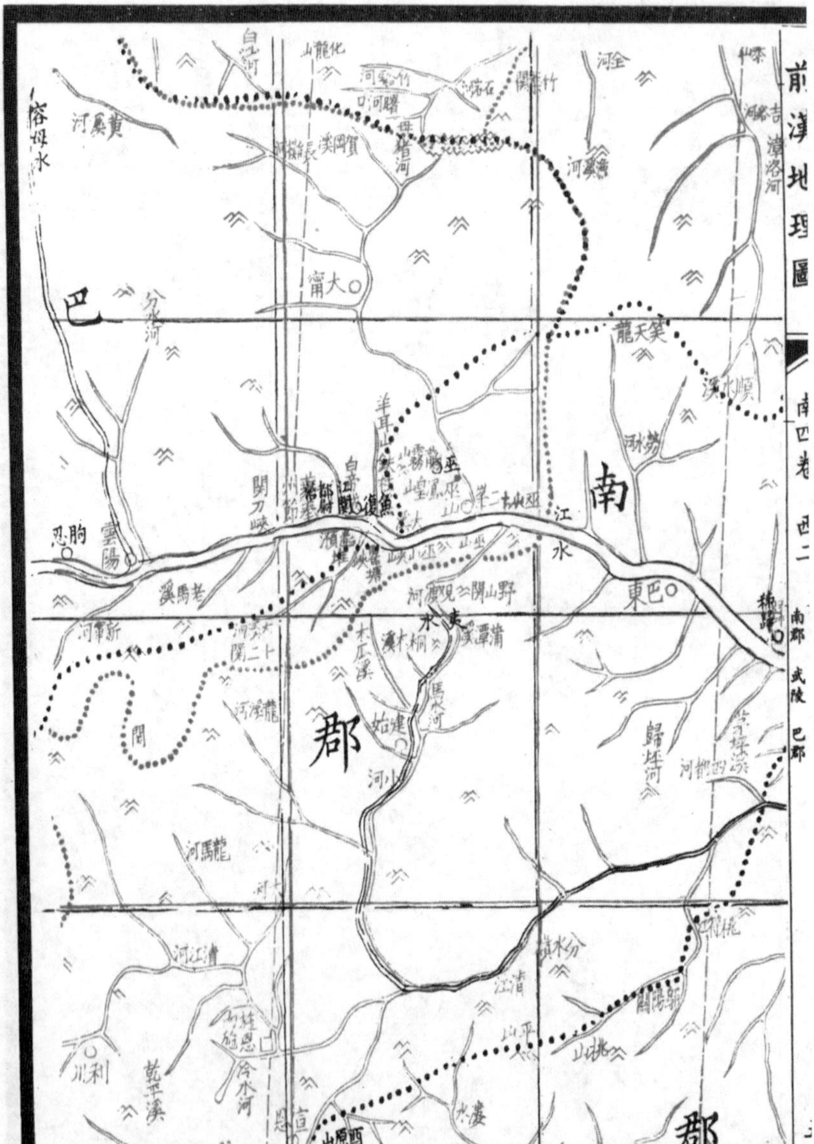
前漢地理圖
南郡
武陵
巴郡
巴
南
郡
郡
江水

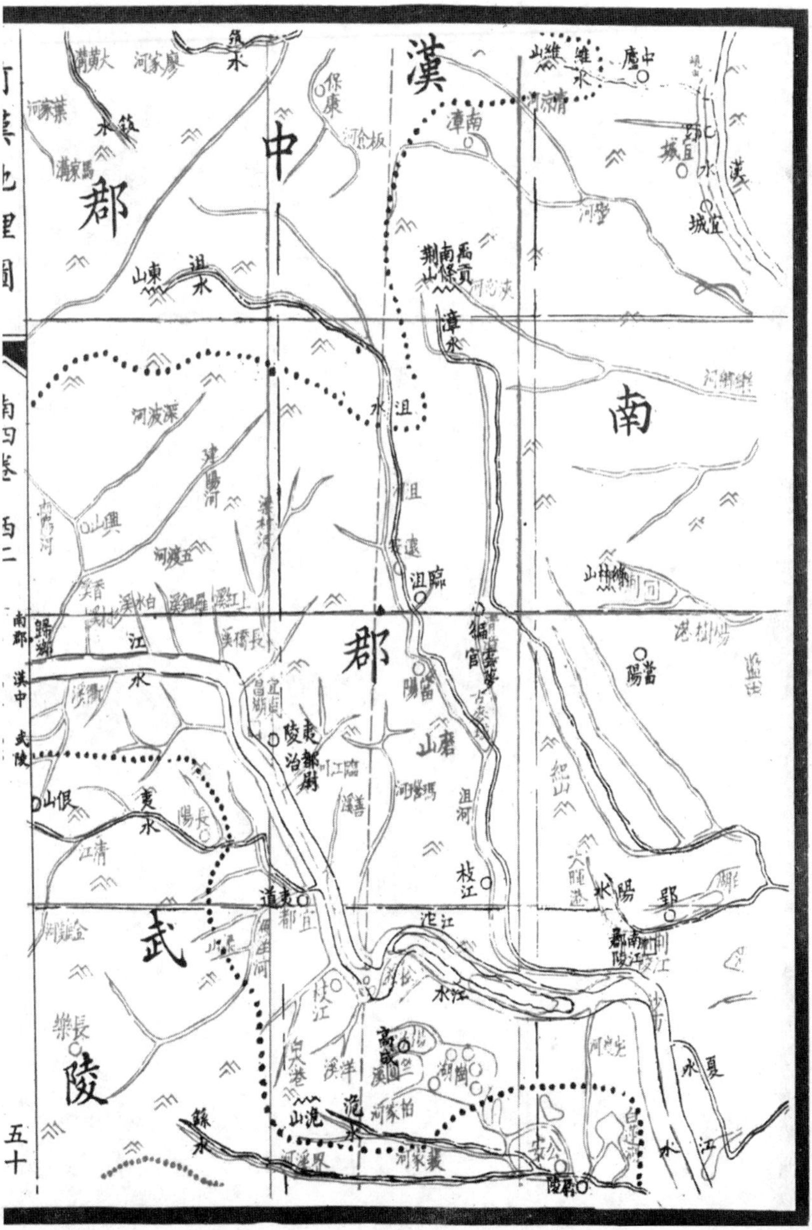
漢
中
郡
南
武
陵
五十

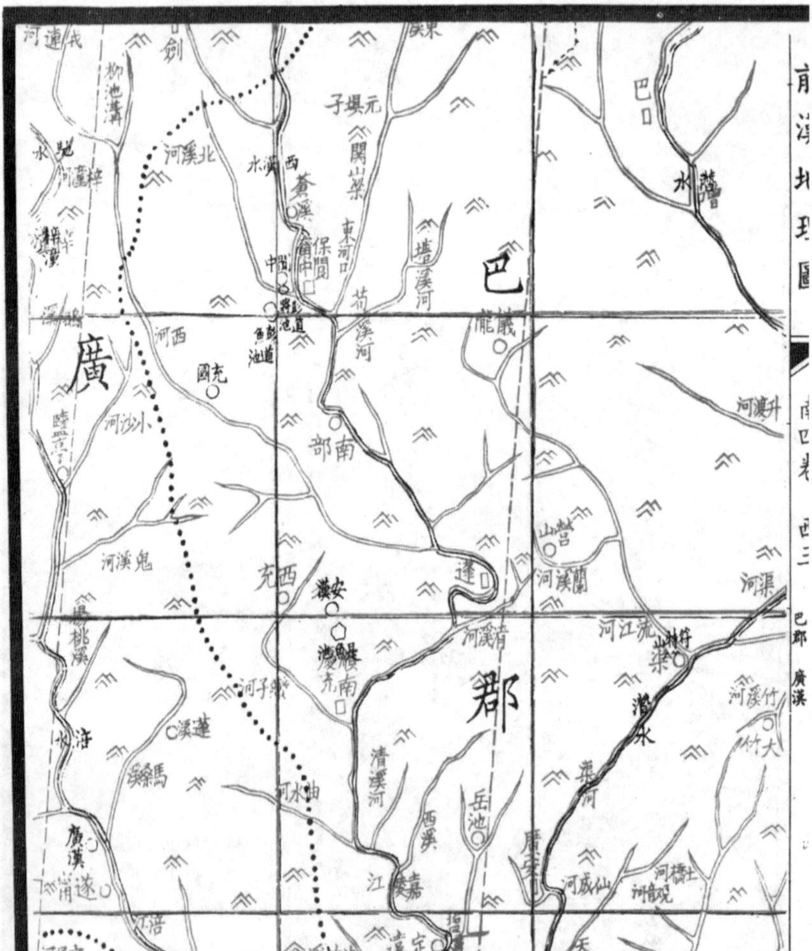
巴
郡
廣
南部
西充
岳池
定遠
蓬
巴
劍

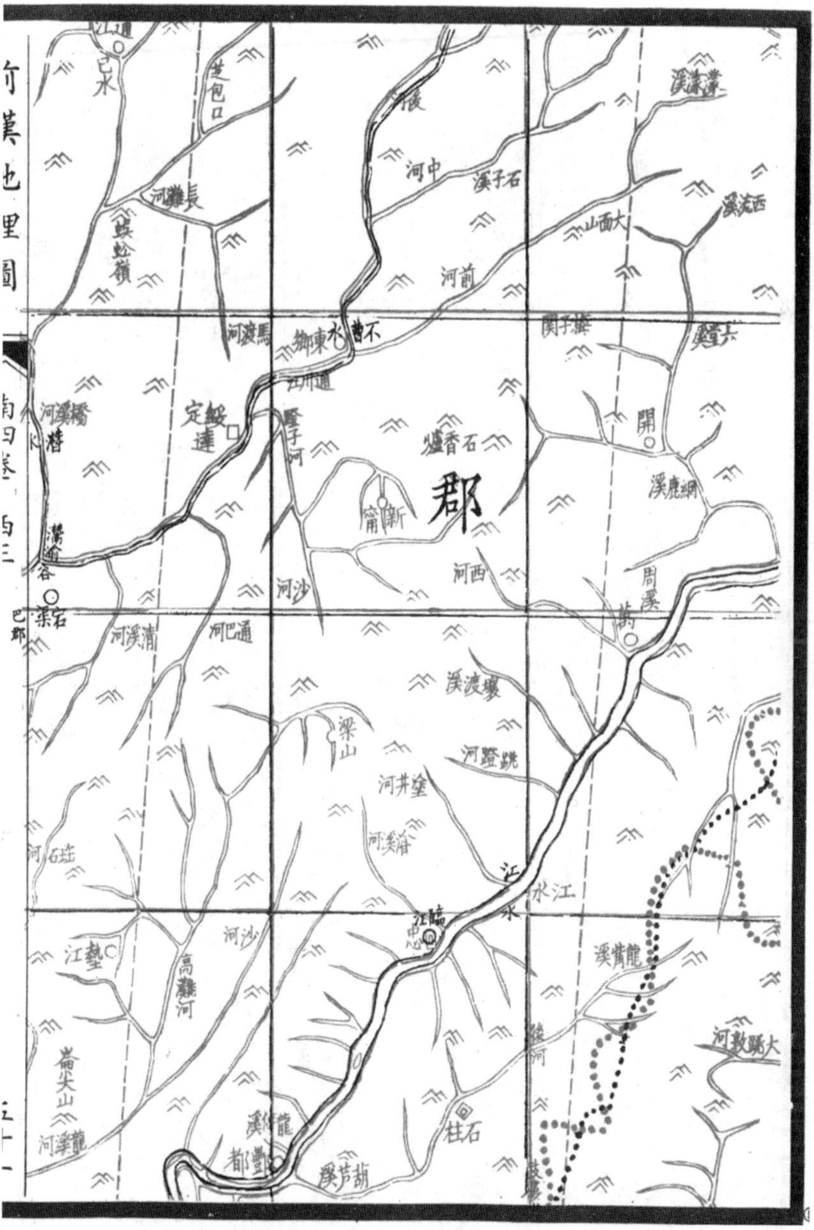
郡
馬渡河
石香爐
臨江
江水
石柱
豐都
大面山
石子溪
中河
沙河
通巴河
清溪河
開
朐

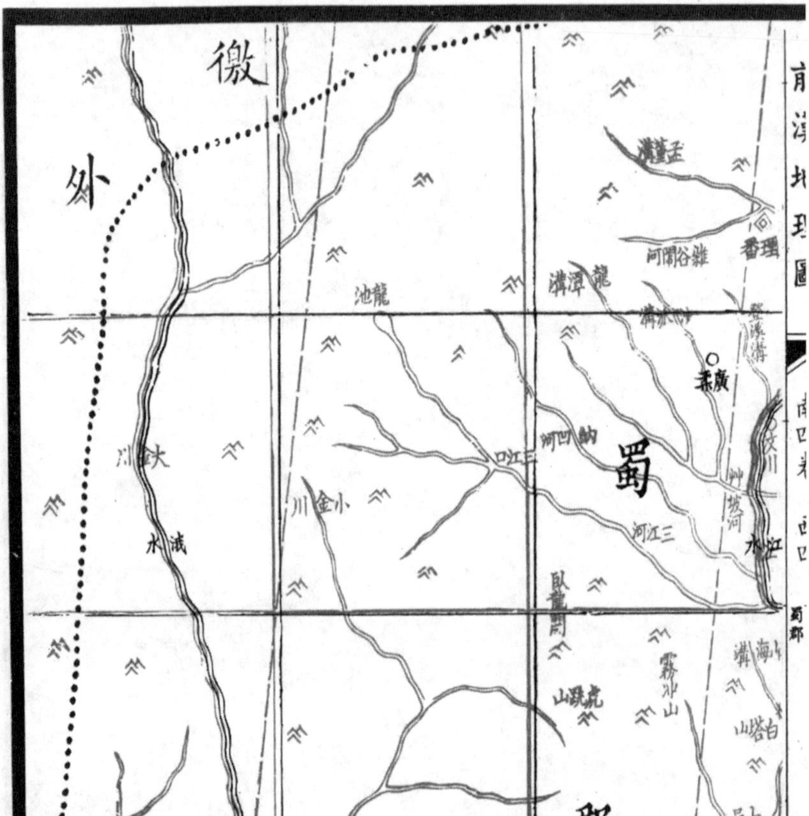
徼
外
蜀
郡
大金川
小金川
大渡河
大渡水
三江口
三江河
龍池
廣柔
江水
虎跳山
大邑
臨邛
蒲江
名山
青衣
徙
天全
雅安

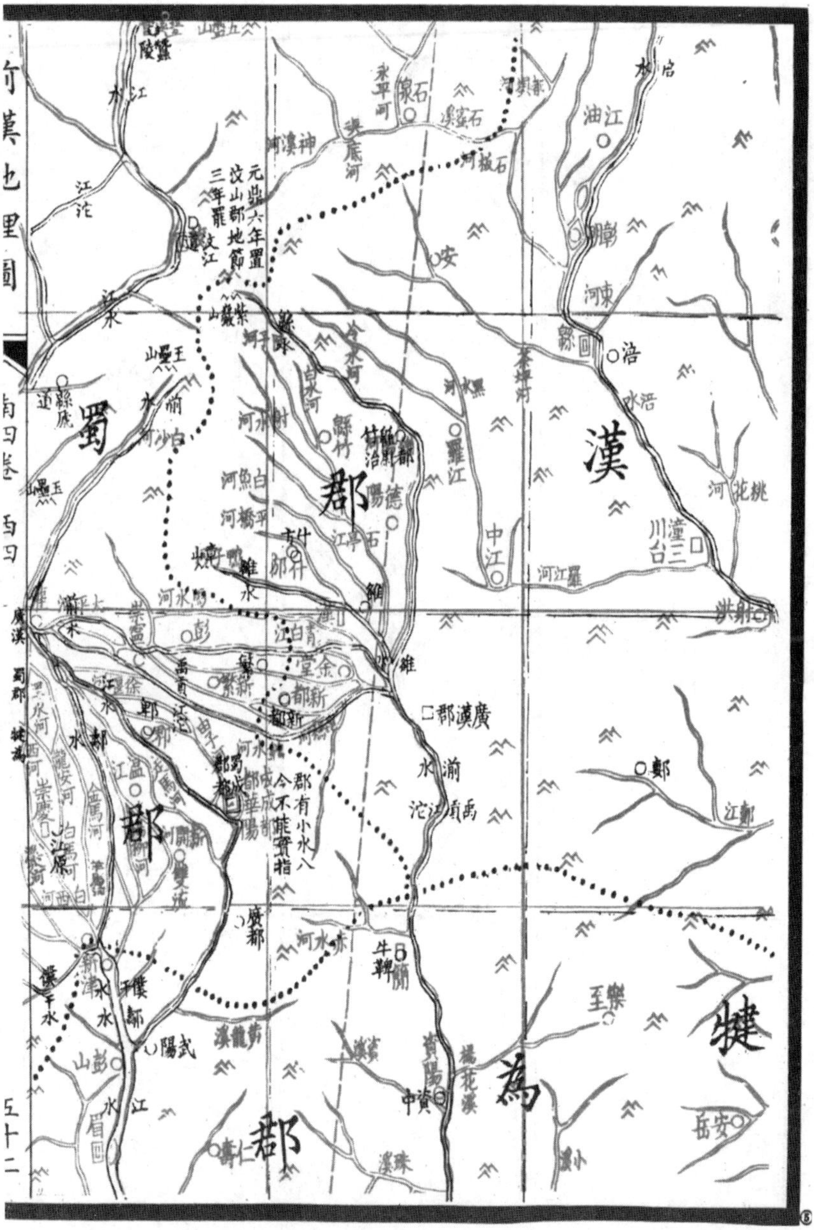
蜀
郡
漢
郡
犍
為
郡
中江
廣漢郡

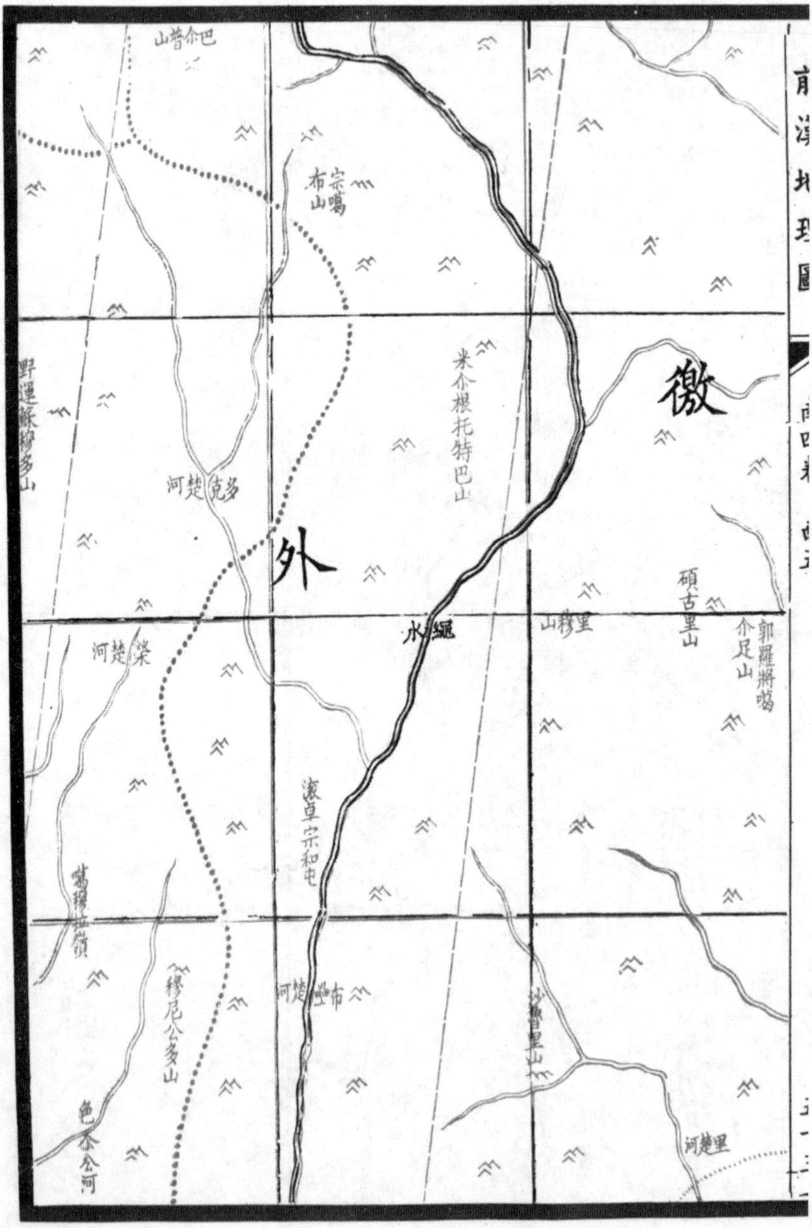
巴尒普山
宗噶布山
米尒根托特巴山
徼
外
野運蘇穆多山
多克楚河
梁楚河
繩水
里穆山
碩古里山
郭羅斛嗡尒足山
滚卓宗和屯
穆尼公多山
色尒公河
里楚河

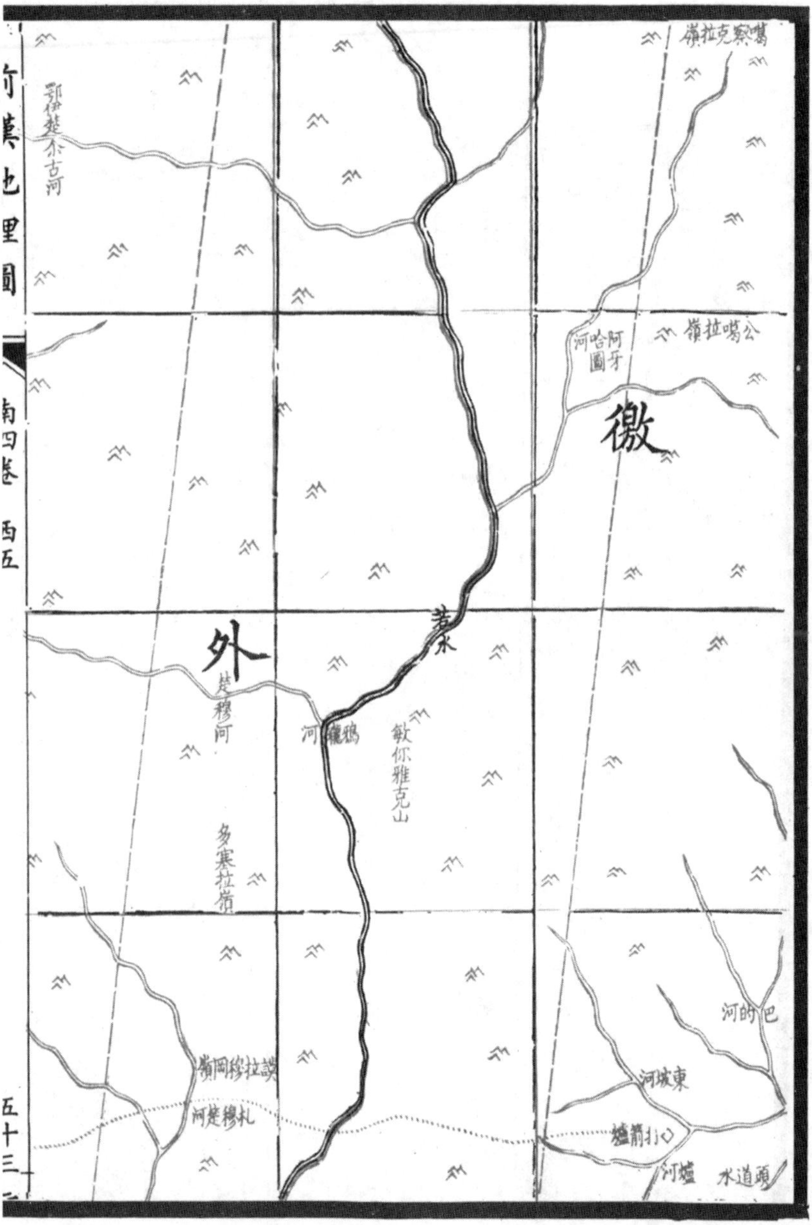
前漢地理圖
南四卷　西五
五十三
葛察克拉嶺
鄂伊楚尔古河
公噶拉嶺
阿牙哈圖河
徼
外
若水
楚穆河
鴉礱河
敏你雅克山
多寨拉嶺
談拉穆岡嶺
札穆楚河
巴的河
東城河
打箭爐
爐河
頭道水

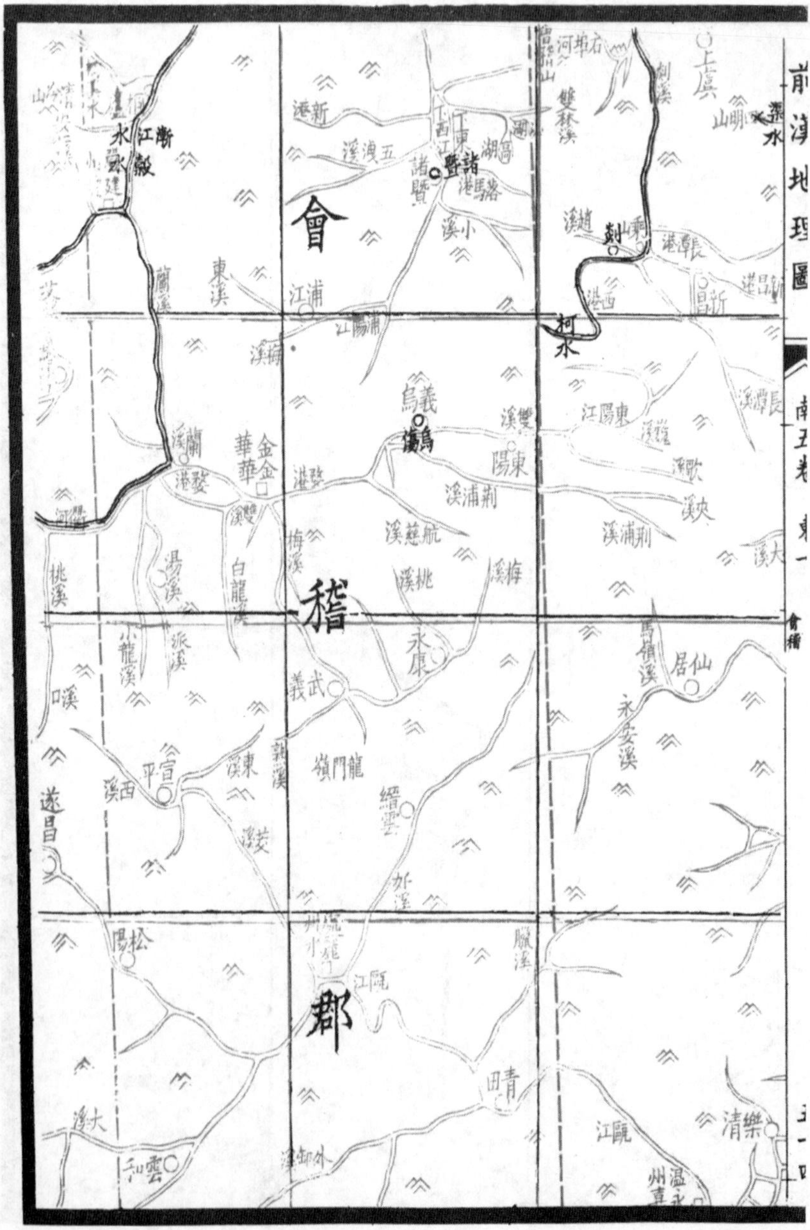
前漢地理圖
會
稽
郡
諸暨
烏傷
剡

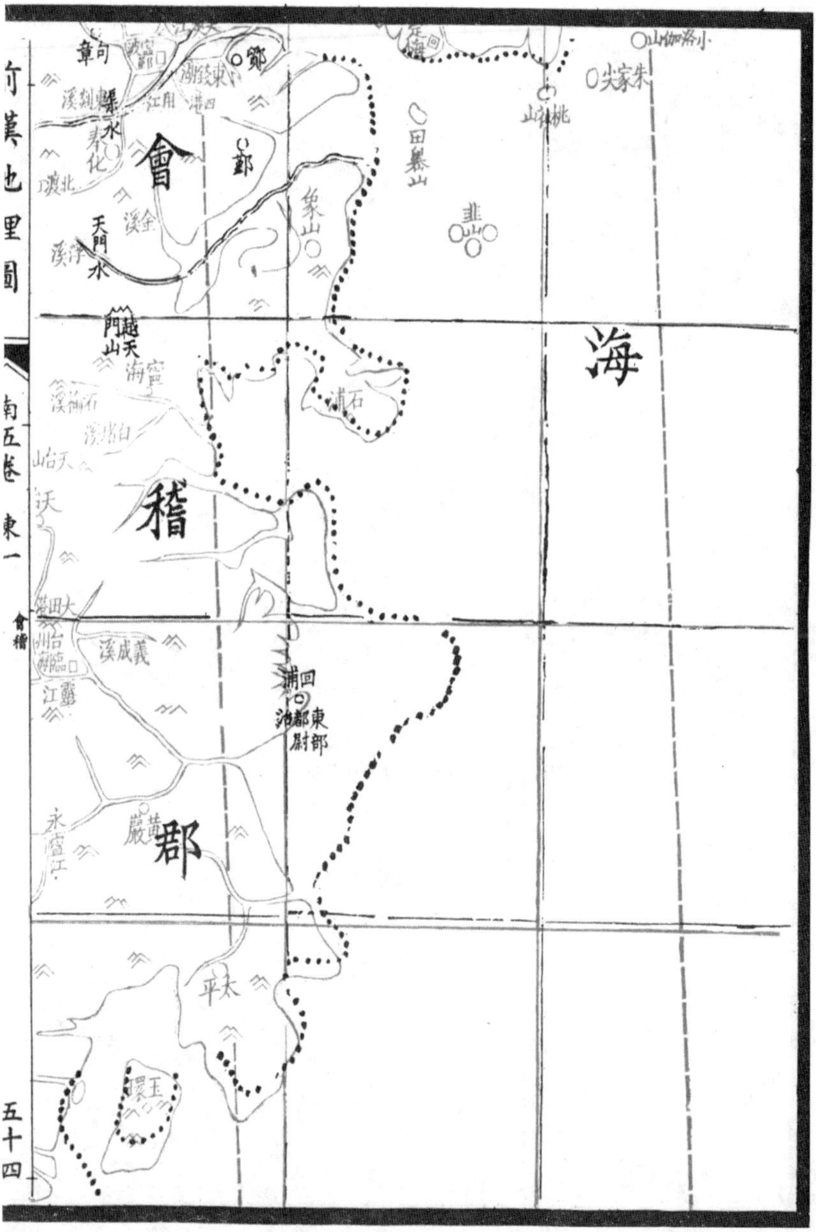
前漢地理圖
南五卷　東一
會稽
五十四
會
稽
郡
海
鄮
鄞
句章
象山
天門水
越天門山
寧海
石浦
回浦
東部都尉治
大田溪
臨海
義成溪
黃巖
太平
玉環
桃花山
朱家尖
小洛伽山
韭山
東錢湖
西滬港
天台山
永寧江

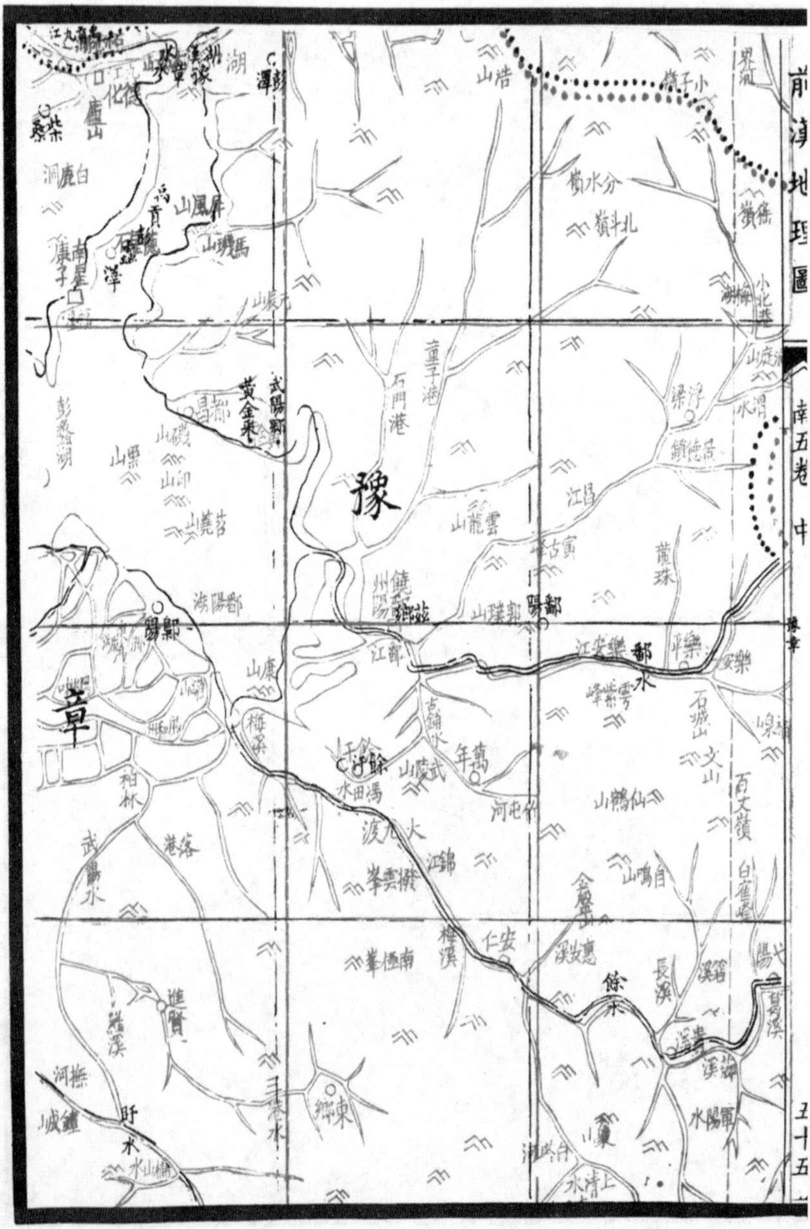
前漢地理圖
豫
章
五十五

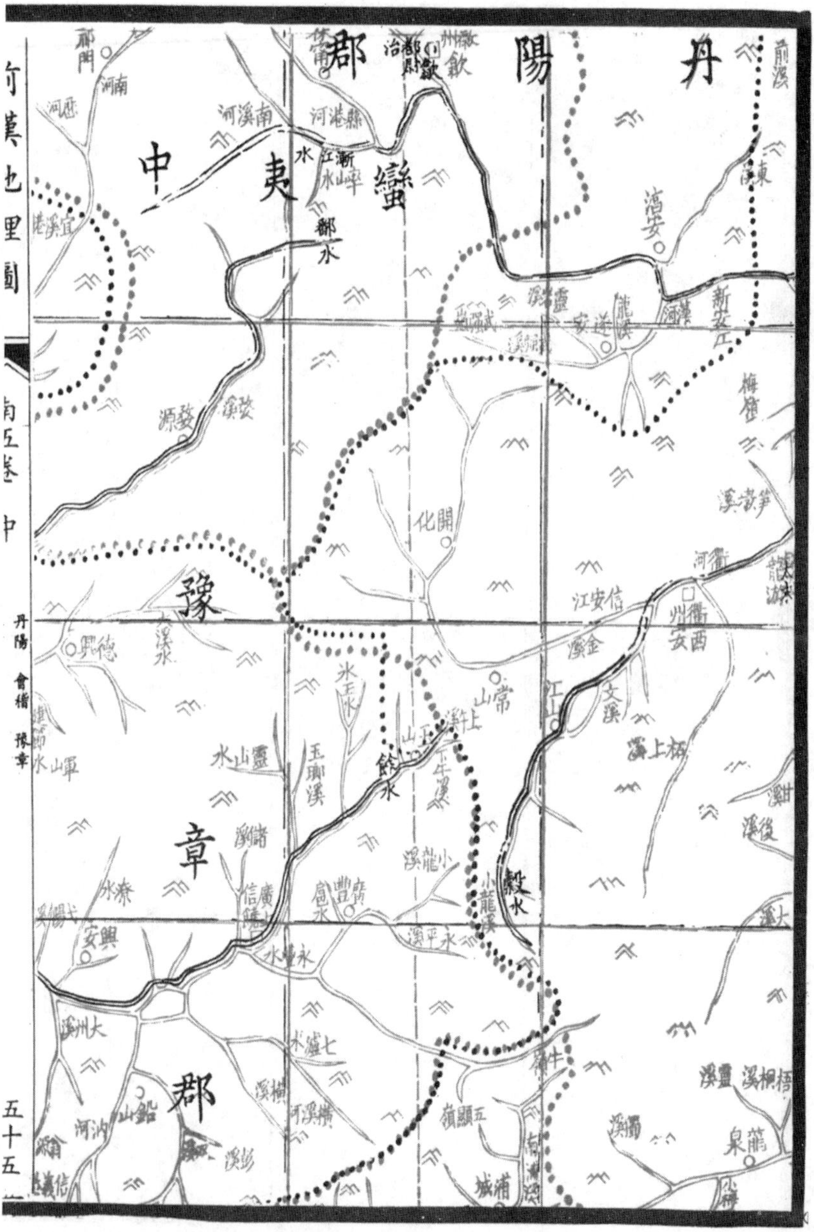
前漢地理圖
南五卷中
丹陽 會稽 豫章
五十五
丹陽郡
豫章郡
中
夷
蠻
歙
郡治
新安江
遂安
開化
常山
信安江
西安
衢州
金溪
江山
文溪
上饒
七盧水
永平溪
永豐水
廣豐
餘水
玉山
小龍溪
穀水
德興
發源
南溪河
浦城
五顯嶺
弋陽
興安
大州溪
鉛山
郡水
漸江水
率山

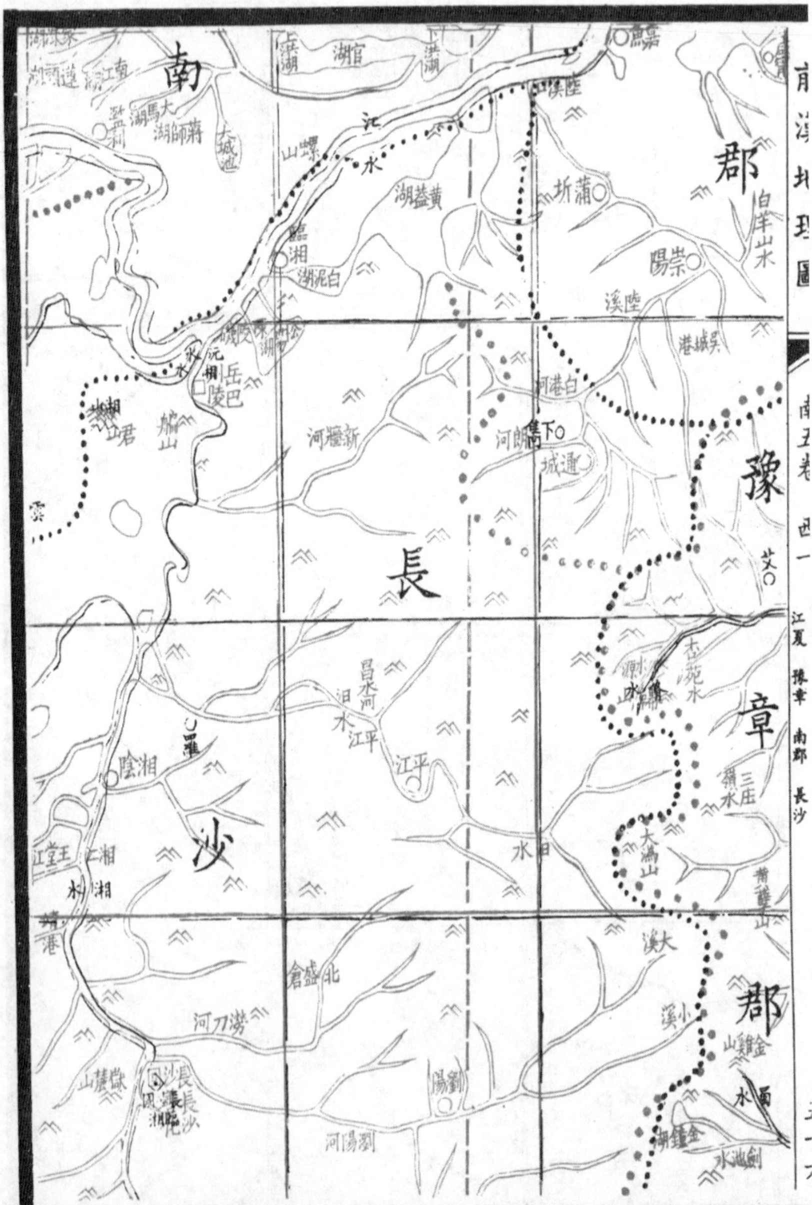
前漢地理圖
南五卷　四一
江夏　豫章　南郡　長沙
南
郡
長
沙
豫
章
郡
江水
黃蓋湖
蒲圻
崇陽
陸溪
巴陵
新牆河
下雋
通城
湘陰
平江
汨水
大溈山
北盛倉
撈刀河
瀏陽
瀏陽河
嶽麓山
長沙
金雞山

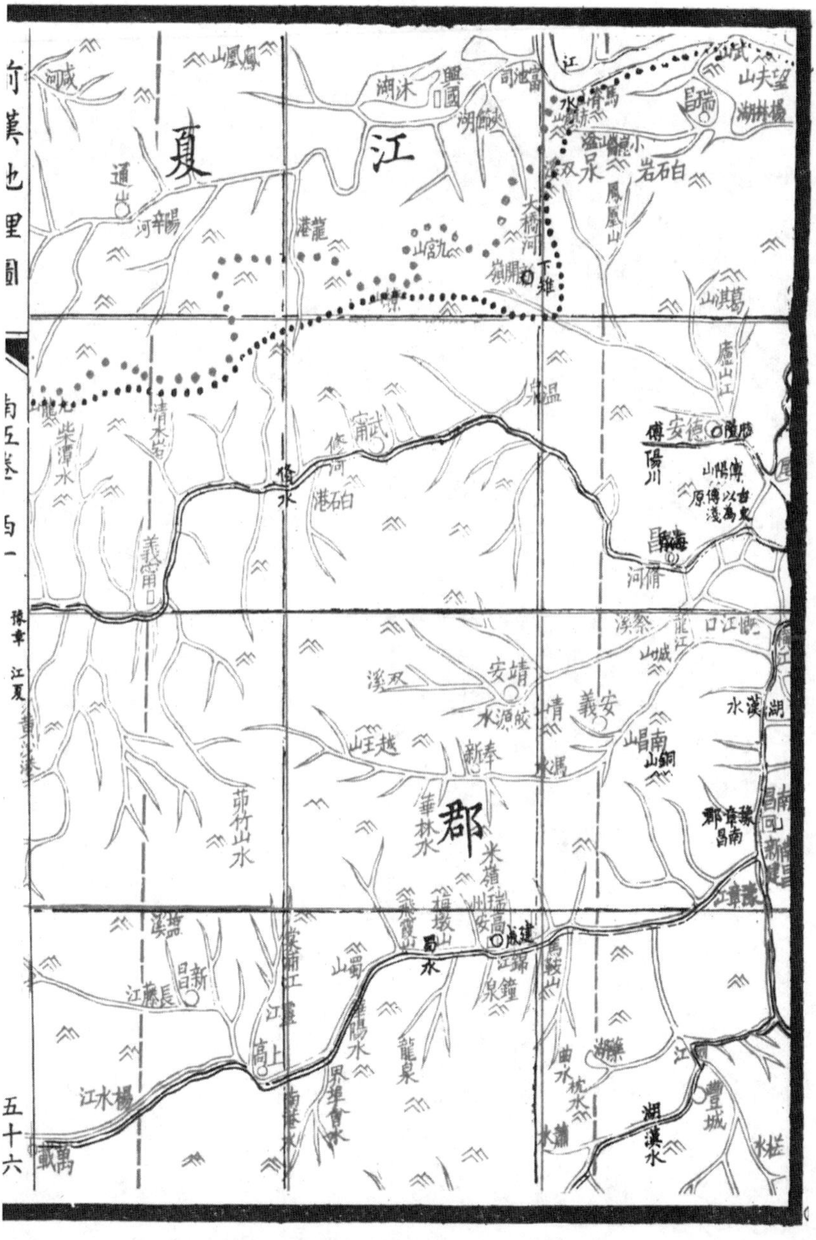
前漢地理圖
五十六
江
夏
郡
豫章
江夏

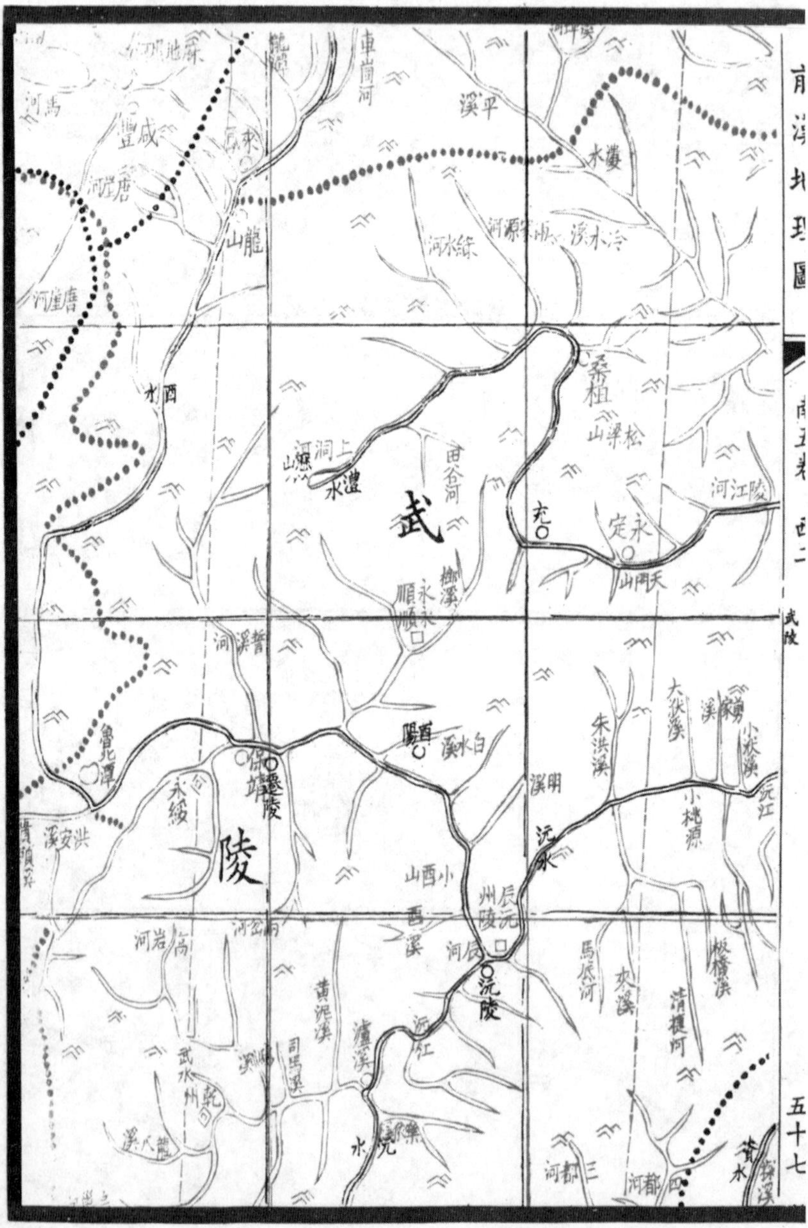
前漢地理圖
武陵
五十七
武
陵
沅陵
遷陵
沅水
沅江
澧水
酉水
辰沅
成豐
永順
永定
桑植
保靖
乾州
永綏
馬底河
清捷河
黃泥溪
朱洪溪
明溪
白水溪
冷水溪
天門山
龍山
洪安溪

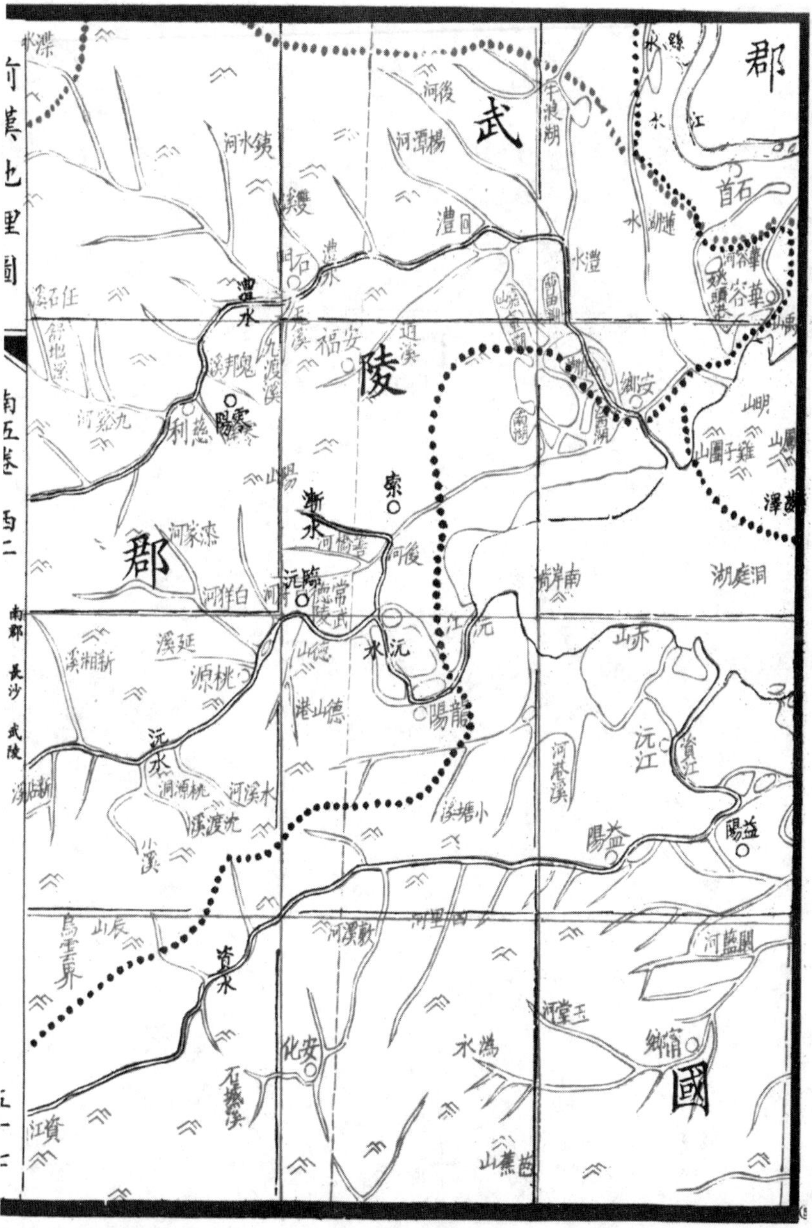
前漢地理圖
南五卷 西二
南郡 長沙 武陵
武
陵
郡
國

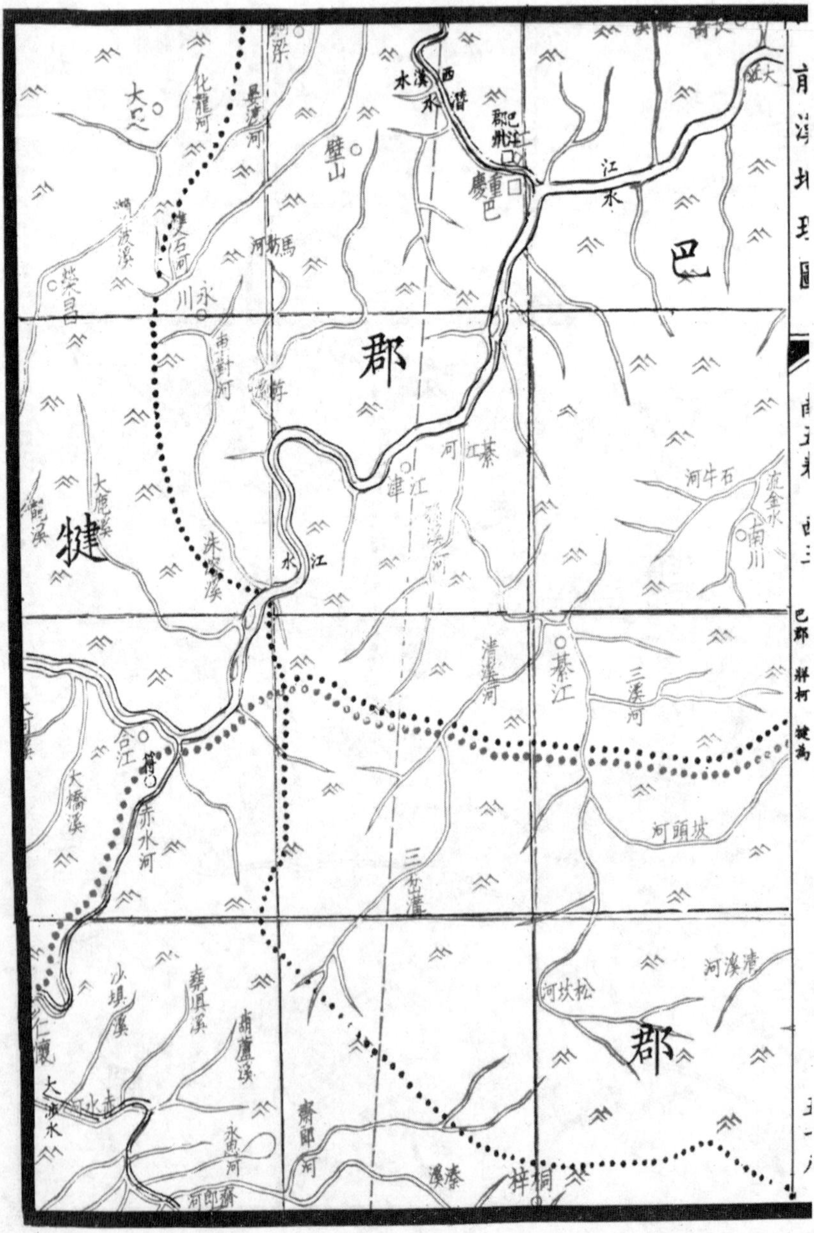
巴
郡
犍
郡
巴郡江州
重慶
江水
西漢水
潛水
璧山
永川
江津
綦江河
合江
綦江
赤水河
大橋溪
大鹿溪
清溪河
三溪河
坡頭河
石牛河
南川
松坎河
牂柯
巴郡
牂柯
犍為

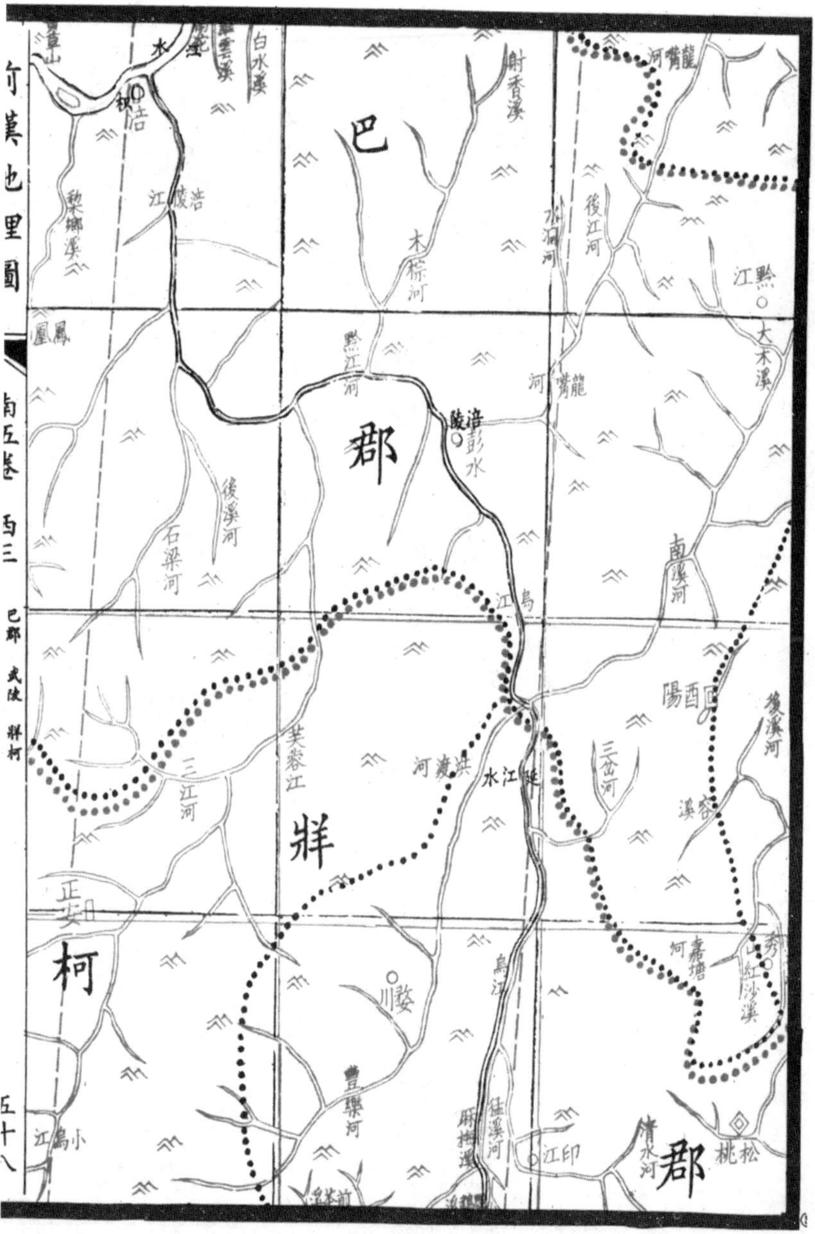
巴
郡
牂
柯
郡
白水溪
射香溪
梨鄉溪
木棕河
後江河
黔江
大木溪
鳳凰
黔江河
涪陵
彭水
後溪河
石梁河
南溪河
烏江
酉陽
後溪河
芙蓉江
洪渡河
延江水
三岔河
容溪
三江河
烏江
婺川
豐樂河
紅沙溪
印江
松桃
小烏江
清水河

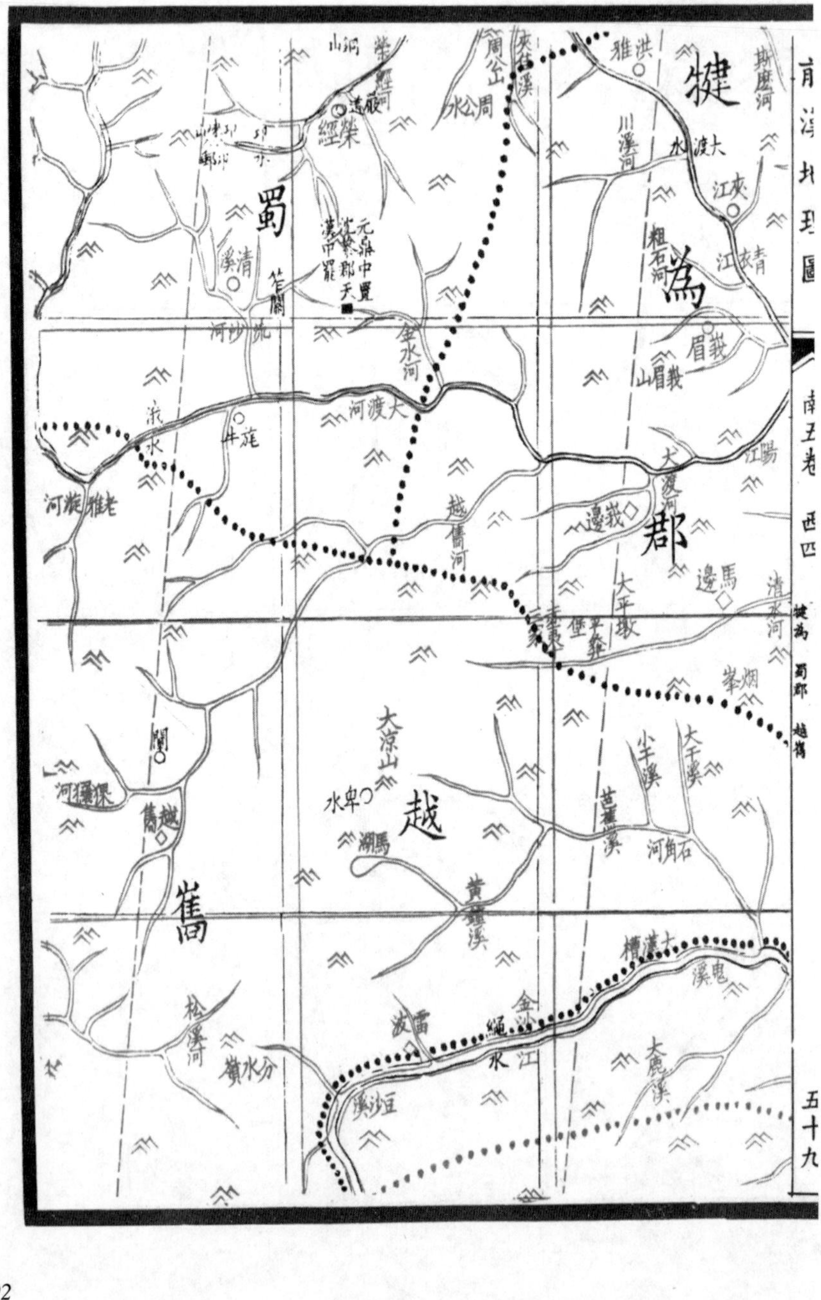
犍為郡
蜀
越嶲
大渡河
金水河
越嶲河
大涼山
馬湖
金沙江
繩水
松溪河
分水嶺
大鹿溪
清水河
青衣江
夾江
洪雅
周公水
石角河
大平堡
峩眉山
峩眉
馬邊
峩邊
嚴道
滎經
清溪
闌
旄牛
老雅灘河
南五卷　西四
犍為　蜀郡　越嶲
五十九

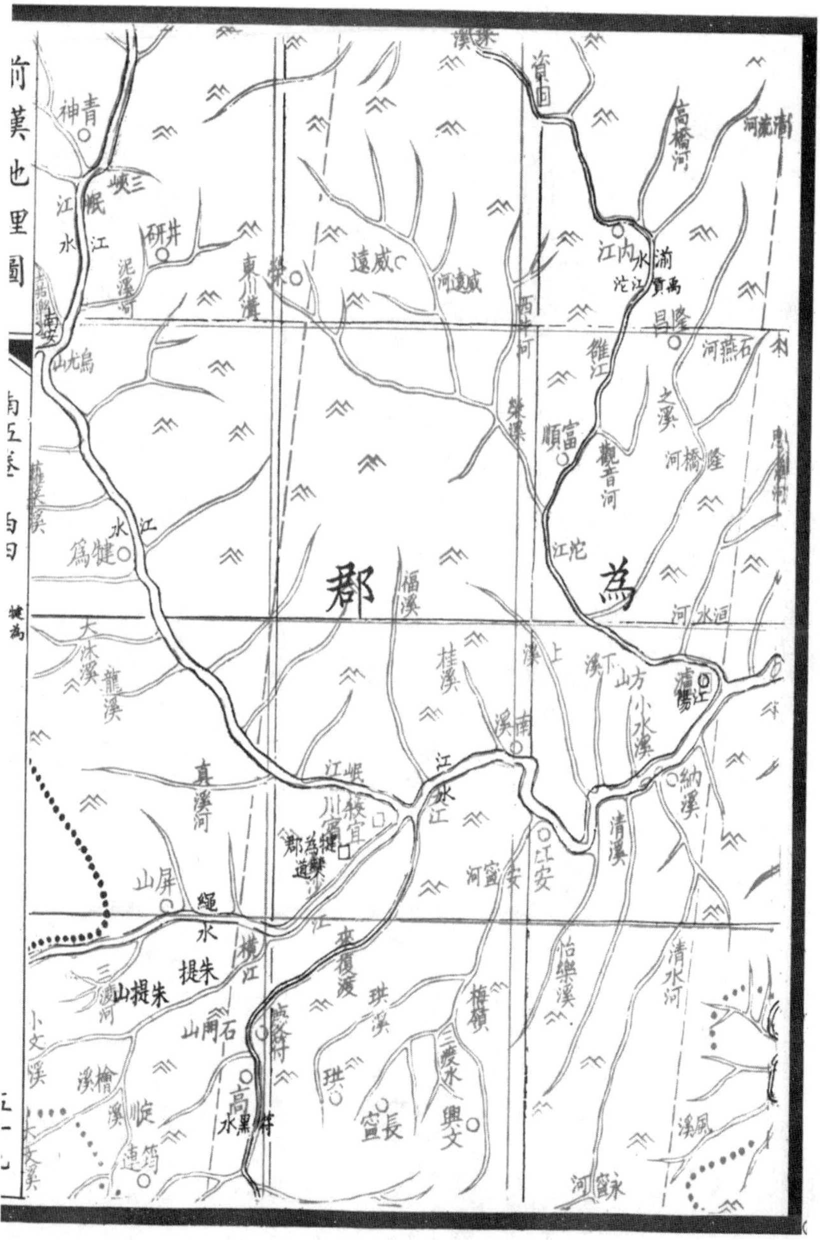
前漢地理圖
郡
爲
青神
岷江
南安
健爲
江水
富順
江陽
南溪
安寧河
長寧
文興
高橋河
雒江
觀音河
福溪
桂溪
清溪
納溪
朱提山
石門山

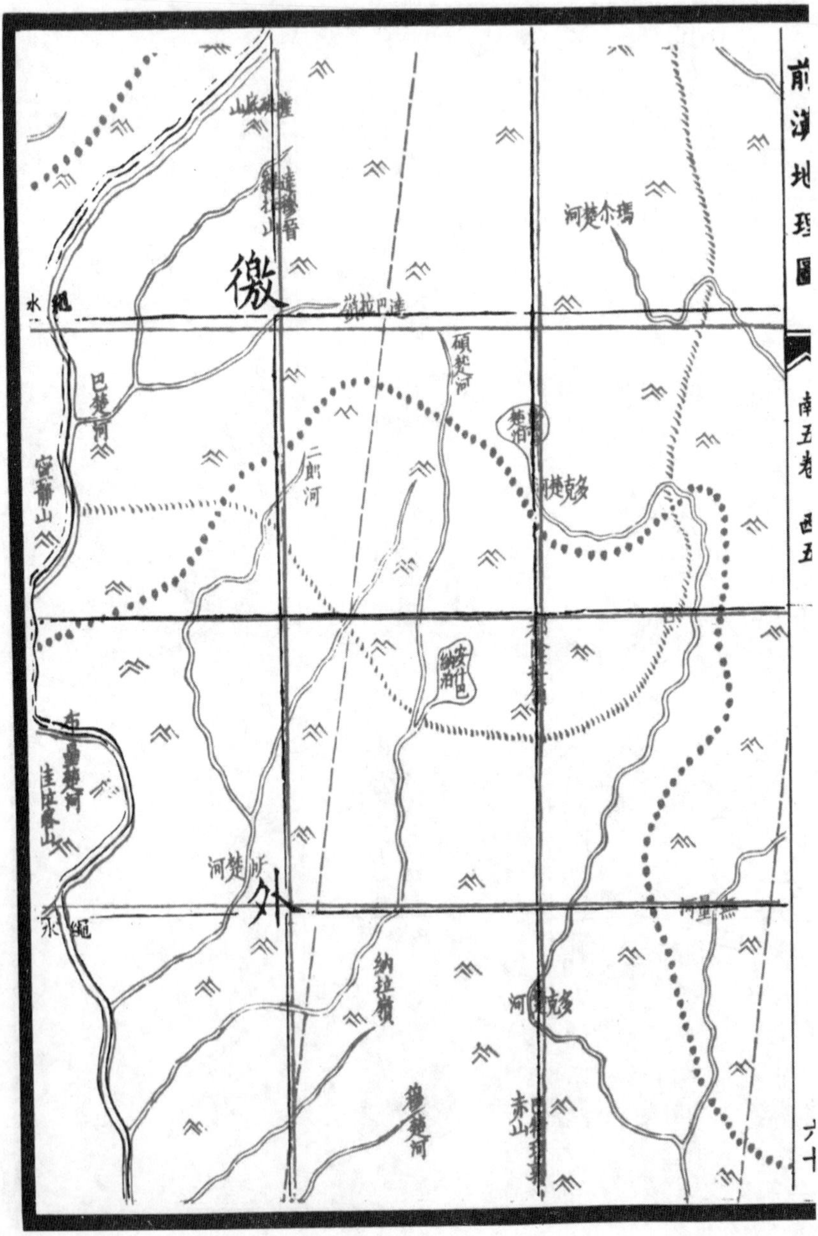
前漢地理圖
徼
外
繩水
達巴拉嶺
巴楚河
二郎河
碩楚河
納拉嶺

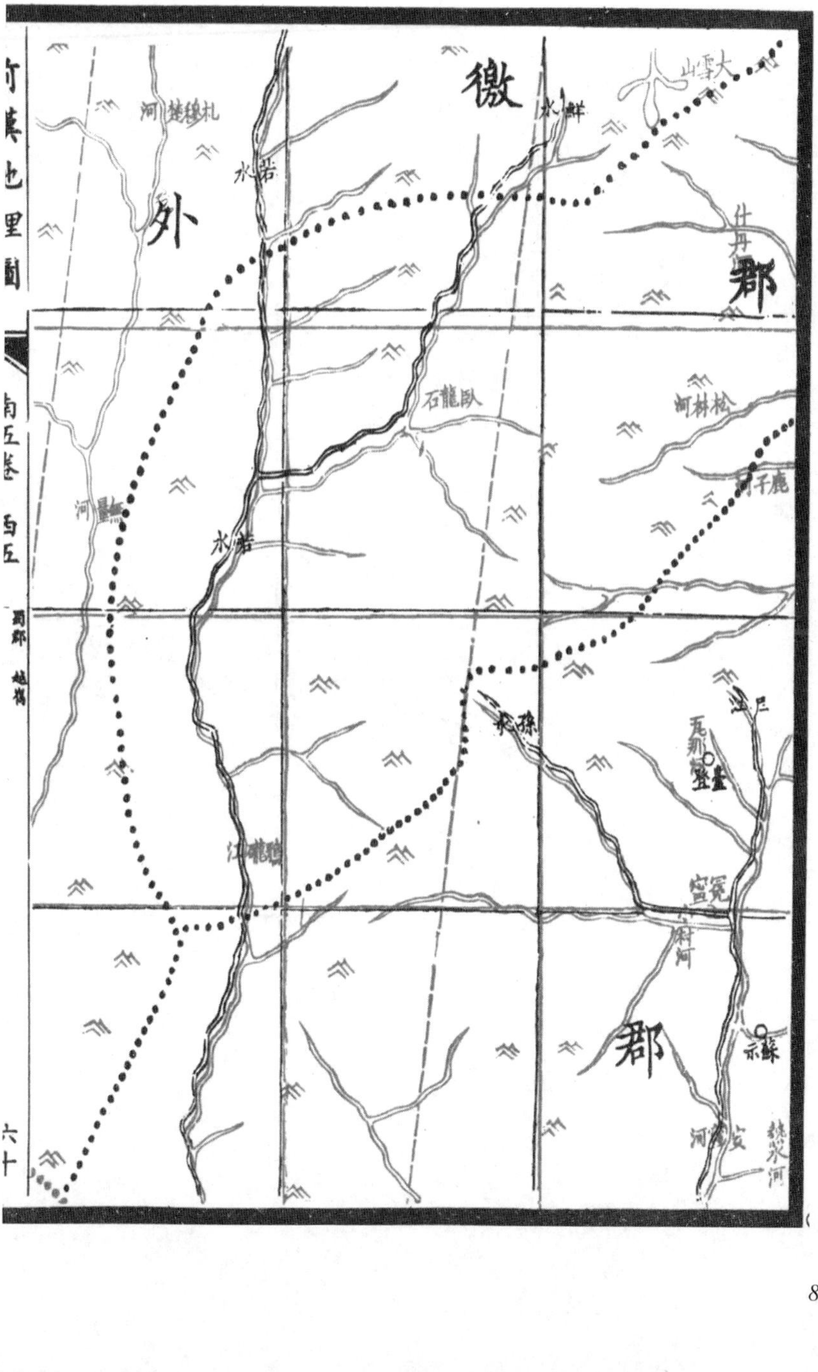
前漢地理圖
南五卷 西五
蜀郡 越嶲
六十
外
徼
郡
郡
若水
若水
鮮水
大雪山
扎穆楚河
無量河
臥龍石
松林河
鹿子河
孫水

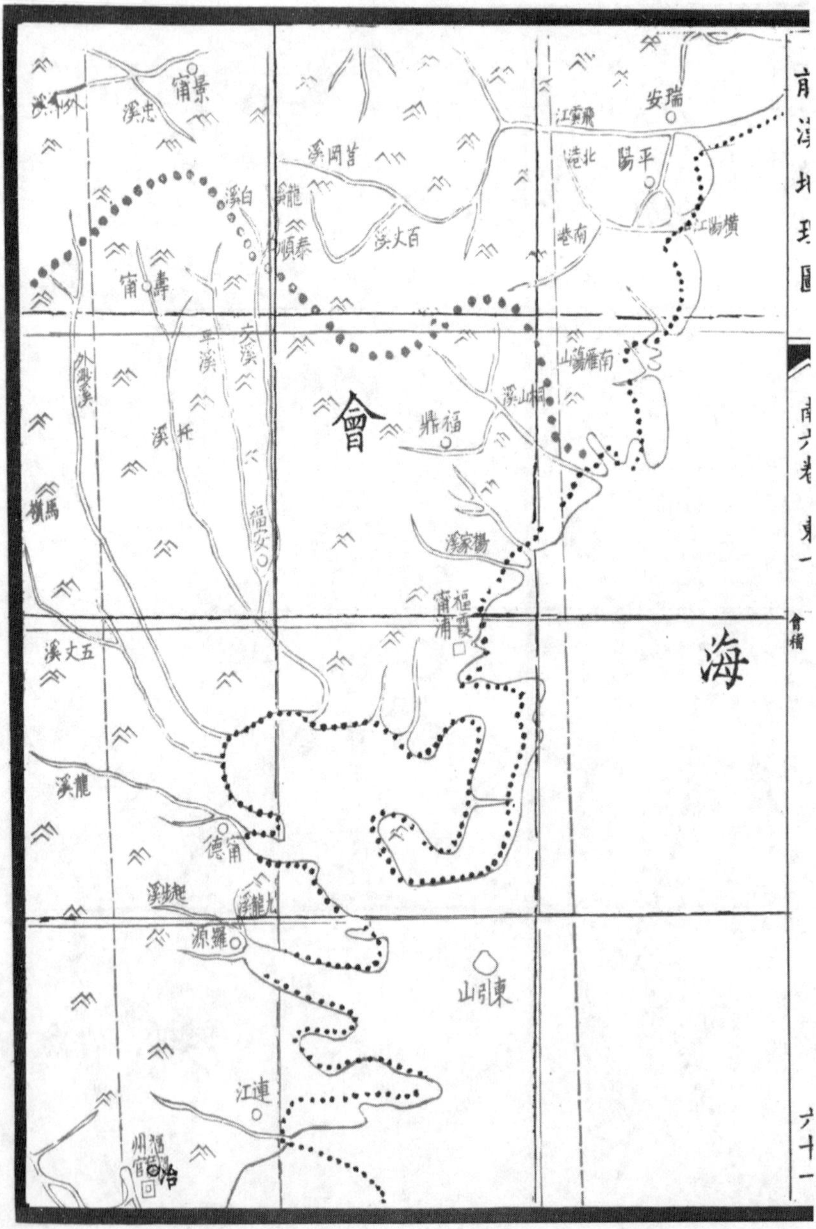
前漢地理圖
南六卷東一
會稽
六十一
景甯
瑞安
飛雲江
平陽
北港
白溪
泰順
百丈溪
橫陽江
壽甯
平溪
大溪
南鴈蕩山
會
福鼎
桐山溪
馬嶺
福安
楊家溪
福甯
霞浦
海
五丈溪
龍溪
甯德
九龍溪
羅源
東引山
連江
治

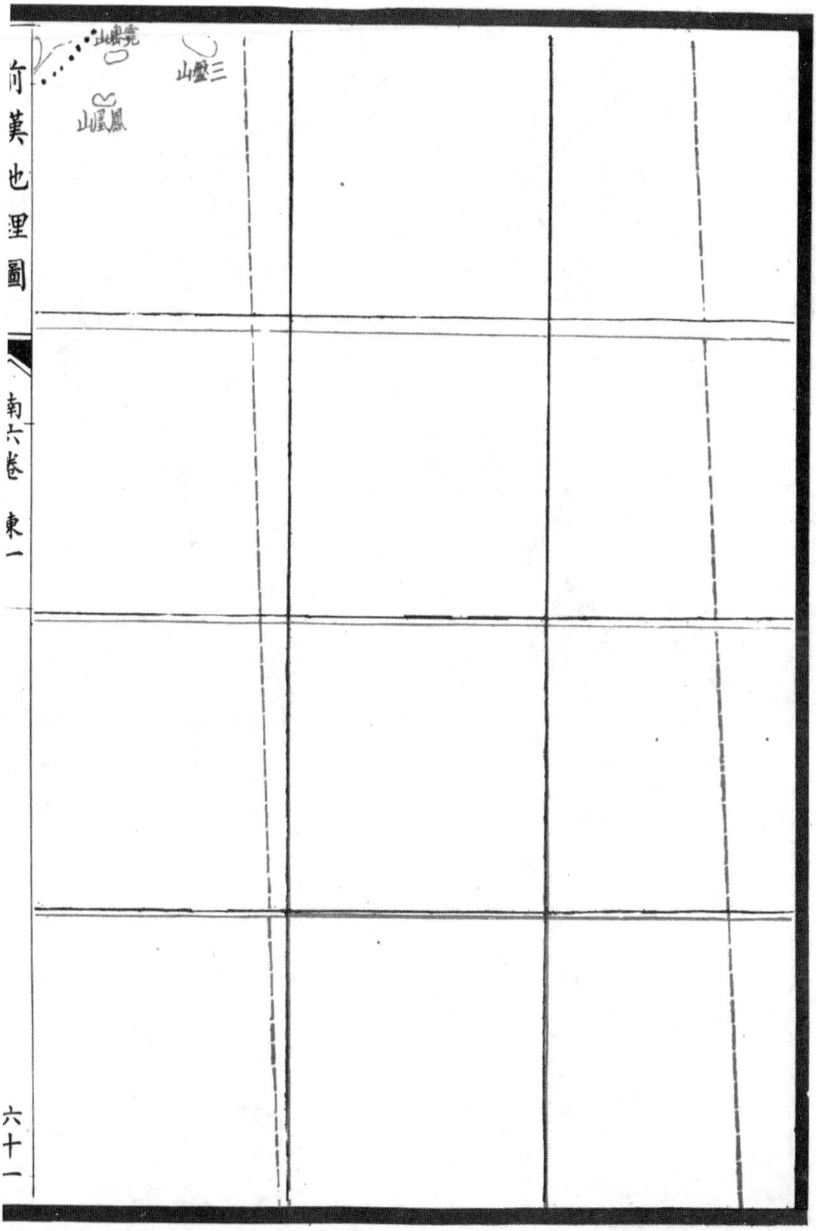
前漢地理圖
南六卷 東一
六十一
三盤山
鳳凰山

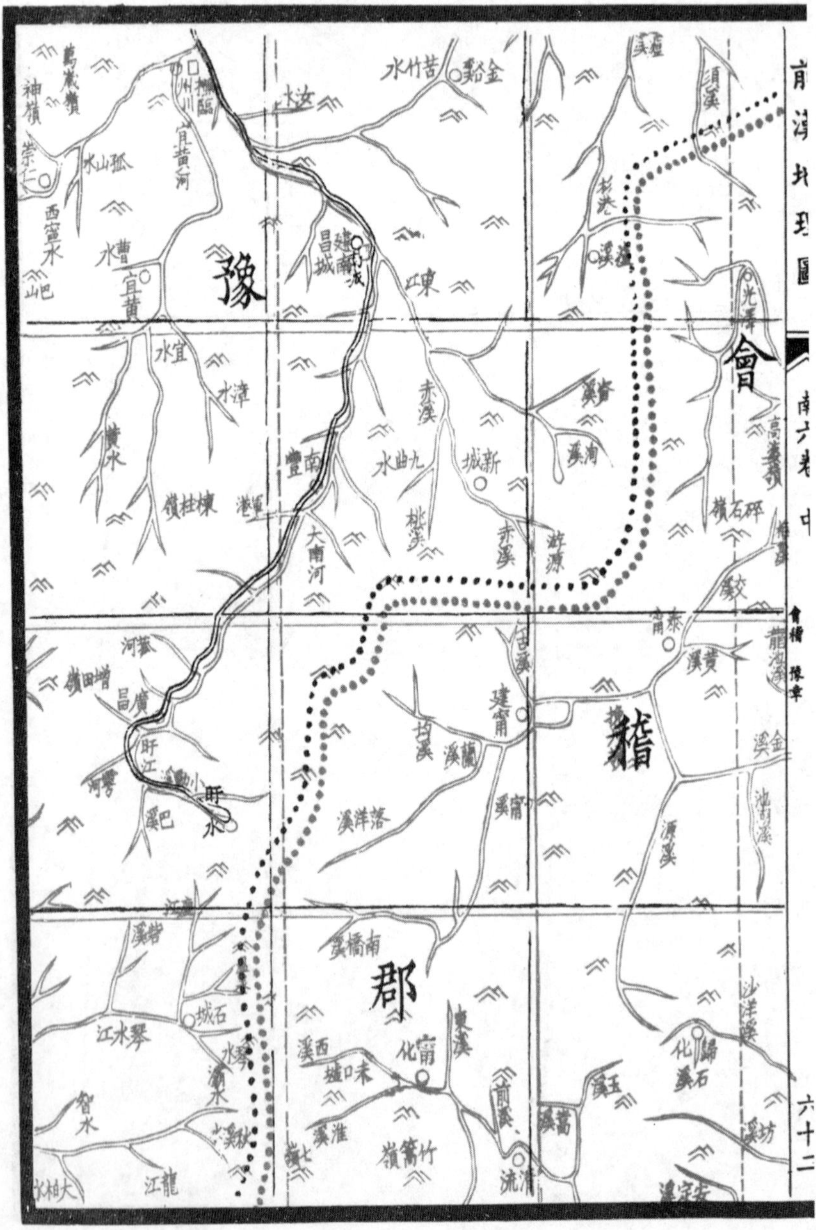
豫
會
稽
郡
金谿
苦竹水
建昌
新城
九曲水
南豐
大南河
光澤
泰甯
建甯
落洋溪
石城
琴水江
寧化
竹篙嶺
龍江
會稽　豫章

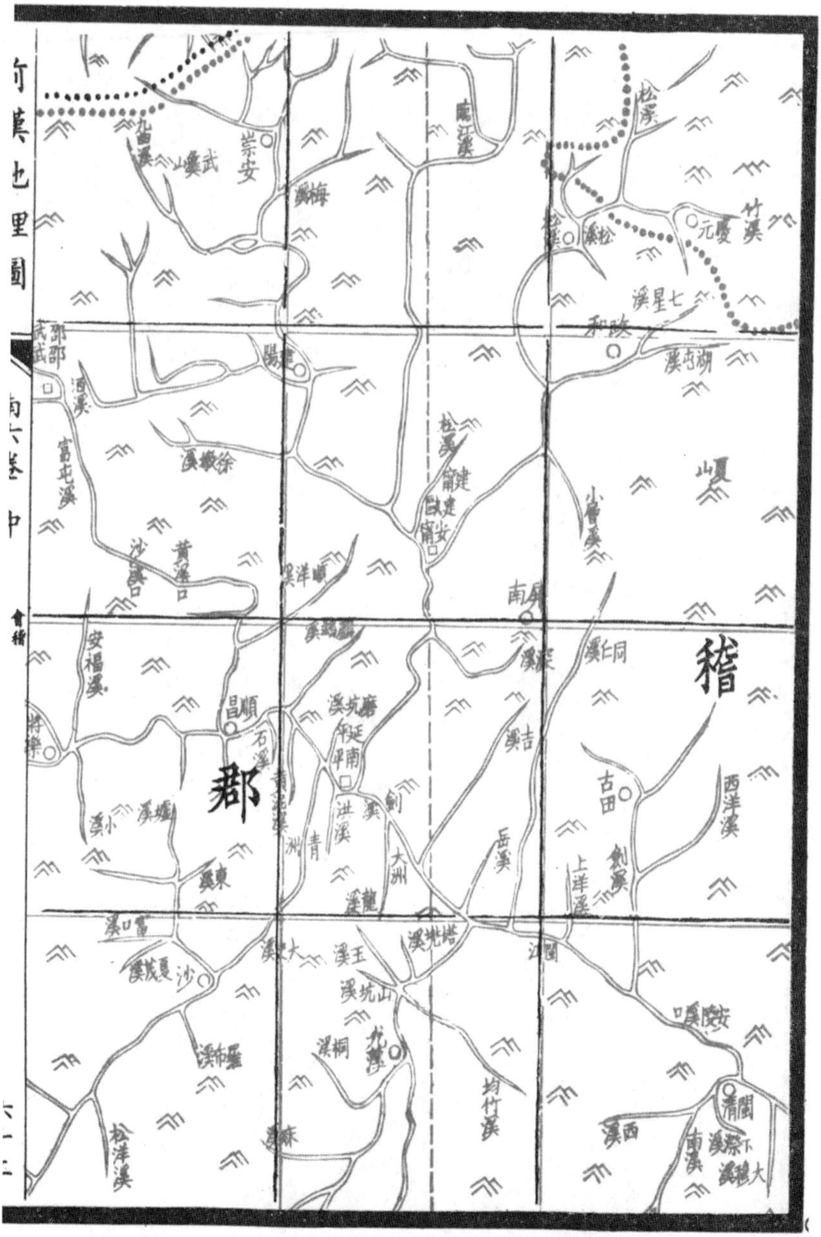
會稽
稽
郡
崇安
順昌
南平
古田
沙
松溪
竹溪
大洲
松洋溪
安福溪
西洋溪
上洋溪

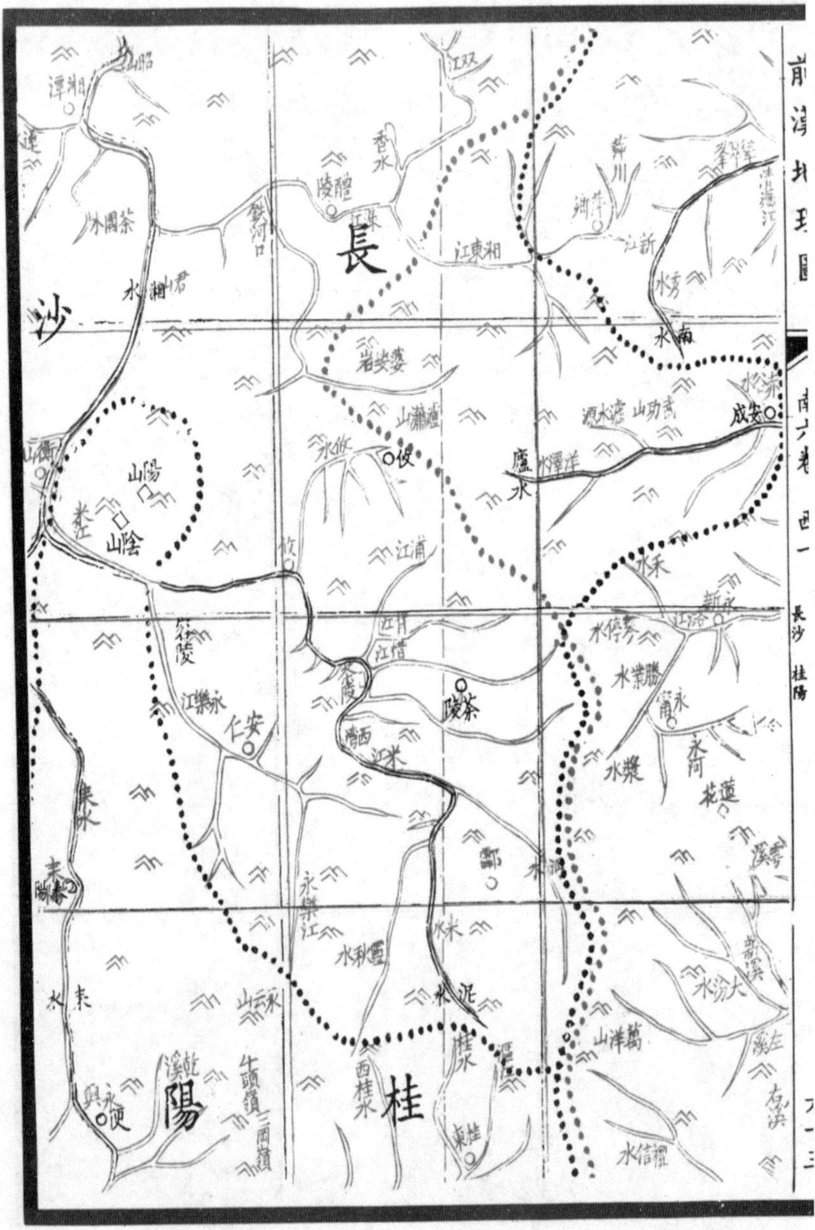
長
沙
桂
陽
長沙　桂陽
湘水
醴陵
攸
安成
茶陵
耒陽

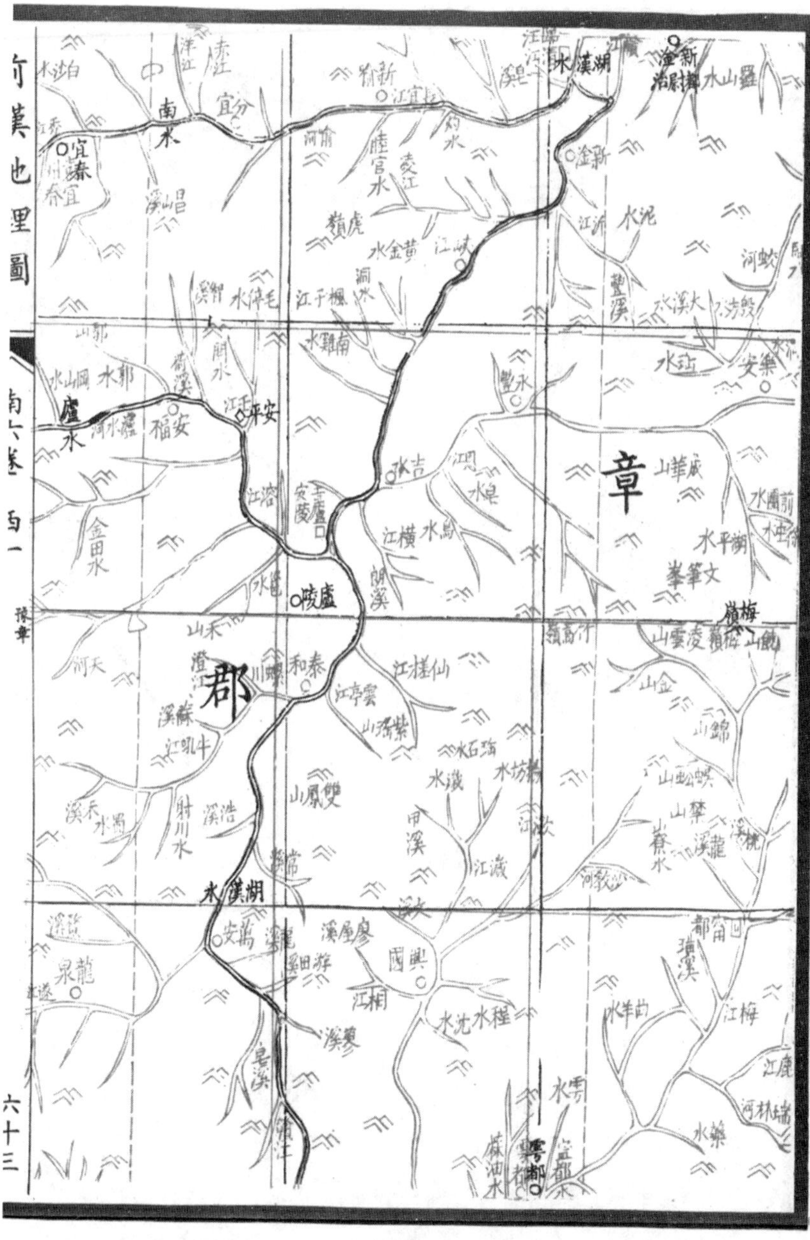
漢地理圖
章
郡
湖漢水
南水
盧水
新淦
盧陵
安福
吉水
泰和
安平
宜春
安成
龍泉
興國
雩都
金田水
梅嶺
豫章
六十三

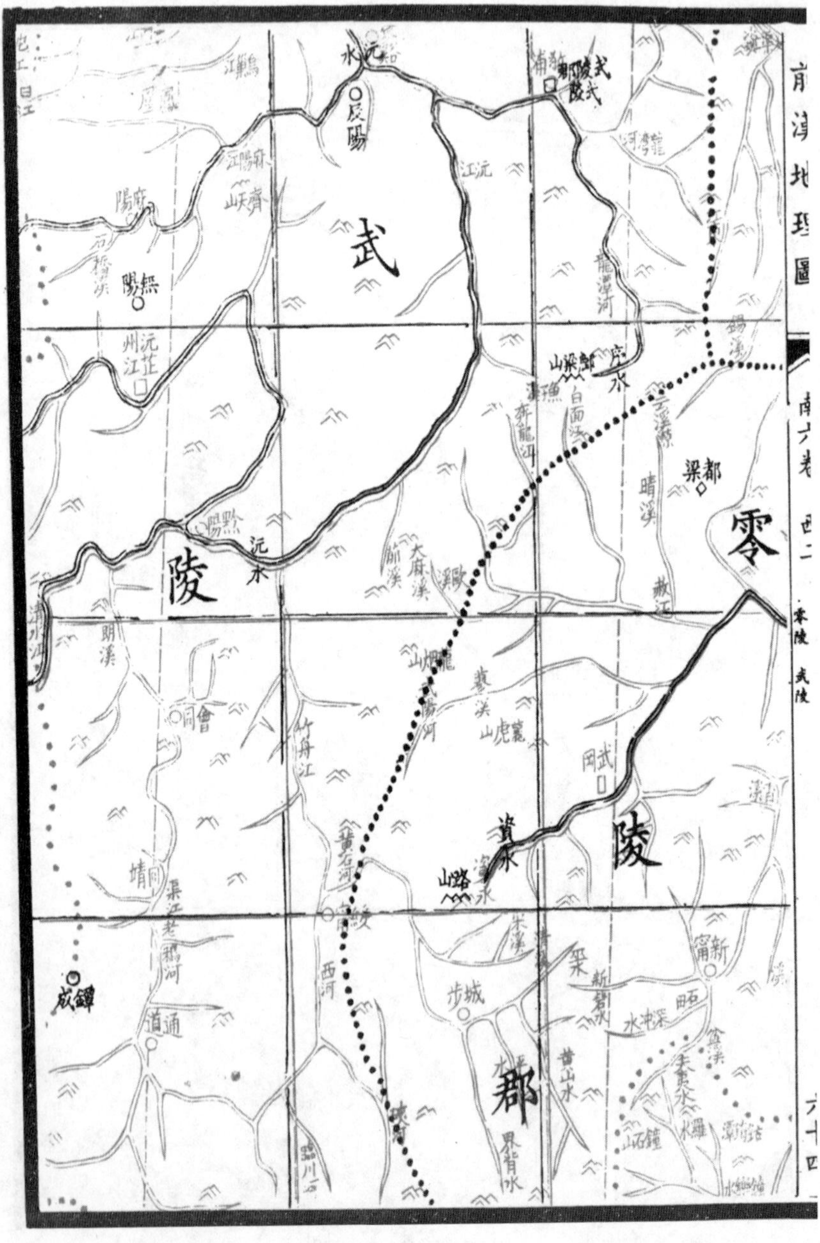
前漢地理圖
武
陵
零
陵
郡
辰陽
沅水
資水
步城
都梁

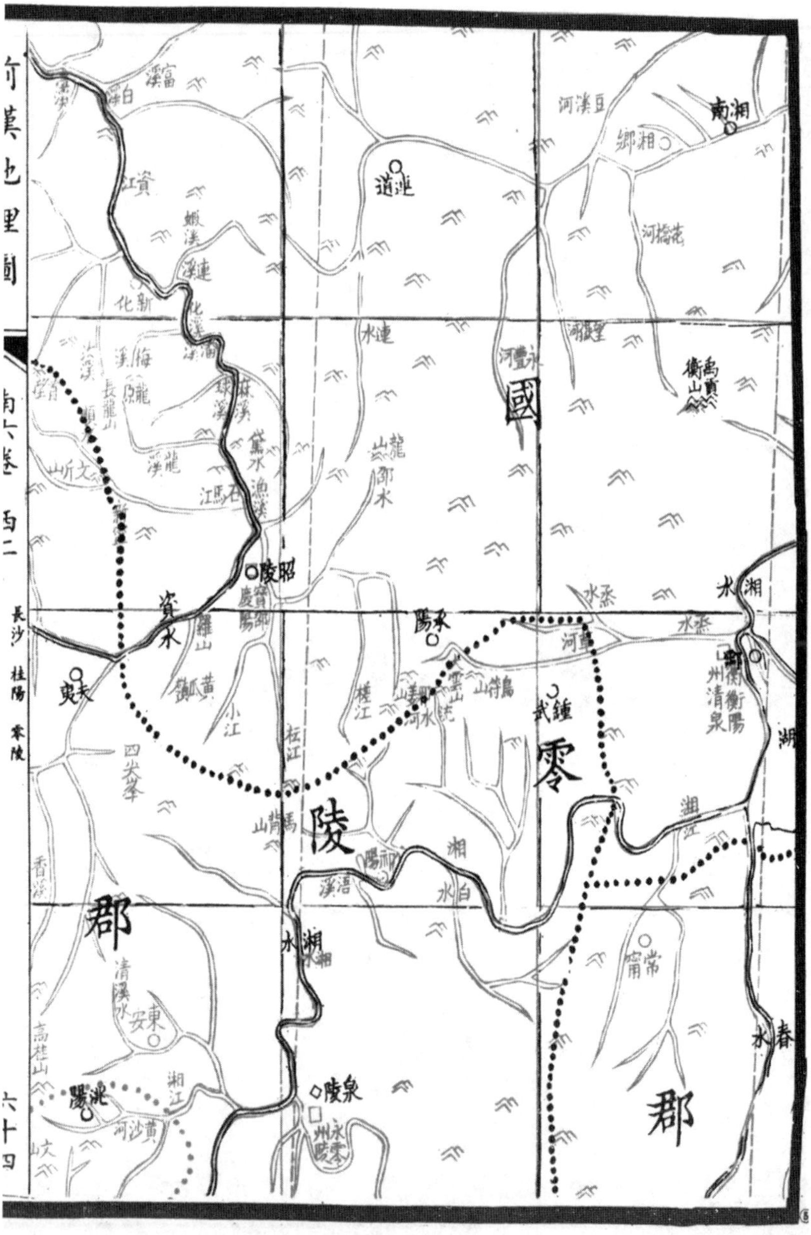
國
零
陵
郡
郡
長沙
桂陽
零陵

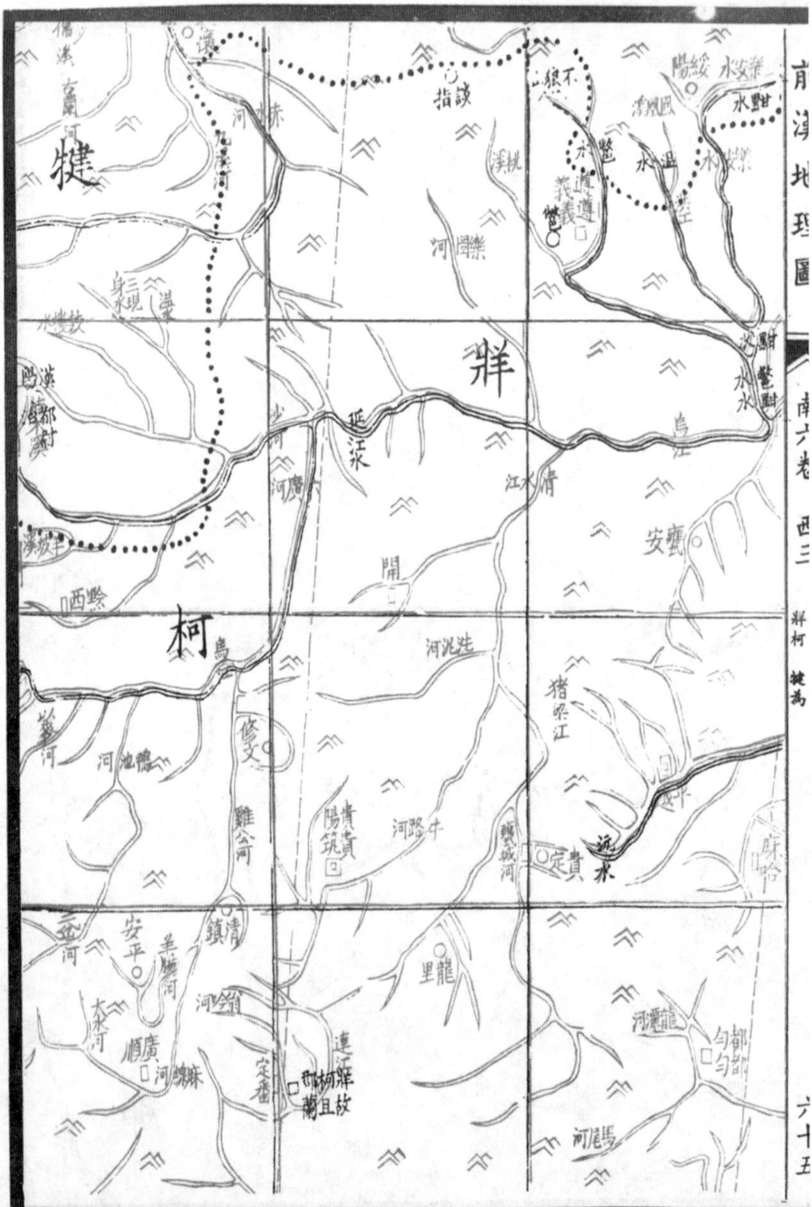
前漢地理圖
犍
牂
柯
修文
龍里
安平
清鎮

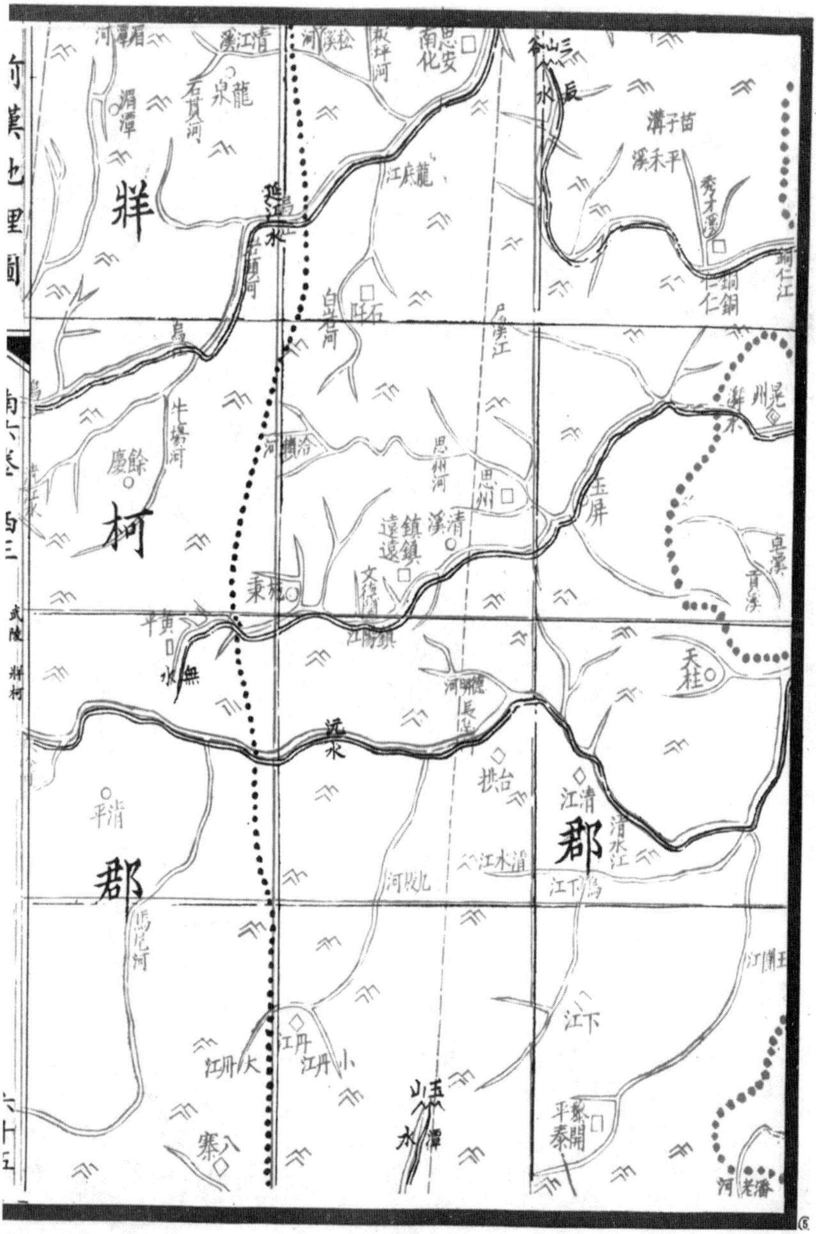
前漢地理圖
牂
柯
郡
郡
沅水

前漢地理圖
南六卷　西四
六十六
越
犍為郡
繩水
金沙江
永善
大關
堂琅
靈關道
昭通
恩安
魯甸
巧家
東川
會澤
牛欄江
余水
北盤江
五都河
梁山河
大水塘
宣威
犍為
越巂

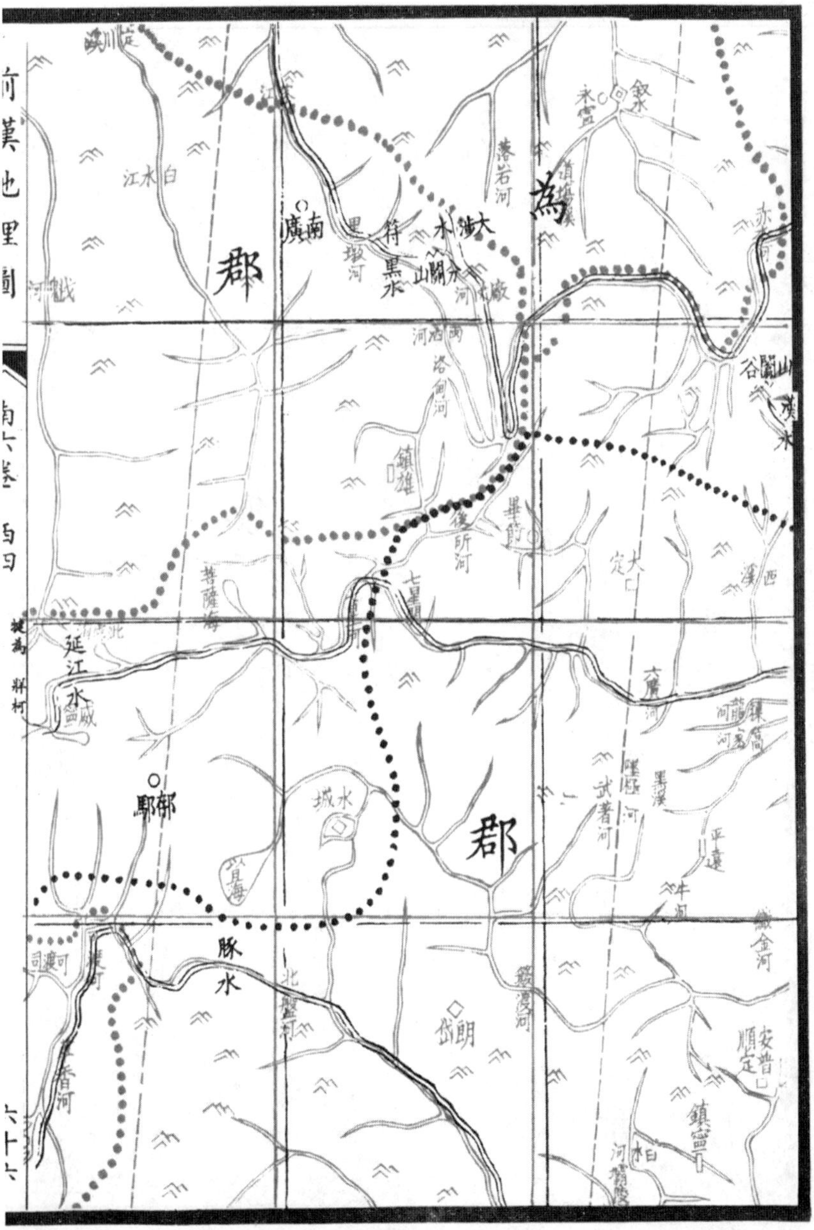
前漢地理圖
郡
為
郡
豚水
延江水

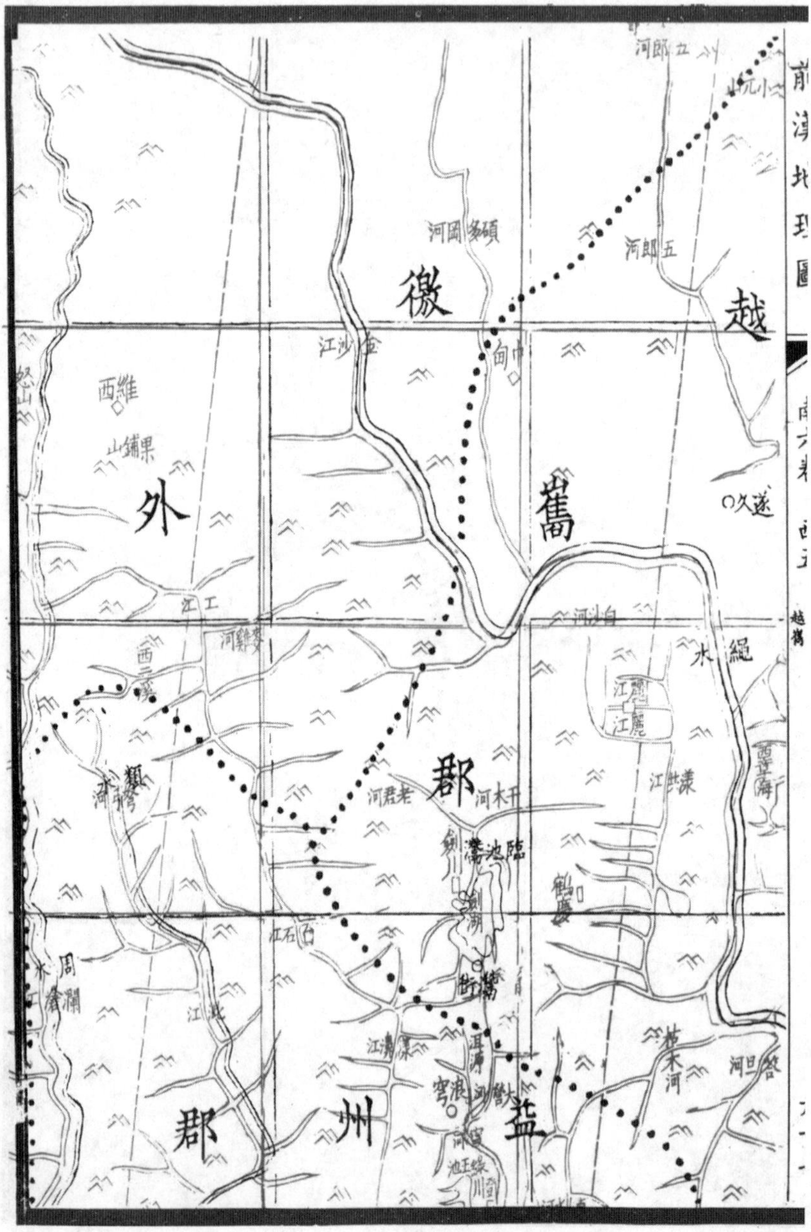
徼
外
越
嶲
郡
益
州
郡

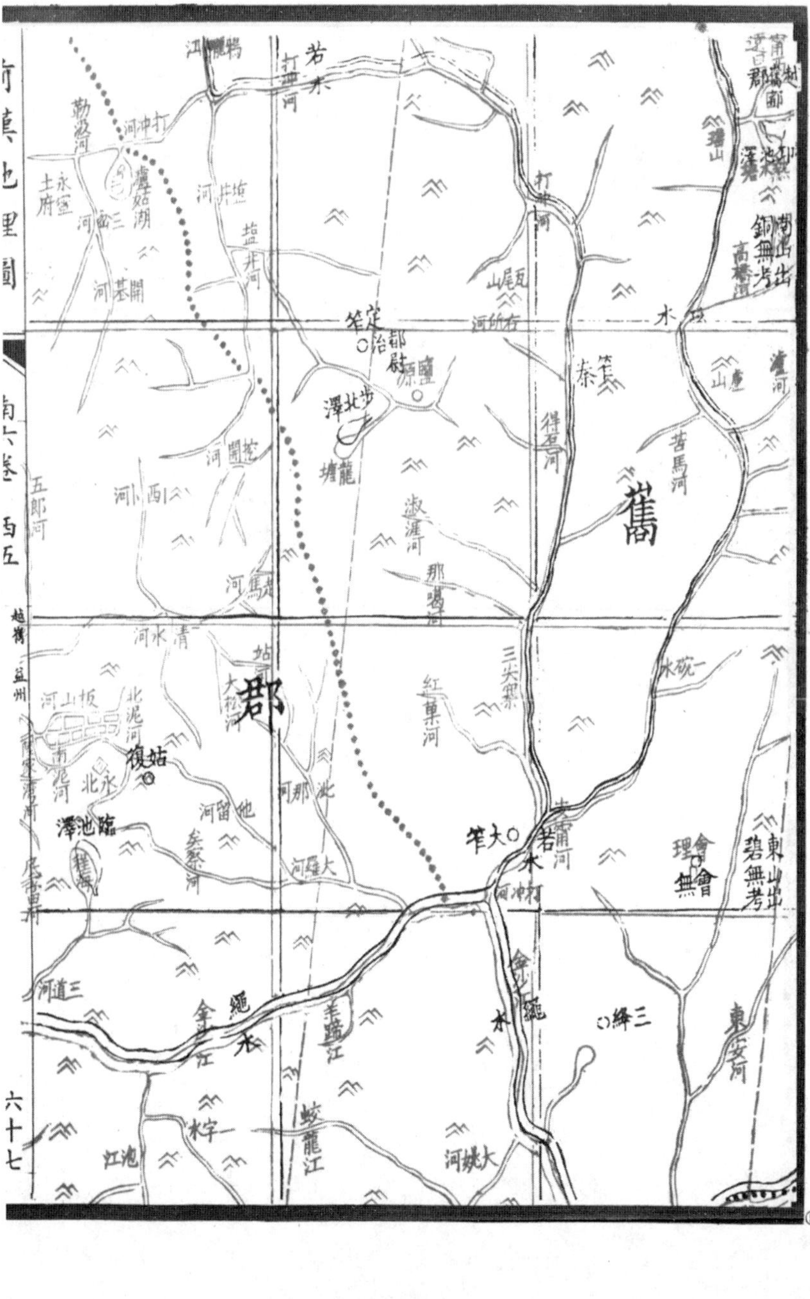
郡
巂
定筰
大筰
姑復
三絳
會無
龍塘
步北澤
苦馬河
東安河
繩水
若水
大姚河
蛟龍江
六十七

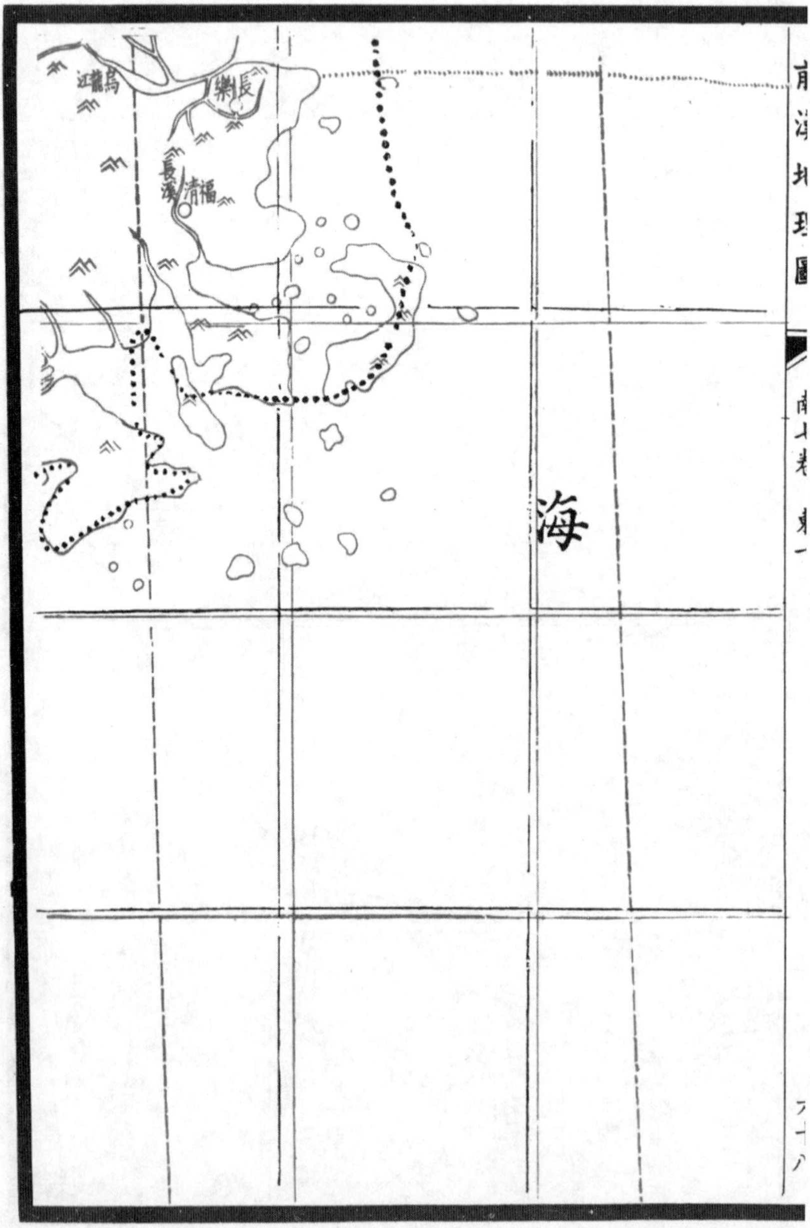
烏龍江
長樂
長溪
福清
海

前漢地理圖
六十八

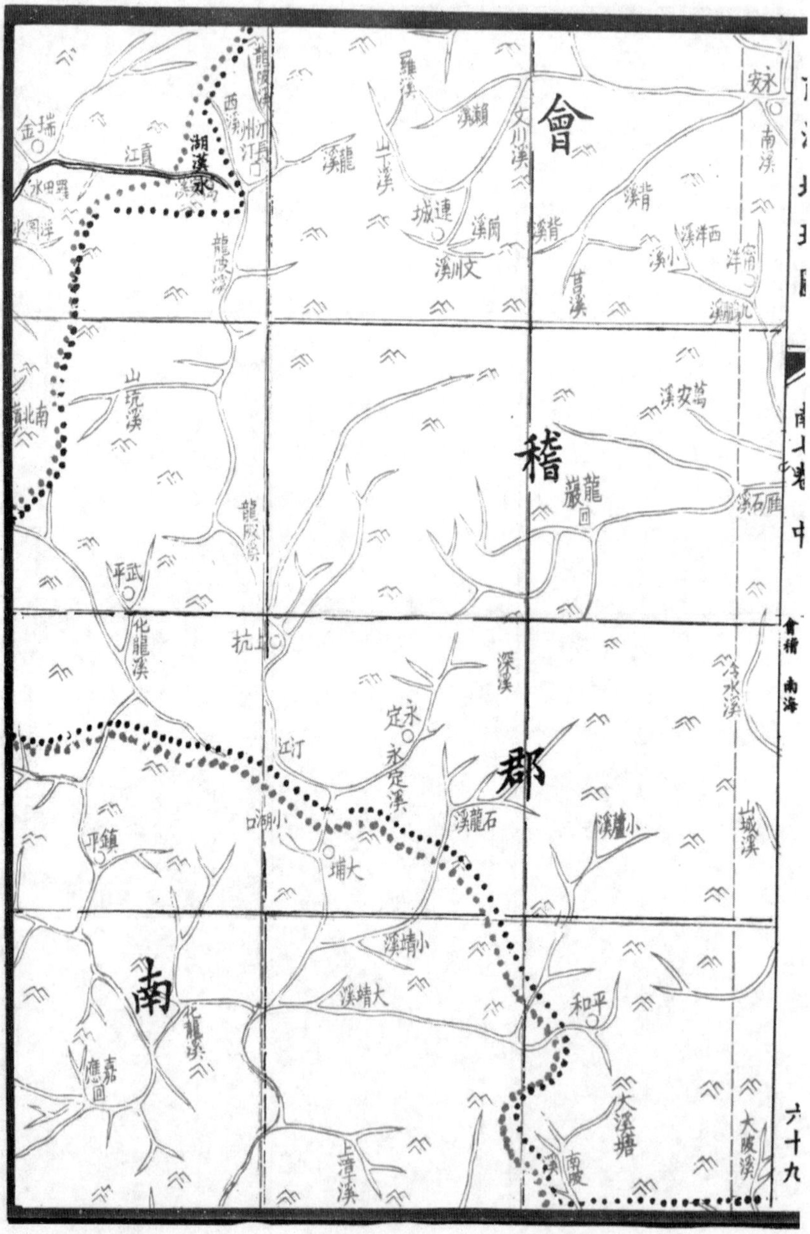
會
稽
郡
南

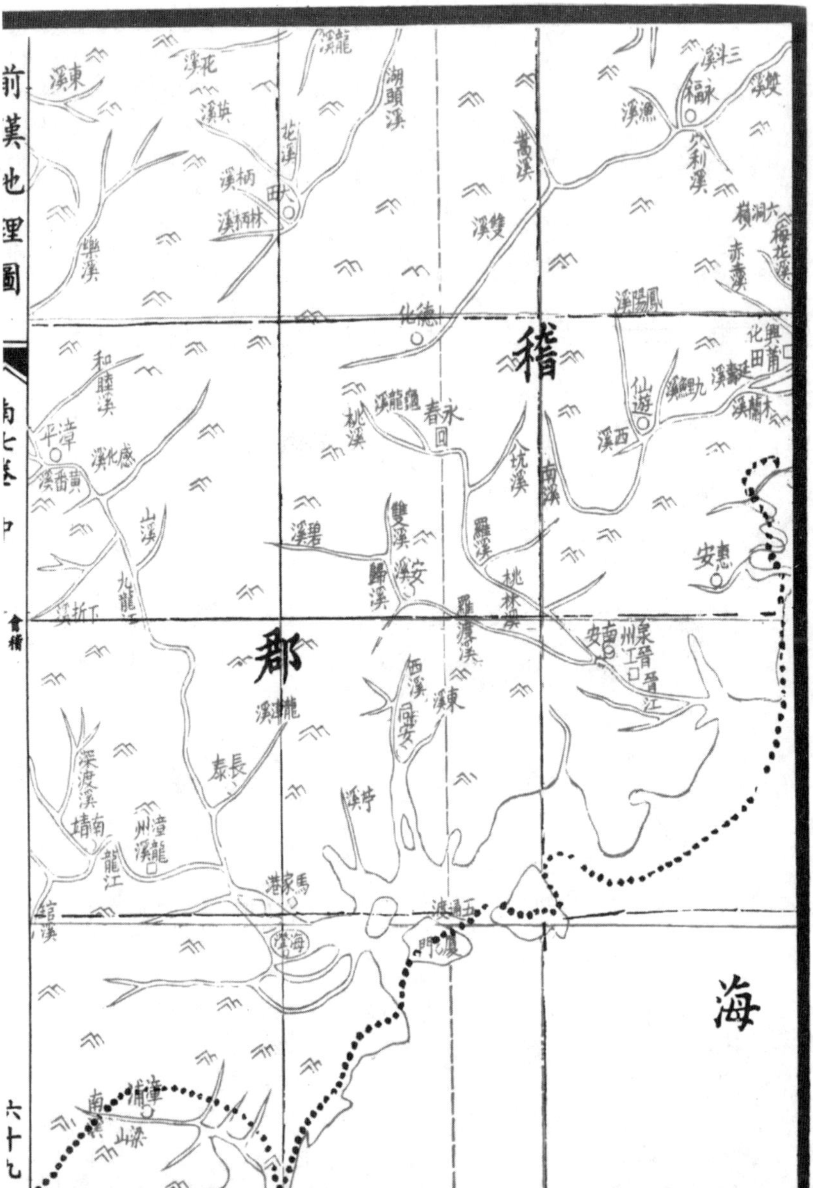
前漢地理圖
會稽
六十九
稽
郡
海
德化
永春
大田
永福
泉州
南安
晉江
惠安
仙遊
興化
莆田
漳平
長泰
龍溪
漳州
南靖
海澄
廈門

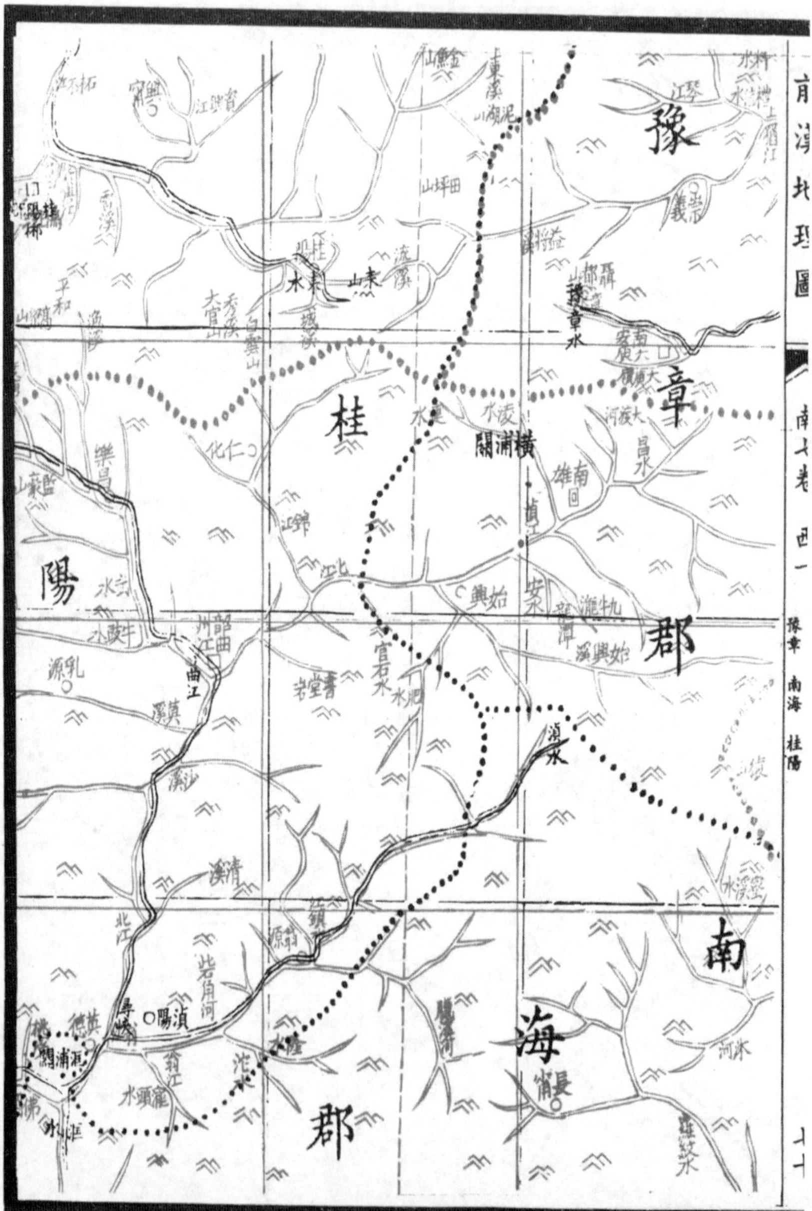
前漢地理圖
南七卷　西一
豫章　南海　桂陽
豫章郡
桂陽
南海郡
曲江
湞陽
始興
南雄
橫浦關

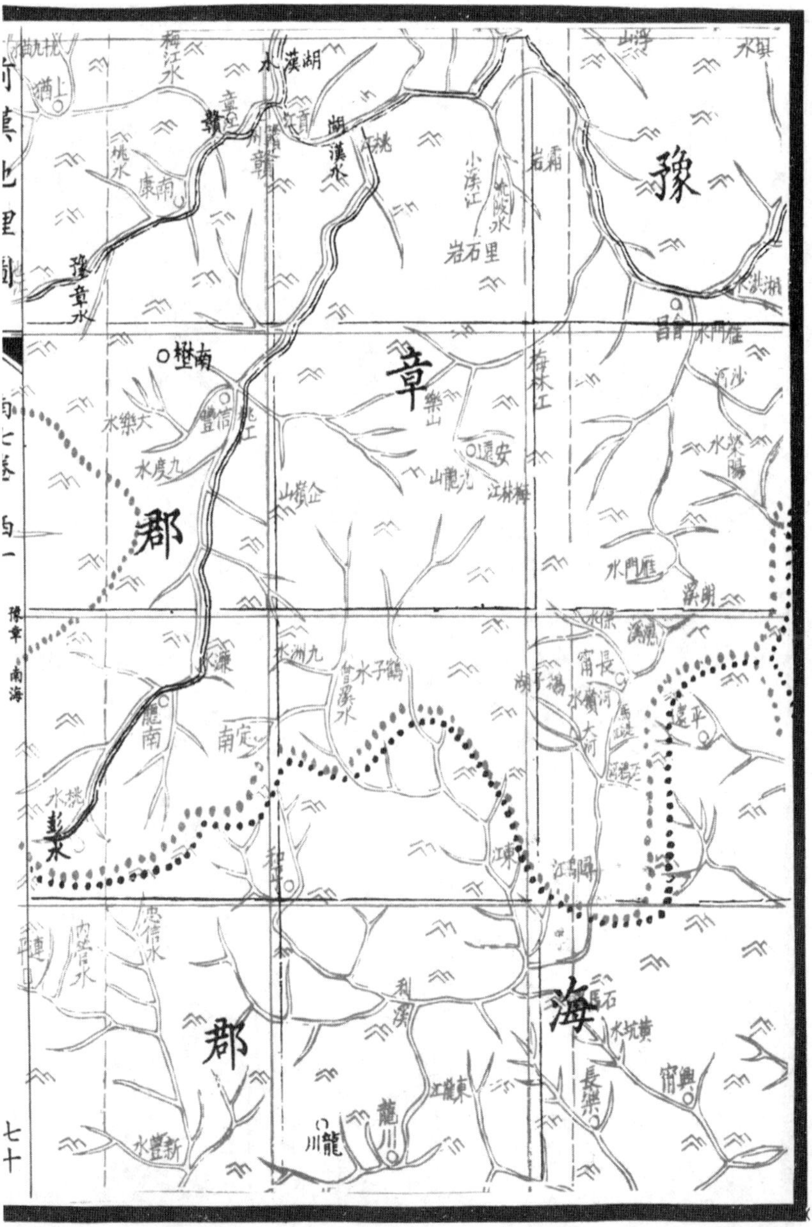
豫
章
郡
郡
海
豫章水
湖漢水
梅江水
南康
信豐
大樂水
九度水
龍南
定南
安遠
里石岩
長寧
興寧
新豐水
龍川
七十

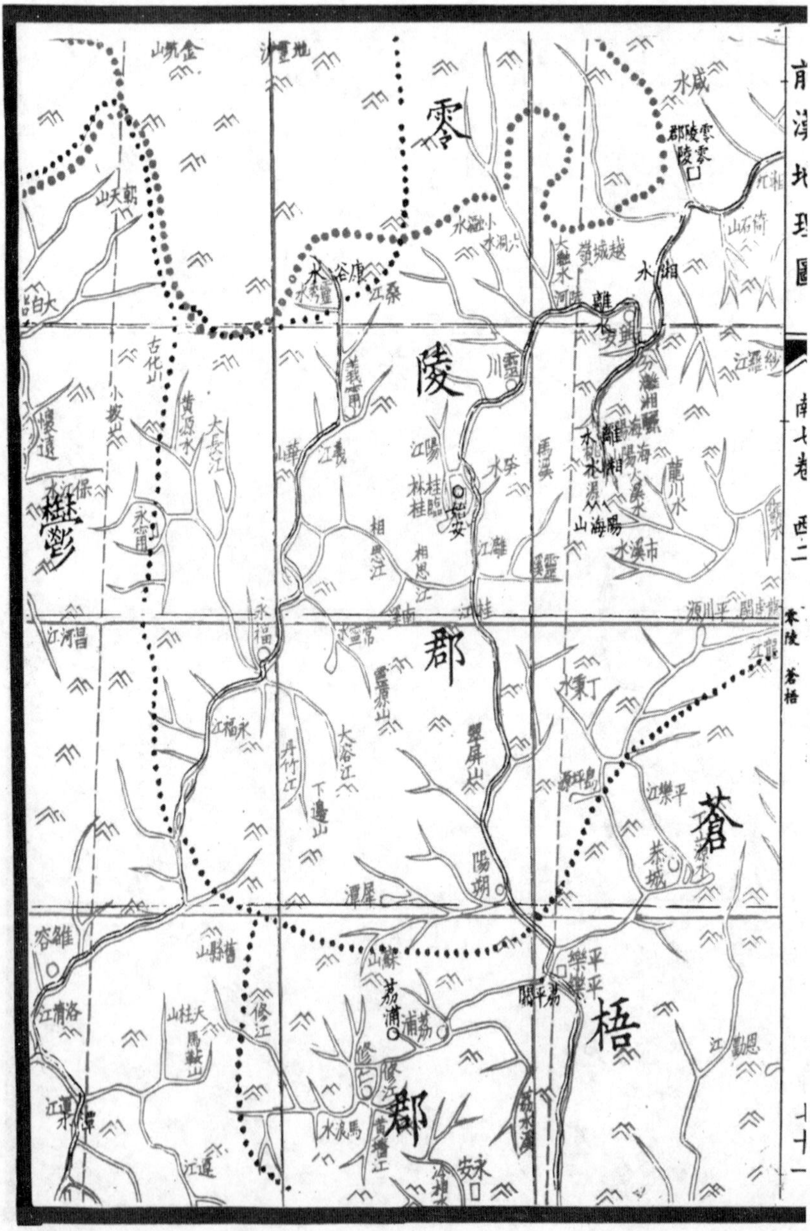
前漢地理圖
南七卷　西二
零陵　蒼梧
零
陵
郡
蒼
梧
郡
零陵郡
零陵
恭城
荔浦
永福

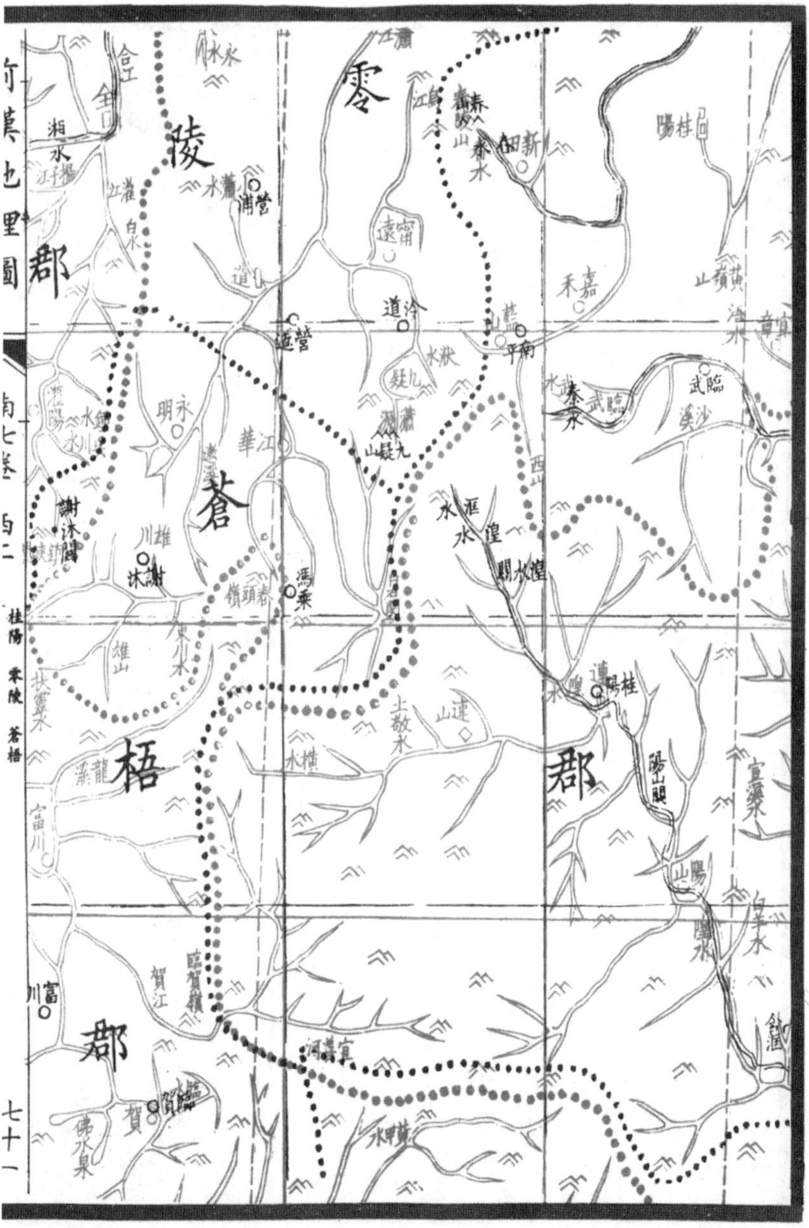
前漢地理圖
南七卷 西二
桂陽 零陵 蒼梧
七十一
零
陵
郡
蒼
梧
郡
郡
湘水
營浦
寧遠
泠道
九疑山
南平
嘉禾
新田
桂陽
臨武
謝沐
馮乘
臨賀
富川
賀
陽山關
陽山
永明
雄川
龍溪
封溪

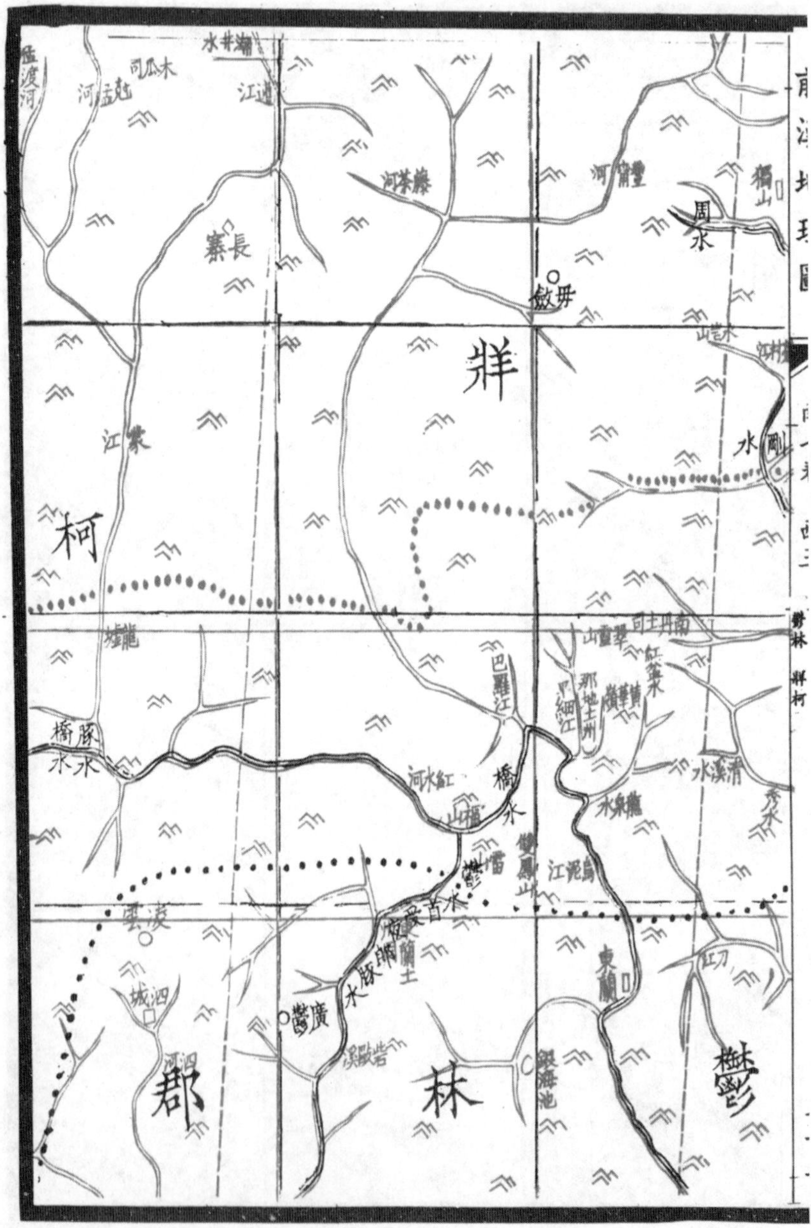
牂
柯
郡
林
鬱
毋斂
長寨
周水
廣鬱

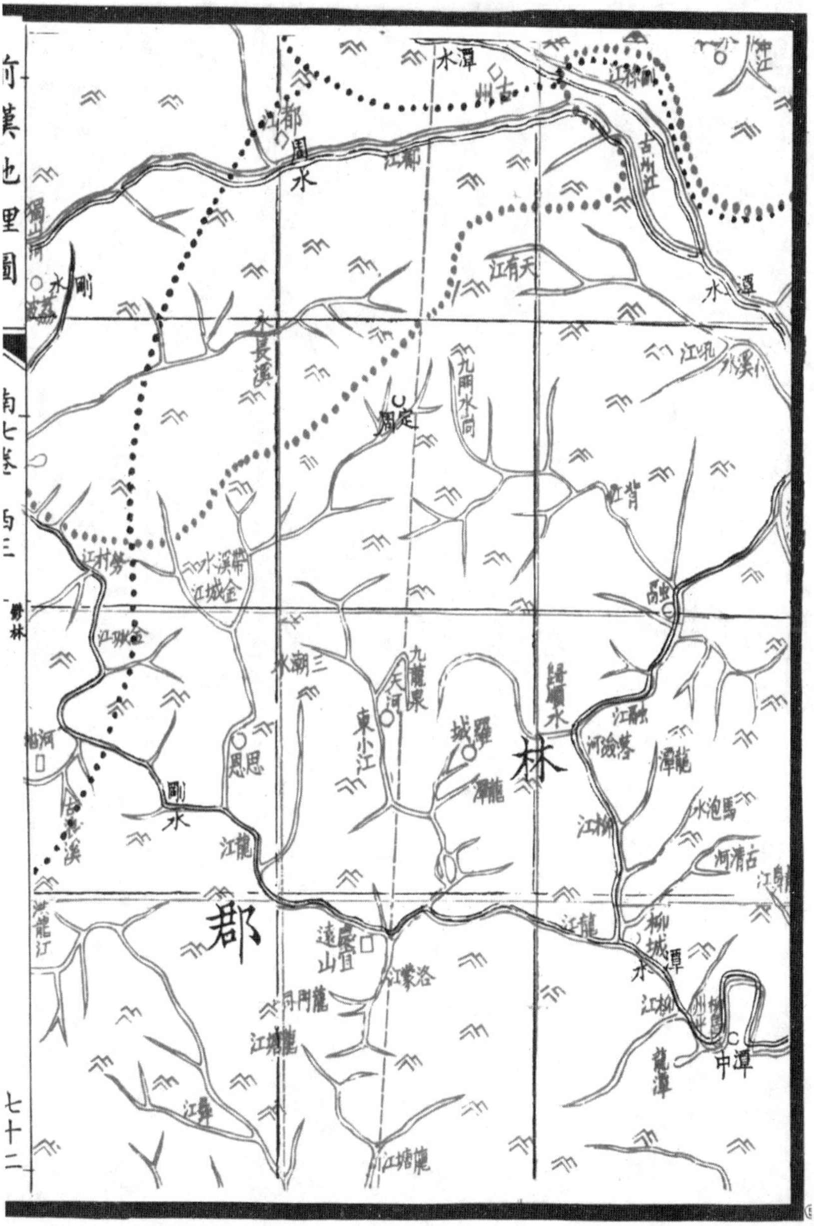
郡
林
七十二

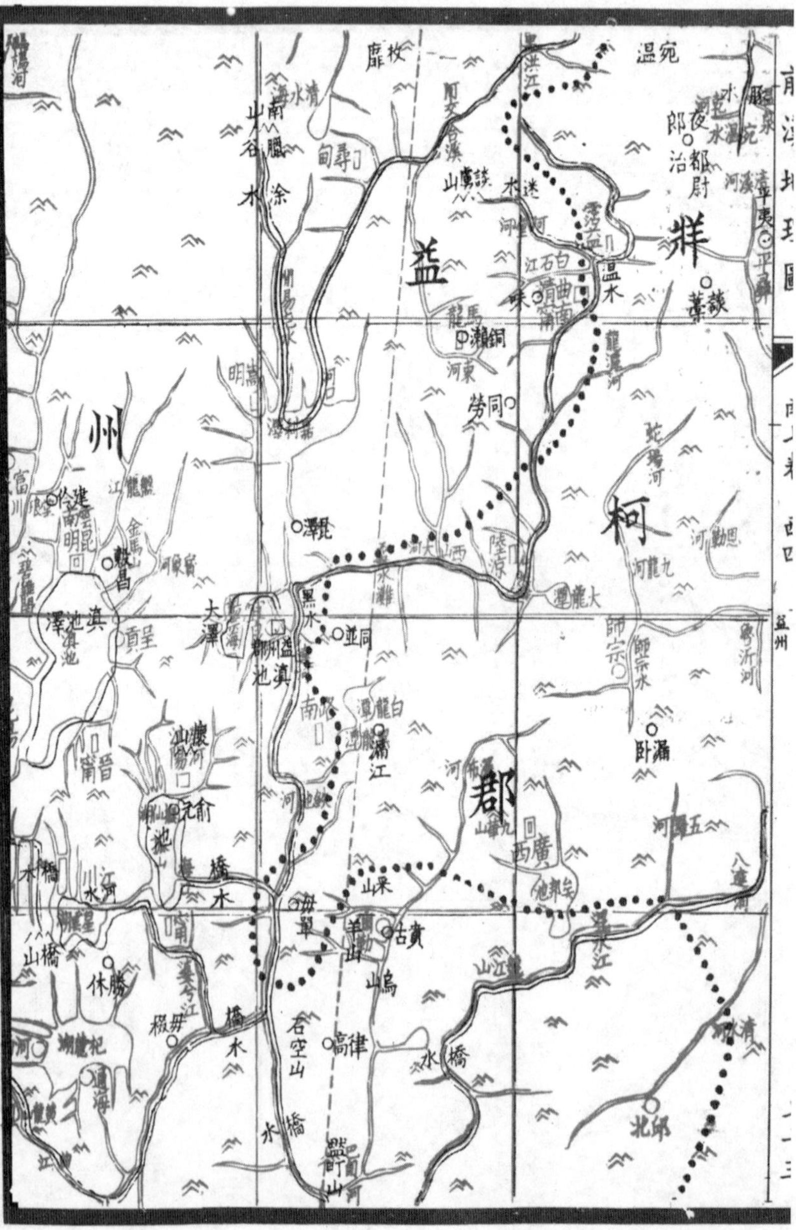
益
州
郡
牂
柯
滇池
大澤
晉甯
俞元
同勞
同並
律高
賁古
漏臥
西隨
郎
都尉
治
夜郎
溫水
宛溫
牧靡
南涪
漏江

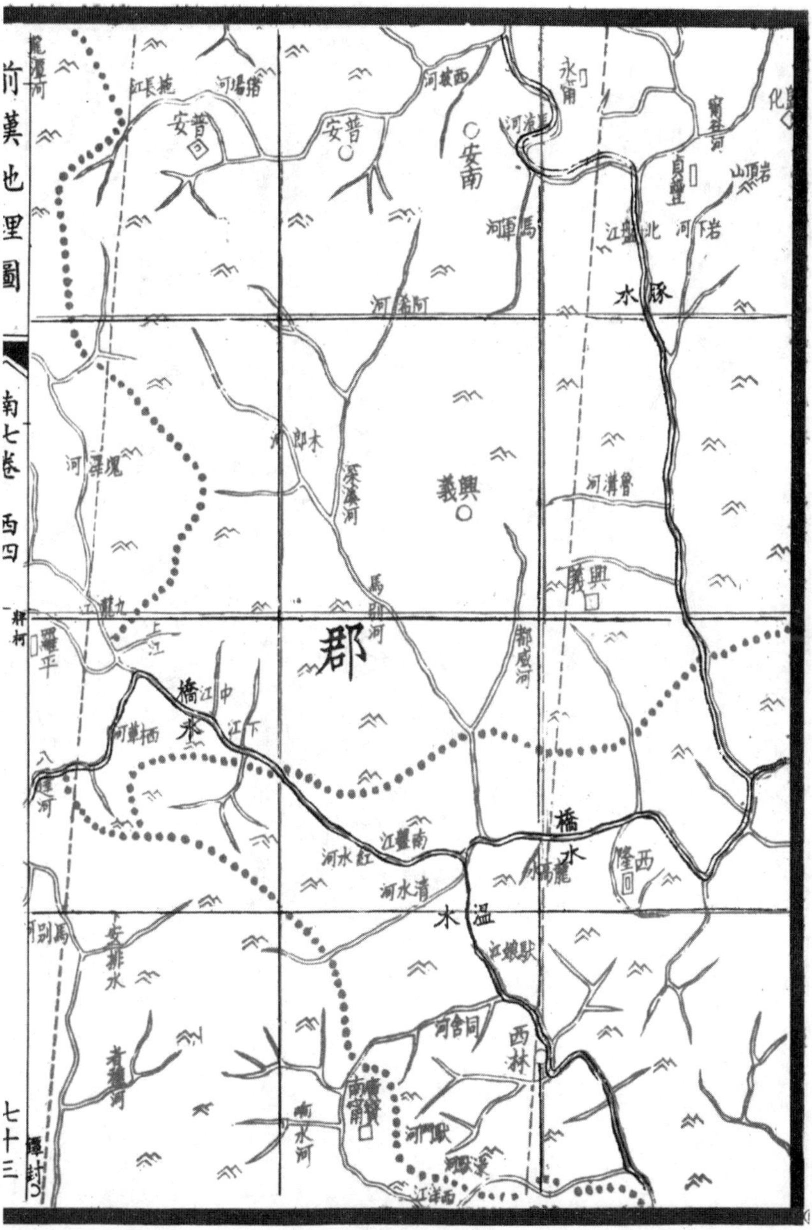
前漢地理圖
南七卷
西四
七十三
郡
安南
興義
普安
西坡河
溫水
橋水
豚水
西隆
西林

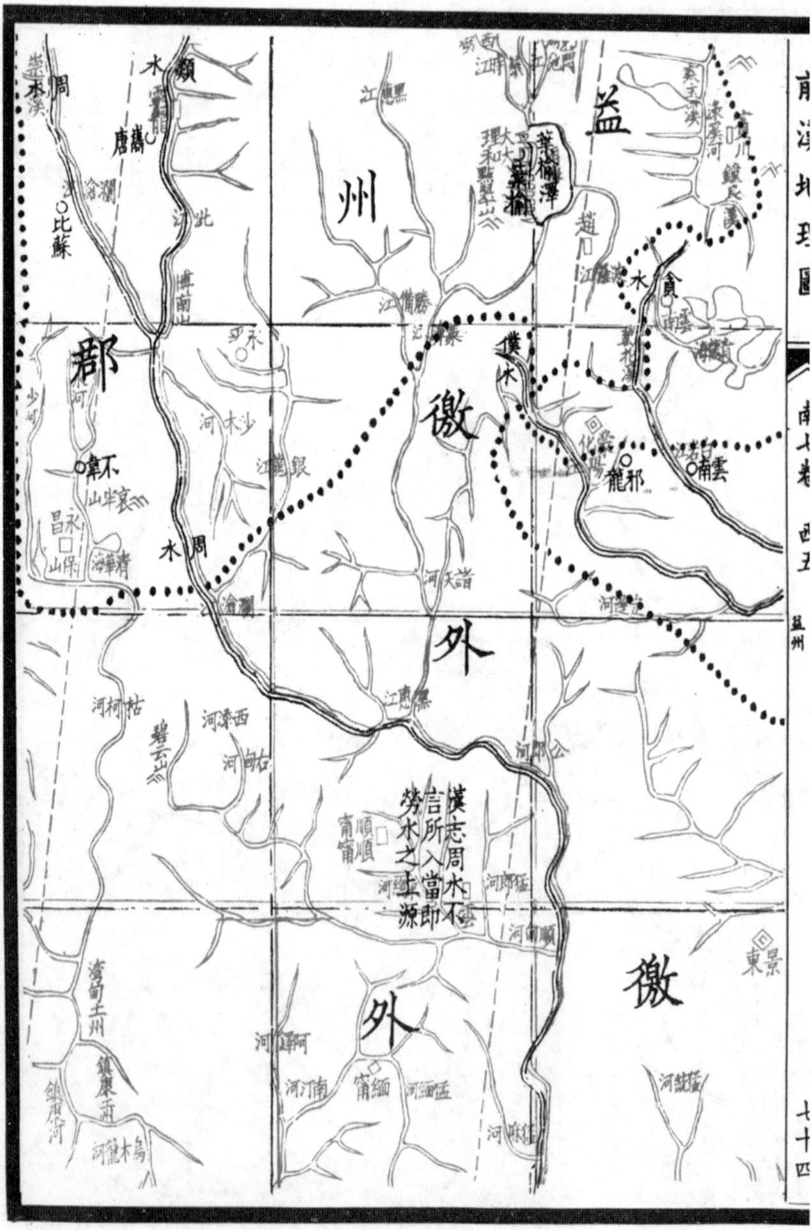
益
州
郡
徼
外
徼
外
漢志周水不言所入當即勞水之上源

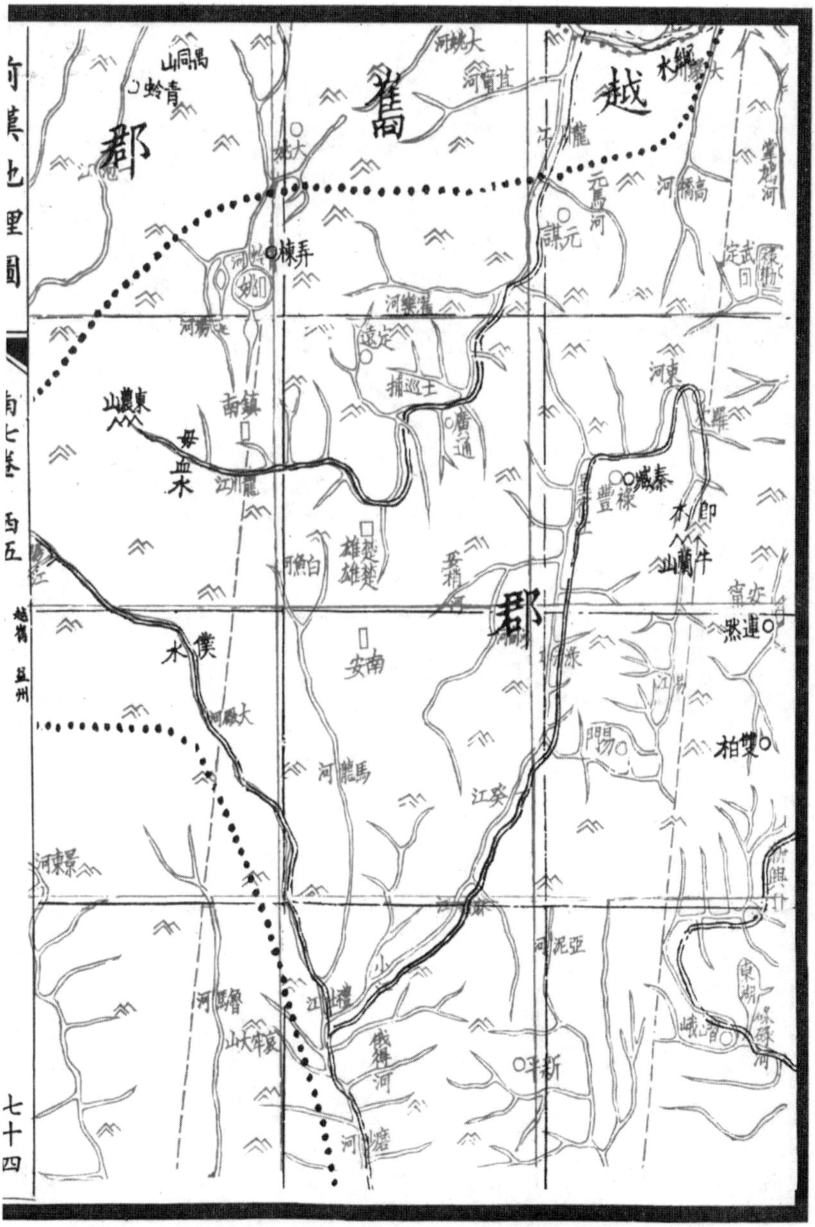
前漢地理圖
南七卷 西五
越嶲 益州
七十四
越
嶲
郡
郡
禺同山
青蛉
弄棟
東農山
母血水
僕水
連然
雙柏
秦臧
牛蘭山
安南
新平

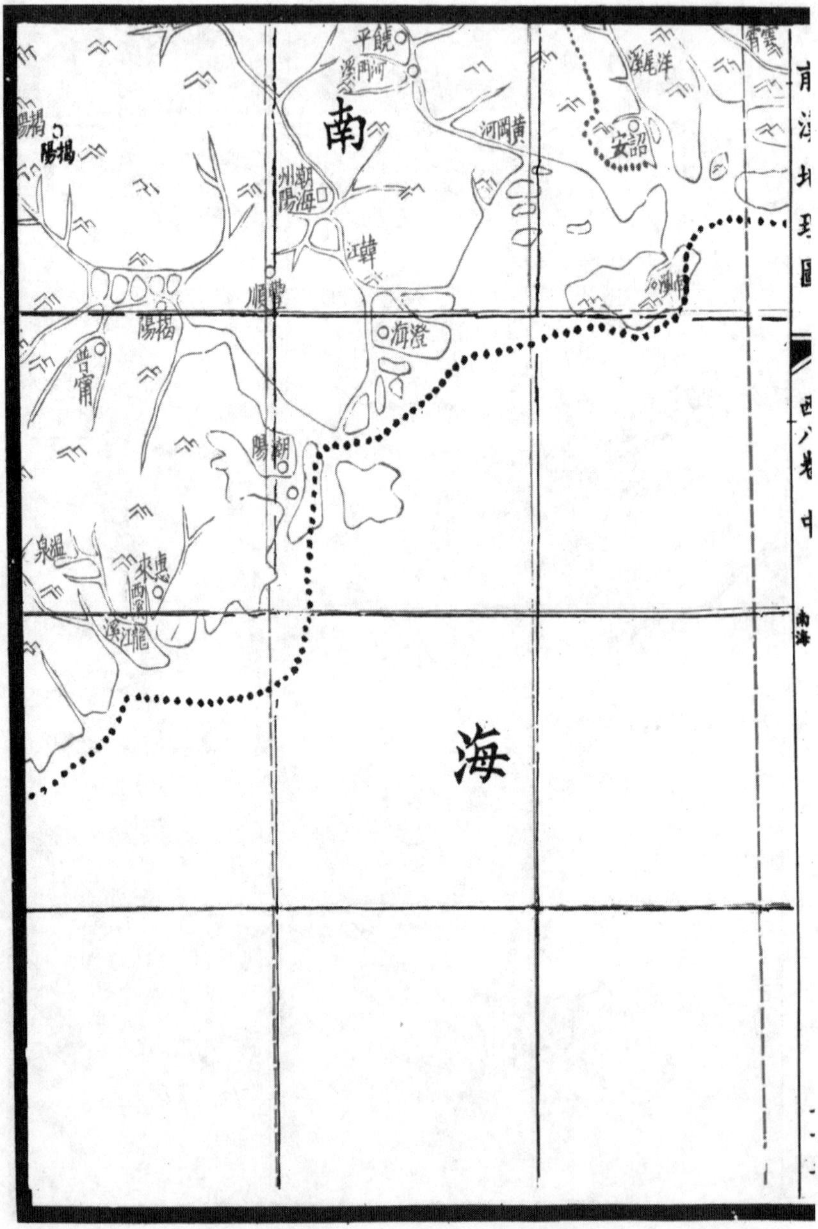
南
海
饒平
黃岡河
詔安
潮州
海陽
揭陽
韓江
澄海
普寧
潮陽
惠來
溫泉
南海

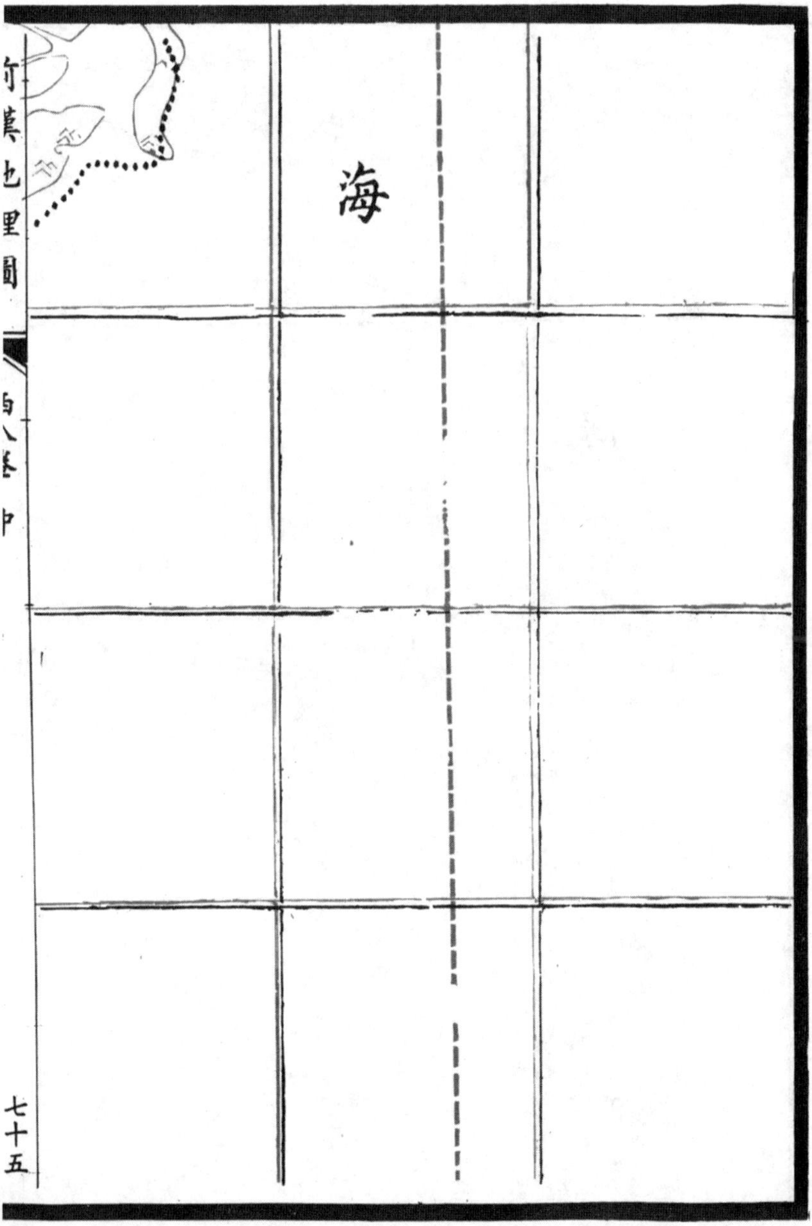
海
七十五

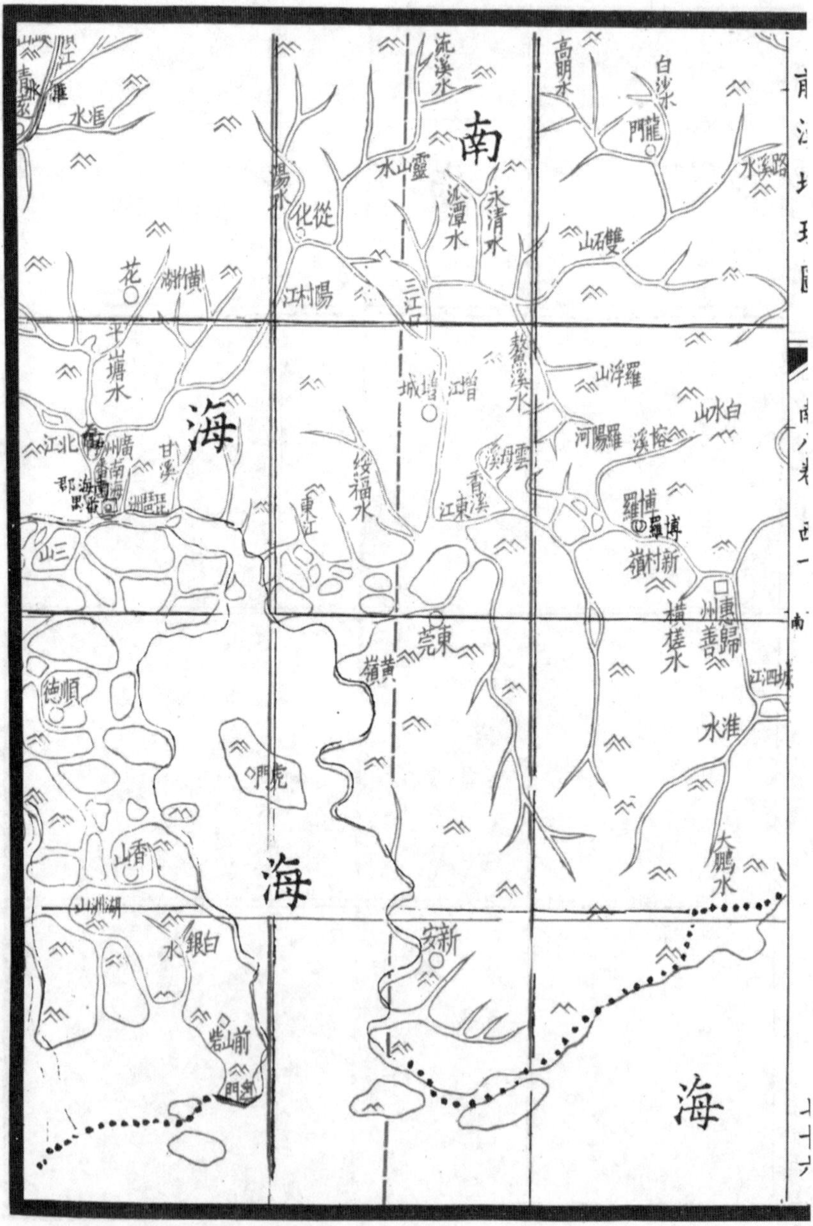
南
海
海
海
從化
靈山水
增城
增江
東莞
黃嶺
新安
順德
香山
博羅
羅浮山
新村嶺
惠州
歸善
淮水
大鵬水
白水山
雙石山
龍門
白沙水
高明水
永清水
三江口
陽村江
綏福水
東江
白銀水
甘溪
平崗塘水

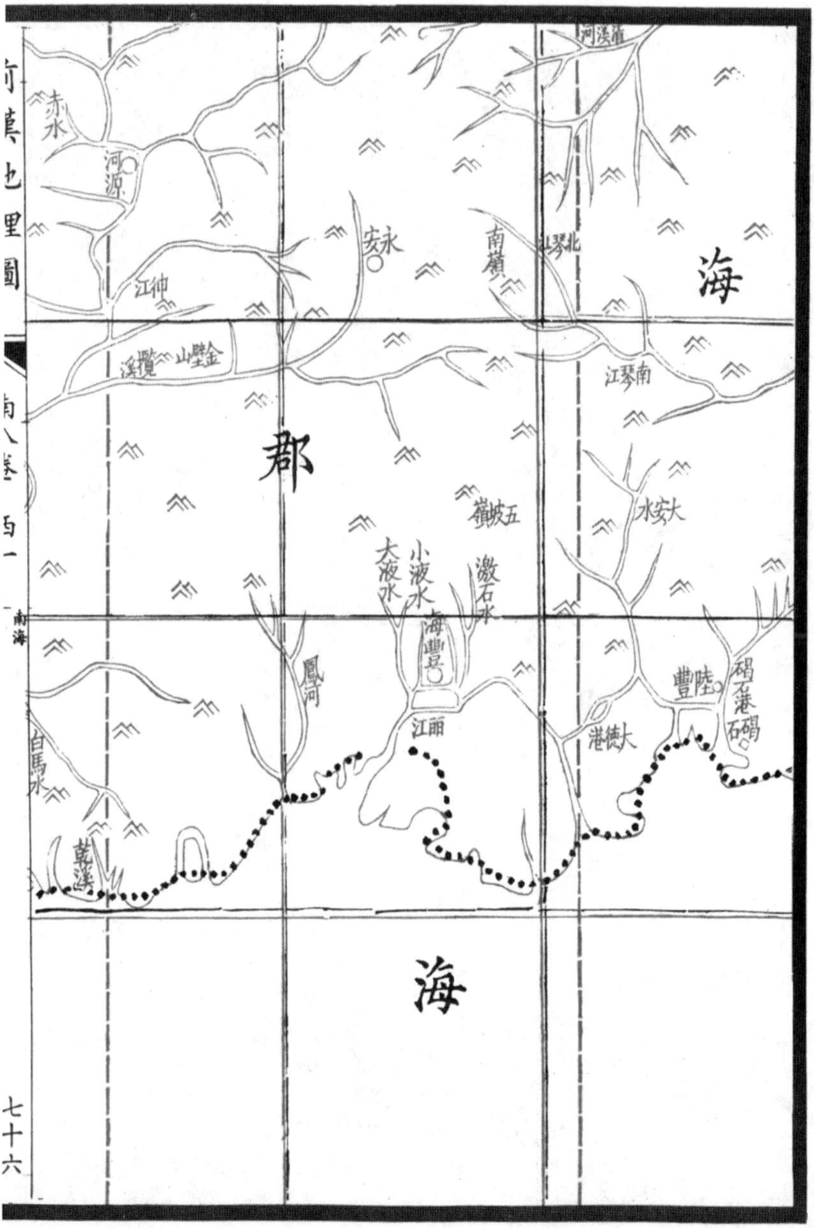
海
郡
海
赤水
河源
永安
南嶺
金壁山
南琴江
大安水
大液水
小液水
激石水
海豐
鳳河
陸豐
白馬水
南海
七十六

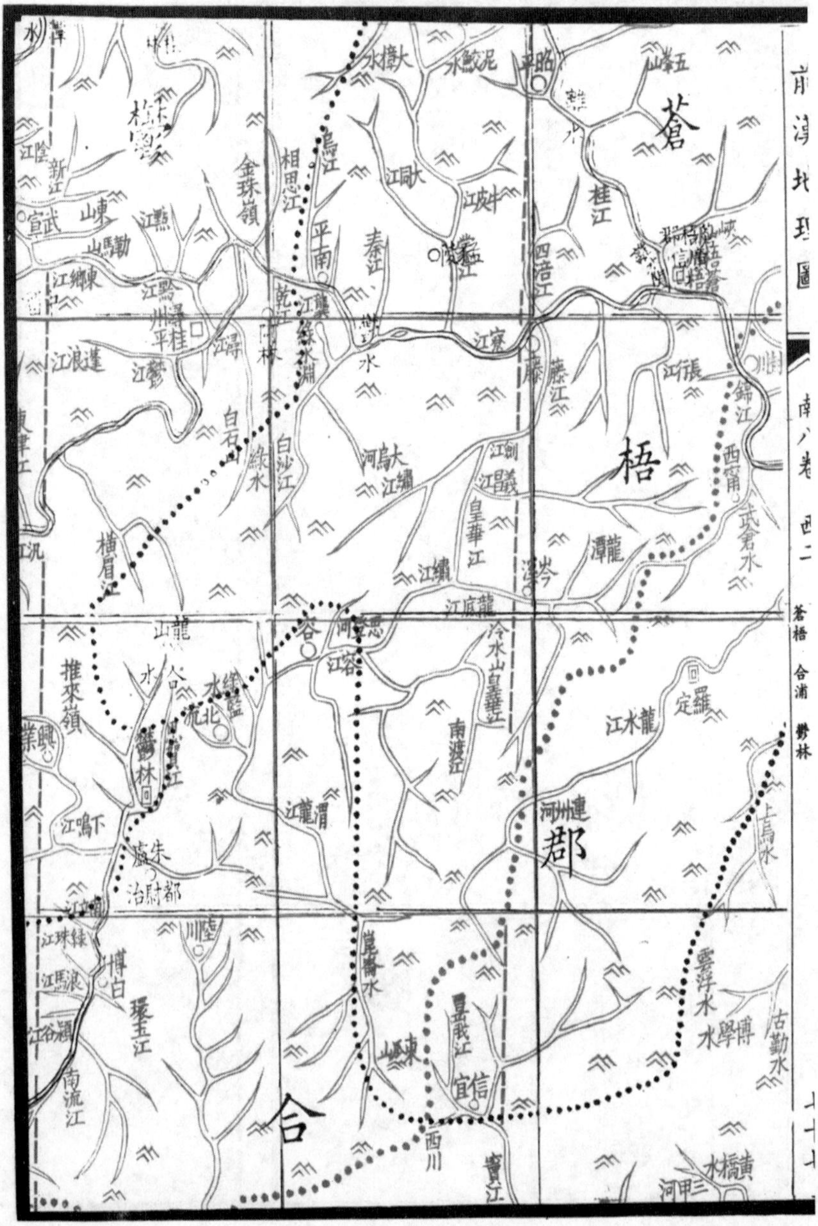
前漢地理圖
南八卷　西二
蒼梧　合浦　鬱林
蒼
梧
郡
合
鬱林
金珠嶺
相思江
平南
秦江
藤
白石山
白沙江
橫眉江
推來嶺
龍山
容
北流
皇華江
南渡江
冷水山
連州河
羅定
龍江水
雲浮水
博學水
古勤水
黃橋水
宜信
西川
南流江
環玉江
博白
朱盧
都尉治
武倉水

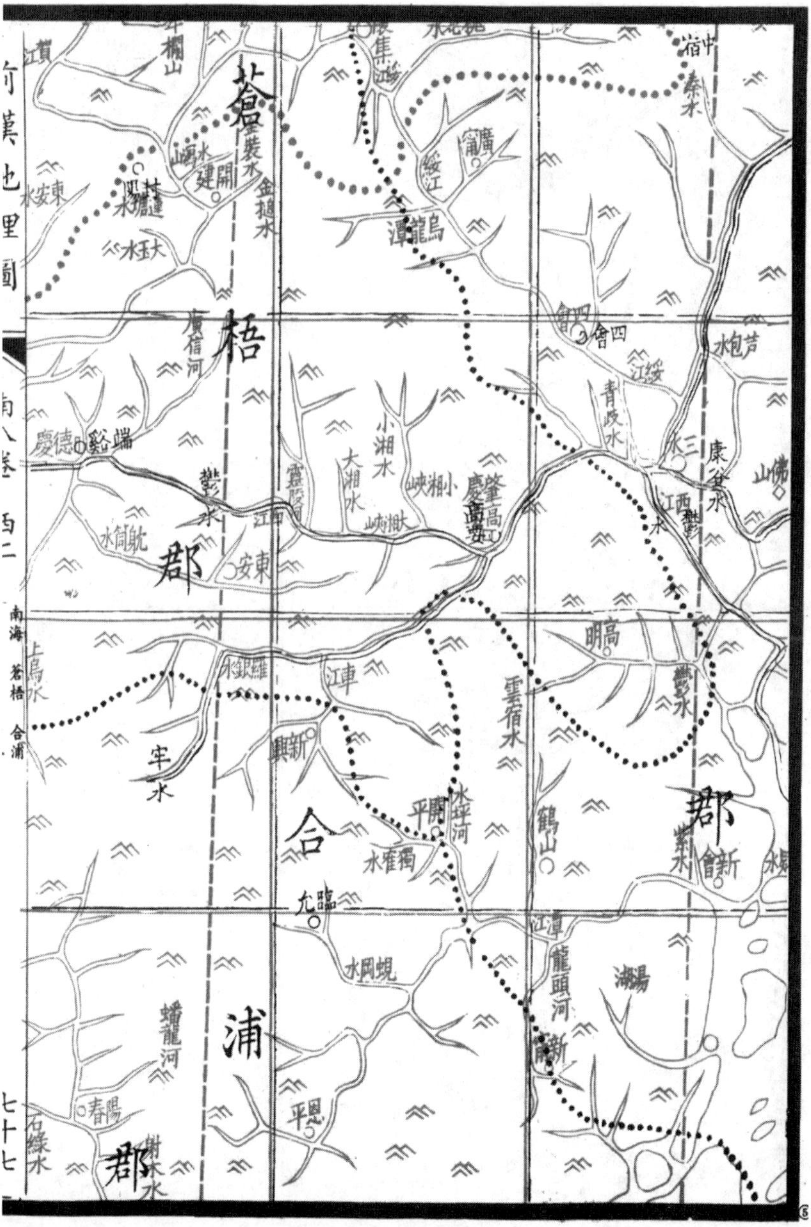
前漢地理圖
蒼梧郡
合浦郡
南海
蒼梧
合浦
七十七
四會
端谿
德慶
高要
肇慶
臨允
新會
新興
高明
東安
安東
封陽
開建
廣寧
鶴山
雲宿水
臨賀
大湘水
小湘水
牢水
平恩
陽春
新寧
龍頭河
蟠龍河
石綠水

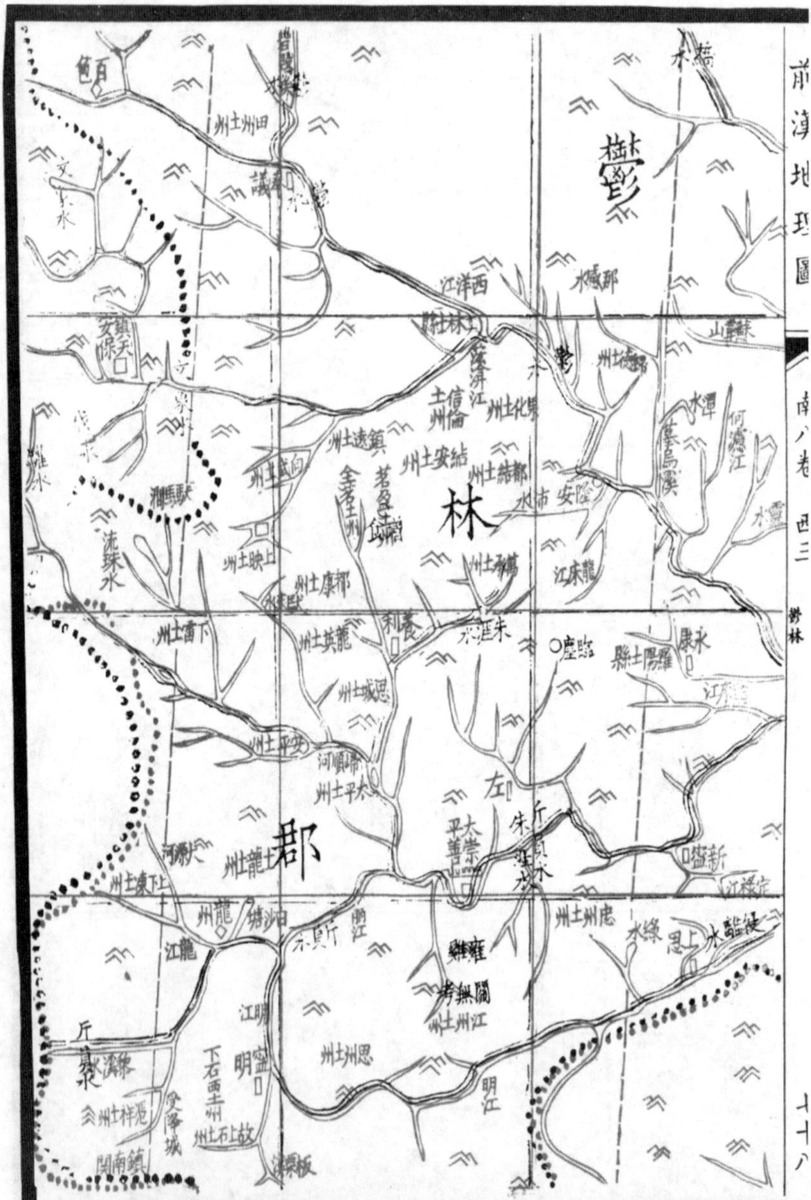
前漢地理圖
鬱
林
郡
鬱林

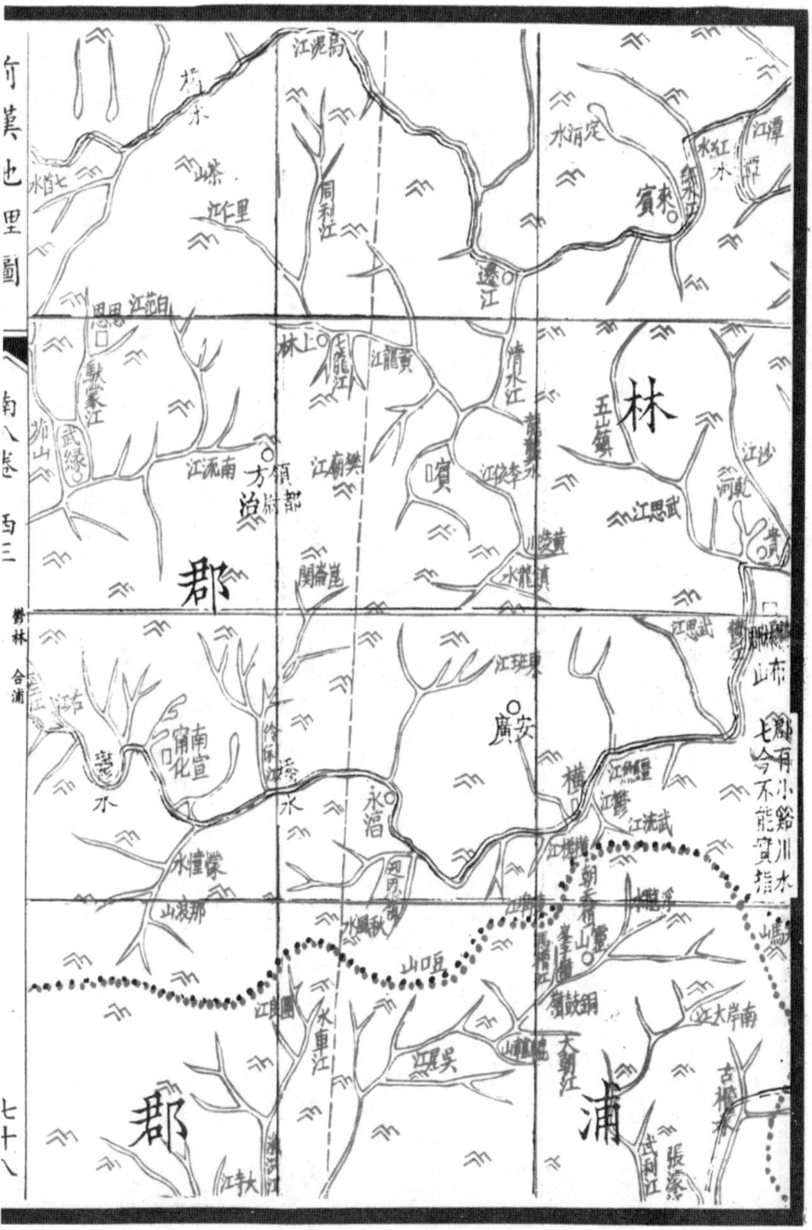
前漢地理圖
鬱林
合浦
七十八
郡
林
郡
浦
廣安
永淳
領方
郡尉治

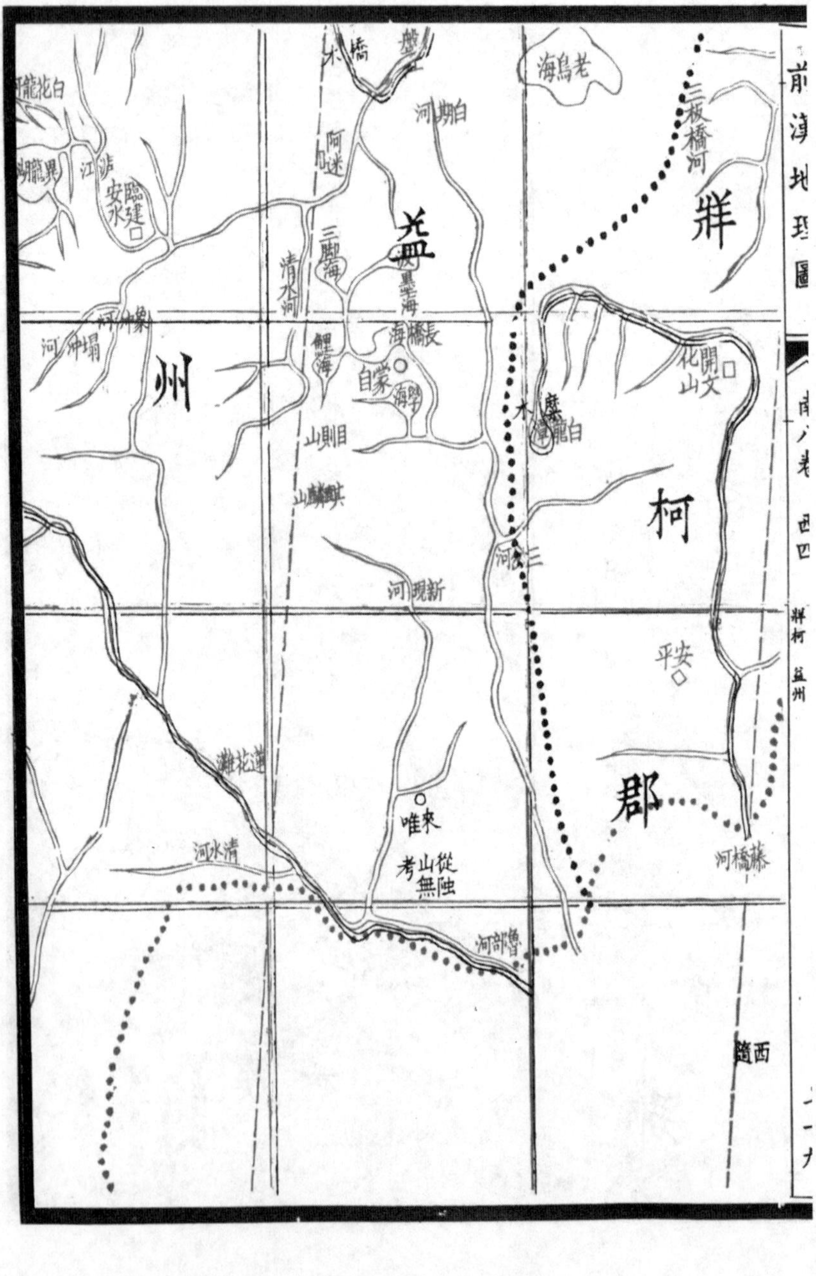

前漢地理圖
牂
柯
郡
益
州
老鳥海
三板橋河
盤
橋
阿迷
三腳海
清水河
臨安
建水
異龍湖
白花龍河
象州河
鯉海
長橋海
自蒙
新現河
白龍潭
開化
文山
平安
蓮花灘
清水河
唯來
魯部河
藤橋河
西隨
牂柯
益州

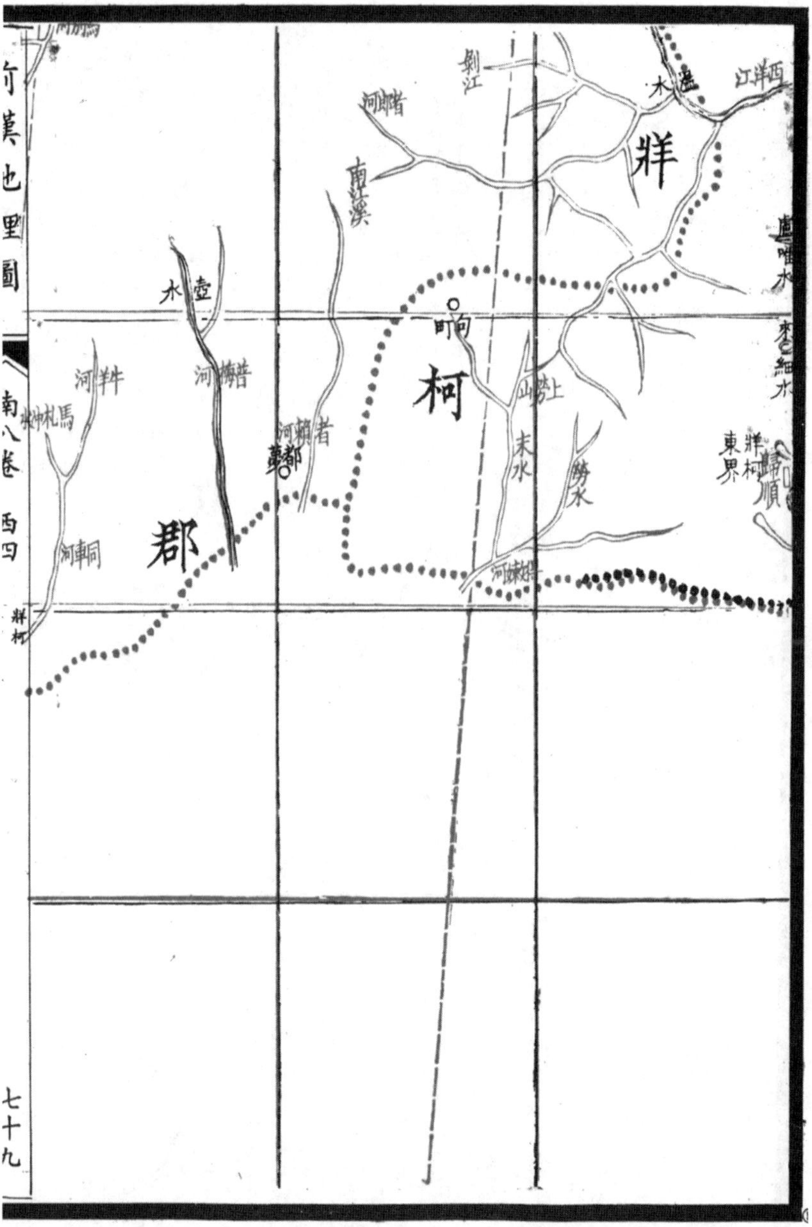
前漢地理圖
南八卷
七十九
牂
柯
郡
溫水
西洋江
末水
同車河
牛羊河
普梅河
東界

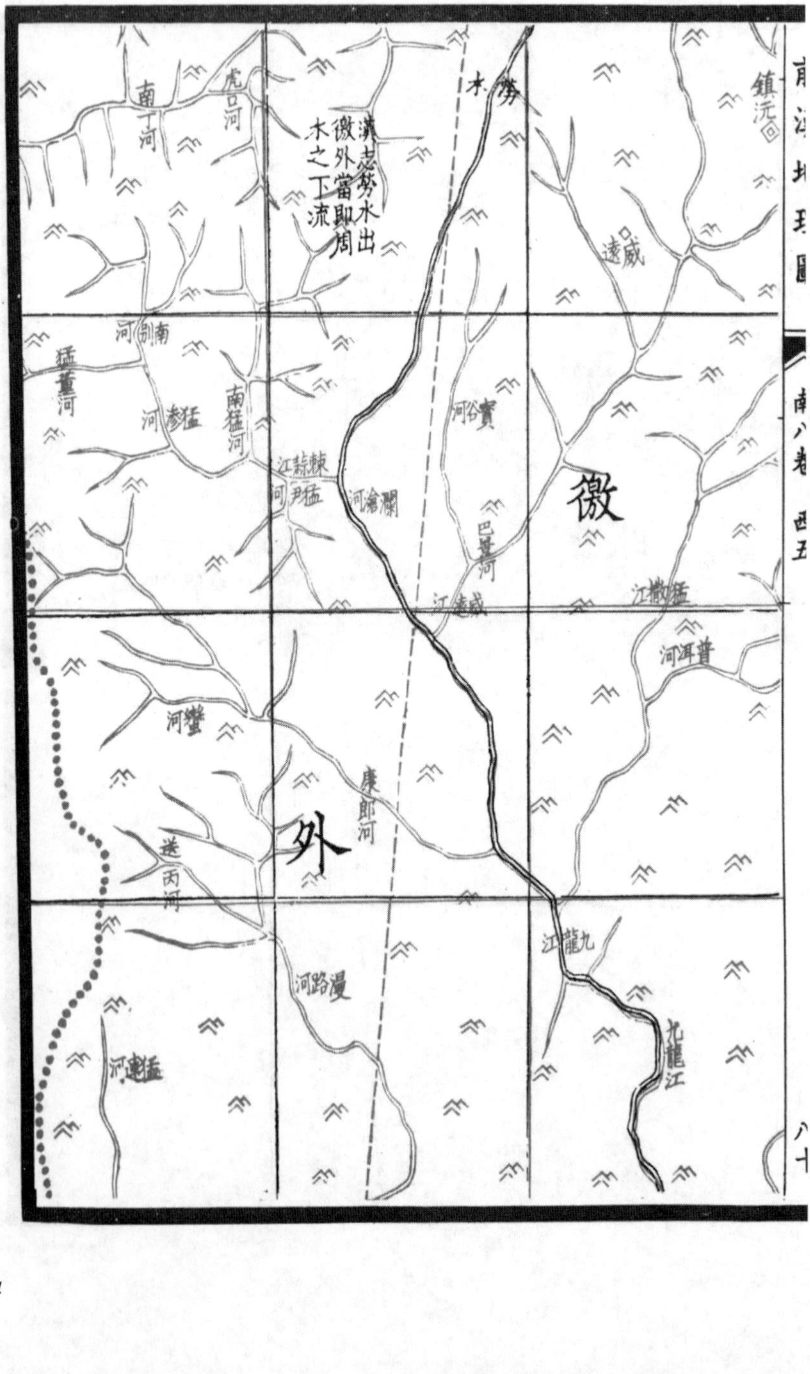
漢志勞水出徼外當即周水之下流
勞水
南丁河
虎呂河
鎮沅
威遠
南別河
猛董河
猛滲河
南猛河
棟蒜江
猛尹河
瀾滄河
寶谷河
徼
巴景河
威遠江
猛撒江
普洱河
蠻河
康郎河
外
送丙河
九龍江
漫路河
九龍江
猛連河

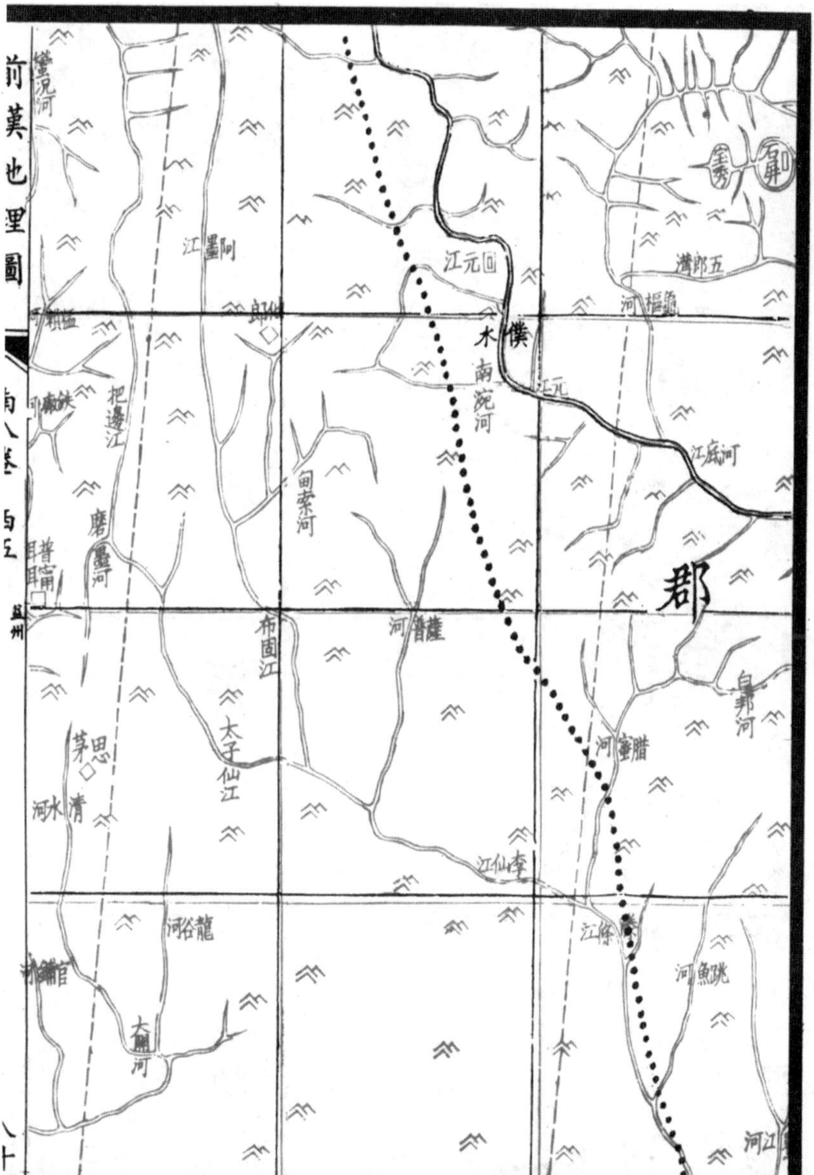

附録　前漢地理圖

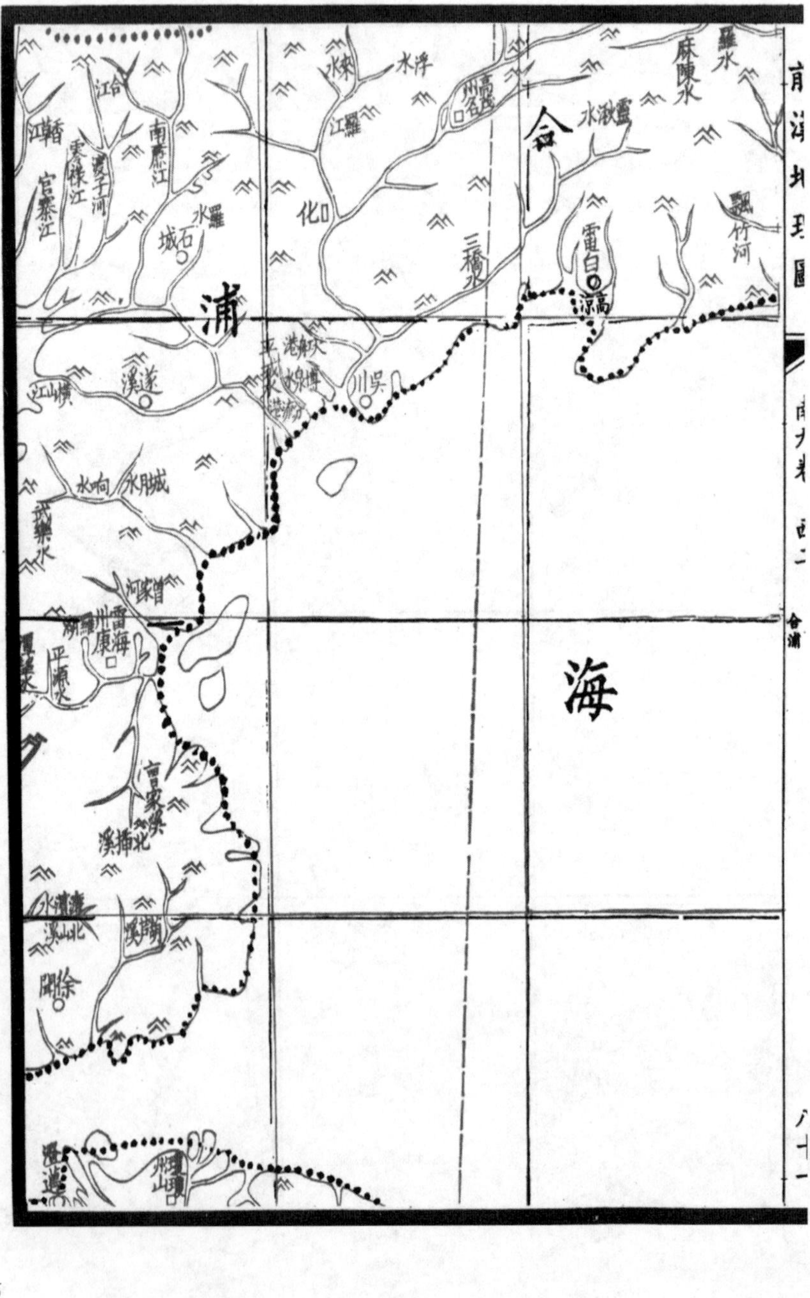
合
浦
化
海

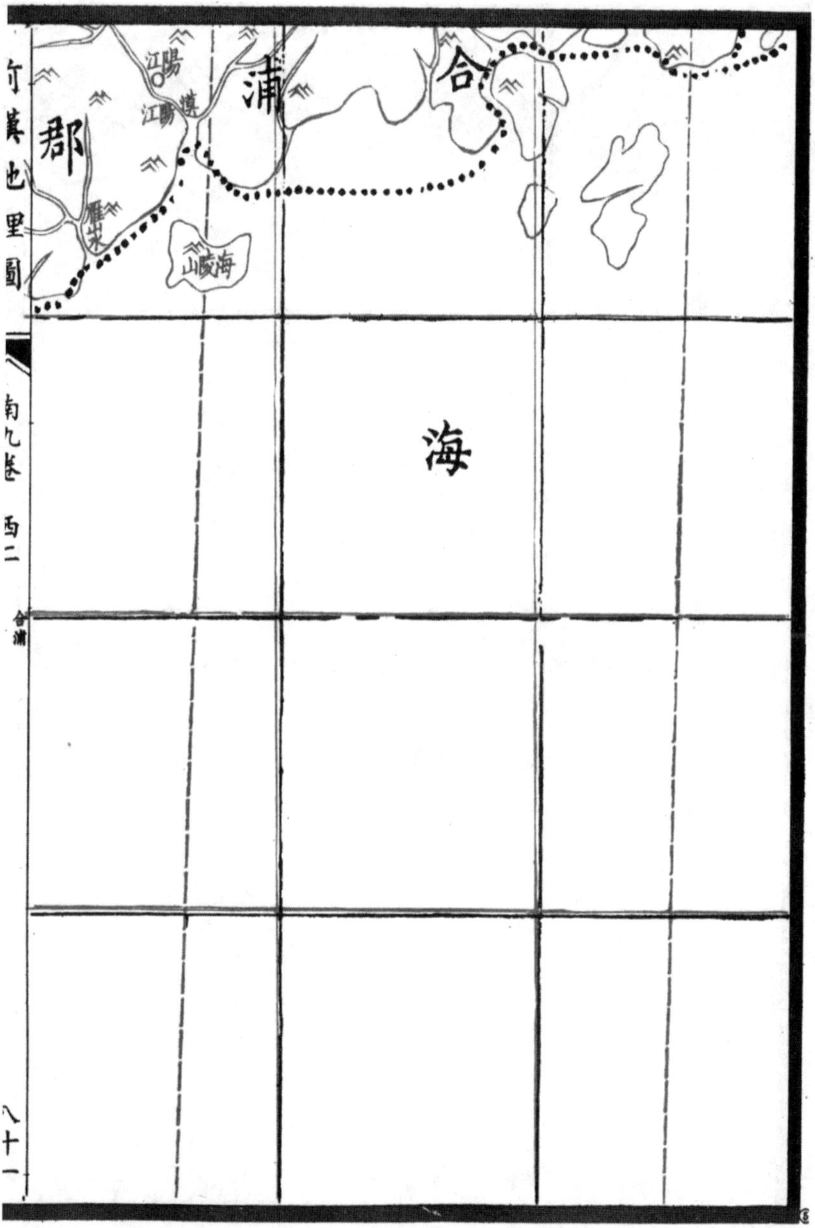
合
浦
郡
海
海陵山

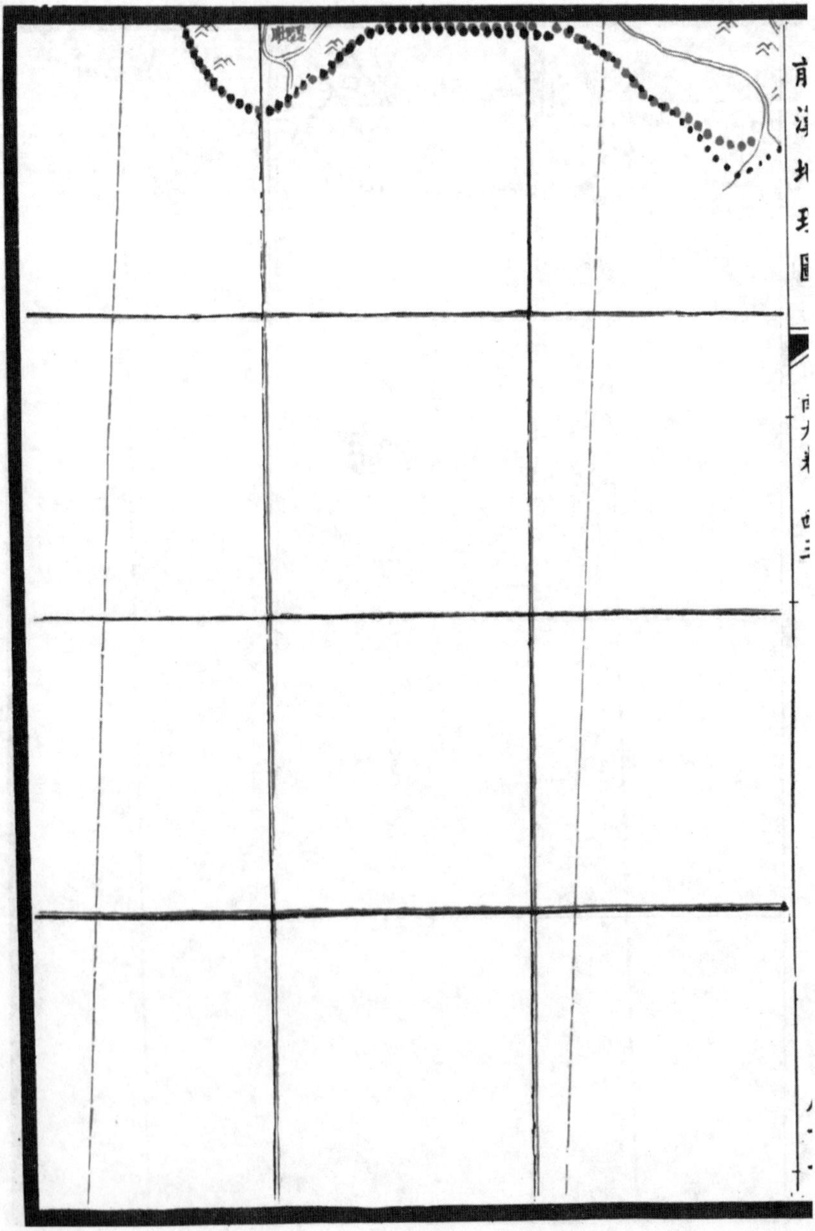

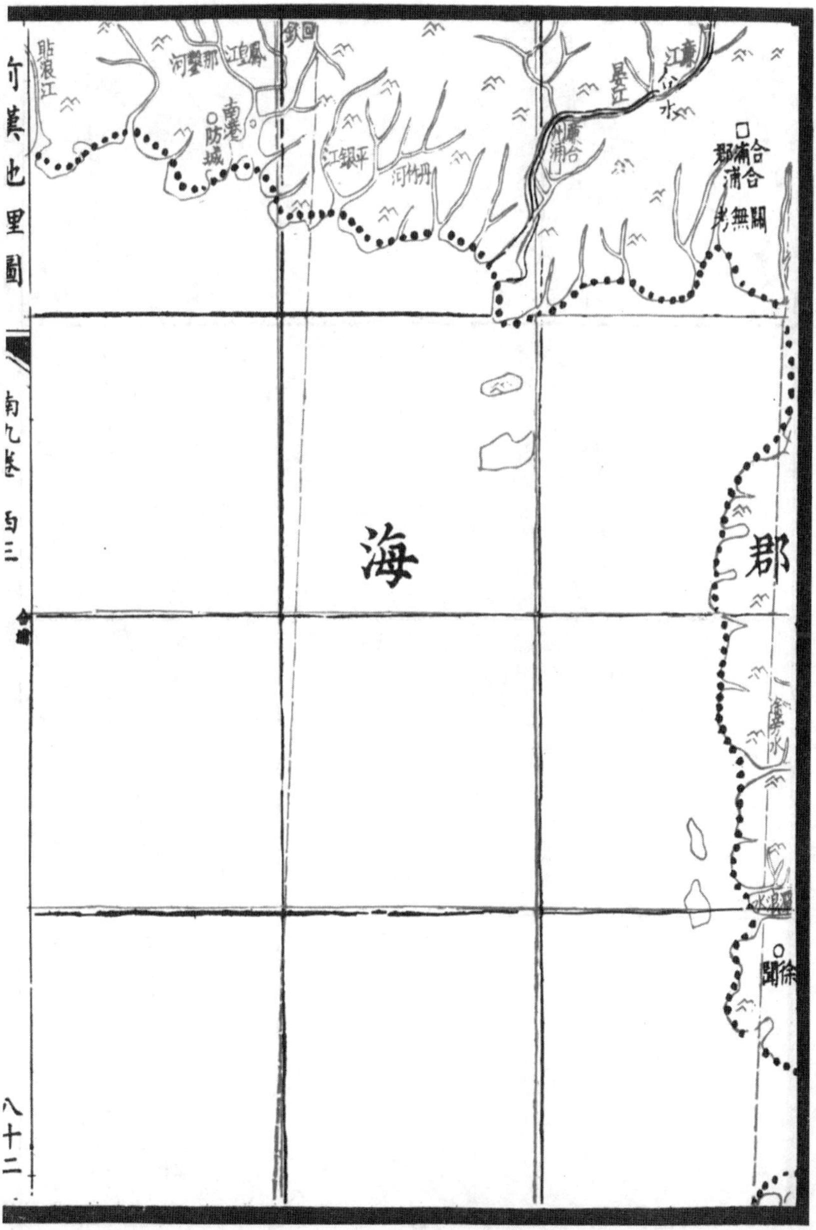
海
郡
合浦
合浦郡
徐聞
防城
平銀江
丹竹河
八十二

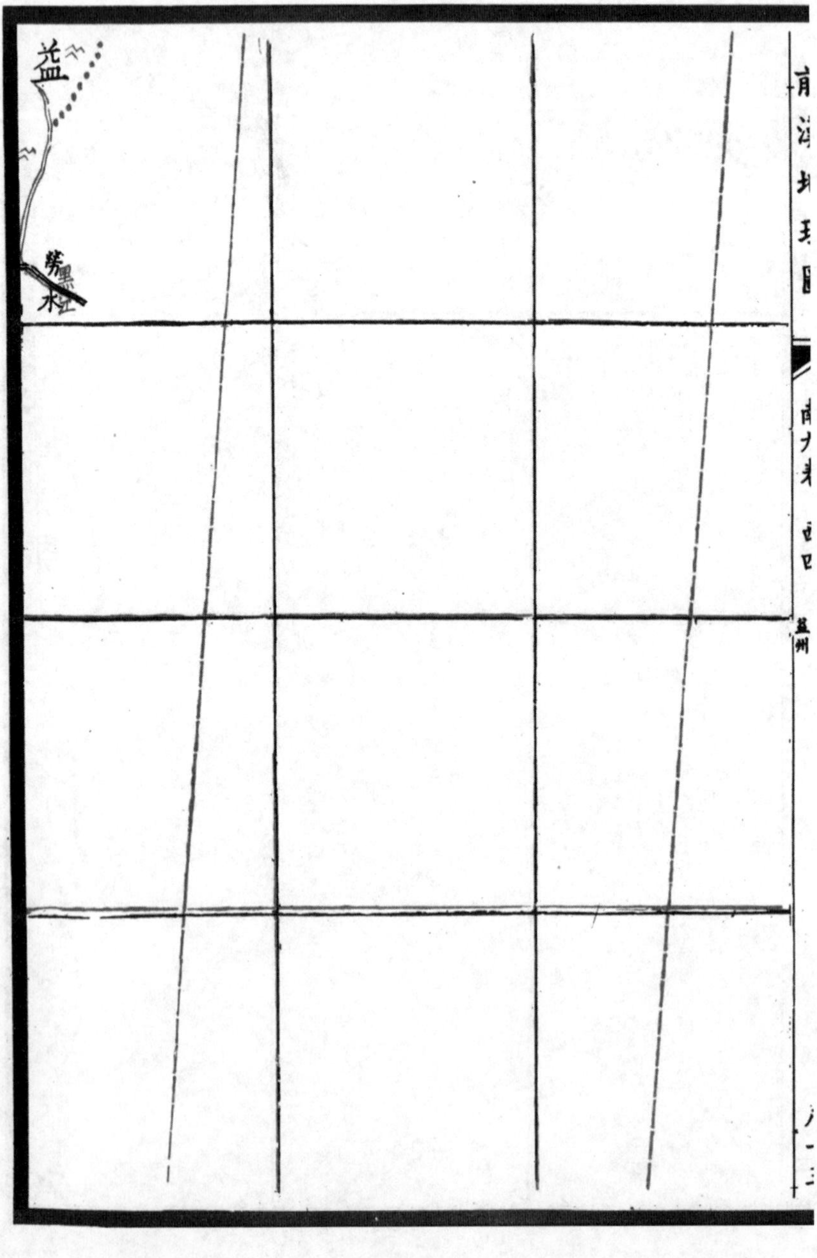
益
黑
水
江
益州

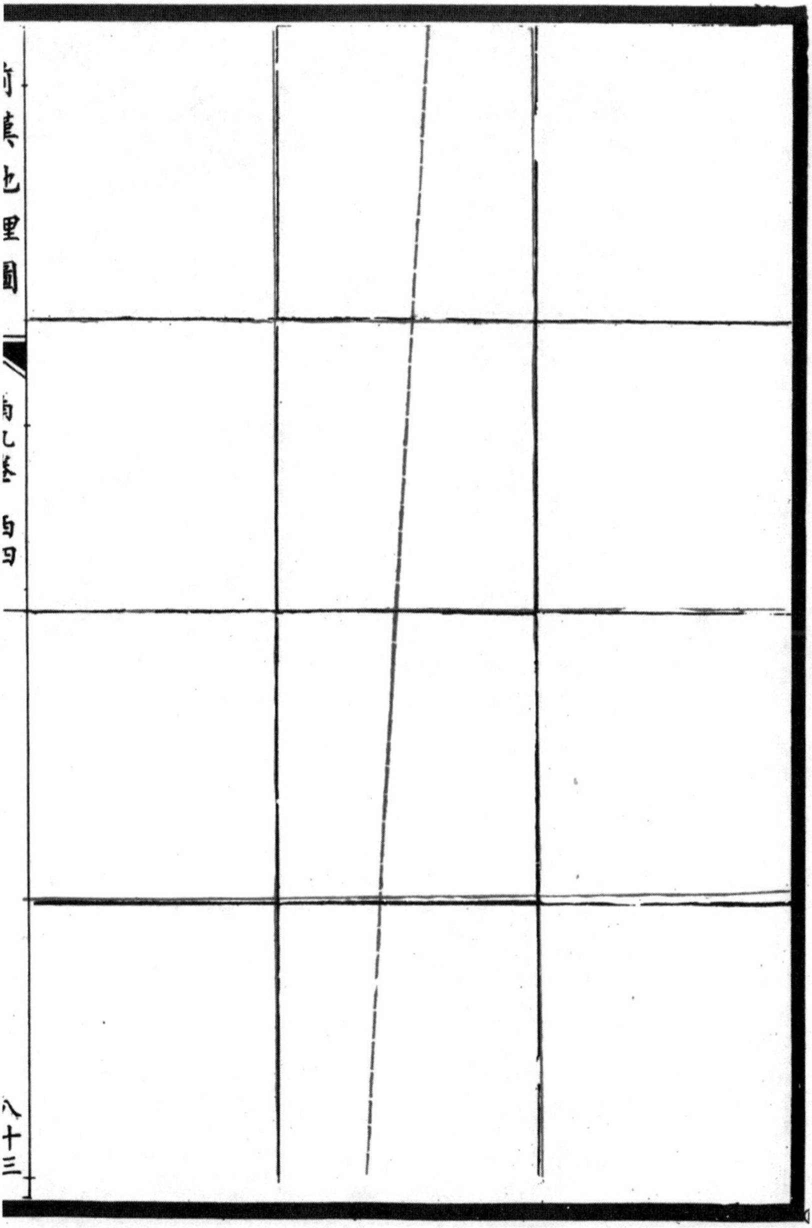

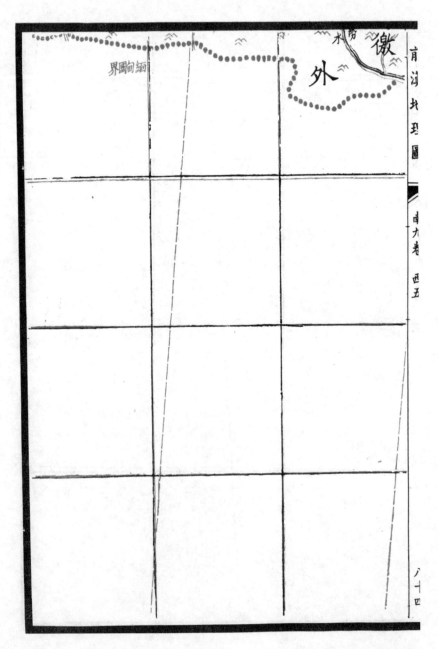
緬甸國界
徼
外

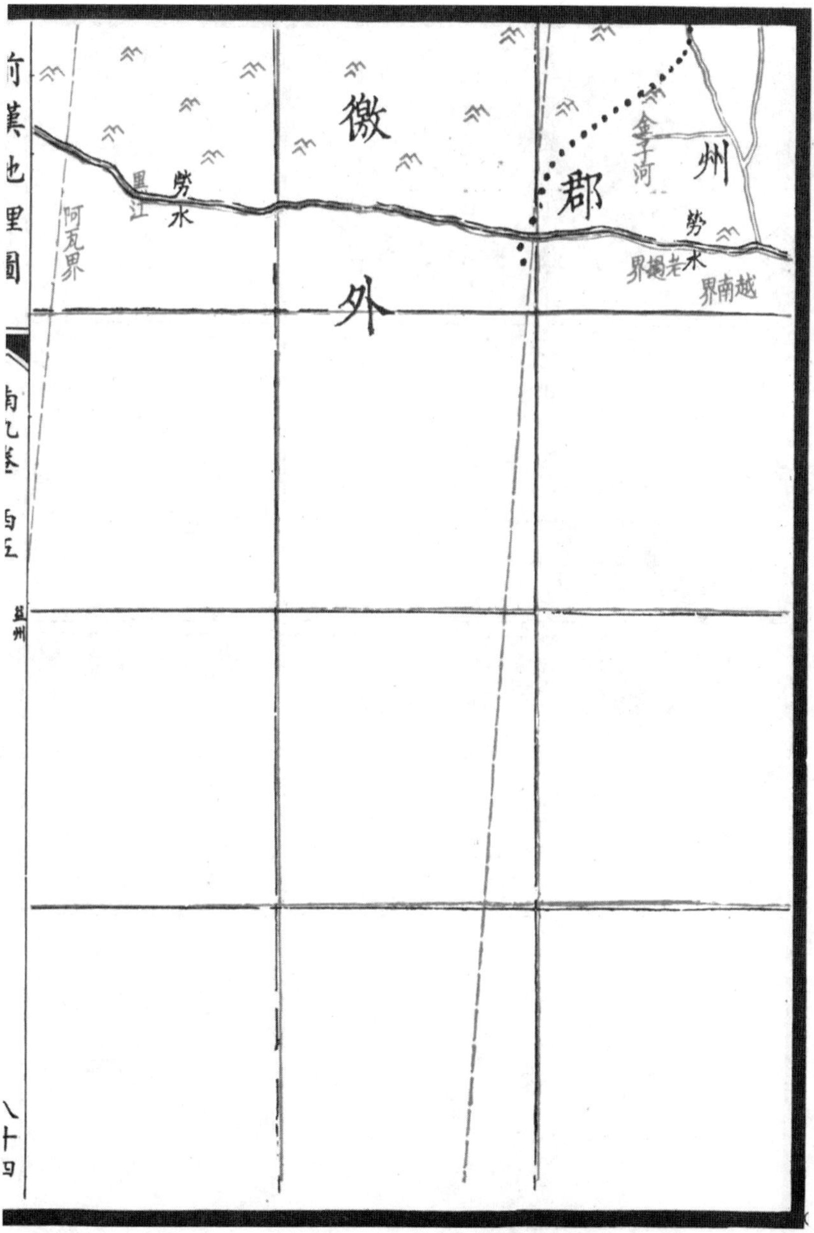
徼外
郡
州
勞水
黒江
阿瓦界
金子河
勞水
老撾界
越南界
益州
八十四

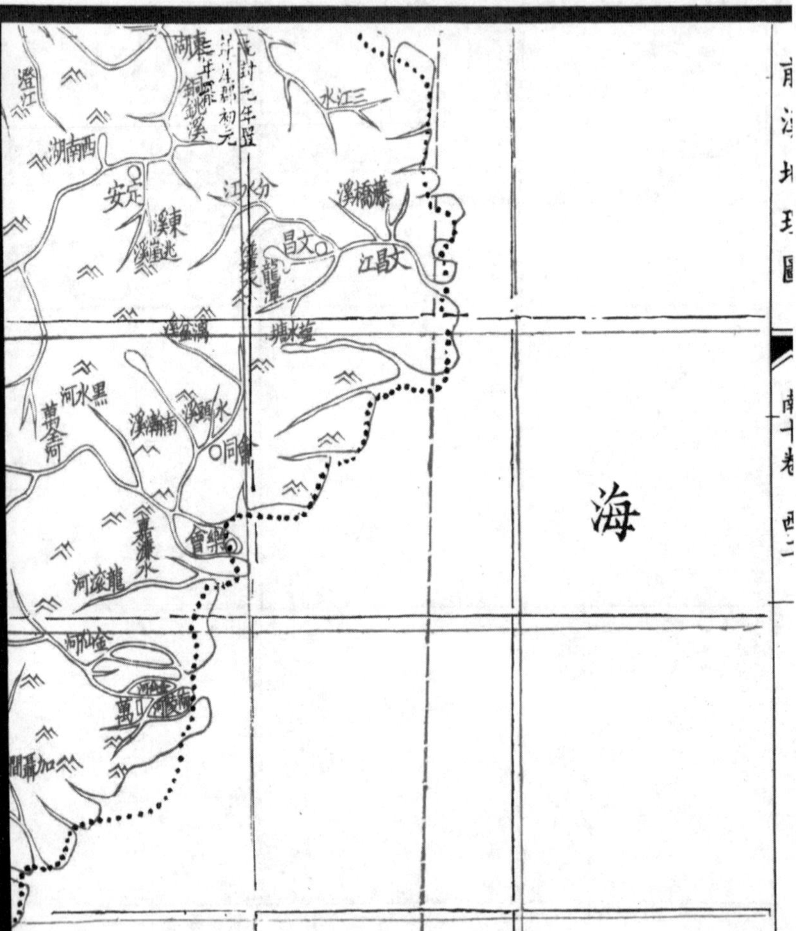
海
三江水
西南湖
安定
分水江
藤橋溪
文昌
文昌江
黑水河
會同

前漢地理圖

南十三　西二

八十五

前漢地理圖

南十卷　西三

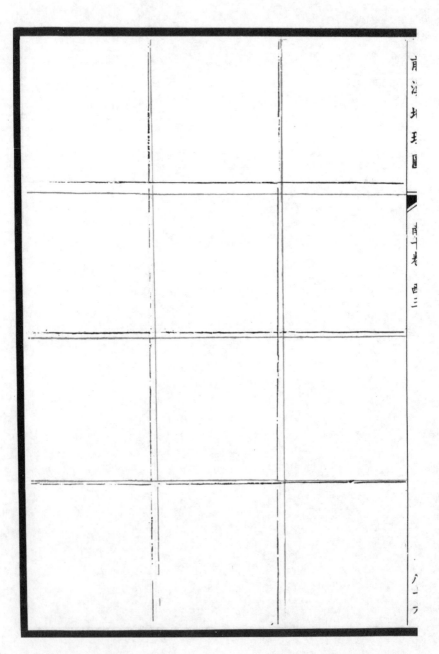

八十六

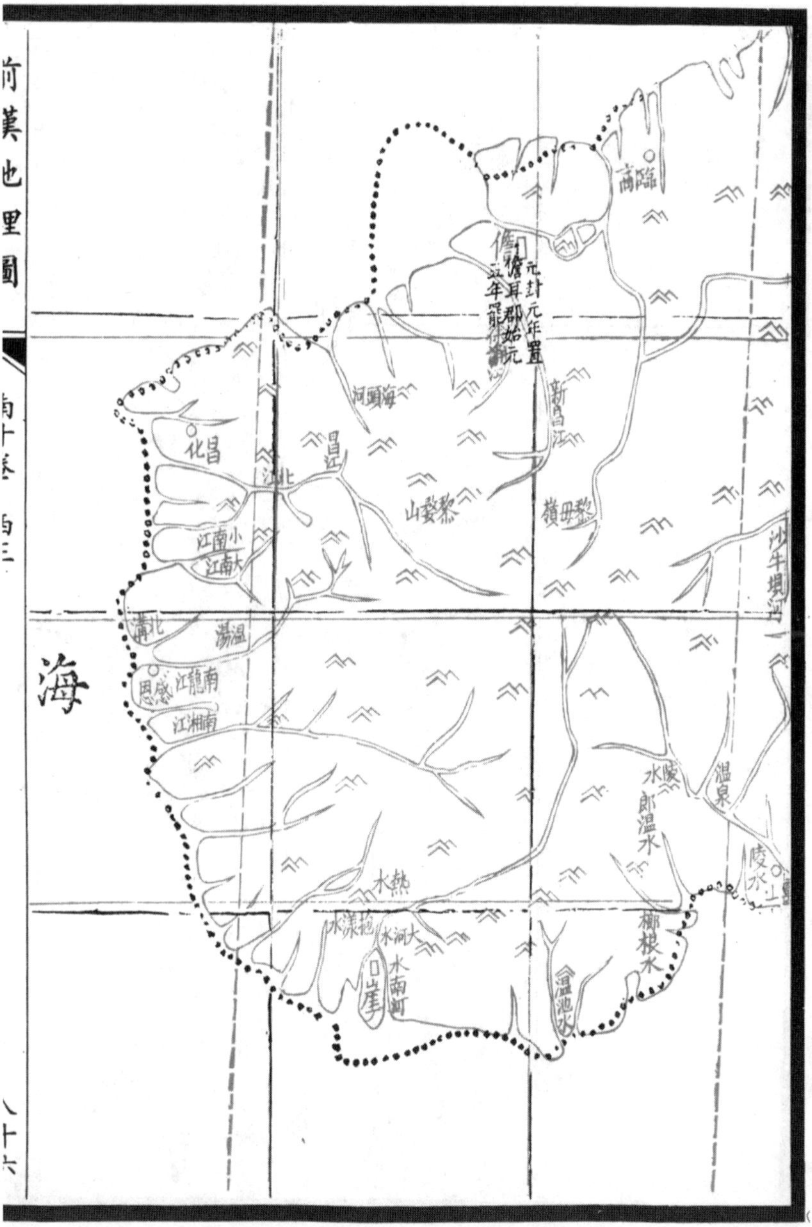
前漢地理圖
海
臨高
儋耳郡始元五年罷
元封元年置
海頭河
昌化
昌江
北江
黎婺山
黎母嶺
小南江
大南江
溫湯
南龍江
感恩
南湘江
熱水
陵水
郎溫水
溫泉
陵水
椰根水
溫泡水
大河水
南河水
崖

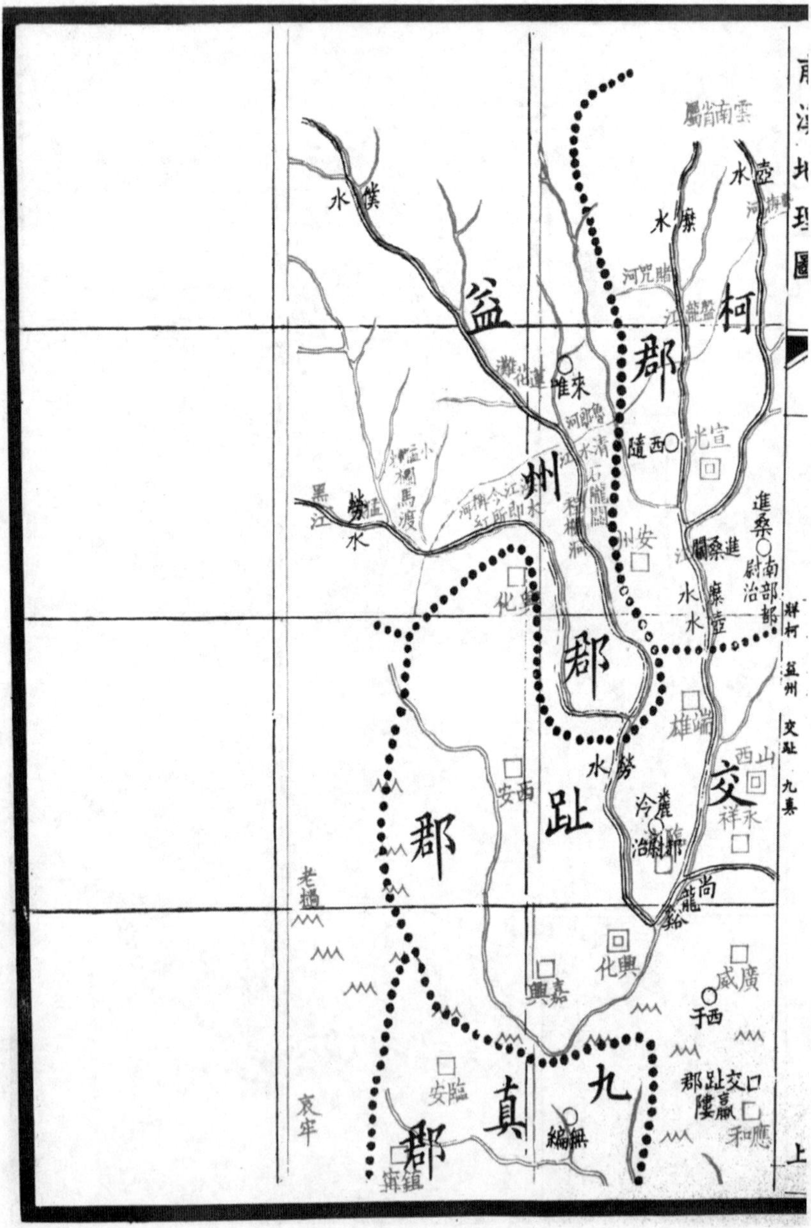
益州郡
交趾郡
九真郡
牂柯
益州
交趾
九真
來唯
西隨
宣光
興化
安西
嘉興
臨安
西于
廣威
應和
永祥
山西
端雄
麊泠
郡尉治
進桑
南部都尉治
僕水
盤龍江
勞水
黑江
老撾
哀牢
無編
雲南省屬

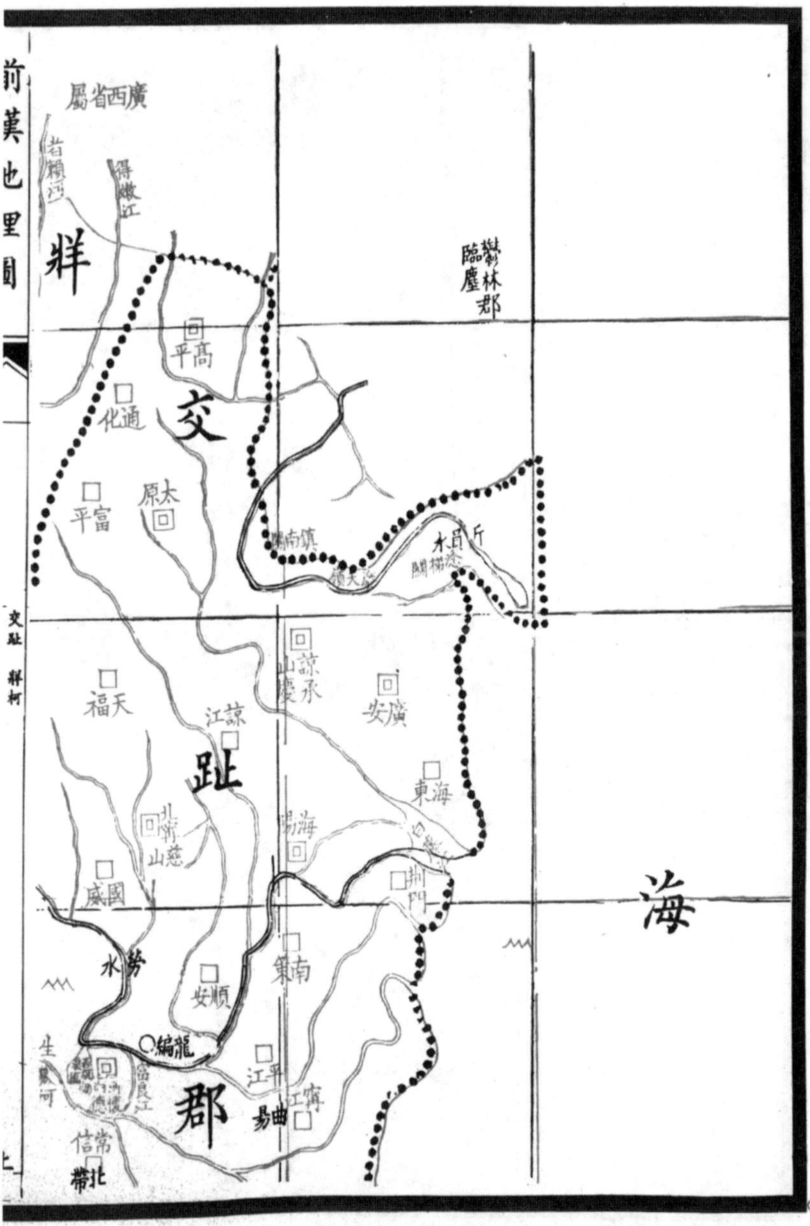

前漢地理圖
交趾 牂柯
廣西省屬
牂
鬱林郡
臨塵
高平
交
通化
太原
富平
鎮南關
斤員木
諒山
承慶
天福
廣安
諒江
趾
海東
海陽
北寧
慈山
國威
海
南策
順安
龍編
平江
寧江
曲易
郡
常信
北帶

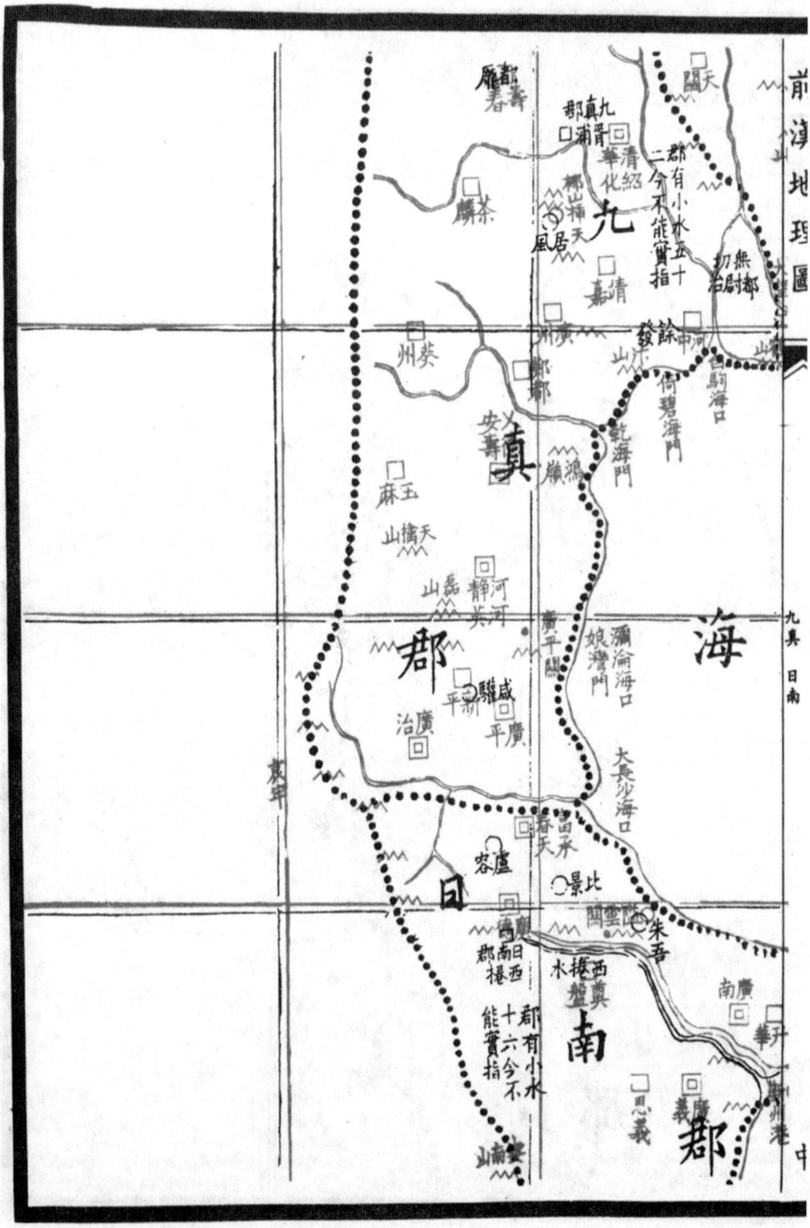
前漢地理圖
九
真
郡
海
日
南
郡
郡有小水五十二今不能實指
郡有小水十六今不能實指
九真日南

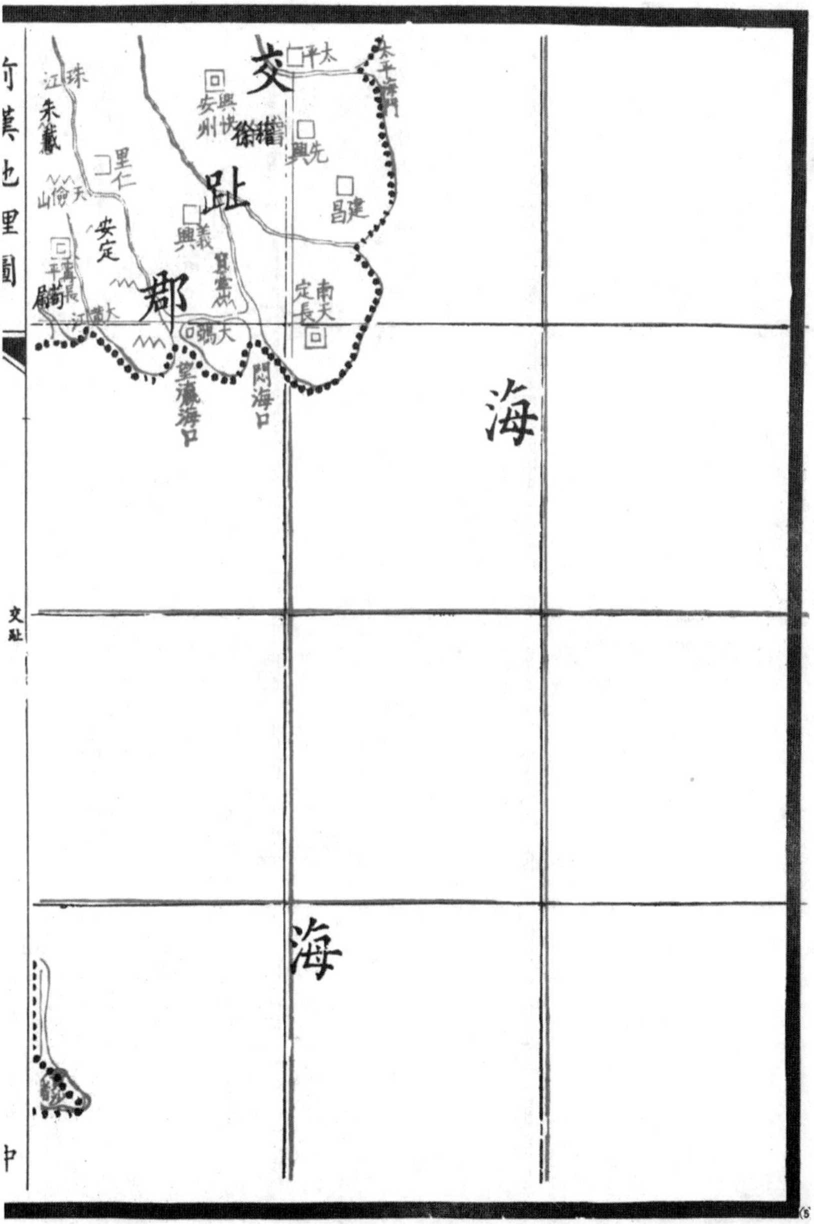
交趾郡
海
海
太平
先興
建昌
南天
長定
安定
里仁
閔海口

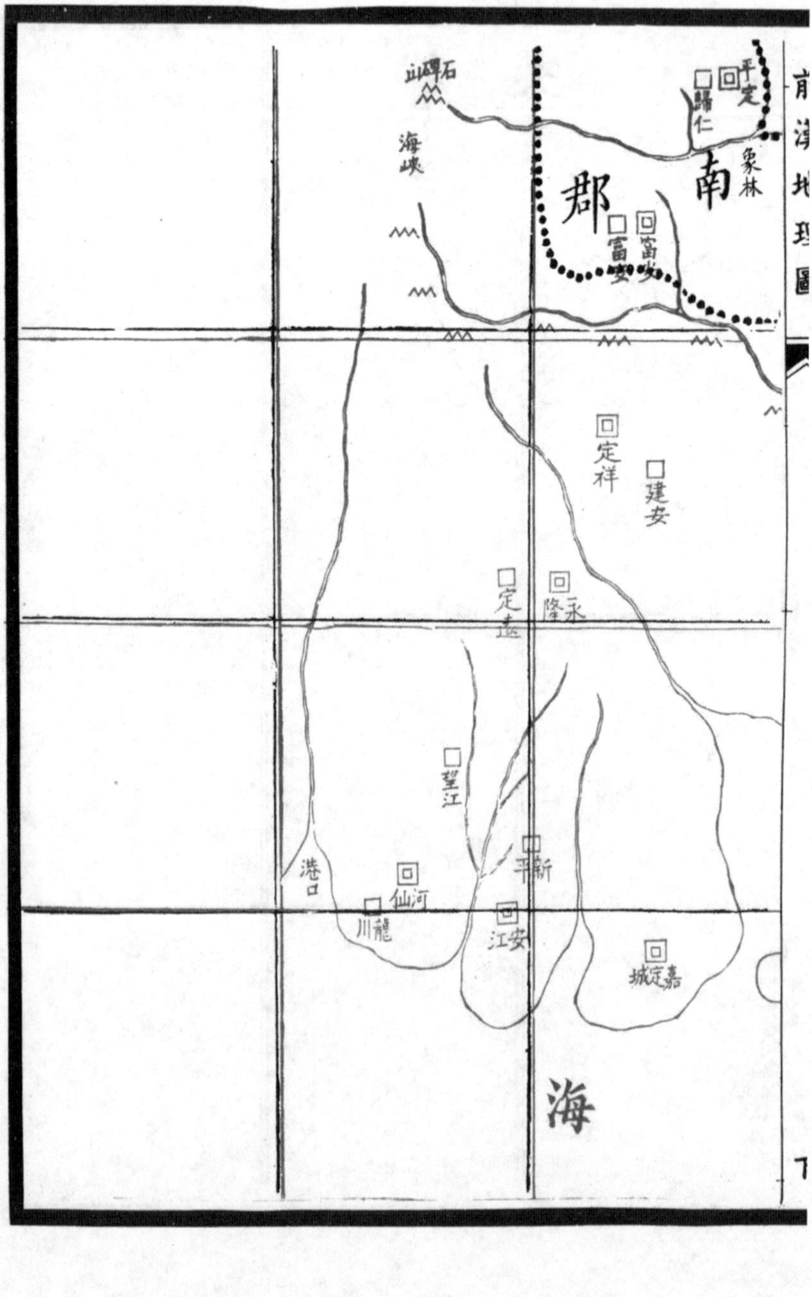
前漢地理圖
石碑山
海峽
平定
歸仁
象林
南
郡
富安
定祥
建安
定遠
永隆
望江
港口
河仙
龍川
新平
安江
嘉定城
海

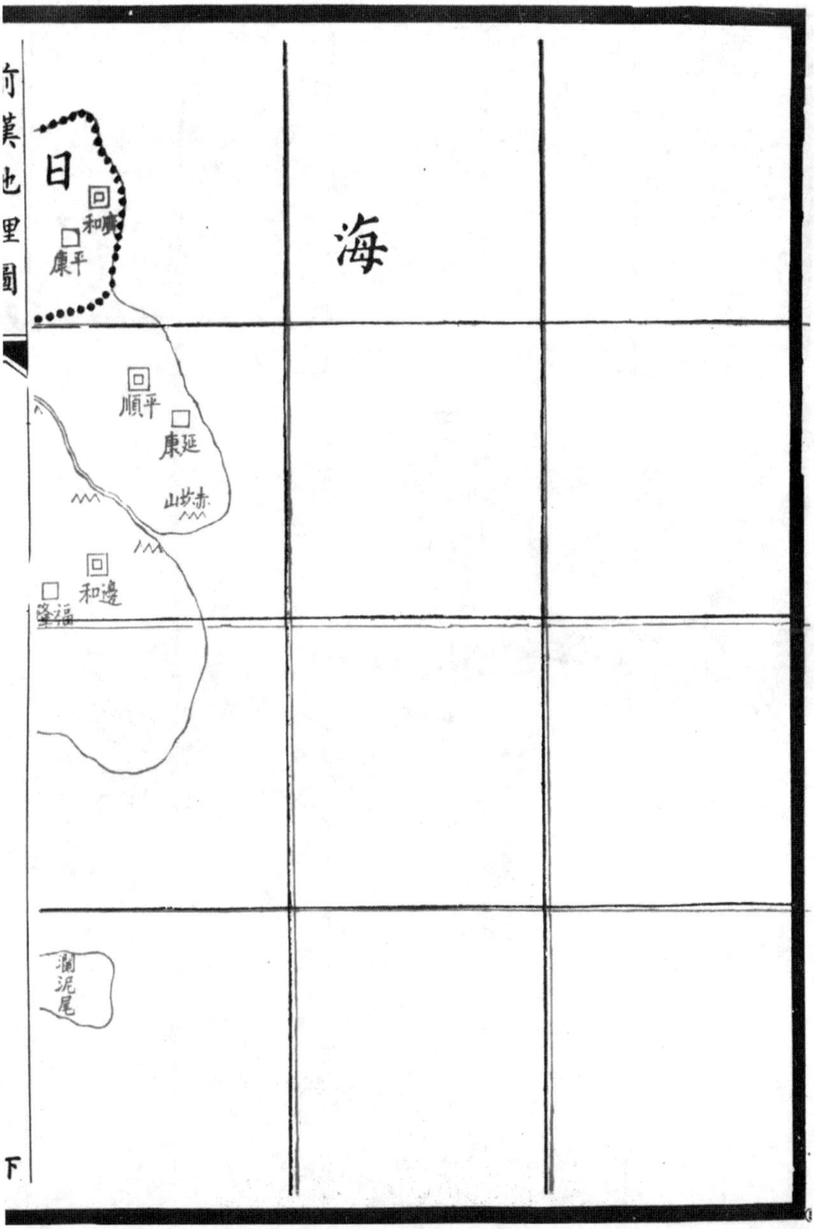
前漢地理圖
日
海
康和
平康
平順
延康
赤坎山
邊和
福隆
瀾泥尾
下

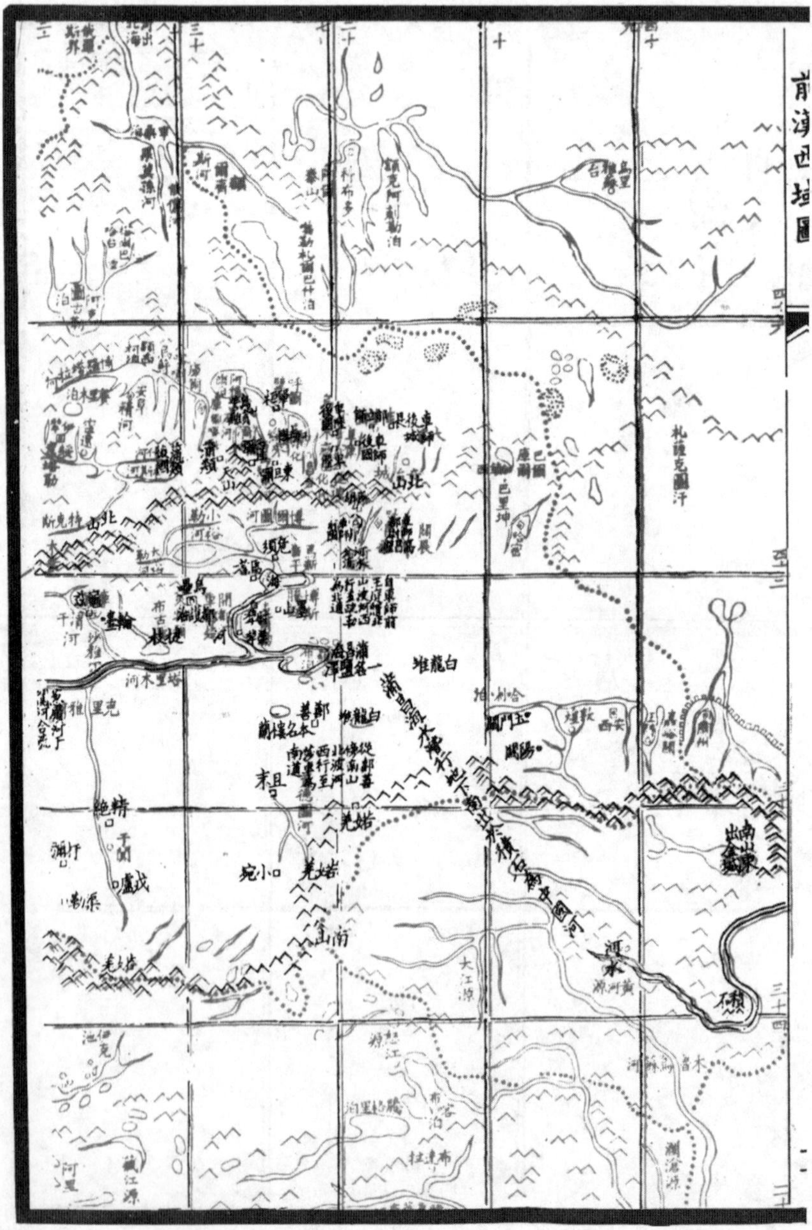
前漢西域圖
白龍堆
玉門關
陽關
敦煌
北山
南山
大江源
黃河源
且末
小宛

前漢西域圖

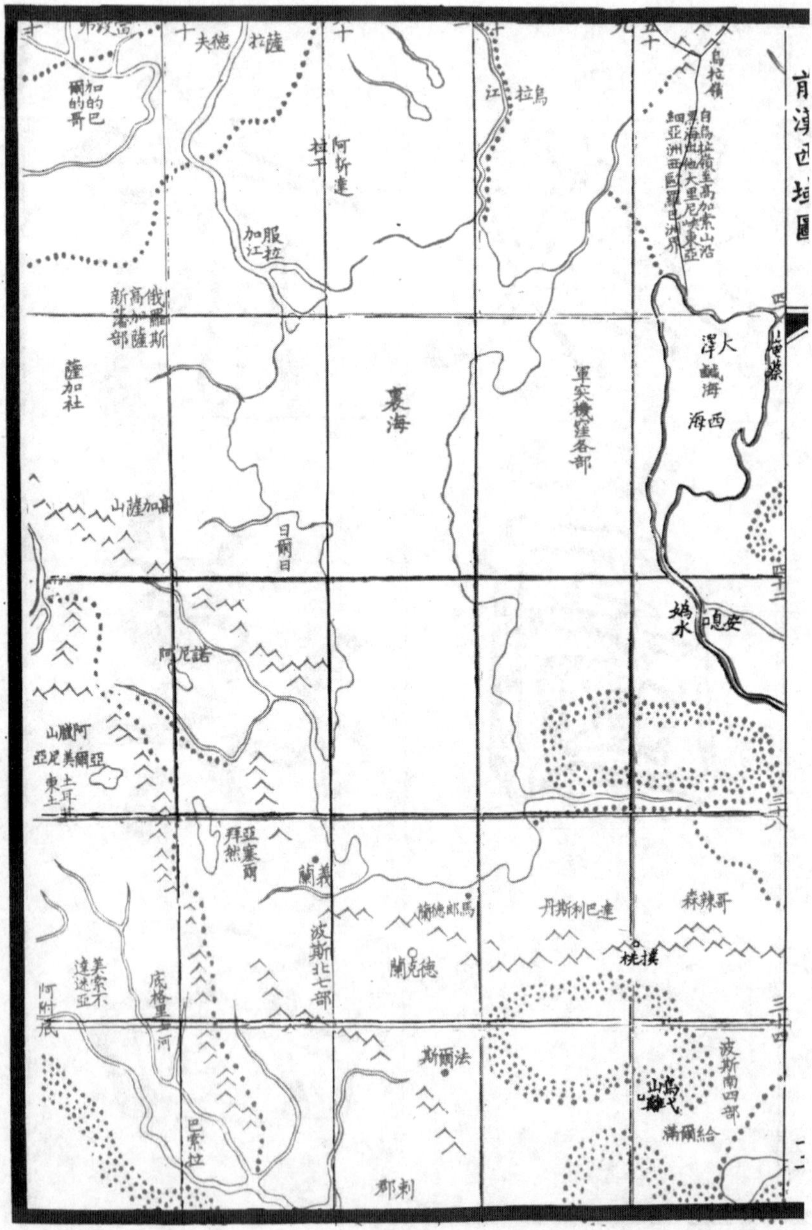
前漢西域圖
烏拉嶺
烏拉江
薩拉夫德
阿析達拉干
服拉加江
俄羅斯高加薩新藩部
裏海
大澤鹹海西海
嬀水
安息
高加薩山
諾尼阿
阿爾美尼亞山
土耳其東土
亞塞爾拜然
義蘭
波斯北七部
達巴利斯丹
哥拉森
德克蘭
法爾斯
波斯南四部
烏弋山離
給爾滿
底格里斯河
美索不達迷亞
阿附底
巴索拉

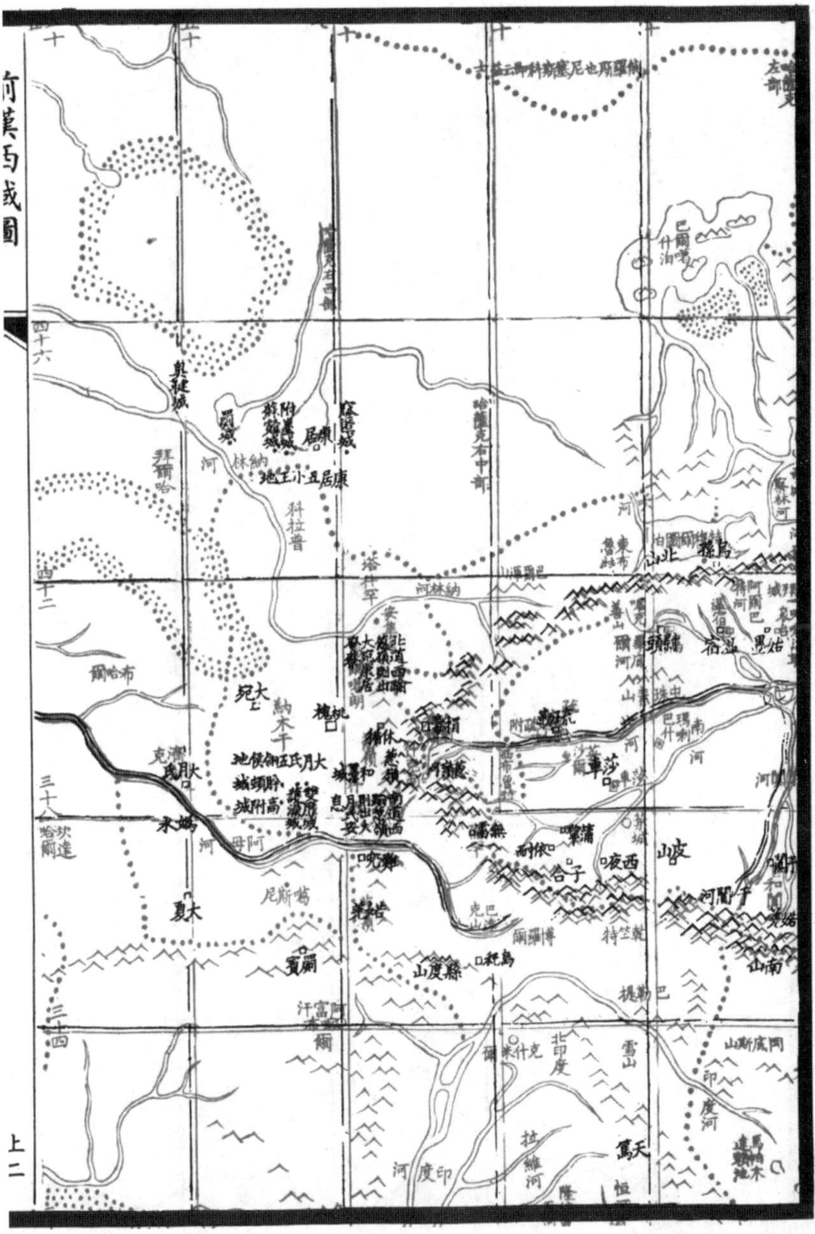
前漢西域圖
上二
大宛
康居
大月氏
大夏
罽賓
莎車
皮山
西夜
子合
蒲犁
依耐
烏秅
于闐
天篤
納林河
科拉普
雪山
印度河
南山
北山
姑墨
温宿

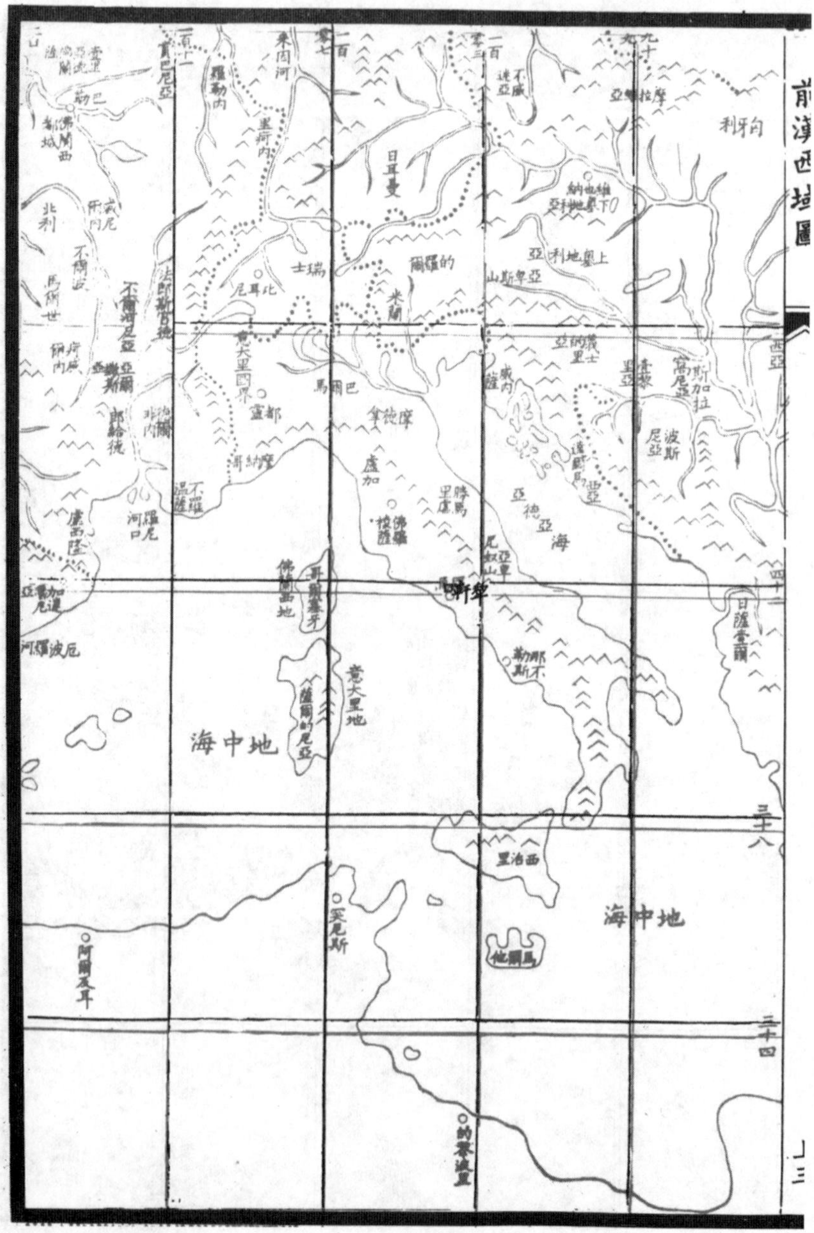
前漢西域圖
日耳曼
地中海
意大里地
地中海

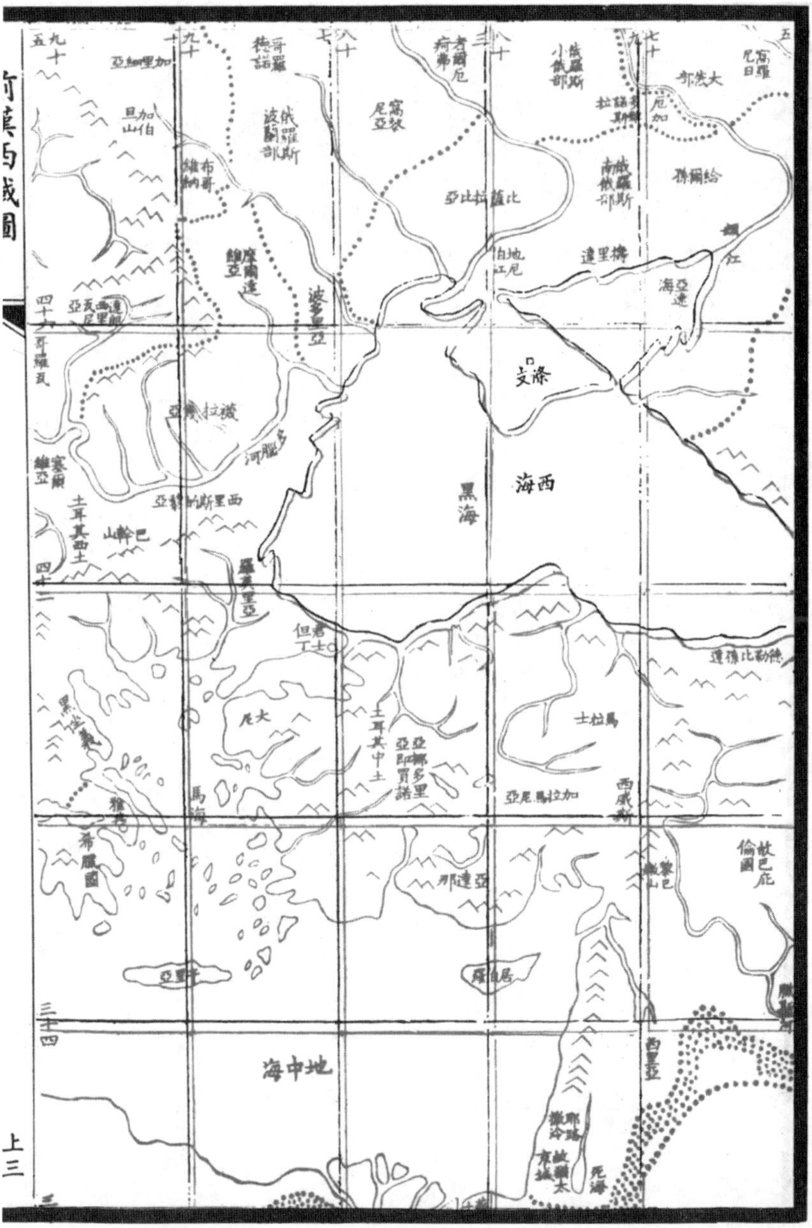
黑海
西海
地中海
上三

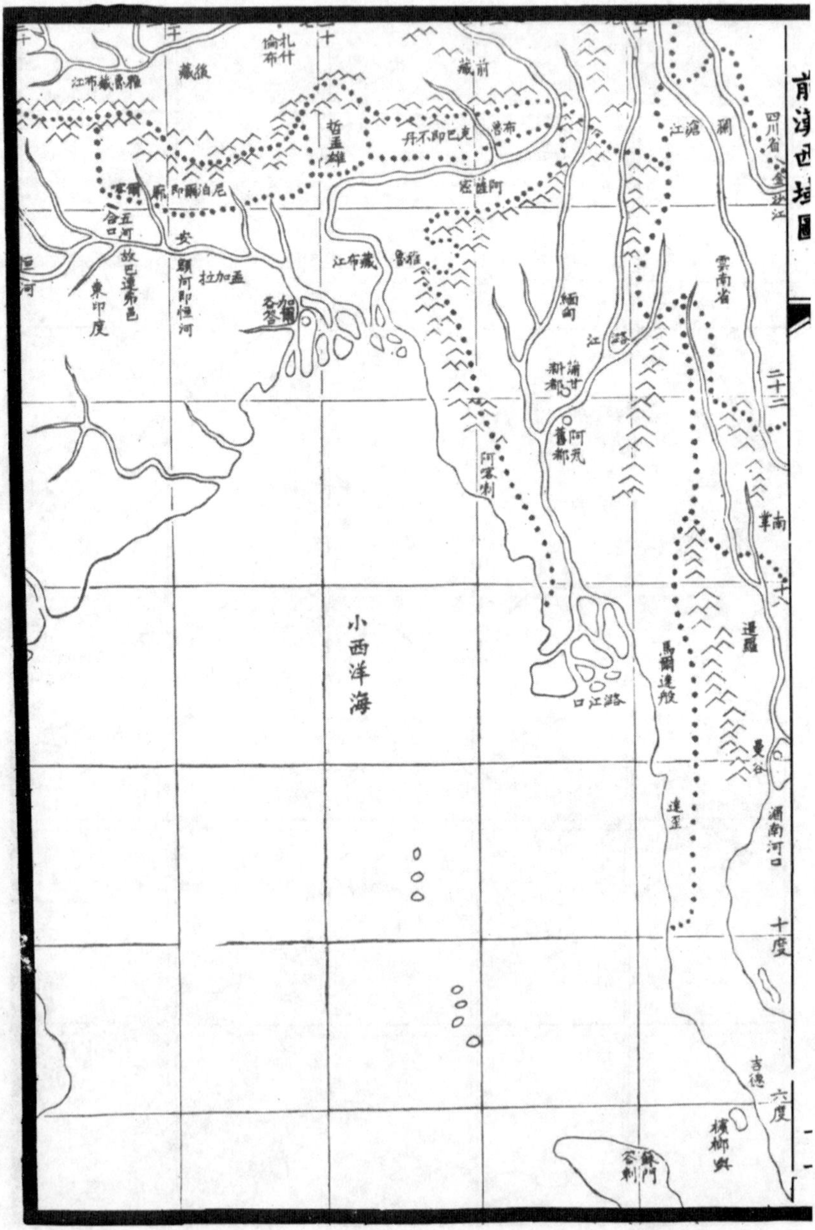
前漢西域圖
四川省
金沙江
雲南省
前藏
後藏
小西洋海
東印度
孟加拉
緬甸
暹羅
曼谷
湄南河口
十度
六度
路江口
二十三

前漢西域圖

下一

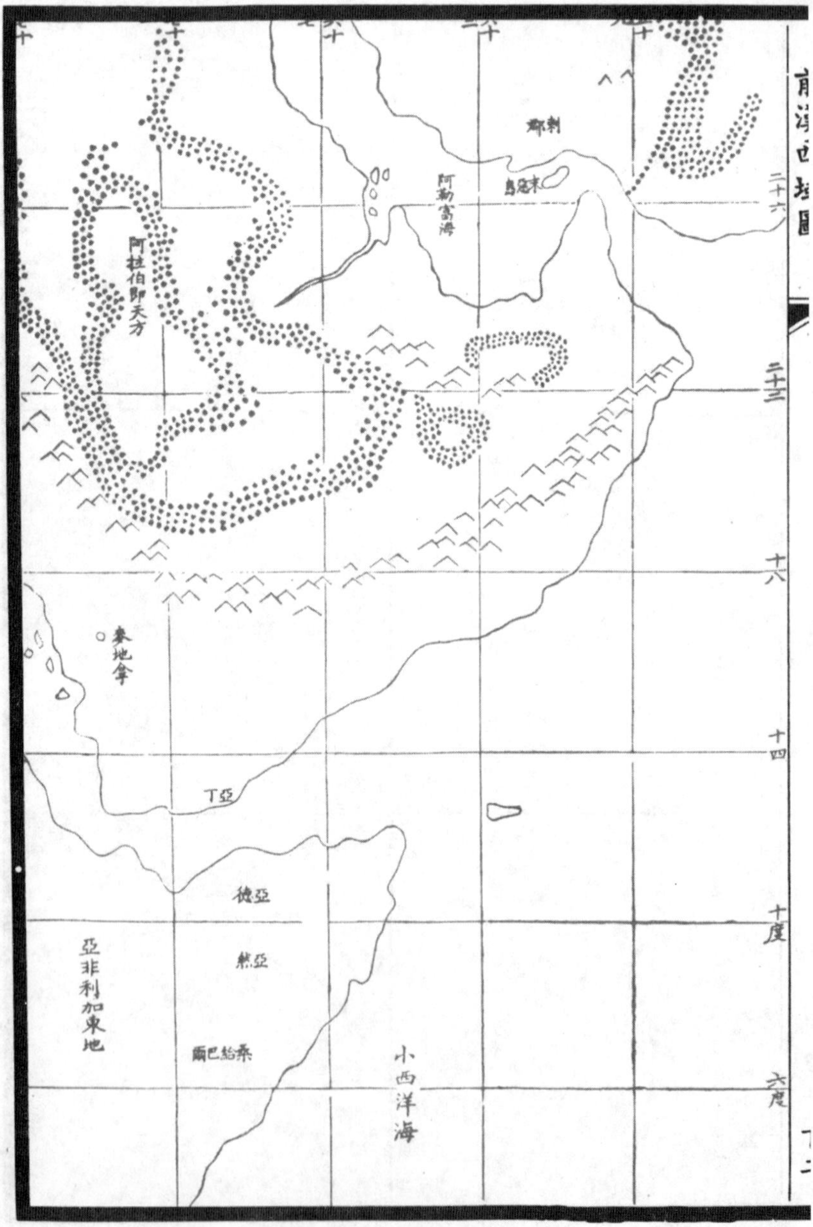
阿勒富海
麥地拿
亞丁
亞徳
亞熱
桑給巴爾
亞非利加東地
小西洋海
二十六
二十二
十八
十四
十度
六度

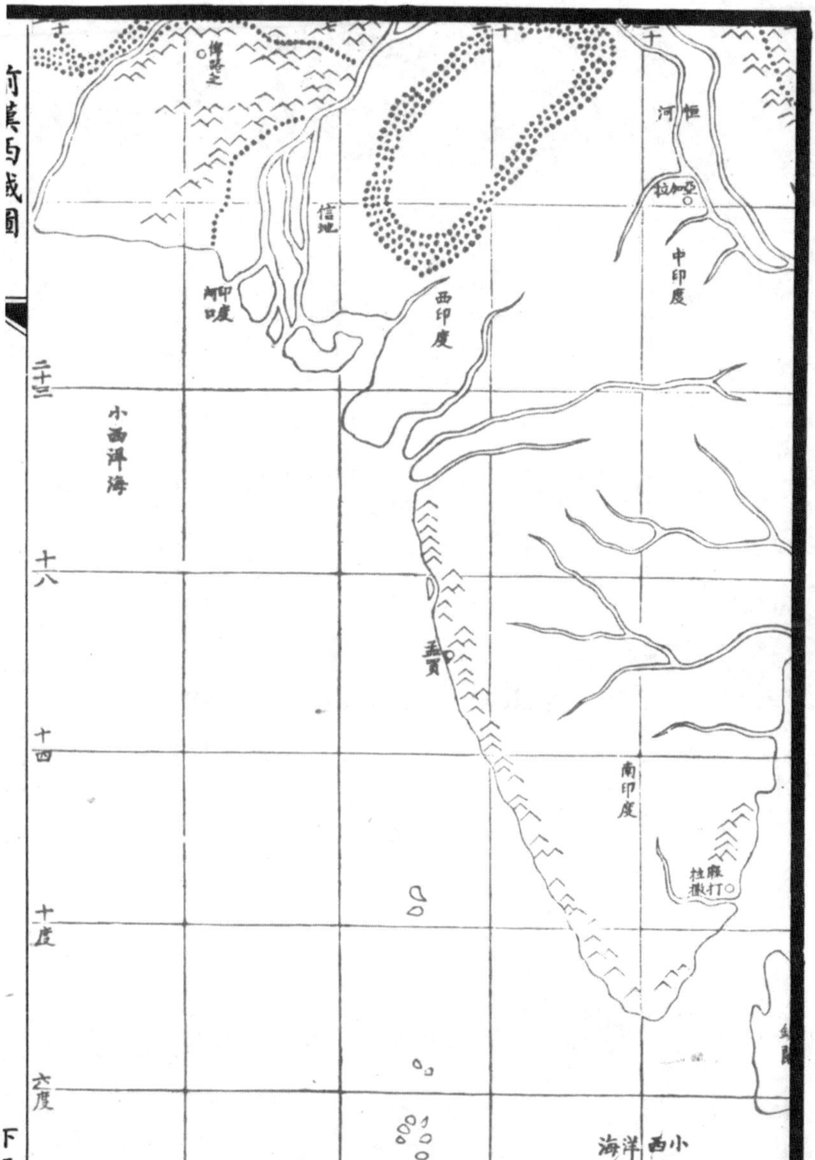
前漢西域圖
下二
二十三
十八
十四
十度
六度
小西洋海
信地
西印度
中印度
恒河
孟買
南印度
麻打拉撒
小西洋海

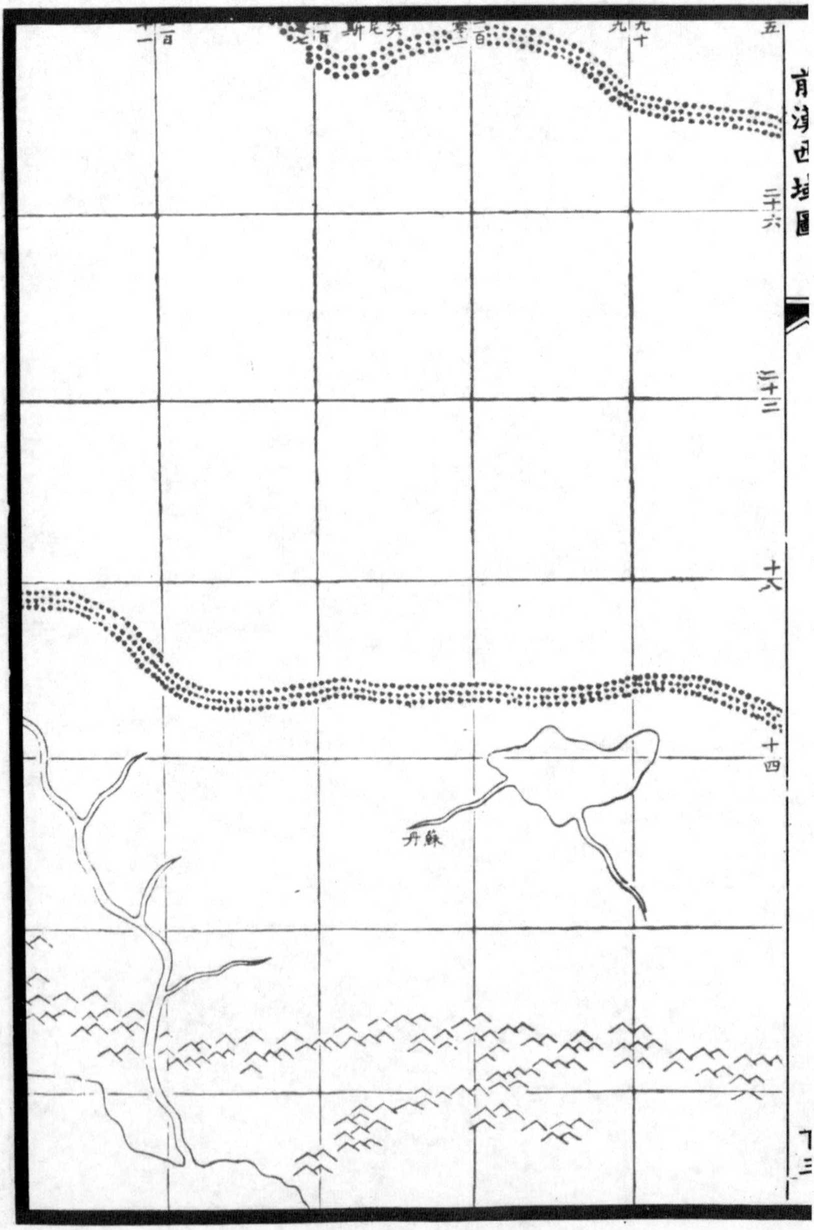
前漢西域圖
二十六
二十二
十八
十四
蘇丹

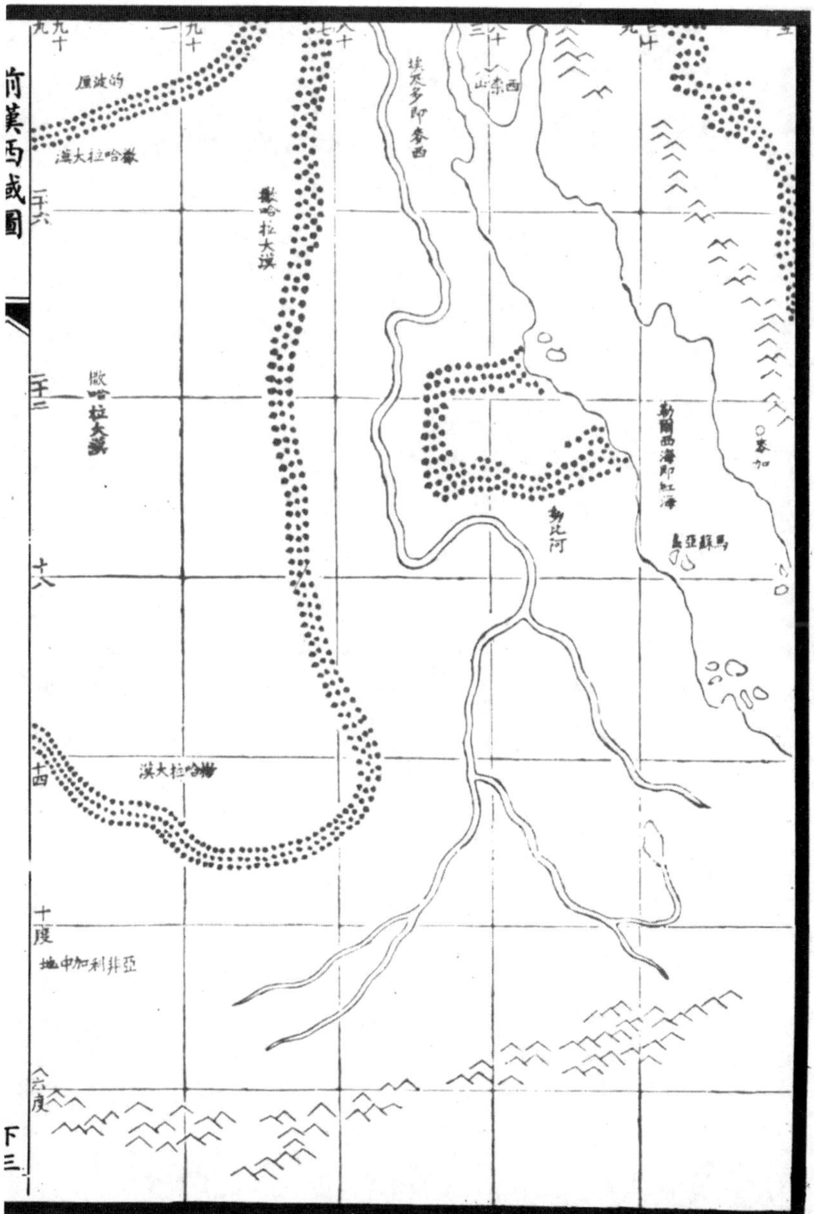
前漢西域圖
撒哈拉大漠
西奈山
麥加
馬蘇亞島
亞非利加中地